INHALT

Günther trifft Adolf Hitler

Günther wurde in Berlin geboren und wuchs als einziges Kind einer wohlhabenden Familie auf. Die Erziehung seines Vaters bestand darin, seinen Sohn wie seinen besten Freund zu behandeln. Er besprach alles mit ihm, was ihn bewegte, auch seine Pannen und seine Versuchungen. Natürlich feierte er auch mit ihm, wenn ihm etwas Gutes und Einträgliches gelang. Genauso behandelte er auch seine Angetraute, sie war seine beste Freundin.

Günthers Vater war 1880 nach Amerika ausgewandert, was seine älteren Brüder schon vor ihm getan hatten. Er hatte die amerikanische Staatsbürgerschaft angenommen. Zwanzig Jahre später kehrte er wieder nach Deutschland zurück und wurde Direktor des Internationalen Auskunftsbüros Wys Muller & Co., Berlin.

Durch seinen Beruf als Handelsberater kam er mit allen, die in Berlin Handel trieben, zusammen. Schon früh nahm er Günther zum Stammtisch mit. Der stand im Adlon, dem feudalsten Hotel Berlins, an der Allee »Unter den Linden«.

Günther studierte dann Jura. Er schloß sich einer kleinen, ganz lockeren Studentenverbindung an, die sich »Horde« nannte. Sie war aber nicht mit einer farbetragenden Corpsstudentenverbindung zu vergleichen. Weder tranken die Hordenmitglieder zuviel, noch schlugen sie sich. Es war im Jahre 1923.

Die Studenten trafen sich nicht nur gesellschaftlich, sondern sie paukten gemeinsam, halfen sich beim Studium und unterstützten sich gegenseitig, wo immer sie konnten. Als einer von ihnen Günther und den anderen vorschlug, das dritte Semester nicht in Berlin, sondern in München zu studieren, waren sie sehr damit einverstanden.

Kurz vor der Abreise nach München lud Vater Schild seinen Sohn wieder einmal ins Adlon ein. Beim Dessert kam ein bekannter Berliner Zeitungsverleger zu den beiden an den Tisch, um mit Günthers Vater geschäftlich zu reden. Aber zunächst stellte der Vater Günther vor: »Das ist mein Filius. Gerade erst neunzehn Jahre alt, aber fährt schon zum dritten Semester Jura nach München.« Der ganze Stolz eines Vaters sprach aus diesen Worten.

Der Verleger redete Günther mit »Herr Kollege« an, wie es damals so üblich war, wenn man amüsant sein wollte.

»Herr Kollege«, hub also der berühmte Verleger an, »wenn Sie nach München kommen, dann können Sie mir einen Gefallen tun. Wenn Sie dort diesen seltsamen Typen Hitler sprechen können und eine Reportage schreiben, dann zahle ich Ihnen nicht schlecht dafür. Keiner von uns weiß, was dieser Schreier eigentlich will, doch viele scheinen von ihm fasziniert zu sein. Keiner meiner Korrespondenten hat es bisher geschafft, mit ihm ins Gespräch zu kommen. Vielleicht gelingt es Ihnen, weil Sie noch so blutjung sind und er immer von der Jugend Deutschlands redet. So ein Bericht aus nächster Nähe wäre für uns Gold wert. Können Sie auch schreiben? Ich meine, haben Sie eine Begabung dafür und gute Aufsätze in Deutsch geschrieben?«

Günthers Vater mischte sich stolz ein: »Ja, reden und schreiben kann er, darum will er auch Rechtsanwalt werden. Er hat von der Tertia an immer die Schülerzeitung seines Gymnasiums herausgegeben.«

Günther fand, daß er nun auch etwas dazu sagen müsse. Stolz und leicht arrogant, wie er damals von der Horde geprägt war, verkündete er dem Zeitungsverleger: »Also, lieber Herr Kollege, das mache ich mit Kußhand. Aber Sie sagten da etwas von ›Gold wert‹. Sicher wollten Sie damit ausdrücken, daß Sie mich mit Golddukaten bezahlen werden. Habe ich Sie da recht verstanden?«

»Donnerwetter!« entfuhr es dem Zeitungsverleger. »Sie scheinen ja wirklich nicht auf den Kopf gefallen zu sein. Hier haben Sie einen Fünfdollarschein als Vorschuß. Aber bitte die Reportage so schnell wie möglich.«

Fünf Dollar waren damals schon fast ein Vermögen. So fuhr Günther mit seinen zwölf Kumpanen nach München. Zunächst hausten sie in einem billigen Hotel, ehe sie sturmfreie Buden fanden.

Aber schon am zweiten Tag fuhr Günther ins Hofbräuhaus, wo das Stammquartier dieses »seltsamen Typen« Hitler war. Auf seine Bitte hin wurde Günther sofort vorgelassen. Dann stand er vor dem seltsamen Mann, der mindestens einen Kopf kleiner war als er.

Hitler, in einer Art von Uniform, die Fäuste in die Hüften gestemmt, sah sich den fremden, jungen Mann ganz genau an, von oben bis unten und mitten ins Gesicht. Dann befahl er seinem Adjutanten: »Er kann mit uns gehen. Bleiben Sie bei ihm und beobachten Sie, ob wir ihn gebrauchen können.«

Günther blieb den ganzen Tag über bei dem Mann. Er folgte

dem, den seine Anhänger damals schon »Führer« nannten.

Günther hörte zu. Der Führer redete pausenlos zu seinen Begleitern und vor Publikum in Bierkellern, wo seine Reden mit Beifall und Biergrunzen begeistert aufgenommen wurden. Günther verstand das nicht, aber er versuchte, aufmerksam zuzuhören und diesen Mann genauer kennenzulernen. Er überlegte auch, was er für den Verleger schreiben sollte.

Den Inhalt der Reden fand er nichtssagend und voller Phrasen. Immer dasselbe: »So kann es mit Deutschland nicht weitergehen. Wir haben Verräter innen und außen. Aber bald wird der Tag kommen, für den unsere Bewegung geschaffen worden ist. Die Stunde, für die wir schon im Weltkrieg und in den vielen Jahren seitdem gekämpft haben. Der Augenblick, in dem unsere Bewegung siegen wird, und dies zum Heil unseres ganzen Volkes. Wir sind dann da als allerletzte Hilfe in der größten Not, wenn unser Volk angstvoll, verzweifelt das rote Ungeheuer aus dem Osten nahen sieht. Von dieser unserer Bewegung geht die Erlösung aus. Das fühlen schon heute Millionen und Abermillionen.«

Er erzählte von sich, von seinem Kampf als einfacher Frontsoldat im Weltkrieg, von der »Schmach« der Niederlage, von dem »Schandvertrag« von Versailles.

Diese kräftigen Worte wurden mit starken Gesten begleitet. Hitler rief zur entscheidenden Schlacht gegen den »internationalen jüdischen Marxismus« auf, gegen den »tierischen Bolschewismus«. Er predigte die Befreiung aus Knechtschaft und Schmach. Dazu brauche man Helden und keine Schwächlinge, wie man sie in den jetzigen Regierungen antreffe. Er verlangte die Tilgung der »Novemberschmach«. Damit meinte er die Revolution von 1918 in Deutschland, die, wie er sagte, den Kriegsabbruch erzwang. Er drohte mit einer »Generalabrechnung unerhörtester Art« und schrie: »Dann werden Köpfe rollen.«

Seltsam fand Günther das Gehabe der meisten Zuhörer. Sie blickten wie verzaubert auf diesen Mann, als ob er ein Messias sei. Einige Großmütter hätten anschließend am liebsten seinen Uniformrock geküßt. Alles tobte und schrie, wenn er geredet hatte.

Hitler war nie allein, immer umgab ihn ein Troß von Männern, die jedem demonstrierten, daß er ihr Führer und Gott war.

Wenn Hitler gehen wollte, befahl er seinen Leuten: »Nationalsozialisten verlassen den Platz! Hitler.«

Dabei machte er eine Handbewegung, als ob er einen Stempel auf ein Dokument drücken wollte.

Dann marschierte oder fuhr er mit seinem Gefolge zur nächsten Kundgebung, wo die gleiche Begeisterung ausgelöst wurde wie bei den vorangegangenen.

Auch Straßenschlachten zwischen seinen Leuten, Polizisten und Kommunisten erlebte Günther mit.

Allerdings stand Hitler und sein Troß, samt Günther, zwei Straßen vom Geschehen entfernt.

Eine Stafette von Meldegängern hielt den Führer auf dem laufenden und übermittelte seine Befehle, die genauestens befolgt wurden.

Am Ende des ereignisreichen Tages wagte Günther, Herrn Hitler zu seiner Horde ins Hotel einzuladen. Günther rechnete nicht mit einer Zusage. Der Führer zog sich aber kurz zurück, besprach sich mit seinem Stab, und Günther hörte, wie er zu seinem Adjutanten sagte: »Sagen Sie dem jungen Mann, daß ich kommen werde.«

Alle Mitglieder der sonst so undisziplinierten Horde waren am nächsten Abend zur Stelle. Auch hatten einige noch Kommilitonen mitgebracht. An die zwanzig junge Männer warteten auf diesen seltsamen Mann, von dem sie schon gehört hatten. Günther hatte vom Hotel einen kleinen Saal zur Verfügung gestellt bekommen und gab eine Runde Bier aus. Die konnte er sich nur leisten, weil der Verleger ihm fünf Dollar als Vorschuß gezahlt hatte. Die Reichsmark war ja nichts mehr wert und wurde nur noch kiloweise gehandelt, bis sie nach der galoppierenden Inflation verschwand und durch die Rentenmark ersetzt wurde. Als Anfang 1924 die Rentenmark in Umlauf kam, war diese genau eine Billion alter Mark wert.

Punkt zwanzig Uhr erschien Hitler und hielt genau die gleiche Rede, die Günther schon mindestens ein dutzendmal gehört hatte. Auch die Gebärden und Gesten waren Günther genau bekannt und wirkten auf ihn wie einstudiert, was ja auch stimmte. Mit dem vorsichtigen Beifall der kritischen Studenten war Hitler nicht zufrieden, das sah Günther ihm an.

Obwohl ein Stabsmitglied zum Aufbruch zur nächsten Versammlung mahnte, ließ Hitler noch Fragen zu. Aber schon auf die erste Frage, die ihm kritisch erschien, antwortete er ungehalten: »Davon verstehen Sie nichts. Eine dumme Frage.«

Günther hatte gehört und gelesen, daß dieser Herr Hitler die

Schuld an der deutschen Misere den Juden gab, ihnen drohte und Rache vorhersagte.

Als das Geschrei in Deutschland begann, die Nationalsozialisten sich formierten und: »Juda ist an allem schuld« schrien, hatte seine Mutter zu Günther gesagt: »Weißt du eigentlich, daß wir auch Juden sind?«

»Nein. Was bedeutet das denn?«

»Nichts. Das bedeutet für mich genausoviel, als ob ich Westfälin oder Rheinländerin wäre oder aus Masuren.«

»Eben«, hatte Günther kommentiert. Sie waren längst assimiliert und hatten mit der jüdischen Kultur und Tradition nichts mehr zu tun.

»Es erschüttert dich nicht?« hatte die Mutter zurückgefragt.

»Aber Mutter, das ist doch nichts Böses oder Dummes. Das spielt doch absolut keine Rolle, wie du selbst gesagt hast.«

»Ich hoffe, daß es nie in diesem Land eine Rolle spielen wird. Aber diese Neuen, die an die Macht drängen, die hören sich gefährlich an.«

Dann hatte sich der Vater ins Gespräch eingemischt: »Jetzt schreien sie noch, doch sie werden sich schon beruhigen. Außerdem – in Deutschland kommen solche Radaubrüder nie an die Regierung.« Und damit vertiefte er sich weiter in seine Börsenberichte.

Nun stand Günther vor Hitler und fragte: »Herr Hitler, bitte, wie wird denn in Ihrem neuen Reich die Stellung der Juden sein, die schon lange in Deutschland leben, die für Deutschland gekämpft und gelitten haben und schon längst assimiliert sind?«

Da erhob sich dieser Mann und schrie: »Die Juden sind das Unglück Deutschlands. Diese Judenbrut, diese Ritualmorde, diese Weltverschwörung aller Juden, diese Blutschande mit deutschen Frauen, diese schwarzbehaarten, geilen Teufel, die keuchend über unschuldige, arische, deutsche Mädchen herfallen und sie vergewaltigen . . .« Schaum stand ihm vor dem Mund.

Immer weiter ereiferte er sich und schrie und drohte, was er mit den Juden tun würde: »Auch mit diesen Assimilierten! Das sind doch nur Wölfe im Schafspelz! Die sind noch schlimmer als die mit Hüten und Schläfenlocken! Sie haben Deutschland verraten und verkauft. Sie sind schuld am verlorenen Krieg. Wenn wir an die Macht kommen, und das ist nicht aufzuhalten, dann werden wir sie wie Ungeziefer ausrotten, wir werden sie wie Kakerlaken zertreten, wir werden sie alle ausrotten. Das verspreche ich Ihnen, das gelobe ich hier und überall!«

Entsetzt hatte Günther zugehört. Die Kommilitonen seiner Horde nahmen es amüsierter hin; sie hielten diesen Hitler für nicht normal. Doch Günther war todernst geworden. Das bemerkte auch der Herr Hitler. Nachdem er sich ausgetobt hatte, wurde er milder und wandte sich wieder an Günther, nachdem er vorher so gebrüllt hatte, als ob er sich in einem brechendvollen bayerischen Bierkeller befände.

Ganz persönlich sprach er Günther an: »Lieber junger Mann, Männer wie Sie können wir in unserer Bewegung sehr gut gebrauchen. Ihr Platz ist bei uns, um unsere Feinde und besonders das Judengeschmeiß zu besiegen und auszurotten. Blond, blauäugig, groß und stark wie ein germanischer Recke. Wollen Sie Mitglied meines persönlichen Stabes werden?«

Da erhob sich Günther in seiner ganzen Größe von fast zwei Metern und schmetterte Hitler entgegen: »Mein Herr, ich bin Jude.«

Da starrte Hitler ihn an, ein glucksendes Bellen entfuhr ihm vor Überraschung, dann schrie er: »Ich habe mich in Ihnen getäuscht. Auch Sie werden unsere Rache spüren. – Nationalsozialisten verlassen den Saal! Hitler!« Und dann haute er wieder mit seiner Stempelbewegung durch die Luft.

»Heil!« rief er noch, ehe sie alle aus dem Hotel hinausmarschierten.

Und die Studenten? Die sahen sich ungläubig an, als ob sie geträumt hätten, und dann fing einer an zu lachen, wie über einen ganz kolossalen Witz, und alle stimmten ein.

Günther schrieb die Reportage. Sie wurde angenommen, und eine Zeitlang konnten er und seine Horde ganz gut von den eingenommenen Dollars leben.

Miggy

Den Popanz Hitler vergaß die Horde sehr schnell. Zwar grüßten sie sich noch eine Weile aus Jux mit »Heil mir«, aufgetürmtem Arm und abgeknickter Hand, wie es »der Führer« tat, doch bald war ihnen der Spaß über, und sie erfanden einen neuen.

Hitler verschwand dann auch aus München und der Öffentlichkeit. Nach einer Schießerei an der Feldherrnhalle, die später im »Dritten Reich« als nationale Erhebung gefeiert wurde, verurteilte man ihn als Rädelsführer zu Festungshaft. Er saß aber nur eine kurze Zeit in Landsberg ab, ehe er vorzeitig begnadigt wurde. Während dieser Periode schrieb er sein berühmt-berüchtigtes Buch »Mein Kampf«.

Die jungen Männer der Horde, für die Hitler ein Clown gewesen war, ahnten nicht, daß er später grob und brutal in ihr Leben einbrechen würde. Die Hälfte von ihnen mußte ihm später im Krieg ihr Leben opfern. Dem Mann, den sie ausgelacht hatten. Aber damals in München war daran überhaupt noch nicht zu denken.

Günthers Horde hielt eng zusammen. Sie teilten ihr Geld, halfen sich beim Studium, feierten rauschende Feste und kletterten in den nahen Alpen herum. Sie liehen sich ihre Bergschuhe aus, Schlipse zum Ball und manchmal auch ihre Mädchen.

Bald waren sie eine lebensdurstige, wilde Gesellschaft, die in jeden Studentenball eindrang und sich die schönsten Mädchen raubte. Die Mädchen flogen ihnen aber auch freiwillig zu, denn auf solche jungen Männer hatten sie schon lange gewartet. Die ganze Nacht durch tanzten sie. Aber am nächsten Morgen warfen sich die Studenten gegenseitig aus dem Bett, denn auch nach der kürzesten Nacht durfte keine Vorlesung versäumt werden.

Günther verhielt sich etwas zurückhaltender. Allerdings, wenn sein Temperament herauskam, konnte er es nicht bremsen. Dazu kamen ein unwiderstehlicher Charme und seine guten Manieren, mit denen er jedem Mädchen begegnete.

Er war größer als alle anderen Studenten, blond, und hatte verträumte blaue Augen. Dieser träumende und tanzende Riese schrieb Gedichte, das sahen die Jungfrauen ihm an. Jedes Mädchen war stolz und selig, von Günther aufgefordert zu werden. Er flirtete mit vielen, doch er respektierte sie dabei. Wenn die Horde mit ihren Liebesabenteuern angab, schwieg Günther.

Die Horde sah ihn irritiert an. »Was ist denn Böses daran, wenn ich ein Mädchen liebe und sie es auch möchte?« fragte einer.

Günther zuckte mit den Schultern, er konnte und wollte es nicht erklären. Sie hätten ihn sicher als Träumer und Spinner ausgelacht.

An jedem Wochenende fuhren sie mit dem ersten Zug in die Berge. Dort kletterten sie, riskierten gefährliche Felsen, übernachteten in Hütten, lasen Hölderlin und Stefan George. Ganz verrückte Klettertouren wagten sie und riskierten ihr junges Leben dabei.

Meistens bummelte Günther hinterher, ganz in seine Gedanken vertieft. Aber wenn dann eine steile Felswand vor den andern aufragte, brüllte man: »Laß den verrückten Schild mal vor!« Der ging als erster die Gefahr an.

Bei einer Klettertour im Wallis sah Günther Miggy. Erst von weitem. Nur ihr schwarzes Haar, aber auch ihren grazilen und selbstbewußten Gang. Er ging ihr nach und stand vor einer dunklen Schönheit, die ihm die Sprache verschlug. Auch die anderen starrten dieses Mädchen an, als sie herangekommen waren. Miggy und die Wandergruppe, hinter der sie mit Abstand allein durch die Berge schlenderte, betrat eine Hütte, um sich dort für den Abend und die Nacht niederzulassen.

Nach kurzer Zeit kam auch die lärmende Horde herein und begann, ihren neuen Stern zu umkreisen. Günther hielt sich ein wenig zurück. Es war nicht sein Stil, einem Mädchen mit einem ganzen Pulk von jungen Männern zu Leibe zu rücken.

Kaum hatte man zu Abend gegessen, da bildete die Horde das bewährte Orchester mit Mundharmonika, Teufelsbaß, Kämmen und Kochtöpfen und spielte zum Tanz auf. Jeder wollte mit der rasanten, jungen Schweizerin tanzen. Die gewährte auch jedem einen Tanz, aber nur einen.

Günther forderte sie nicht auf; das Gedränge um sie stieß ihn ab, und er fürchtete auch, einen Korb zu bekommen.

Dann Damenwahl. Alle Studenten starrten erwartungsvoll ihren Stern an. Doch Miggy schien sich schon vorher jemand ausgesucht zu haben. Sie schritt an allen vorbei, auf Günther zu, streckte ihm beide Hände hin und forderte ihn auf.

Danach war der Tanz mit der jungen Dame für die anderen Männer beendet. Sie mußten sich mit den weiteren schon etwas älteren Damen der Wandergruppe begnügen oder Musik machen.

Es war eine Liebe auf den ersten Blick. Sie sahen sich beide an, Miggy und Günther, sie brauchten keine Worte. Nur ihre Namen wußten sie voneinander, sonst nichts.

Am nächsten Morgen trennten sie sich von ihren Gruppen und zogen allein los.

Herrliche Tage verbrachten sie oben bei den Hütten, stiegen nicht ins Tal hinunter. Mit einem Bergführer bestiegen sie sogar das Matterhorn. Gemeinsam war ihnen kein Gipfel zu schwer. Günther war über und über in Miggy verliebt, er wollte sich nie mehr von ihr trennen. Als Miggy ihm erzählte, daß sie mit einem Schweizer Bankier so gut wie verlobt sei, überhörte er das.

Doch Miggy wußte schon bald, daß sich ihre Wege wieder trennen müßten. Sie fühlte es eigentlich mehr, als sie es wußte. Sie war nicht viel älter als Günther, doch viel reifer. Oft kam er ihr wie ein Junge vor, den sie verführen konnte, es aber nicht durfte. Alles war so frisch und neu an ihm, er drang in eine Welt ein, die er noch nicht kannte, in die Welt der Liebe zwischen zwei Menschen, in der sie schon Erfahrungen, aber auch die ersten Ernüchterungen und Enttäuschungen erlebt hatte.

Miggy hätte noch jahrelang auf Günther warten müssen; der war noch lange nicht reif für eine Ehe. Sie war sich auch nicht sicher, ob sie dann noch diesen ungestümen, jungen Mann so begehren würde wie jetzt. Ihr »Verlobter« war ruhiger, sicherer, zuverlässig wie Granit, wie die Schweizer Berge und Bankhäuser. Er war bestimmt auch etwas langweiliger, doch er verhieß eine sichere und wohlhabende Zukunft für Miggy und die Kinder, die sie gerne haben wollte. Auch kannten sich ihre Familien und waren der Meinung, daß kein Paar besser zusammen passen würde als sie beide.

Nach der Klettertour, als Günther Miggy nach Zürich bringen wollte, um dort bei ihren Eltern um ihre Hand anzuhalten, sagte sie es ihm: »Günther, es ist schlimm, aber es geht nicht, wir müssen uns trennen.«

Das traf Günther wie ein herunterstürzender Felsbrocken. Er begriff nicht, versuchte Miggy zu überreden, doch sie blieb dabei. Sie weinten beide, sie umarmten sich.

Niedergeschlagen fuhr Günther nach München zurück. Die Horde, sonst wild und übermütig, versuchte ihn zu trösten, doch er ließ sich nicht trösten. Günther versuchte sich zu betäuben, er rannte in jedes Konzert, lief die Ausstellungen ab. Doch diese Wunde heilte sehr, sehr langsam in ihm.

Gisela

Günther hörte in München nicht nur Jura, sondern auch Kunstgeschichte bei dem berühmten Professor Kutscher. Dessen Hörsaal war immer überfüllt.

Als Kutscher die Studenten in Leibls Werke einführte, riet er ihnen, sich seine Bilder in der Pinakothek anzusehen, was Günther auch tat.

Vor einem der besagten Gemälde saß eine junge Dame, ganz in den Anblick dieses Kunstwerks versunken. Günther blieb neben ihr stehen. Immer wieder wanderte sein Blick vom Bild auf das Gesicht dieses andächtigen Mädchens. Sie sah sehr klug, aber auch lieb aus. Sie schien ihn gar nicht zu beachten. Erst als sie aufstand, traute sich Günther, sie anzusprechen. Sie wurde etwas rot dabei.

Günther sagte, daß er Leibl auch sehr mochte, und begann der jungen Dame zu erzählen, was ihm gerade über die Kunst im allgemeinen und über Leibl im besonderen einfiel.

Die junge Dame lächelte und fragte: »Hören Sie auch bei Kutscher?«

Günther wurde es heiß, und er entschuldigte sich hastig. Aber Gisela, so hieß sie, schien nicht böse zu sein, und sie hatte auch nichts dagegen, daß er sie aus dem Museum hinausbegleitete.

Es ging nicht so ungestüm wie bei Miggy, aber sie mochten sich immer mehr. Günther verlor seinen engen Kontakt zur Horde. Dann zogen beide nach Berlin, wo sie eine Weile zusammen studierten. Günther dachte daran, Diplomat zu werden.

Dann mußte Gisela die Universität wechseln, weil ihre Eltern in Bonn das so wollten. Es war ein herzzerreißender Abschied, und sie schrieben sich dauernd. Günther besuchte sie auch oft in Köln.

Als Gisela während der Semesterferien in Bonn bei ihren Eltern wohnte, schrieb Günther ihr dorthin. Einen dieser Briefe öffneten ihre Eltern. Sie waren erbost über die verschwiegene »Liaison« ihrer Tochter, trauten Günther nur Übles zu und zogen Erkundigungen über seine Eltern ein, wobei sie auch erfuhren, daß sie Juden waren.

Der Vater, ein Kaufmann, war Antisemit; er glaubte, die Juden trügen die Schuld am verlorenen Krieg. Er schrie auf, als er las, daß seine Tochter mit einem Juden »schmuste«, wie er sich ausdrückte. Das wollte er sofort unterbinden. Die Mutter, eine streng katholische Frau, hatte eigentlich nichts gegen die Juden, wohl aber gegen das »knuselige Verhältnis« ihrer Tochter, wie sie sich ausdrückte. Giselas Schwester Clothilde übertraf den Vater noch in ihrem Haß gegen die Juden und besonders gegen den, der ihre Schwester »schwängern wollte«. Giselas Bruder, Hans, stand auf Giselas Seite.

Als sich bei den Eltern und Geschwistern der Sturm etwas gelegt hatte, fing Gisela an, Günthers Besuch bei den Ihren vorzubereiten.

Günther kam zu Gisela nach Köln. Von dort aus wollten sie zu ihren Eltern fahren. Da traf ein Telegramm für Günther ein. Sein Vater war plötzlich gestorben. Hals über Kopf brach er nach Berlin auf, um den Vater zu beerdigen und der Mutter beizustehen. Beiden tat es sehr wohl, daß Gisela in diesen schweren Tagen zu ihnen kam. Aber Giselas Eltern gefiel das überhaupt nicht.

Doch der Besuch bei ihnen mußte nachgeholt werden. Die Zeit war turbulent. Günther hatte von Anwälten Vollmachten als Verteidiger bekommen, obwohl er noch nicht einmal sein Abschlußexamen hatte. Er verdiente ganz gut dabei, riskierte aber auch viel, denn er verteidigte meistens sozialdemokratische und kommunistische Angeklagte in einer Zeit, als die meisten Richter in politischen Prozessen schon rechts und eher für die Nazis entschieden, die unaufhaltsam an die Macht drängten.

Günther riß sich von seinen Verteidigungen los und fuhr nach Bonn.

Sehr mißtrauisch beäugten Giselas Eltern und die Schwester diesen Fremdling, der sich in der feindlichen Umgebung nicht zu einem imposanten Auftreten aufraffen konnte. Er spürte die verhaltene Wut des Vaters gegen ihn und sah die giftigen Blicke der Schwester. Gisela war den Tränen nahe.

Günther hatte sich schon vorher Sorgen gemacht und war bedrückt nach Bonn gefahren. Der Tod seines Vaters schmerzte ihn; er dachte an seine Mutter, die er allein gelassen hatte. Er dachte auch an sein immer wieder hinausgeschobenes Examen und wie er Gisela glücklich machen und den Segen ihrer Eltern erhalten könnte.

Als er schon meinte, die Reserviertheit und Ablehnung von Giselas Familie würde ein wenig auftauen, sah die Schwester Clothilde ihn plötzlich abschätzend und feindselig an: »Ja, ja«, schien sie sich selbst eine Erkenntnis zu bestätigen. Und dann noch einmal, mit einem Nicken: »Ja, ja, Sie haben Augen wie ein sterbendes Reh.«

Das traf den Günther so unverhofft und wie ein Tiefschlag in die Magengrube, daß er förmlich in sich zusammensackte. Gisela tat in ihrer Verzweiflung etwas, was beide sich geschworen hatten, nie vor ihren Eltern zu tun: Sie nahm Günthers Hand und drückte sie an ihr Herz.

Sofort sprang ihr Vater auf und schrie: »Verlassen Sie unser Haus und betreten Sie es nie wieder!« Beide schlichen davon. Gisela begleitete Günther, obwohl der Vater ihr befohlen hatte, es nicht zu tun.

Dann fuhr sie nach Berlin, studierte dort weiter Volkswirtschaft und traf sich jeden Tag mit Günther.

Der Strafverteidiger

Die Zeit war nun sehr unruhig geworden. Günther konnte es nicht fassen, wie dieser Hitler, den sie alle damals in München als lächerlichen Popanz empfunden hatten, nun unaufhaltsam in Deutschland an die Macht drängte. Auch in Berlin zog er die Menschenmassen an, und seine Sturmkolonnen schlugen sich in Biersälen und auf den Straßen mit Kommunisten und Sozialdemokraten.

Dieser Kampf wurde immer blutiger. Die Nazis hatten den Hauptschuldigen am deutschen Elend gefunden: die Juden. Und Günther war einer von ihnen, ob er wollte oder nicht.

Trotz des Trubels und der Anfeindungen legte er dann sein Examen ab, mit Auszeichnung. Seine Mutter und Gisela waren sehr stolz auf ihn.

Als Referendar mußte er verschiedene Stationen durchlaufen, beim Amts-, Land- und Oberlandesgericht. Dann wurde er zur weiteren Ausbildung ans Kammergericht geschickt.

Über dieses Kammergericht wurde schon in vielen Geschichtsbüchern berichtet. Als Friedrich der Große Sanssouci erbaute, um sich dorthin zur Muße zurückziehen zu können, störte ihn eine Mühle, die nebenan klapperte. Er ließ dem Müller befehlen, diesen Störenfried sofort abzureißen. Doch dieser kleine Mann beschwerte sich beim Kammergericht und bekam Recht gegen den absoluten Herrscher.

Nun wurde Günther dort tätig und erlebte mit, wie bis ins Jahr 1933 hinein die Richter sich um eine gerechte Prozeßführung bemühten. Später »säuberte« man auch dieses Gericht nach nationalsozialistischem Verständnis; man stieß alle, die nicht »braun« dachten, raus oder warf sie ins Gefängnis. Günther hatte einen so guten Start, daß seine Vorgesetzten ihm eine glänzende juristische Laufbahn prophezeiten. Leider sollte es dazu nicht kommen.

Immer weniger Anwälte trauten sich, Linke und andere nichtnationalsozialistische politische Angeklagte zu verteidigen. Günther entschloß sich spontan, es zu tun. Es ging ihm dabei um Gerechtigkeit, nicht um eine bestimmte Ideologie.

Viele Richter fühlten sich den sogenannten rechten und nationalen Kräften im Lande verpflichtet, sahen häufig in den Linken Staatsverräter und ließen sich auch vom Geschrei und Druck der Straße, wo die Nazis zu herrschen begannen, beeinflussen. Günther erfuhr, daß Sozialisten, Kommunisten und auch Mitläufer an deren Demonstrationen von den Richtern immer wieder viel zu hart bestraft wurden, während die Rechten und besonders Nazis oft mit sehr milden Strafen davonkamen.

Viele Richter und Anwälte meinten, Hitlers Marsch an die Macht sei nicht mehr aufzuhalten, wogegen sie eigentlich auch nichts hatten; darum stellten sie sich langsam auf eine Rechtspflege ein, die ihrer späteren Karriere nicht schaden würde. Sie sahen eigentlich auch nur zwei Möglichkeiten für die Zukunft des zerstrittenen und verarmten Deutschlands: entweder kommunistisch oder nationalsozialistisch zu werden. Da wählten sie natürlich das in ihren Augen kleinere Übel.

Günther lag eigentlich die deutschnationale Weltanschauung näher als die der Sozialisten. Und gegen die Kommunisten hatte er als Sohn einer liberalbürgerlichen Familie die stärksten Abneigungen.

Aber nicht nur die Richter wichen der kommenden Macht und dem Druck der Straße aus, auch viele Rechtsanwälte lehnten wegen »Überarbeitung« und aus anderen fadenscheinigen Gründen eine Verteidigung ab, wenn Linke sie darum baten. Günther konnte als Referendar von einem Anwalt zum Verteidiger seines Mandanten bestellt werden. Da er die herrschende Rechtlosigkeit nicht mehr mitansehen konnte, bot er sich auch den Anwälten an. Die schoben ihre unangenehme Pflicht gerne auf ihn ab.

Viele Richter waren der Meinung, daß die Straßenschlachten, die nun überall in Berlin tobten, von den »Roten« angezettelt wurden, weil es so in den konservativen und liberalen Zeitungen stand. Doch Günther hatte in München und dann auch in Berlin erlebt, wie die Nazis systematisch diese Auseinandersetzungen suchten und meistens schuld daran waren. Es widersprach seinem Gerechtigkeitssinn, dieses Vorurteil in den Gerichtssälen bestehen zu lassen.

Über mangelnde Arbeit brauchte er sich nicht zu beklagen. Fast jeden Tag stand er vor Gericht und verteidigte einen »roten Straßenkämpfer«. Dafür wurde er dann auch bedroht und beschimpft, als »Bolschewistenschwein« und »Judenlümmel«.

Gisela beschwor ihn: »Du mußt doch auch an dich denken. Es ist viel zu gefährlich für dich.«

Seine Mutter machte sich auch Sorgen, doch sie verstand ihren Sohn und seinen Sinn für Gerechtigkeit. Sie wunderte sich nur darüber, woher Günthers Ankläger wußten, daß er Jude war.

»Ach Mutter«, versuchte Günther es ihr zu erklären, »jeder ist für sie einer, der sich um Gerechtigkeit für alle bemüht. Nicht mehr lange, und es wird ein Ehrentitel sein, wenn man so genannt wird.«

Bald verteidigte Günther nicht nur Angeklagte in Berlin, sondern auch in der Provinz, bis an die Ostsee hoch.

So auch 1932 in Stargard, Pommern, wo »rote« Demonstranten wegen Landfriedensbruchs vor Gericht standen. Günthers Mandanten erklärten ihm, sie hätten in Notwehr gehandelt, weil sie bei ihrer friedlichen und genehmigten Demonstration von Nazis angegriffen worden seien. Trotzdem waren sie verurteilt worden, hatten Berufung eingelegt und Günther gebeten, ihnen zu helfen. Der Führer ihrer Kolonne traute dem jungen Günther die Verteidigung nicht zu und hatte für sich einen Staranwalt aus Berlin besorgt. Seine Genossen hatte das sehr verärgert, daß er sich von einem Star verteidigen ließ, während sie sich mit einem ziemlich unerfahrenen Anfänger begnügen mußten. Günther wollte sie nicht noch mehr enttäuschen, er wollte ihre Berufung gewinnen, aber wie sollte er das bewerkstelligen? Seine Mandanten waren einfache Arbeiter, Mitläufer, die Schwierigkeiten hatten, sich auszudrücken. Wie konnte er eine Berufung für sie gewinnen?

Günther besprach sich mit dem Anwalt, der ihm diesen Fall vermittelt hatte. Löwenthal, Anwalt der berühmten Kanzlei Löwenthal, Litten, Barbasch, hatte Günther zum Generalsubstitut bestellt. Rechtsanwalt Löwenthal war kommunistischer Reichstagsabgeordneter und hatte sich lange mit Günther unterhalten, ehe er ihm die Vollmacht gab.

Günther teilte nicht seine politischen Ansichten, doch er war mit ihm der Meinung, daß man für Freiheit und Gerechtigkeit kämpfen mußte. Obwohl Günther in diesem Gespräch betonte, daß er kein Kommunist sei, empfahl der Anwalt der »Roten Hilfe«, die Kommunisten half, Günther zum Verteidiger zu nehmen.

Günther versuchte also in Stargard, die notwendigen Fakten zur Berufung der achtundzwanzig Leute zu sammeln. Es war eine genehmigte Demonstration gewesen, die Demonstranten waren von Nazis überfallen worden und hatten in Notwehr gehandelt, wie sie es ihm berichtet hatten. Natürlich waren sie nicht zimperlich mit ihren Angreifern umgegangen, und zum Schluß hatte es viele Verwundete gegeben, darunter auch Polizisten.

Polizei und Zeugen hatten Günthers Mandanten als Hauptschuldige angegeben. Damals war in den kleinen deutschen Städten auch vor Hitlers Machtübernahme der Naziterror schon so brutal und beherrschend, daß kaum einer dagegen aufzumukken wagte. Jeder Gegner wurde als »Landesverräter« und »Kommunistensau« beschimpft und bedroht. Die Polizei in Stargard stand schon damals hundertprozentig hinter den Nazis. Und wenn Polizisten aussagten, kam kein anderer Zeuge und schon gar nicht ein Anwalt dagegen an.

Es stand also sehr schlecht für die Berufung von Günthers Leuten. Niedergeschlagen fuhr er mit dem Zug von Berlin nach Stargard. Kurz vor seinem Ziel stiegen zwei Männer zu ihm ins Abteil. Bald hörte Günther heraus, daß der ältere Herr ein Generalstaatsanwalt war und der jüngere ein Referendar. Sie redeten genau über den Prozeß, in dem Günther als Verteidiger fungieren sollte.

Günther las Zeitung und wurde von den Herren nach einem kurzen »Guten Morgen« nicht mehr beachtet. Er erfuhr, daß der Generalstaatsanwalt genau der gleichen Meinung war wie er und wie es auch der Wirklichkeit entsprach. Doch er hatte schon resigniert: »Es ist doch eine Schande für unsere Rechtsprechung, daß sich kein Zeuge findet, der sich traut, die Wahrheit zu sagen.«

Am nächsten Morgen suchte Günther das Gefängnis auf, in dem seine Mandanten einsaßen. Er bat, einen von ihnen sprechen zu dürfen. Da er keinen von ihnen je gesehen hatte, wußte er nicht, wer zu ihnen gehörte und wer nicht.

Als der Gefängnisbeamte einen Mann vorführte, bat Günther ihn: »Nun erzählen Sie mir mal bitte alles, was Sie erlebt haben und wissen. Ich soll Sie ja verteidigen.«

Der Mann nickte und legte los: »Also, wir wußten ja, daß die Roten da aufmarschieren wollten, und zogen los und fackelten nicht lange und hauten darauf . . .«

Erstaunt sah Günther auf. Man hatte ihm aus Versehen einen Zeugen oder Angeklagten von der Gegenseite geschickt. Doch er ließ ihn natürlich weiterreden, das konnte seinen Mandanten nur zugute kommen. »Na, Sie wissen aber sehr viel. Das hilft mir ungemein. Machen Sie nur weiter und erzählen Sie mir bitte noch einmal genauer, wie es zu dieser Straßenschlacht gekommen ist.«

Der Mann, überzeugt, daß Günther der Naziverteidiger sei, warf sich in die Brust: »Also, Ihnen kann ich es ja sagen: Wir von der SA wollten denen mal zeigen, wer Herr auf unseren Straßen ist. Die wußten noch gar nicht, wo die Glocken hingen, da hatten wir die schon überfallen, auf den Boden geworfen und immer drauf wie auf kalt Eisen, mit unseren Fäusten und Nagelschuhen. Das werden die nie vergessen. Und im Kittchen sitzen die auch dafür, das ist ja einfach wie im Märchen! Da sieht man schon, wie das sein wird, wenn unser Führer Adolf Hitler an die Macht kommt.«

Günther schrieb eifrig mit. »Aber warum sitzen Sie denn hier?« fragte Günther.

»Ich sitze doch nicht hier wegen dieser Keilerei«, erklärte ihm verwundert der Mann. »Man hat mich doch auch bei einer anderen erwischt und hat das wohl durcheinander geworfen, aber Sie werden das wohl wieder hinkriegen.«

»Das denke ich schon«, versprach Günther verhalten. Dann eilte er zur Verhandlung. Er war gar nicht mehr dazu gekommen, seine eigenen Leute auszufragen, doch er fand es nun auch nicht mehr notwendig.

Als der Prozeß, also die Berufungsverhandlung, begann, bat Günther einen Zeugen vorladen zu dürfen, der nach Günthers eigener Erkenntnis etwas Wesentliches aussagen könne.

Mit Einverständnis des Generalstaatsanwaltes, dessen faire Gesinnung Günther im Zug kennengelernt hatte, wurde seinem Antrag stattgegeben und die Verhandlung für eine Stunde ausgesetzt.

Dann meldete ein Justizbeamter: »Der Zeuge wartet draußen vor der Tür, um vorgeführt zu werden.« Ob man den Zeugen mit oder ohne Handschellen vorführen solle, weil der einsäße?

Das Gericht entschied auf ohne Handschellen.

Günthers Zeuge erschien und wurde zwischen zwei Polizisten gesetzt, weil er ja ein Strafgefangener war.

Günther bat, den Zeugen nach seinen Personalien fragen zu dürfen und danach, wo er den Verteidiger kennengelernt habe. Das wurde ihm gestattet. Günther bat auch, den Zeugen zu vereidigen. Das wurde aber abgelehnt, doch der Zeuge darauf hingewiesen, daß er die volle Wahrheit zu sagen habe und man ihn eventuell hinterher für das vereidigen könne, was er vorher gesagt habe.

Dann durfte Günther den Zeugen nach dem fragen, was mit dem Prozeß zu tun hatte.

Günther las dem Zeugen vor, was der ihm vorher erzählt hatte. Nach jedem Satz hielt er inne und bat den Vorsitzenden, den Zeugen zu fragen, ob er das wirklich gesagt habe.

Der Zeuge war so überrascht, daß er nur nicken konnte. Da fuhr der Vorsitzende ihn an: »Wir wollen eine klare, verständliche Anwort von Ihnen. Ja oder nein. Ich möchte Sie noch einmal daran erinnern, daß Sie zu fünf Jahren Zuchthaus verurteilt werden können, falls Sie einen Meineid schwören und die Unwahrheit sagen.«

Der Zeuge mußte zugeben, daß er Günther alles, was der behauptete, gesagt hatte.

Der Generalstaatsanwalt wunderte sich und fragte Günther: »Wie konnten Sie denn überhaupt mit diesem Zeugen sprechen, der gar nicht zu dieser Berufungsverhandlung und Ihren Mandanten gehört?« Günther erklärte ihm den Irrtum der Justizverwaltung oder des Beamten. Er beteuerte, am Anfang gar nicht gewußt zu haben, daß es sich um einen »Fremden« handelte. Dann aber gab er zu, daß er für diesen Irrtum dankbar sei, der nun endlich die Wahrheit an den Tag bringe.

Die Anklage wollte natürlich wissen, ob Günther auf den Zeugen Druck ausgeübt habe. Aber der Zeuge, der noch immer nicht genau wußte, worum es in diesem Prozeß ging, erklärte nach einer längeren Gedankenpause: »Ich kann doch nichts dafür. Ich dachte doch, daß der Verteidiger einer von uns ist, und nicht von den Roten. Wie konnte ich denn wissen, daß der nicht mein Verteidiger ist? Ich bin doch nicht studiert.«

Dann wurde der Zeuge doch noch vereidigt, und das Gericht war der Meinung, es habe sich alles so abgespielt, wie es der Zeuge berichtet hatte. Auch die Anklage schloß sich dieser Meinung an.

Bei seinem Plädoyer brauchte Günther nicht mehr viel zu sagen. Damals, 1932, gab es doch noch aufrechte Männer in der Justiz, denen es um Wahrheit und Gerechtigkeit ging. Der Prozeß endete mit Freispruch.

Doch der neunundzwanzigste Angeklagte, der Führer der Demonstration, wurde trotz seines Staranwalts weiterhin im Gefängnis behalten. Man hatte eine Waffe bei ihm gefunden.

Diese Verteidigung machte Günther über Nacht berühmt. Der Prozeßbericht erschien auch in Berliner Zeitungen. Er konnte die Fälle gar nicht alle übernehmen, wo er nun um Hilfe gebeten wurde.

Der Mann mit dem Messer

In Berlin war ein anderer Mann ebenfalls wegen schweren Landfriedensbruchs angeklagt worden. Das Gericht warf ihm vor, bei einer Demonstration ein Messer getragen zu haben. Die Kundgebung artete in eine Straßenschlacht aus, als die Marschierer auf eine SA-Kolonne stießen und dann gegen eine Straßensperre der Polizei prallten. Bei der Festnahme stellten Polizisten bei dem Angeklagten ein Messer sicher. Ein solches bei einer Demonstration zu tragen, stand unter Strafe.

Da ein SA-Mann durch Messerstiche verletzt worden war, verurteilte man den Messerträger als mutmaßlichen Täter zu einer mehrjährigen Gefängnisstrafe, obwohl er immer wieder aus tiefstem Herzen beteuerte, unschuldig zu sein.

Der Verurteilte ging in die Berufung und bat Günther, ihn zu verteidigen, um wenigstens seine hohe Strafe zu mildern.

Als Günther mit seinem Mandanten sprach, kam er zu der vollen Überzeugung, daß dieser etwas langsame und empfindsame Mensch niemals mit einem Messer auf einen anderen Menschen einstechen könnte. Er war ein typischer Mitläufer. Günther fand auch heraus, daß seine Kollegen auf dem Bau, wo er als Handlanger arbeitete, ihn überredet hatten, mit zu demonstrieren. Er selbst wollte gar nicht, hatte so etwas auch noch nie getan, aber er wollte auch seine Kollegen nicht enttäuschen.

Der Mann beteuerte Günther, daß er von dem Messer nichts gewußt habe, man müsse es ihm zugesteckt haben. Auch das glaubte ihm Günther. Aber seine Meinung würde das Gericht bestimmt nicht überzeugen. Natürlich würde er den Mann nicht finden, der dem Unschuldigen das Messer zugesteckt hatte. Es sah also sehr schlecht für den Angeklagten aus.

Auf dem Weg zur Verhandlung traf Günther den Landgerichtspräsidenten, der die Verhandlung leiten sollte. Dieser winkte Günther zu sich heran. »Herr Kollege«, redete er ihn etwas ironisch an, wie es die hohen Gerichtsherren immer mit den kleinen Referendaren taten, »also lieber Herr Kollege, bitte kein langes Plädoyer. Es hat keinen Sinn, wie Sie selbst wissen. Der Angeklagte ist und bleibt zu Recht verurteilt. Das beim Angeklagten vorgefundene Messer spricht eindeutig gegen ihn. Ich könnte ihn zu einer noch höheren Strafe verurteilen, wie Sie wissen. Aber ich möchte das nicht, obwohl wir eigentlich hart durchgreifen müßten, wegen der zunehmenden Brutalität bei diesen Straßenschlachten. Also fassen Sie sich bitte kurz. Tun Sie mir den Gefallen.«

Günther hatte sich gründlich vorbereitet, wie für jeden Menschen, den er verteidigte. Er brauchte keine Notizen für die Verhandlung, denn was er einmal durchdacht hatte, das behielt er und konnte er jederzeit abrufen. Sein Plädoyer stand mit allen Einzelheiten fest.

Günther besaß ein fotografisches Gedächtnis. An einmal Gesehenes konnte er sich noch nach Jahrzehnten erinnern. Leider half ihm das nicht bei der Verteidigung des Mannes mit dem Messer; den mußte er aus dem Gefühl heraus verteidigen, das ihm signalisierte, daß dieser Verurteilte unschuldig sei. Der Mann konnte außer »Ich war es wirklich nicht« nichts zu seiner Verteidigung vorbringen. Noch nicht einmal einen überzeugenden Eindruck machte er. Vor jeder Autorität, und so auch vor dem Gericht, hätte er sich am liebsten in ein Mauseloch verkrochen. Schon als Günther das Wort Gericht erwähnte, zuckte er zusammen und zeigte panische Angst. Günther hoffte nur, daß die Mitglieder des Gerichts keine Nazis waren.

Die Verhandlung begann. Das Gericht stellte noch einmal fest, wessen der Angeklagte beschuldigt worden war. Vor dem Richter lag das Messer, das Hauptindiz gegen den Verurteilten. Demonstrativ klappte der Richter seine Mappe zu, für ihn war die Berufungsverhandlung schon erledigt. Dann öffnete er den Deckel seiner goldenen Taschenuhr, sah auf die ablaufende Zeit, gab Günther damit zu verstehen, daß alles, was nun folgte, nur eine Zeitverschwendung war, und bequemte sich, dem Anwalt mit gelangweilter Stimme die ihm zustehende Zeit einzuräumen: »Das Wort hat die Verteidigung.«

Günther ließ sich nicht einlullen. Er legte sofort los und versuchte wenigstens die Beisitzer mit seinen Argumenten umzustimmen. Doch die sahen auf das Messer, und damit war alles klar und jedes weitere Wort überflüssig.

Damals drohten die Nazis ihren Feinden, Rache zu nehmen, wenn sie ihnen schadeten. Immer wieder wurden sogenannte Volksfeinde überfallen und geschlagen oder sogar getötet. Günther spürte, wie sich die bestellten Schöffen deshalb aus diesem Fall heraushalten wollten.

Er redete und redete, aber merkte leider auch, wie er sich wiederholte. Er versuchte seinen Mandanten als einen typischen Mitläufer zu charakterisieren. Fast stellte er ihn als einen Trottel dar, der nichts aus eigenem Antrieb tat. Und wenn der schon ein Messer trug, dann sicher nicht zu einem aggressiven Zustoßen, sondern höchstens zur Notwehr in diesen unruhigen Zeiten.

Keiner hörte ihm zu. Der Richter sah immer wieder irritiert auf seine Uhr, ließ sie demonstrativ an der Kette pendeln und wartete darauf, daß er die Verhandlung abschließen konnte.

Günther hätte am liebsten mit seinen Fäusten für diesen Mann gekämpft. Er wußte, in welche Hölle er wieder zurück mußte, in ein Gefängnis, in dem die Nazis schon Rache nahmen. Der Saal war vollgestopft mit Schaulustigen, Arbeitslosen, die dort ihre Zeit verbrachten, Nazis, die ihren Sieg feiern wollten, und Roten, die dem Angeklagten ihre Solidarität zeigten. Den Nazis war der Sieg schon in ihren höhnisch grinsenden Gesichtern geschrieben, und sie flüsterten sich zu, in welcher Kneipe sie ihn feiern wollten. Die Roten duckten sich schon weg, sie trauten dem jungen Verteidiger nicht mehr zu, ihren Genossen zu befreien.

Günther fühlte sich auf verlorenem Posten. Er begann zu fürchten, daß jedes Wort, das er noch sprach, seinem Mandanten eher schadete als nützte. Aber dann sah er noch einmal auf das vertrackte Messer. Dort lag es, keiner beachtete es nun. Es hatte seine Pflicht getan und war zu den Akten gelegt. Warum ihn das Messer faszinierte, wußte Günther auch nicht. Es zog ihn einfach an, wohl weil es sein ärgster Feind war.

Da entdeckte er plötzlich etwas, was vorher weder ihm noch den anderen aufgefallen war. Es war kein gewöhnliches Messer, sondern eins, wie es Töpfer gebrauchen. Günther hatte einmal einem Töpfer zugesehen, und der hatte mit diesem stumpfen Messer nicht nur demonstriert wie man damit arbeitete, sondern theatralisch einen Mord durch Messerstich vorgespielt.

Günther kam die rettende Idee, und er setzte sie sofort in die Tat um. Aber so, daß es zunächst keinem auffiel.

Ganz ruhig und wie von ungefähr schritt er auf das Gericht (und das Messer) zu. Keiner registrierte es als etwas Besonderes. Es kam öfters vor, daß Anwälte sich von ihrer Bank wegbewegten. Alle langweilten sich und beachteten den Verteidiger kaum noch. Langsam und unmerklich veränderte Günther seine Taktik. Er brach seine aggressive Tirade ab und gab in einem resignierenden Ton zu: »Ich sehe ein, daß meine Verteidigung keinen Sinn mehr hat. Das stimmt mich sehr traurig ...«

Der Richter nickte wie ein verständnisvoller Vater und fand sich damit ab, ein geplantes Rendezvous bereits versäumt zu haben.

Zerknirscht fuhr Günther fort: »Aus diesem Grund werde ich mich auch mit diesem Messer umbringen.«

Ehe die Zuhörer begriffen, was er da gesagt hatte, faßte Günther schon nach dem Messer und stach dort zu, wo er mitten ins Herz treffen mußte.

Ein Aufschrei des Entsetzens. Alles sprang auf, starrte Günther an und rechnete damit, daß er sofort tot umfallen würde. Doch Günther stand noch immer ganz ruhig auf seinem Platz, mit dem Heft des Messers in der Faust, die Klinge mitten im Herzen. Freundlich lächelte er die entsetzten Zuschauer an. Dann demonstrierte er ihnen, warum er sich nicht mit dieser Stichwaffe getötet hatte. Die Klinge schnellte mit einer Feder in den Schaft zurück, wenn sie gegen etwas Hartes stieß. Es glich den Messern, die Schauspieler auf der Bühne benutzten.

Der Richter, noch im Schock, kam langsam wieder zu sich, begriff, was Günthers Argument war, und sprach den Angeklagten sofort frei. Noch wie im Traum kam der auf Günther zugeschwankt, drückte seine Hand mit aller Kraft, stotterte: »Ich dachte, ich dachte, Sie hätten wirklich Selbstmord gemacht ...« und fiel plötzlich um. Dabei riß er den Günther so mit, daß er unter ihm zu liegen kam.

Wieder Entsetzen im Saal. Keiner hatte die Worte des Freigesprochenen gehört, jeder dachte sofort an Mord.

Doch die Frau des Handlangers, die auch im Saal war, kam nach vorne und beschwor den Gerichtsdiener, nicht einzugreifen:

»Mein Mann ist Epileptiker. Er wird gleich wieder zu sich kommen. Der plötzliche Freispruch muß ihn furchtbar erregt haben.«

So warteten alle. Günther lag unter seinem Mandanten begraben, bis der wieder zu sich kam.

Als beide sich wieder hochrappelten, kam der Herr Landgerichtspräsident auf Günther zu, streckte ihm die Hand hin und beglückwünschte ihn tatsächlich: »Erstens einmal zur Befreiung aus der Umklammerung Ihres Mandanten..«, dann aber fuhr er sachlicher fort: »Aber zweitens auch für dieses erstklassige Plädoyer, das mich allerdings nicht überzeugte. Doch Ihre Beweisführung am Schluß, die warf uns alle um. Und drittens möchte ich Ihnen, auch aus meiner langen Berufserfahrung heraus, prophezeien, daß Sie einmal ein ganz ausgezeichneter Anwalt werden . . .«

Der Bluthund

Dieser Fall spielte auch noch vor Hitlers Machtübernahme in Berlin. Hitler war schon auf dem Marsch dorthin, unüberhörbar; seine Kolonnen beherrschten die Straßen, Fensterscheiben klirrten, Menschen schrien voller Angst, und wüste Drohungen schüchterten alle friedfertigen Zeitgenossen ein.

Damals wachte noch ein sozialdemokratischer Polizeipräsident über die Sicherheit Berlins, und im Reichstag konnten alle, auch die kommunistischen Abgeordneten, ihre Meinung sagen. Einen dieser kommunistischen Reichstagsmänner sollte Günther verteidigen. Ein Spitzel hatte behauptet, dieser Abgeordnete habe in einer kommunistischen Versammlung den Polizeipräsidenten von Berlin als »Bluthund« beschimpft. Der so gedemütigte Herr stellte natürlich sofort Strafanzeige, weil er diese Ehrabschneidung nicht auf sich sitzen lassen konnte.

In erster Instanz war er empfindlich bestraft worden. Zur Berufung bat die Familie Günther, die Verteidigung zu übernehmen.

Wieder mahnte ihn der Vorsitzende: »Bemühen Sie sich nicht, Herr Kollege, wir haben die eidesstattliche Erklärung des Zeugen, und der Anklage ist der Verurteilte als Rüpel und Scharfmacher bekannt.«

Günther lächelte nur; so etwas hörte er meistens. Die Verhandlung begann. Der Spitzel sah genauso aus, wie ihn sich ein unbefangener Bürger vorstellte: geduckte Haltung, pomadisierte, dünne Haare, deren Reststrähnen an der bleichen, buckeligen Glatze klebten. Schuppen auf dem Rücken der abgetragenen, glänzenden Jacke. Viel zu lange Ärmel für die kurzen Arme. Trauerränder unter den Fingernägeln, schielende Augen, aber riesig aufgespannte Ohren, die er jedesmal in die Richtung drehte, aus der gesprochen wurde. Die Lippen so gierig und doch schlapp.

Bei jeder Frage der Behörde an ihn knickte er ein, um sich dann wieder wie eine feige, zum hinterhältigen Biß bereite Schlange hochzuwinden. Immer untertänigst bereit, genau das zu antworten, was die Staatsräson von ihm erwartete. Dann sah er tief befriedigt aus.

Das widerte Günther an, aber dann bekam er doch Mitleid. Der Mann war vermutlich selbst eine arg getretene Kreatur.

Doch seine Irritation brachte Günther auch auf eine Idee, die vielleicht seinen Mandanten wieder aus dem Gefängnis herausholen konnte. Er bat den Richter: »Gestatten Sie, Herr Landgerichtspräsident, daß ich mit dem Herrn Zeugen der Anklage ein kleines Experiment unternehme?« Günther beobachtete, daß es dem Spitzel gefiel, so bedeutend angeredet zu werden und im Mittelpunkt der Verhandlung zu stehen. Eitelkeit spiegelte sich in seinem Gesicht. Er strich seine Haare glatt, sah zu seinen »Vorgesetzten« hinüber und bedeutete ihnen, seine Aussage sei durch nichts zu erschüttern, er sei aber auch bereit, dieses Experiment abzulehnen, falls sie es wollten.

Erstaunt blickte der gelangweilte Richter auf. Eigentlich war er gegen dieses unnütze Experiment, aber dann ließ er Günther doch mit einer wegwerfenden Handbewegung gewähren.

Zunächst stellte Günther dem Zeugen einige scheinbar belanglose Fragen: Wie das Wetter an jenem Tage gewesen sei, ob der Herr Zeuge das Wort Bluthund mit dem Bleistift oder mit einem Federhalter aufgeschrieben habe.

Der Vorsitzende wurde ungeduldig und mahnte Günther: »Aber Herr Kollege, was soll denn das? Das ist doch eine ganz unsinnige Fragerei.«

Doch Günther wehrte sich: »Herr Landgerichtspräsident, ich hatte gebeten, einige Fragen stellen zu dürfen, und das ist mir auch gestattet worden.«

Damit gewann er nicht gerade das hohe Gericht. Auf den Mienen aller zur Urteilsfindung Sitzenden wurde Unmut deutlich.

Günther fuhr fort: »Herr Zeuge, wo saßen Sie denn während der Versammlung? Sicher hinten im Saal, damit Sie von den Genossen am Vorstandstisch, denen Sie ja kein Unbekannter sind, nicht erkannt werden konnten?«

Zunächst spiegelte sich Eitelkeit auf dem Gesicht des Spitzels, weil die Richter nun von einer fremden Person hörten, wie geschickt er sich verhalten hatte, aber dann überkam ihn doch Angst. Er fühlte sich überrumpelt und sah hilfesuchend zu den hohen Herren, weil er nicht wußte, wie er antworten sollte. Doch diese Herren fanden Günthers Frage so unsinnig, daß sie nicht auf das fragende Gesicht ihres Zeugen reagierten. Für sie war die Berufung schon längst verworfen, der Spitzel hatte seine Schuldigkeit getan, er konnte gehen.

Aber dann fand der Spitzel doch, daß seine Intelligenz reichte, um diese Frage im Sinne der Richter zu beantworten. Stolz versuchte er sich als kluger Beobachter auszuweisen, indem er antwortete: »Natürlich habe ich hinten im Saal gesessen, wie der Verteidiger recht bemerkt hat.«

Stolz wie ein Hahn reckte er sich, sah über den Gerichtssaal und dann zu den Herren, weitere Anfragen heischend.

Günther bat den Vorsitzenden: »Herr Landgerichtspräsident, darf ich den Zeugen vielleicht nach hinten in den Gerichtssaal schicken?«

Der Angesprochene schüttelte ablehnend den Kopf. Jeder wußte, was er dachte, aber nicht ausdrückte, um nicht als befangen abgelehnt zu werden. Er antwortete dann mit einer bejahenden, wenn auch resignierten Handbewegung.

Der Zeuge begab sich also an das Ende des Saales. Es war kein besonders großer Raum, vielleicht doppelt so groß wie ein geräumiges Wohnzimmer.

Die Zuschauer amüsierten sich. So etwas hatten die regelmäßigen Besucher der Gerichtsszene noch nicht erlebt.

Als der Spitzel an der gegenüberliegenden Wand stand, rief Günther ihm zu: »Der Polizeipräsident ist ein Bluthund!«

Die Zuhörer waren entsetzt, das Gericht schreckte auf, und der Staatsanwalt wollte schon Einspruch erheben.

Doch da antwortete der Spitzel: »Herr Landgerichtspräsident, sagen Sie doch bitte dem Anwalt, er soll lauter sprechen.

Ich habe nichts verstanden.« Sofort hakte Günther ein und rief, so laut er konnte: »Herr Zeuge, sind Sie etwa schwerhörig?«

Worauf dieser sofort und bestätigend antwortete: »O ja, das kann man wohl sagen. Also sagen Sie den Satz bitte noch einmal.«

Doch Günther wandte sich an das Gericht und erklärte: »Meine Herren, mein Experiment ist beendet. Der Zeuge hat noch nicht einmal meinen Satz, den sonst jeder hier im Raum verstehen konnte, verstanden. Wie kann er in einem viel größeren Saal verstanden haben, was der Angeklagte gesagt haben soll? Er hat das belastende Wort noch nicht einmal hier gehört. Ich bitte um Freispruch für den Angeklagten.«

Der Angeklagte wurde freigesprochen, und der Spitzel bekam eine Verwarnung.

Die Schöffin

Dieser Freispruch löste eine neue Hetzkampagne von rechts gegen Günther aus. Anonym wurde dem »jüdischen Kommunisten« gedroht, man werde ihn aufhängen. Alle Freunde rieten ihm, keine politischen Prozesse mehr zu führen. Man rechnete jeden Tag mit einer Machtübernahme der Nazis. Viele Richter und Anwälte hatten sich schon ins Ausland abgesetzt und Günther ihre Fälle übergeben.

»Konzentriere dich doch auf Diebstahl, Scheidungen und Erbsachen«, bat Gisela. Doch Günther konnte seine hilfesuchenden Mandanten nicht abwimmeln, er half jedem, der ihn bat.

In einem neuen Prozeß ging es um die Verteilung von Flugblättern, auf denen die Nazis und die jetzige Regierung in übelster Weise beschimpft worden waren. Man warf einigen Kommunisten vor, diese ehrenrührigen Blätter verteilt zu haben.

Günther redete mit den Angeklagten. Sie sagten: »So etwas verteilen wir doch nicht. Das ist doch die reine Hetzerei, und so was wie Schlafzimmergeschichten und Homosexuelles bringen wir doch nicht. Mit den Flugblättern wollte man uns in eine Falle locken.«

Günther war von der Unschuld der Leute überzeugt. Als er den Männern erklärte, daß er sie verteidigen würde, fragte ihn der Anführer: »Bist du auch ein Genosse?«

»Warum?« fragte Günther zurück.

»Weil uns sonst keiner verteidigen will. Soviel Mumm gibt es doch heute nicht mehr. Das kann Ihnen das Genick brechen, wenn die Nazis an die Macht kommen. Und wie ich sehe, kann keiner sie mehr aufhalten. Also mußt du ein Genosse sein. Wir sagen es auch nicht weiter, wenn du es verheimlichen willst.«

»Nein«, antwortete Günther, »ich bin kein Genosse.« Und dann zitierte er Voltaire: »Ich bin zwar nicht eurer Meinung und teile auch nicht eure politische Einstellung. Aber ich werde mich dafür einsetzen, wenn es sein muß, auch mit meinem Leben, daß ihr eure Meinung sagen und vertreten könnt.«

Es kam ihm ein bißchen pathetisch vor. Trotzdem setzte er noch bekräftigend hinzu: »So wahr mir Gott helfe.«

Worauf der Sprecher der Angeklagten aufstand, Günther die Hand reichte und verkündigte: »Herr Schild, wir haben großen Respekt vor Ihnen, obwohl uns Welten trennen. Sie sind ein hoffnungsloser Idealist.«

Günther lächelte, aber meinte abwehrend: »Nein, nein, ich bin weder ein Idealist, noch hoffnungslos. Ein Tor bin ich vielleicht, aber einer mit sehr viel Hoffnung . . . und mit viel Glück.«

Die Verhandlung fand vor einem Schöffengericht statt. Die Stimmen der Schöffen hatten dort soviel Gewicht wie die des Richters. Sie konnten ihn auch überstimmen.

Mit dem Stärkerwerden der Nazis drangen immer mehr von ihnen in dieses Amt. Günther beobachtete ihr Verhalten sehr genau, um sie eventuell als befangen ablehnen zu können. Oft konnte er sich noch auf die Unbestechlichkeit der Richter verlassen; die Schöffen waren, wenn sie sich nicht als Nazis bekannten, dem Druck der Straße stärker ausgesetzt als die Beamten.

Zu Schöffen in dieser Gerichtsverhandlung waren eine Frau und ein Mann bestimmt worden. Der Richter wollte die beiden vereidigen und forderte sie auf, ihre Schwurhand zu heben. Der Mann schwor so, wie es üblich war. Doch die Frau erhob ihre Hand zum Nazigruß und wollte so vereidigt werden. Günther fiel das sofort auf. Auch sonst machte die Frau auf ihn einen fanatischen Eindruck. In ihrem Gesicht glühte Haß, wenn sie zu den Angeklagten hinübersah. Durch ihr straff gebürstetes Haar hatte sie einen messerscharfen Scheitel gezogen. Im Nacken waren die Zöpfe zu einem Knoten zusammengezwungen worden. Wie eine geballte Faust wirkte der. Ihren korpulenten Körper hatte sie in ein enges Korsett und Kostüm gezwängt, in dem sie sich wie in einer Ritterrüstung bewegte.

Günther rief dem Richter zu: »Ich lehne diese Dame wegen Befangenheit ab, da sie offensichtlich eine Nationalsozialistin ist. Denn sie schwört nicht mit zwei Fingern, wie es vorgeschrieben ist, sondern mit dem Hitlergruß. Darum kann sie nicht unbefangen über ihre politischen Gegner urteilen. Ich bitte das Gericht also, einen anderen Schöffen zu bestellen.«

Die Frau errötete wie ein kleines Mädchen, fühlte sich ertappt und schämte sich sogar. Günther tat sie plötzlich leid, doch er mußte mit allen Mitteln seine unschuldigen Mandanten verteidigen.

Das Gericht zog sich lange zur Beratung zurück. Es dauerte und dauerte. Im Gerichtssaal herrschte absolute Ruhe, keiner tuschelte, wie es sonst üblich war.

Die Schöffin hatte sich von ihrem Schreck erholt und fand es als deutsche Frau empörend, von einem »linken Juden« bloßgestellt zu werden.

Günther war es auch nicht wohl zumute. Wieder war einer seiner Kollegen auf der Straße blutig zusammengeschlagen worden und hatte Deutschland verlassen.

Endlich erschien das Gericht wieder, und der Richter sprach in die atemlose Spannung hinein: »Dem Befangenheitsantrag des Verteidigers ist stattgegeben worden.« Jubel bei den linken Zuschauern, Wutausbrüche bei den Nazis. Als Günther zu seinen Mandanten trat, spuckte ihn ein Nazi an und schrie: »Ich werde dich Judensau persönlich an einer Laterne aufhängen!«

Beim Hinausgehen flüsterte der Richter Günther zu: »Wenn Ihre Gegner an die Macht kommen, wird meine Karriere zu Ende sein. Aber Ihnen, werter Kollege, würde ich raten, dieses Land so schnell wie möglich zu verlassen.«

Wenige Tage nach diesem Prozeß kamen die Nazis tatsächlich an die Macht. Viele Menschen verschwanden in den neuen Konzentrationslagern. Günther mußte auch damit rechnen. Er mietete sich ein Zimmer, damit man ihn nicht sofort in der Wohnung seiner Mutter fand. Es waren bange Tage und Nächte.

Der Reichstagsbrand

Seit einer Weile arbeitete Günther darauf hin, seinen Assessor zu bestehen. Er saß in der preußischen Staatsbibliothek und auch in der Bibliothek des Kammergerichts, doch nirgends kam er zur Ruhe. Immer wieder störten ihn andere Studenten und Mitglieder der Horde, die von dem Studenten mit lauter Einsen alles Mögliche und Unmögliche wissen wollten.

Schließlich klagte er einem Freund, dem Anwalt Fritz Löwenthal, sein Leid. Der saß als Abgeordneter im Reichstag. Löwenthal kam eine glänzende Idee: »Mensch, Schild, ich werde sofort mit meinem Fraktionsvorsitzenden Torgler sprechen. Wir haben im Reichstag die größte und beste juristische Bibliothek von ganz Deutschland. Er soll dir dort Zugang gewähren. Da kann kein Mensch dich stören.«

Er rief sofort Torgler an und berichtete anschließend: »Prima. Torgler wartet in unserem Fraktionszimmer auf dich und wird dir einen Ausweis für den Reichstag und die Bibliothek ausstellen. Er hat auch schon von deinen erstaunlichen Erfolgen als Verteidiger gehört.«

Das war im Januar 1933. Am Ende dieses Monats kam der Mann an die Macht, der später 55 Millionen Menschen in den Tod schickte; diese Machtübernahme sollte auch auf Günthers Leben Auswirkungen haben, um es einmal vorsichtig auszudrücken.

Günther eilte zum Reichstag, bekam dort die Erlaubnis zum Studium und konnte sich nun intensiv und in aller Ruhe auf sein zweites Staatsexamen vorbereiten. Die ersten Wochen der Machtübernahme verliefen verhältnismäßig ruhig, es war aber eine Ruhe vor dem Sturm, der dann durch den Reichstagsbrand ausgelöst wurde.

Es kam der 27. Februar 1933. Günther hatte sich am Mittag, als er den Reichstag betrat, als Besucher eintragen lassen und seinen Ausweis vorgezeigt. Um so mehr wunderte er sich, als er am Abend das Gebäude verlassen wollte, daß er keine Aufsichtsperson vorfand. Sonst liefen überall Bedienstete ihre Wachrunden, und im Pförtnerhaus wurde sein Ausweis gewöhnlich genau kontrolliert und sein Verlassen eingetragen. Günther wollte seinen Ausweis zurückhaben, doch er fand den Pförtner nicht, und keiner konnte ihm Auskunft geben. So verließ er das menschenleere Gebäude.

Als er die Stadtbahn erreicht hatte, um nach Hause zu fahren, wurde plötzlich der Himmel blutrot aufgerissen, und Günther sah mit Entsetzen den Reichstag brennen. Alle Menschen flüchteten, weil sie ahnten, daß etwas Entsetzliches passieren würde. Günther sah auch zu, daß er schnell in seine geheime Wohnung kam.

Torgler und ein anderer Kommunist wurden sofort verhaftet; die sogenannte »Nacht der langen Messer« begann. Viele Kommunisten verloren ihr Leben; man gab ihnen die Schuld am Reichstagsbrand. Günther mußte damit rechnen, daß man auch ihn als Verdächtigen verhaftete, falls man noch seinen Ausweis fand und den Eintrag im Besucherbuch.

Einige Nächte verbarg er sich bei einem »arischen« Freund, bis sich die Verhaftungswelle etwas legte. Man hatte seinen Ausweis anscheinend nicht gefunden.

Am 7. April trat dann das »Gesetz zur Wiederherstellung des deutschen Beamtentums« in Kraft. Das besagte unter anderem, daß Beamte jüdischer Rasse sofort aus dem Staatsdienst zu entlassen seien. Nun war ihm der Weg zum Richterberuf versperrt.

Ausbürgerung und Flucht

Günther hatte sich noch vor der Machtergreifung Hitlers ein Visum für Frankreich besorgt, und Gisela auch. Sie wollten nach Paris fahren, wovon Günther schwärmte, obwohl er die französische Metropole noch nie gesehen hatte. Er bewunderte die Kultur der Franzosen. Er sprach auch ganz gut Französisch und konnte die französischen Schriftsteller in ihrer Muttersprache lesen. Ganz besonders in den Auseinandersetzungen mit den Nazis vor Gericht waren ihm die drei Schlagworte der französischen Revolution – Freiheit, Gleichheit, Brüderlichkeit – ein Antrieb, weiterzumachen.

Während draußen die siegestrunkenen Nazikolonnen durch die Stadt marschierten, las Günther Voltaire. Er verbrachte alle Nächte in seiner neuen Wohnung, weil er damit rechnete, sonst im Morgengrauen verhaftet zu werden. Tagsüber kehrte er zu seiner Mutter zurück.

Mittlerweile galten seine Vollmachten zur Verteidigung vor

Gericht nicht mehr, denn die Anwälte, die sie ihm erteilt hatten, wurden verfolgt, umgebracht oder flohen. Aber seine Mutter sagte immer: »Junge, nimm das mit der Brutalität, den Ausschreitungen und dem Berufsverbot nicht so tragisch. Die Machtübernahme ist ihnen zu Kopf gestiegen, sie werden sich schon wieder beruhigen.«

Doch eines Morgens, sehr früh, Günther war gerade erst aufgestanden, klopfte die Mutter an seine Tür. Um ihn nicht zu erschrecken, rief sie: »Ich bin's, deine Mutter.« Und dann erzählte sie: »Heute morgen kamen sie, nicht Polizisten, sondern ganz üble Schläger, die noch nicht einmal vor einer alten Dame Respekt hatten. Sie suchten dich, sie wühlten die ganze Wohnung durch und zerrissen die Bücher und Bilder, die sie in deinem Zimmer fanden. Sie drohten, sie würden dich finden und ›Hackepeter‹ aus dir machen ...«

Bei diesem schrecklichen Wort verlor die Mutter ihre Beherrschung und fing an zu schluchzen. Günther drückte sie an sich und versuchte sie zu trösten.

»Günther«, kam sie dann schnell wieder zu sich, »du mußt Deutschland sofort verlassen. Hier bist du nicht mehr sicher. Bitte, bitte, fahr sofort weg.«

»Mutter«, sagte Günther, »das geht nur, wenn du mitkommst. Ich kann dich nicht allein bei diesen Barbaren lassen. Sie werden an dir Rache nehmen, sie bringen alles fertig, wenn sie mich nicht finden.«

»Nein, das geht nicht«, sagte die Mutter. »Sie werden sich schon nicht an einer alten Frau und Mutter vergreifen. Ich muß doch hierbleiben und das Haus hüten, die Mieten einziehen, so daß wir davon leben können. Es wird mir fast das Herz brechen, meinen einzigen Sohn, mein einziges Kind, gehen zu sehen, doch es geht um dein Leben.«

Aber Günther konnte sich nicht von seiner Mutter trennen. Er wußte, daß er in äußerster Gefahr war, aber die Mutter konnte er doch unter diesen Umständen nicht allein lassen. Er hoffte auf eine Abmilderung der Ausschreitungen, sonst blieb ihm ja nichts mehr übrig.

Da, eines Morgens, erschien die Mutter wieder bei ihm und überbrachte ihm einen Brief.

Günther versuchte, sie zu beruhigen, als er den Brief nahm: »Siehst du, nun sind die Schläger nicht mehr wiedergekommen und haben mich vergessen.«

Doch die Mutter sah ihn ganz ernst und traurig an. »Lies!« bat sie mit erstickter Stimme.

Günther las seine Ausbürgerungsurkunde. Er war nun kein Deutscher mehr, war staaten- und rechtlos. Sie konnten mit ihm tun, was sie wollten. In dem Brief wurde ihm auch befohlen, sofort seinen Reisepaß abzuliefern, andernfalls müsse er mit seiner Verhaftung rechnen.

Günther lief zum Zeitungsstand und kaufte sich dort das Preußische Staatsblatt. Er bekam dort bestätigt, daß er und etliche andere, von denen die meisten einen jüdisch klingenden Namen trugen, die Staatsbürgerschaft verloren hatten. Ohne Gründe. Günther wollte Einspruch erheben, wie er es so oft für andere getan hatte. Oder wenigstens wissen, warum man ihm denn die Staatsbürgerschaft aberkannt habe und woher die Beamten überhaupt die Gewißheit nähmen, daß er Jude sei, und wie das ein Grund sein könne, eine durch Geburt und Eltern erworbene Staatsbürgerschaft abzuerkennen.

Doch vorher rief er Kollegen an. Die rieten alle ab: »Mensch, Schild, das wäre das Dümmste, was Sie tun könnten. Die werden Ihnen sofort den Paß abnehmen und Sie einsperren. Hauen Sie schnell ab, ehe Sie auch noch im Fahndungsblatt stehen.«

Aber wo sollte Günther denn hin? Deutschland war seine Heimat und sein Vaterland. In Frankreich war er ein Fremder, und er wußte auch gar nicht, ob die französische Regierung ihn aufnehmen würde.

Er fuhr zu Gisela. Die war auch ganz außer sich. Aber sie bemühten sich, die Sache noch einmal nüchtern zu betrachten. Günther fragte: »Wenn ich fliehen muß, kommst du mit?«

»Ja«, sagte sie spontan.

Doch als Günther näher darüber nachdachte, meinte er: »Das war egoistisch von mir, dich so zu fragen. Du bist ja nicht gefährdet. Ich glaube, wenn, fahre ich alleine los und sehe erst einmal, ob wir beide in dem fremden Land eine Existenzmöglichkeit finden. Sonst wäre es unverantwortlich von mir, dich mitzunehmen. Aber laß uns erst einmal die Sache überlegen. Ich komme heute abend noch einmal bei dir vorbei.«

Er eilte in seine geheime Wohnung zurück und überlegte, was er nun tun sollte.

Da wurde laut und brutal an seine Tür geklopft. Günther schreckte auf. Kamen sie jetzt schon mitten am Tag? Er verlor vor Angst den Kopf, lief zum Fenster und wollte hinausspringen.

Doch er wohnte in der dritten Etage und hätte unten auf dem gepflasterten Hof bestimmt den Tod gefunden.

Wieder wurde gegen die Tür gedonnert, dieses Mal noch lauter. Eine grobe, angetrunkene Männerstimme forderte: »Aufmachen, du Blödmann. Ich weiß, daß du da bist. Ich tu dir nichts. Aber mach die Tür auf, sonst tret ich sie dir ein.«

Günther öffnete voller Angst, als der bullige Kerl schon mit seinen Schultern gegen die Tür drückte, um sie aus den Angeln zu heben. Vor ihm stand ein riesiger Kerl, der nach billigem Fusel stank. Er stellte sofort seinen Fuß in den Türspalt, drang ins Zimmer ein, schlug die Tür schnell zu und hielt seinen gewaltigen Zeigefinger vor seine aufgeworfenen, schorfigen Lippen. Günther sah seine tätowierten Arme und die faulenden Zähne. Ein brutaler Bursche mit blutunterlaufenen Augen, auf seinem durchgeschwitzen Unterhemd prangte das Hakenkreuz.

Die Lippen des Eindringlings suchten nach Worten, er war es nicht gewohnt, welche zu machen, er konnte sich mit seinen Fäusten besser ausdrücken.

Aber dann rempelte er Günther an: »Mensch, biste immer noch hier? Wir wollten dir schon eenmal abholen, aber wir haben dir nich jefunden. Wir kommen aba wieder, darauf kannste 'nen Furz lassen. Hau ab, Mensch, mach die Mücke! Eigentlich sollt ick dir in die Fresse schlagen, aber eenmal haste mir vor Gericht richtig prima behandelt, hast sogar ›Herr‹ zu mir jesagt, obwohl du die Roten verteidigt hast jejen uns Nazis. Werd ick nie vajessen. Darum warne ick dir: Hau ab, sonst hängste morjen früh da vorne am Laternenmast. So is uns det befohlen worden, von der Führung.«

Der Fremde packte Günther, zerrte ihn mit zum Fenster und zeigte auf eine Laterne an der Straße: »Da wirste morjen früh baumeln, meen Lieba. Vaschwinde wie die Wurst im Spinde! Vastehste, ick mach keen Spaß. Et is janz ernst. Ick will dir nur retten, weil de so nett zu mir warst. Ick warte unten an der Ecke auf dir.«

»Ich muß aber noch zu meiner Mutter und zu meiner Braut«, bat Günther.

»Jeht nich!« brüllte der Kerl ihn an. »Sonst hau ick dir zusammen.«

Günther war fassungslos. Er wußte nicht, was er tat, als er sich idiotischerweise noch bei dem Rüpel beschwerte: »Sagen Sie, woher kennen wir uns eigentlich? Was fällt Ihnen denn ein, mich so ohne weiteres zu duzen?«

Da blieb sogar dem Kerl die Spucke weg. Er starrte Günther aus den blutunterlaufenen Augen an wie einen Irren. Günther sah, wie der Berserker in seinem trockenen, offenen Mund nach Spucke schluckte. Doch dann tippte er sich mit seinem gewaltigen Zeigefinger an die kleine Stirn: »Mensch, so 'nen Bekloppten wie dir hab ick noch nich jesehn. Da willste dem det Leben retten, und der will noch, daß de Sie zu ihm sagst. Du packst jetz deen Koffa, aber eenen janz kleenen. Jetz, jetz. Sonst schlag ick dir krankenhausreif, und du wirst baumeln.«

Günther kam wieder zu sich, er begriff, daß es um sein Leben ging und daß dieser fremde Mann sein Lebensretter sein wollte.

Der drohte: »Ick warte, ick jeh nich weg, biste fertig bist.«

Günther packte. Der Mann sagte: »Gib mir wat für deene Mutter, kann ick hinbringen. Ick sag keenem wat. Ick hab schon vajessen, wo de wohnst.«

Der Mann folgte Günther, als er die Wohnung verließ, bis zum Bahnhof. Er sah zu, wie Günther die Fahrkarte kaufte, und wartete solange, bis der Zug mit Günther in Richtung Westen abfuhr.

In seinem Abteil kam Günther etwas zur Ruhe. Draußen blühte und jubilierte ein sonniger, frischer Maientag. Der krasse Gegensatz zu Günthers Gemütsverfassung. Es war ein Tag zum Wandern, zum Singen und Lieben. Die Menschen, die zu ihm ins Abteil stiegen, waren alle bester Laune und sprachen mit ihm. Jeder freute sich über diesen Tag und wollte auch andere daran teilnehmen lassen. Eine einfache, ältere Frau sagte zu ihm: »So schön und ruhig und blühend, wie es draußen ist! So ist es jetzt auch mit unserem lieben Vaterland, seit der gute Führer die Macht übernommen hat.« Alle anderen bestätigten das mit dankbarem Nicken.

Günther sah zum Fenster hinaus und tat so, als ob er nichts gehört hätte. Aber es fiel den Mitreisenden doch auf, daß er sich nicht freute.

Die Frau fragte ihn mitleidig: »Sie sind so niedergeschlagen. Haben Sie einen Trauerfall in der Familie gehabt?«

»Nein, nein«, wehrte Günther schnell ab.

Da meinte die gute Frau: »Dann haben Sie sicher Pech in der Liebe gehabt«, und alle ließen ihn in Ruhe.

Günther dachte an seine Mutter, an Gisela. Wann würde er sie wiedersehen? Wenn überhaupt. Und was würde man ihnen antun? Aber je weiter er nach Westen fuhr, um so mehr mußte er an den Grenzübertritt denken. Wenn sie dort schon das Gesetzblatt bekommen hatten, dann war er verloren. Stand er wohl schon in der Fahndungsliste?

Doch bis Köln verlief alles ohne Zwischenfälle. Zwar sah er überall SA auf den Bahnhöfen; sie stieg auch in den Zug, doch keiner von den Braunhemden kam in sein Abteil. Am Hauptbahnhof mußte Günther umsteigen. Der nächste Zug wurde leerer, je näher er der Grenze kam. Günther versuchte, sich in ein Buch zu vertiefen. Aber es gelang ihm nur mit Mühe. Immer wieder schweiften seine Gedanken ab, oder er verfiel in ein demoralisierendes Grübeln.

Die einsteigenden Leute, Rheinländer, waren alle zu einem Schwätzchen aufgelegt und reagierten mißtrauisch auf den mitreisenden jungen Mann, der so ernst und stumm blieb. Aber Günther schaffte es einfach nicht, ihnen etwas vorzuspielen. Er sah noch nicht einmal aus dem Fenster, auch nicht in Düren, wo eine SA-Kapelle mit flotten Märschen aufspielte und alle im Abteil mitklatschten.

Alle hoben die Hand zum Hitlergruß, als eine Fahne vorbeigetragen wurde. Mit leuchtenden Augen.

Günther verbiß sich in einen belanglosen Satz des Buches, den er aber nicht verstand. Alles verschwamm vor seinen Augen.

Die Grenze

Günther hoffte auf ein volles Abteil beim Grenzübergang, doch immer mehr Reisende stiegen aus. Er versuchte, seine angespannten Nerven zu kontrollieren. Mehrere Male dachte er daran, einfach aus dem Zug zu springen. Er kam sich in dem Abteil wie in einer Gefängniszelle vor.

Der Zug lief in Aachen ein. Alle Mitreisenden standen auf, holten sich ihr kleines Gepäck aus dem Netz und warteten, bis der Zug hielt. Günther blieb sitzen und las. Eine Frau meinte: »Das muß aber ein spannendes Buch sein.«

Günther nickte eilfertig und vertiefte sich schnell wieder. Obwohl er gar nicht wußte, was er da eigentlich las. Es wäre zu einer Katastrophe gekommen, falls die Frau nachgefragt hätte. Günther ärgerte sich, daß er keine Nazizeitung gekauft hatte; die wäre eine bessere Tarnung gewesen als dieses Buch. Doch nun war es zu spät.

Auf dem Bahnhof sah es für Günther schlimm aus. Überall Uniformierte, SS, SA, Zollbeamte und Polizisten. Neugierig und diensteifrig patrouillierten sie über die Bahnsteige und bestiegen Günthers Zug.

Warum war er nicht vorher ausgestiegen? Wäre es nicht besser gewesen, die Flucht über die grüne Grenze zu versuchen? Aber das hätte er sich eher überlegen müssen.

Als einige SS-Leute genau vor seinem Abteil stehenblieben und Anstalten machten, es zu betreten, mußte er sich an der Bank festhalten, so zitterte er.

Ein Grenzbeamter betrat Günthers Abteil, ein anderer baute sich in der Tür als Überwacher auf.

»Paßkontrolle!« stellte der Beamte sich vor. »Bitte Ihren Paß vorzeigen!« Man war noch höflich, sicher, weil es ein internationaler Zug war und Günther ein Ausländer sein konnte.

Er holte seinen Paß aus der Brusttasche. Seine Hand zitterte leicht, aber glücklicherweise sah der Beamte nur auf den Ausweis.

Die entscheidenden Sekunden seiner Flucht. Sein Paß galt nicht mehr. Er war staatenlos. Er mußte verhaftet werden, weil er illegal die Grenze überschreiten wollte. Hoffentlich war seine Ausbürgerung noch nicht bis zu allen Grenzkontrollen gedrungen. Natürlich rechnete die Behörde damit, daß jeder Staatenlose versuchen würde, die Grenze zu überschreiten, ehe er in einem der neuen Konzentrationslager verschwand. Günther bemühte sich, gelangweilt aus dem Fenster zu sehen.

Der Beamte nahm seinen Auftrag penibel genau, er hatte ja auch alle Zeit der Welt in dem fast leeren Zug.

Der zweite Beamte wollte Günthers Köfferchen untersuchen. Günther entspannte sich etwas, denn der Inhalt sah wirklich nach einer kurzen Reise aus.

Nachdem der Beamte wirklich nichts Verdächtiges finden konnte, wollte er Günthers Fahrkarte sehen. Er beschäftigte sich so gründlich wie möglich damit, las sogar das Kleingedruckte. Dabei machte er ein sehr mißtrauisches Gesicht. Es schien ihm gar nicht zu gefallen, daß ein ordentlicher Deutscher nun das einige Volk, das Reich und den Führer verließ, wenn auch nur für eine kurze Reise.

Günther bekam seine Fahrkarte zurück, aber gleich zog sich

sein Herz wieder vor Angst zusammen. Der erste Beamte öffnete sein Fahndungsbuch und suchte den Namen Schild darin. Seinen Instruktionen gemäß suchte er zunächst in den gehefteten Seiten nach dem Namen, ehe er sich den Extraseiten vom letzten Tag zuwendete.

Nachdem er auf den regulären Seiten keinen verdächtigen Günther Schild gefunden hatte, gellte draußen ein greller Pfiff. Günther fuhr zusammen. Dann auch noch ein bellender Befehl: »Der Zug ist verspätet und fährt sofort ab.«

Der Beamte zögerte mit den Zusatzseiten in der Hand, aber dann folgte er doch dem höheren Befehl, reichte Günther seinen Paß zurück, klappte das Buch zu, knallte die Hacken zusammen, riß seinen Arm hoch und rief: »Heil Hitler.«

Von Günther erwartete er, daß er auch aufspringen und mit dem »deutschen Gruß« zurücksalutieren würde, doch Günther hing der Schreck wie Blei in den Gliedern, und er konnte diesen Gruß nicht herausbringen. Lieber sollte der Mann ihn noch im letzten Augenblick verhaften.

Aber der Beamte mußte hinausstürzen, der Zug fuhr schon an. Günther torkelte zum Fenster und riß es herunter. Er steckte seinen Kopf in den Fahrtwind und schüttelte ihn wie ein Boxer nach einem schweren Kinnhaken.

Die Lok nahm sehr schnell Fahrt auf, als ob sie sich für Günther ganz besonders beeilen wollte.

»Danke, liebe Schwester Lokomotive!« rief er in einer franziskanischen Anwandlung. »Danke, danke, danke und hallelujah, lieber Gott! Ich bin frei!« Er hatte Tränen in den Augen, vom Fahrtwind und von der Freude.

Wieder zurück nach Deutschland?

Günther ahnte nicht, was ihn an der belgischen Grenzstation erwarten würde. Er atmete kräftig durch, sah den Grenzstein neben der Bahn, warf sich dann auf die Bank und fühlte sich schon wie in Paris, der Stadt seiner Träume.

Der Zug hielt im Herbesthaler Grenzbahnhof, schon in Belgien. Ein belgischer Grenzbeamter betrat Günthers Abteil, grüßte zuvorkommend und bat höflich auf deutsch und französisch:

»Contrôle de passeport, Paßkontrolle, bitte.« Günther überreichte dem Beamten nonchalant seinen Paß und lehnte sich entspannt auf der Bank zurück. Hier konnte ihm ja nichts mehr passieren, er war in Sicherheit. Er lächelte und summte eine Schlagermelodie, die ihm gerade einfiel: ». . . Bananen, Bananen, und ausgerechnet Bananen, Bananen verlangt sie von mir.«

Der Beamte lächelte: »Sie sind ja so fröhlich wie dieser Maientag da draußen.«

»So ist es«, bestätigte Günther auf französisch. »Ich habe auch allen Grund dazu.«

»Oh!« freute sich der Belgier. »Sehr gut Französisch sprechen Sie auch. Wenn ich nur so gut Deutsch sprechen könnte . . .«

Günther wunderte sich. Warum blätterte der so lange in seinem Paß herum? Er hatte ein Visum für Frankreich, das mußte doch für die Durchfahrt genügen. Er sah sich schon in Paris. Nur noch diese kurze Strecke durch Belgien, dann konnte er schon heute abend über die Champs-Élysées bummeln und morgen früh in den Louvre gehen.

Das Gesicht des guten Mannes umwölkte sich sorgenvoll. Er seufzte und sagte entschuldigend zu Günther: »Es tut mir leid, mein Herr. Ich kann Sie leider nicht weiterreisen lassen. Ich bedauere es, aber Sie haben kein Durchreisevisum für Belgien.«

Günther wurde von der Spitze des Eiffelturms auf den Asphalt des Herbesthaler Bahnhofs hinuntergestürzt.

Aber dann protestierte er: »Aber mein Herr, ich will doch gar nicht nach Belgien, ich möchte doch nur durchreisen. Das werden Sie an meiner Fahrkarte sehen, die ich Ihnen vorweisen kann.« Er griff schon danach, doch der Beamte winkte ab. Günther sah, daß er Mitleid mit ihm hatte, doch sein Gesicht wurde immer ernster. »Es tut mir sehr leid, mein Herr, aber ohne ein Durchreisevisum für Belgien darf ich Sie nicht weiterreisen lassen.«

Günther versuchte zu erklären: »Als ich mir in Berlin das französische Visum besorgte, sagte man mir, daß ich kein Durchreisevisum für Belgien benötige.«

»Es tut mir leid, bis vor einem Monat brauchte man auch keins. Doch seitdem ist es nun vorgeschrieben. Es hat Ärger zwischen Ihrer und unserer Regierung gegeben. Sie wissen ja, wie die politischen Verhältnisse in diesen Tagen sind. Wir möchten unsere Neutralität zeigen. Sie müssen aussteigen.«

Günther wurde kreidebleich. Der brave Mann versuchte

Günther zu trösten: »Aber, mein Herr, so tragisch ist das nun auch wieder nicht. Sie nehmen den nächsten Zug nach Aachen zurück, gehen dort zum belgischen Generalkonsulat, nicht weit vom Bahnhof, zeigen Ihr französisches Visum und die Fahrkarte vor, und sofort wird man Ihnen das Durchreisevisum in den Paß stempeln. Gratis sogar.«

Er zog einen Fahrplan aus seiner Jackentasche, suchte für Günther eine Zugverbindung heraus und erklärte: »Also, in zweieinhalb Stunden fährt ein Zug nach Aachen. Den nehmen Sie, Ihnen wird das Transitvisum ausgestellt, Sie nehmen den Abendzug, und in der Nacht sind Sie dann auch in Paris.« Er beugte sich zu Günther herunter und flüsterte in männlicher Solidarität: »Mit diesen wenigen Stunden Verspätung wird Ihnen Paris schon nicht weglaufen. Sie können der Dame ja von hier aus eine telegrafische Nachricht zukommen lassen.«

Als er merkte, daß Günther keine Anstalten machte, den Zug zu verlassen, befahl er ganz ernst: »Sie müssen jetzt sofort den Zug verlassen.«

»Das geht aber nicht!« protestierte Günther.

»Wenn Sie nicht freiwillig mitkommen, mein Herr, dann muß ich Verstärkung holen«, begann der Beamte zu drohen.

Günther gab nach und stieg aus. Der Beamte folgte ihm. Der Zug setzte sich in Bewegung, in Richtung Frankreich. Günther war ganz elend zumute. Er suchte nach einer Rettungsmöglichkeit: »Es hat in Deutschland im Gesetzblatt gestanden, daß ich ausgebürgert bin und daß damit mein Paß ungültig ist. Ich hätte ihn längst abliefern müssen.«

Der Belgier horchte plötzlich auf.

Günther schlug vor: »Meine Mutter hat das Gesetzblatt zu Hause, ich kann sie anrufen oder telegrafieren, daß sie es so schnell wie möglich hierherschickt. Dann kann ich es Ihnen vorlegen, und Sie werden sehen, daß ich Ihnen nichts vorgemacht habe. Sehen Sie, ich bin nun staatenlos, die Nazis können mit mir machen, was sie wollen.«

Plötzlich begriff der Beamte die ganze Tragweite des Falles, aber nicht so, wie Günther es erwartet hatte. Er rief aus: »Aber wenn Ihr Paß ungültig ist, dann ist es auch das Visum, und dann befinden Sie sich vollkommen illegal hier in Belgien . . .!« Das hatte Günther mit seiner Erklärung nicht beabsichtigt; er wollte Mitleid und nicht Mißtrauen. Er versuchte es noch einmal: »Ich kann ja meine Mutter bitten, hierherzukommen. Sie ist ja nicht ausgebürgert. Sie wird bestätigen können, daß ich ein Flüchtling bin. Das wird Ihren Vorgesetzten sicher überzeugen, und er macht Ihnen dann keine Schwierigkeiten.«

»Nein, mein Herr«, blieb der Beamte hart, »Sie kennen meinen Vorgesetzten nicht. Er würde mich sofort bestrafen. Ich kann Sie nicht bis morgen hier in Belgien lassen, wenn Ihr Paß ungültig ist. Ich muß Sie sofort ausweisen. Wir haben ein sehr strenges Gesetz. Es stellt fest: Keine Ausnahmen. Mit dem ungültigen Paß sind Sie eigentlich ein Krimineller, der sofort verhaftet werden müßte. Aber ich gebe Ihnen die Möglichkeit, gleich wieder nach Aachen zurückzukehren.«

Nach einer kurzen Pause fuhr er fort: »Sie bleiben hier auf dem Bahnsteig stehen. Wir werden Sie bewachen und Sie in den Zug nach Aachen setzen, wenn nötig mit Gewalt. Wenn Sie nicht freiwillig gehen, werden zwei Beamte mitfahren und Sie in Handschellen den deutschen Behörden übergeben. Sicher wird es Ihnen angenehmer sein, freiwillig und allein zu fahren.«

Der kleine, rundliche und am Anfang so freundliche Herr war nun richtig böse geworden. Günthers ungültiger Paß hatte ihm den Rest seiner Gutmütigkeit genommen. So etwas ging doch einem anständigen Beamten zu weit!

Günther suchte krampfhaft nach einer menschlicheren Lösung. Da fiel ihm plötzlich etwas ein. Er kannte doch Henri Hettema aus Brüssel. Diesem Mann war er nur einmal begegnet, auf einem Empfang mit vielen Juristen in Berlin. Sie hatten sich ganz kurz unterhalten, aber dabei die gleichen Ansichten festgestellt und ihre Namen ausgetauscht. Günther, mit seinem fotografischen Gedächtnis, sah plötzlich die Szene wieder vor sich. Ehe er richtig wußte, was er eigentlich wollte, bat er: »Kann ich einmal mit einem Freund in Brüssel, der Jurist ist, telefonieren?«

Der Beamte schüttelte den Kopf: »Ich kann es Ihnen nicht gewähren.« Aber weil er doch wieder Mitleid mit Günther bekam, lud er ihn zu einer Tasse Kaffee ein. Der starke belgische Kaffee möbelte Günthers Verteidigungsreserven und seinen unbesiegbaren Optimismus wieder auf. Er versuchte es noch einmal: »Sehen Sie, mein Herr, mein Freund ist Rechtsanwalt in Brüssel, vielleicht fällt ihm etwas zu meiner Rettung ein, und Sie könnten dann auch mit ihm sprechen.«

Das Wort Rechtsanwalt schien dem Beamten zu imponieren. Er sah auf seine Taschenuhr, stellte fest, daß bis zur Abfahrt des Zuges nach Aachen noch Zeit war, und ließ Günther anrufen.

Er begleitete ihn aber bis zur Telefonzelle und wartete davor.

Günther meldete das Gespräch an. Es dauerte und dauerte. Günther fürchtete schon, Hettema nicht anzutreffen. Sein Name stand zwar im Telefonbuch, doch mußte er gerade dann zu Hause sein, wenn Günther ihn brauchte?

Doch dann meldete sich eine männliche Stimme. Unglaublich, es war Hettema! Und noch unbegreiflicher war, daß er sich sofort an Günther erinnerte, obwohl seit dem Treffen schon Jahre vergangen waren und das Gespräch nur wenige Minuten gedauert hatte.

Günther erklärte Hettema kurz seine Situation und stellte dann die Schicksalsfrage: »Wirst du für mich bürgen?«

Atemlose Stille. Alles hing an Hettemas Antwort. Dann kam sie, klar und fest: »Ja, ich bürge für dich. Gib mir mal den Grenzbeamten ans Telefon.«

Günther war ganz außer sich vor Freude. Nun schien alles sich zu wenden. Was für ein wunderbarer Mensch mußte dieser Henri Hettema sein, daß er einem Fremden soviel Vertrauen schenkte!

Weil das Gespräch länger dauerte, rief Hettema zurück. Doch das Gesicht des Beamten blieb leider verschlossen. Als er den Hörer aufhängte, sagte er zu Günther: »Nein, es geht nicht. Sie müssen nach Aachen zurück. Ich kann die Bürgschaft nicht annehmen, weil sie nicht in den Richtlinien steht.« Hettema hatte den Beamten gefragt, ob er nicht mit seinem Vorgesetzten reden solle. Doch der Beamte hatte abgeraten: »Der ist noch strenger als wir alle und sehr deutschfreundlich. Er ist mit einer Deutschen verheiratet und schickt seine Kinder auf die deutsche Schule. Der wird den Monsieur Schild sofort verhaften und ihn den Deutschen übergeben, wie er es schon öfters getan hat.«

Günther rief Hettema an, und der telefonierte zurück. Sie berieten. Günther hoffte auf ein Wunder. Er dachte krampfhaft nach, aber es fiel ihm nichts ein. Doch plötzlich kam ihm doch noch ein Gedanke, ein ganz verrückter. »Henri!« rief er ins Telefon. »Mir ist noch etwas eingefallen, vielleicht hilft das. Sicher habt ihr in Brüssel eine Staatsbibliothek, wie wir in Berlin. Dort werden bestimmt auch die Gesetze aller Länder gesammelt.«

»Natürlich«, bestätigte Hettema. »Archives Royales.«

»Henri, ich weiß, es ist eine Zumutung für dich. Du hast sicher etwas anderes zu tun, und die Telefonate kosten dich ein Vermögen. Aber es könnte meine Rettung sein. Kannst du im Archiv nachfragen, ob sie das Preußische Gesetzblatt vom Mai dort haben? Dem könnten sie entnehmen, daß ich tatsächlich ausgebürgert bin und nicht mehr zurück kann, ohne eingesperrt zu werden.«

Henri begriff sofort und bat Günther, den Beamten noch einmal ans Telefon zu rufen. Danach sagte der Grenzbeamte zu Günther: »Ich bin damit einverstanden, was Ihr Freund vorschlägt. Aber der Chef des Archivs, der berühmte General, muß mich anrufen und mir bestätigen, daß Sie ausgebürgert sind. Dann könnte Ihre Sache ganz anders ausgehen.«

Bange Minuten, die sich zu Stunden zu dehnen schienen, mußte Günther überstehen. Es war wie bei einer Hinrichtung, wo alles auf den rettenden Boten ankam.

Günther wußte, daß es schon mehr als ein Zufall sein mußte, wenn Hettema den General erreichte. Es war auch fraglich, ob der gegen eine Verordnung seiner Regierungsstellen handeln würde, wegen eines Unbekannten aus Deutschland. Die Deutschen waren in Belgien nicht gerade beliebt, wegen des Überfalls im Ersten Weltkrieg.

Es blieb Günther nur noch eine knappe halbe Stunde. In dieser Zeit mußte der General gefunden und überredet werden. Der Beamte sah dauernd auf die Uhr. Da hörte Günther schon den Zug nach Aachen herandonnern.

Traurig sah der Beamte Günther an, mußte dann aber doch verkündigen: »Monsieur Schild, ich muß Sie leider in den Zug nach Deutschland setzen . . .«

Günther gab auf. Was sollte er tun – sich hier das Leben nehmen oder noch ein paar Tage länger in Deutschland leben?

Da schrillte plötzlich das Telefon. Der Beamte nahm ab. Günther hielt es kaum noch aus, er dachte schon daran, einfach wegzulaufen. Er sah sich nach einer Deckung um, hinter der er verschwinden konnte. Doch da standen die anderen Beamten auf dem Bahnhof herum.

Dann sah Günther, wie der Grenzbeamte am Telefon eine militärische Haltung annahm. Er straffte sich. Er mußte eine ungeheure Hochachtung vor dem Menschen haben, der mit ihm durchs Telefon sprach.

Günther hörte, wie der Beamte antwortete: »Jawoll, Herr General, jawoll.« Und nickte. Es war ein großer Augenblick im Leben dieses braven Mannes, von einem »Helden des Vaterlandes« angesprochen zu werden. Noch einmal straffte der Beamte seine

Haltung und wiederholte ins Telefon: »Jawoll, Herr General. Ich darf Monsieur Schild durch Belgien reisen lassen, ohne Transitvisum, wenn er ein französisches Visum besitzt, weil er ein Sonderfall ist. Weil er in Deutschland ausgebürgert wurde und es so im Gesetzblatt steht, wie Sie es im Archiv vorliegen haben. Jawoll, Herr General, Sie übernehmen die Verantwortung.«

Günther spürte, wie die schwere Last von ihm hinunterrutschte.

Doch das Telefongespräch war noch nicht zu Ende: »Wenn ich bitten darf, Herr General, würden Sie mir die Freundlichkeit erweisen, mir einen Brief zukommen zu lassen, daß Sie mir diesen Befehl gaben? Damit ich keinen Ärger mit meinem Vorgesetzten bekomme, denn der ist sehr streng und glaubt mir nicht.«

Günther sah, wie der brave Mann zunächst angestrengt zuhörte, dann aber freudig erregt nickte. Er brauchte nicht mehr um seine Karriere und Pension zu fürchten. Der große Mann nahm ihn unter seine Fittiche.

»Jawoll, Herr General, ich werde dem Monsieur Schild ein Papier mitgeben, damit er auf dem Weg und bei der Ausreise keine Schwierigkeiten hat.« Über das Gesicht des Beamten zog ein stolzes und befriedigtes Lächeln.

Als er den Hörer auflegte, fuhr der verhängnisvolle Zug nach Aachen ab. Günther lief auf seinen Retter zu und umarmte ihn.

Doch dieser wehrte bescheiden ab: »Aber mein Herr, ich habe doch nur meine Pflicht getan, und ein wenig Menschlichkeit.« Dann setzte er sich an eine uralte Schreibmaschine und tippte Günther mit zwei Fingern den Geleitbrief.

Weil es seine Zeit dauerte, fuhr der Zug nach Paris schon ein, als der Beamte endlich mit dem Schreiben und Korrigieren fertig war. Er brachte Günther zum Zug, aber dieses Mal als Freund, nicht als Bewachung.

Günther bedankte sich noch einmal mit beiden Händen, doch der Mann meinte bescheiden: »Wir sind doch keine Unmenschen.«

Günther stieg ein, lehnte sich weit aus dem Fenster und winkte solange, bis von dem Beamten und vom Bahnhof Herbesthal nichts mehr zu sehen war.

Ankunft in Paris

Günther breitete die Arme aus, als er endlich in Paris eintraf. Er fand eine billige Pension direkt am Nordbahnhof, nicht gerade im besten Viertel. Tag und Nacht herrschte dort Betrieb, und der Portier wollte auch die Miete im voraus kassieren. Es dauerte nicht lange, bis Günther begriff, wo er abgestiegen war. Zuhälter, Schlepper und Prostituierte brachten ihre angetrunkenen »Freier« dorthin. Doch schlief Günther, nachdem er seine Mutter angerufen hatte, in all dem Getöse ein, denn er war sicher, daß am nächsten Morgen keiner gegen seine Tür donnerte, um ihn abzuholen.

Brav und pflichtbewußt, wie Günther nun einmal war, marschierte er am nächsten Morgen zur Behörde, und meldete sich dort an.

Er versuchte seinen Fall so darzustellen: »Ich möchte Ihrem Land nicht zur Last fallen, ich möchte weder ein Emigrant noch ein Flüchtling sein, sondern meinen Lebensunterhalt selbst verdienen. Sie können versichert sein, daß ich nicht leichtfertig Deutschland verlassen habe, sondern weil ich um mein Leben fürchten mußte.« Er gab auch einige Hintergrundinformationen und erzählte, warum und wie man ihn bedroht hatte.

Der Beamte hörte gelangweilt zu. Es war ihm anzusehen, daß er Günther nicht ein Wort glaubte.

Günther hatte zuerst nicht erwähnt, daß er Jude war, weil er das nicht fair fand; er hatte sich vorher nie als solcher gefühlt, und nun wollte er auch kein Kapital daraus schlagen. Doch schließlich sagte er es dem Mann.

Aber der schüttelte den Kopf. »Sie sehen überhaupt nicht wie ein Jude aus, eher wie ein Germane. Und benehmen tun Sie sich wie ein preußischer Offizier.« Dann plötzlich, mit einem listig verkniffenen Gesicht: »Sind Sie denn beschnitten?« Günther war erbost. Er fand diese Frage geschmacklos und beleidigend. »Nein, natürlich nicht. Ich habe Ihnen doch erklärt, daß meine Familie sich nicht jüdisch fühlt, aber die Ironie des Schicksals ist es, daß mich die Nazis als Juden verfolgen. Verstehen Sie das?«

Der Beamte schüttelte noch mehr den Kopf: »Sehen Sie, nun habe ich doch richtig gedacht. Sie geben das nur alles an, um Mitleid zu erregen.«

»Sehr geehrter Herr!« Günther versuchte, ruhig zu bleiben. »Verstehen Sie mich doch! Ich bin darum nicht beschnitten worden, weil meine Eltern liberale Menschen sind und sich ganz mit ihrer Heimat Deutschland und allen humanen Menschen in der Welt identifizieren. Sie sind gut deutsch und in der dritten Generation Protestanten. Wir fühlen uns als Deutsche wie die Schlesier, die Ostpreußen und die Rheinländer. Wir sind Berliner, und wir sprechen auch so. Wir verleugnen unsere jüdische Abstammung nicht, wir schämen uns auch nicht deswegen, aber sie ist uns nicht wichtig.«

»Aha!« reckte sich der Franzose hinter seinem Schreibtisch hoch. »Das habe ich doch vermutet. Nun habe ich Sie hereingelegt. Sie sind doch ein deutscher Spion, wie ich es mir gedacht hatte. Es gibt nichts Gefährlicheres als einen übergelaufenen Juden, der Preuße, Protestant und Nazi geworden ist!«

Aber dann verschwand er erst einmal im Zimmer seines Chefs. Als er von dort wieder zurückkam, gab er ihm zu Günthers großem Erstaunen doch eine Aufenthaltserlaubnis.

Das Scheusal von einem Bruder

Mit Deutschunterricht wollte Günther ein weiteres Studium finanzieren, Jura und Sprachen. Deshalb setzte er in mehrere Pariser Zeitungen eine Anzeige. Doch es war zum Verzweifeln, niemand meldete sich. Sein leerer Magen rebellierte, seine Vermieterin drohte mit Hinauswurf und Polizei, falls er seine Rückstände nicht zahlte.

Trotzdem schrieb er sich an der Universität ein. Dann feuerte er eine zweite Inseratsalve ab. Daraufhin meldeten sich einige Interessenten. Leider wohnten sie an entgegengesetzten Enden von Paris, doch er nahm sie an.

Während der Fahrten in der Métro paukte er, nach den Vorlesungen unterrichtete er seine Schüler mit Begeisterung, Phantasie und Freundlichkeit, obwohl sein Magen knurrte, und abends fiel er todmüde ins Bett.

Nach einigen Monaten waren seine Deutschstunden so beliebt, daß er sich um Schüler keine Sorgen mehr machen mußte.

Später meldete sich bei ihm ein junges Mädchen, noch Gymnasiastin, zum Unterricht an; er traf sich mit ihr in einem Café auf dem Montparnasse. Sie wollten durchsprechen, wie der Unterricht gestaltet werden sollte.

Sommer 1936. Es war sehr heiß, und beide beschlossen, einen Spaziergang durch den schattigen Luxembourgpark zu machen. Dabei einigten sie sich schnell, und Günther fand seine neue Schülerin nett und angenehm.

Am ausgemachten Tag fuhr er zu ihr nach Hause. Es war drückend und schwül, kein Lüftchen wehte. Über Paris schob sich drohend ein dunkles Gewitter zusammen. Jeder Schritt fiel den Menschen in den bleiernen Straßenschluchten schwer, und Günther mußte auch noch sieben Treppen bis zur Dachwohnung der Eltern des Mädchens hochklettern. Durchgeschwitzt kam er dort an. Dann stand er in einem winzigen Appartement, das mit altmodischen Möbeln vollgestellt war. Obwohl die kleinen Fenster der Mansarde, die eher Schiffsluken glichen, geöffnet waren, drang auch nicht der geringste Luftzug in die Wohnung.

Lehrer und Schülerin begaben sich an einen Fensterplatz, weil sie hofften, dort etwas Abkühlung zu finden. Günther nahm sich immer Zeit bei der Einführung, um Mißtrauen abzubauen und herauszufinden, wo er mit dem Unterricht beginnen und was er seinen Schülern zumuten konnte.

Draußen verdunkelten regenschwere Wolken den Himmel. Das Mädchen mußte das Licht einschalten. Zu der schwülen Hitze, die von draußen hereindrang und Günther den Schweiß aus allen Poren trieb, drang ihm auch noch ein scharfer Gestank von Lysol und Moschus in die Nase. Fast wurde ihm schwarz vor den Augen, doch er überwand die Übelkeit. Er konnte es sich nicht leisten, diesen Unterricht ausfallen zu lassen. Jeder eingenommene Franc war einkalkuliert.

Das Licht war so schummerig, daß man kaum lesen konnte. Die Eltern des Mädchens mußten sicher auch sparsam mit ihrem Einkommen umgehen.

Die gesamte Einrichtung machte den Eindruck, als ob sie aus den Resten von Erbmassen und aus Abstellspeichern stammte. Alle Möbelstücke waren abgewohnt und abgegriffen. An den Wänden hingen schwere Waffen. Günther betrachtete sie mit tiefem Unbehagen. Waffen erinnerten ihn an die grölenden und drohenden Kolonnen von SA-Horden, die Waffen trugen, seit Hitler an der Macht war.

Aber er setzte seine Deutschstunde fort. Sie nahm dann einen ganz normalen Verlauf, und das Mädchen war eifrig bei der Sache. Doch zwischendurch schreckte sie immer wieder auf, horchte in die düstere Wohnung hinein, als ob sie von dort etwas Unangenehmes erwartete.

Gegen Ende der Lektion meinte Günther ein klebriges Geräusch zu hören, das sich ins Zimmer hineinschlich. Es hörte sich nach einer sich windenden Schlange an, doch wie konnte ein solches Untier mitten in Paris in der siebten Etage auftauchen? Das war absolut unmöglich.

Günther dachte schon, er hätte Wahnvorstellungen. Doch dann sah er mit Grausen, wie sich tatsächlich eine fette Schlange auf ihn zuschlängelte. Er sprang auf vor Schreck, blieb aber erstarrt stehen. Doch das Mädchen schien damit gerechnet zu haben. Sie sprang auf das Tier zu, ergriff es, warf es in den dunklen Flur, schimpfte hinterher und zog die Tür heftig zu. Verlegen lächelnd setzte sie sich wieder zu Günther an den Tisch, entschuldigte sich und erklärte, daß es sich hier um einen Scherz gehandelt habe. Ihr kleiner Bruder halte sich eine Schlange und erschrecke manchmal die Gäste der Familie.

Günther erholte sich langsam und fragte, ob es sich denn um eine echte Schlange handele.

»Ja, aber keine giftige.«

Doch das beruhigte Günther kaum. Er fühlte sich in dem Möbelgedränge wie in einem afrikanischen Dschungel und meinte, gleich würde er auch noch von einem Löwen angefallen. Es dauerte Minuten, ehe er sich wieder auf den Unterricht konzentrieren konnte.

Doch kaum hatte er die neuen Vokabeln vorgesprochen, da öffnete sich vorsichtig und geheimnisvoll die Zimmertür, und ein gewaltiger Hund brach herein und stürzte sich sofort auf Günther. Der fiel mitsamt seinem Stuhl um, und die Bestie sprang mit ihren Pfoten auf ihn. Sie hätte ihn gebissen, oder sogar zerfleischt, wenn nicht das Mädchen aufgesprungen wäre, den Hund am Halsband von ihm weggezerrt und das sich sträubende Biest endlich aus dem Zimmer gedrängt hätte. Im dunklen Flur schimpfte sie, aber der freche Junge gab darauf nur höhnische Widerworte. Dann hörte Günther, wie klatschende Schläge fielen. Der Junge schrie und heulte.

Diese Unterbrechungen hatten viel Zeit gekostet. Günther war noch längst nicht bei dem lustigen Wilhelm-Busch-Gedicht, mit dem er immer den ersten Unterricht abschloß. Das Mädchen entschuldigte sich immer wieder und versprach, daß sie nun nicht mehr gestört würden. Es gebe nämlich keine anderen Untiere mehr in der Wohnung. Günther versuchte sie zu beruhigen und tat alles als eine Bagatelle ab. Sie konzentrierten sich also wieder auf den Unterricht.

Als ihn endlich das Mädchen zur Etagentür begleitete, war es draußen stockdunkel geworden. Gerade als sie sich zum Abschied die Hand gaben, ergoß sich aus zwei Eimern, die auf dem Schrank neben der Tür standen, eine platschende Dusche. Der Bursche hatte die Ladung mit einer Schnur zum Stürzen gebracht.

Ehe sich die beiden vom Schock erholen und das Mädchen ihren Bruder schnappen konnte, war das Knäblein an ihnen vorbeigerast und hatte die Etagentür hinter sich zugeschlagen.

Von Günther und dem Mädchen lief nur so die Brühe ab, und sie sahen sich ganz betröppelt an. Günther schüttelte sich wie ein Hund nach dem erzwungenen Bad, doch das half nicht viel. Die nasse Kleidung klebte an ihm. In diesem Zustand konnte er unmöglich auf die Straße gehen. Aber er wollte auch nicht länger in diesem ungastlichen Haus bleiben. Er mußte ja mit neuen Überraschungen rechnen.

Also verabschiedete er sich ziemlich kalt von dem Mädchen. Doch als er sah, wie unglücklich sie war, setzte er hinzu, daß so eine Dusche bei diesem Wetter eine willkommene Abkühlung sei. Er habe auf diese Weise eine unentgeltliche Reinigung für seinen Anzug bekommen, die schon lange überfällig gewesen sei. Daß er nur diesen einen Anzug besaß, sagte er nicht. Das Mädchen tat ihm nun leid, er versuchte es mit einem Lächeln zu trösten.

Als er dann aber die Tür öffnen wollte, mußte er feststellen, daß sie verschlossen war. Das Mädchen war ganz außer sich, rief nach dem Jungen und bat ihn, die Tür zu öffnen. Doch der antwortete nicht. Günther schlug vor, nach dem Reserveschlüssel zu suchen. Sie probierten alle Schlüssel durch, die sie in der Wohnung fanden, doch keiner paßte.

Sie rüttelten an der Tür. Das Mädchen rief nach ihrem Bruder und appellierte an ihn, die Tür zu öffnen, aber der reagierte nicht. Sie versuchte, sein Verantwortungsgefühl anzusprechen, mit Tränen in der Stimme. Doch er rührte sich nicht. Sie drohte mit den Eltern, mit Prügeln, mit Stubenarrest, falls er nicht sofort öffnete. Doch draußen blieb es stumm.

Günther versuchte, mit seiner Schulter die Tür aufzudrükken, doch er gab es schon nach einem Versuch auf. Seine Glieder schmerzten, aber die Tür hatte sich noch nicht einmal bewegt.

»Schreien?« fragte Günther das Mädchen.

»Das hört keiner«, meinte sie resigniert. »Unten im Haus befinden sich nur Büros, und die sind um diese Zeit alle verlassen.«

Das Mädchen sah keinen anderen Ausweg, als auf das Heimkommen ihrer Mutter zu warten. Sie zogen sich in die Küche zurück. Dort sah es nicht so arg nach Dschungel aus, und das Wasser aus ihrer Kleidung würde auch nicht einen so großen Schaden anrichten. Günther hing seine schwergewordene, tropfende Jacke über einen Stuhl und schlug dem bibbernden Mädchen vor: »Ziehen Sie sich doch wenigstens um.«

Doch sie schüttelte den Kopf. Sie fühlte sich für das Malheur verantwortlich, und da sie sonst nichts unternehmen konnte, wollte sie wenigstens aus Solidarität und Buße mit Günther leiden.

Günther fing langsam an zu frieren, trotz des schwülen Wetters draußen. Er fühlte sich nicht wohl. Der bestialische Gestank, den er schon vergessen hatte, setzte ihm wieder zu.

In kurzen Abständen versuchten sie mit Klopfzeichen und Bitten, das Mitleid des kleinen Übeltäters zu erregen. Doch weder die Tür noch der Bruder gaben nach.

Nun begann sich das Mädchen auch noch Sorgen um ihre Mutter zu machen. Die hätte schon längst zu Hause sein müssen. Draußen war es noch finsterer geworden, und die Uhr rückte auf Mitternacht vor.

Eine unangenehme Situation: ein junges Mädchen mit einem fremden Mann im offenen Hemd in einer abgeschlossenen Wohnung. Was Fremde sich alles dabei denken konnten, und ihre Mutter auch! Günther befürchtete, daß seine letzte U-Bahn bald davonrattern würde. Wie kam er dann nach Hause, ans andere Ende der Stadt? Mit den wenigen Francs in seiner Tasche und beim Gehen eine Wasserspur hinter sich herziehend? So hockten sie in der Küche und dachten über ihre vertrackte Situation nach. Immer müder wurden sie. Das Mädchen schlief auf dem Stuhl ein.

Plötzlich öffnete sich geräuschlos und vorsichtig die Tür. Der Kopf des bösen Buben sah in die Wohnung hinein. Günther tat so, als ob er auch schliefe. Da schlich sich das Bürschchen auf Zehenspitzen in die Etage hinein, sicher um den nächsten Streich auszuhecken. Günther fuhr hoch, sprang auf ihn zu und konnte ihn gerade noch beim Rückzug durch die Wohnungstür am Arm erwischen.

Es war ein achtjähriges, stämmiges, flinkes Kerlchen. Das Mädchen erwachte, Günther übergab ihr den kleinen Bruder zur familiären Justiz. Dann zog er sich schnell die triefende Jacke über; schon in der offenen Tür und halb draußen verabschiedete er sich von dem Mädchen.

Die letzte Métro war schon längst weg. Günther mußte quer durch Paris laufen. Erstaunte Nachtschwärmer sahen dem triefenden Passanten nach, und einer rief: »Werter Kollege, man schüttet doch den Wein in sich hinein und nicht über die Jacke!« Mit Niesen und einer Erkältung kam Günther nach Hause.

Als er zur nächsten Deutschstunde alle sieben Treppen erklommen hatte, war von dem Jungen nichts zu sehen oder zu hören, und er konnte sich ganz auf den Unterricht konzentrieren.

Am Ende der Stunde erklärte das Mädchen: »Meine Eltern haben Fernand, also meinen kleinen Bruder, adoptiert. Schon seit drei Jahren ist er bei uns. Im Anfang lief auch alles gut mit ihm, weil meine Eltern sich rührend um ihn kümmerten, so, als ob es ihr eigenes Kind sei. Doch dann nahm die Arbeitsbelastung meines Vaters zu. Er ist Prediger einer armen, kleinen Gemeinde hier in Paris. Er muß alle Mitglieder besuchen, ihnen stundenlang zuhören, um Geld bitten, für sein eigenes Gehalt, was ihm sehr schwer fällt. Um die Ausgaben zu drosseln, hat er sein Gehalt auf ein Minimum reduziert. Nun reicht es nicht mehr für uns, und die Mutter muß auch arbeiten gehen. So haben sie kaum noch Zeit für Fernand. Ich muß mich um ihn kümmern. In der Schule gibt es keine Probleme mit ihm. Er ist der Beste in der Klasse, und der Lehrer weiß, wie er mit ihm umgehen muß. In der Klasse herrscht Disziplin, doch wenn Fernand nach Hause kommt und mich dort trifft, läßt er den Teufel los. Er schreit mich an, er belügt mich, er stiehlt, er zerschlägt Gegenstände und behauptet dann, ich hätte es getan. Ich lasse mir alles gefallen, um ihn zu beruhigen, aber ich weiß, das ist auch nicht richtig. Noch schlimmer wird er, wenn Gäste kommen. Was allerdings sehr selten geschieht, weil sich meine Eltern nicht trauen, überhaupt noch welche einzuladen. Wir haben kein Geld für die Bewirtung. Und Sie haben ja selbst erlebt, wie er sich benimmt ...

Ich weiß, ich müßte mich mehr um ihn kümmern, mit ihm spielen, mit ihm reden. Doch ich bin immer so müde, wenn ich aus der Schule komme. Die Stunden sind schwer, und der Weg ist lang. Wenn ich nach Hause komme, muß ich für uns beide kochen und das Essen für die Eltern vorbereiten. Die Wohnung muß geputzt, die Schulaufgaben müssen gemacht werden. Dabei stört er mich dauernd. Er braucht unsere Aufmerksamkeit, aber keiner von uns hat Zeit.«

Günther bekam Mitleid mit dem Mädchen und dem Jungen. Er überlegte, wie er ihnen helfen konnte. Mit Geld sicher nicht, obwohl er schon daran dachte. Er hatte keins, und er wußte auch nicht, wie das Mädchen und ihre Eltern es auffassen würden, wenn er ihr den Deutschunterricht umsonst erteilen würde.

Aber dann fiel ihm etwas anderes ein. »Schicken Sie doch beim nächsten Mal Ihren Bruder nicht aus der Wohnung. Ich möchte ihm etwas erzählen. Er wird sich dann bestimmt nicht mehr so benehmen wie beim letzten Mal.«

Das Mädchen atmete hörbar auf. »Die Tante, bei der er heute ist, hat schon gesagt, daß sie ihn nur einmal haben möchte, denn sie wird mit ihm auch nicht fertig. Aber unseren Unterricht wird er doch stören, leider.«

Doch Günther wollte es versuchen. Als er beim nächsten Mal die Wohnungstür erreichte, wollte er schon sein pädagogisches Experiment aufgeben. Er hörte den wilden Fernand drinnen toben und schreien.

Aber sobald er an die Tür klopfte, verstummte das kleine Biest. Als Günther die Wohnung betrat, sah er gerade noch, wie der Übeltäter sich in ein Versteck hinter sperrigen Möbeln verkroch.

Günther lockte ihn: »Komm doch heraus, ich möchte dir eine spannende Geschichte erzählen.«

Schweigen. Dann rief der Junge aus seinem Versteck: »Nein, nein, ich komme nicht. Sie wollen mich bestimmt verprügeln, fürs letzte Mal.«

»Aber nein«, versicherte ihm Günther. »Ich verspreche es dir hoch und heilig und von Mann zu Mann. Ehrenwort. Ich will dir nur eine Geschichte erzählen, und sonst nichts.«

Es dauerte noch eine ganze Weile, doch dann schob sich ein Kopf vorsichtig ins Zimmer. Günther blieb ruhig sitzen.

Schließlich stand das Bürschchen im Zimmer, aber immer noch fluchtbereit.

Günther erzählte ihm auf französisch das Märchen von den Bremer Stadtmusikanten. Wie es ihm seine Mutter erzählt und vorgespielt hatte, mit ihrem schauspielerischen Talent und all den verschiedenen Stimmen der lustigen Tiere und ihren Bewegungen.

Der Junge hörte gespannt zu, drückte seine Fäuste gegen die Backenknochen, lachte, trampelte und krähte mit.

Als Günther das Märchen mit dem obligatorischen »... und wenn sie nicht gestorben sind, dann leben sie noch heute«, schließen wollte, rief der Junge: »Bitte noch eine Geschichte!«

Günther winkte ihn zu sich heran und flüsterte ihm ins Ohr: »Wenn du während des Unterrichts ganz brav bist, dann erzähle ich dir nach der Stunde noch eine Geschichte. Ganz bestimmt, darauf kannst du dich verlassen.«

Der Junge zog sich zurück und wartete hinter der Tür ungeduldig darauf, daß der Unterricht zu Ende ging.

Dann kam er ins Zimmer gestürmt und bat Günther: »Monsieur, bitte noch eine Geschichte, wie versprochen.«

Günther erzählte ihm das Märchen von Frau Holle, in aller Breite. Der Junge hörte mit glänzenden Augen und roten Bäckchen zu. Märchen waren eine Welt für ihn, in die er sich hineinversetzen konnte und in der er sich wohlfühlte.

Als Günther sich dann zum Gehen anschickte, bat ihn Fernand: »Bitte, bitte, kommen Sie doch bald wieder und erzählen Sie mir noch eine von den schönen Geschichten.«

Seitdem gab es vor und nach jeder Deutschstunde ein Märchen. Das Mädchen hörte genauso gespannt zu wie ihr kleiner Bruder und wurde wieder ganz Kind, wie es ihr ja auch noch zustand.

Günther erzählte ihnen auch Geschichten aus der Bibel. Als der Junge von der Geburt Jesu im Stall hörte, unterbrach er Günther: »So etwas Ähnliches habe ich auch von meinem Vater gehört. Aber bei dem sind die Geschichten immer so ernst, und die bösen Jungen werden vom strengen Gott für ihre Sünden bestraft und in einen brennenden Teich geworfen. Bei Ihnen ist der Herr Jesus so lieb.«

Geheimauftrag Schweiz

Eine jüdische Emigrantenorganisation bat Günther, für jüdische Flüchtlinge in Frankreich Geld zu sammeln, und zwar bei Glaubensbrüdern in der Schweiz. Günther tat so etwas nicht gern. Er wollte weder Emigrant noch betont ein Jude sein. Er kam in

Frankreich ohne fremde Hilfe durch, doch er wußte, wie andere Flüchtlinge in Frankreich litten und hungerten. Also erklärte er sich bereit, seinen Schicksalsgenossen zu helfen. Vielleicht würde Gisela auch in die Schweiz kommen.

Ganz besonders, seit die Nürnberger Gesetze in Deutschland galten, nach denen jede Verbindung zwischen Deutschen (»Ariern«) und Juden eine »Rassenschande« war und bestraft wurde, traute sie sich kaum noch, ihm zu schreiben, geschweige denn, ihn zu besuchen.

Als Günther sich die notwendigen Papiere besorgte, traf er eine Dame, die für die Quoten amerikanischer Einwanderer verantwortlich war.

Sie warnte ihn und schlug vor: »Mr. Schild, Frankreich ist viel zu unsicher für einen Emigranten wie Sie. Wenn es zu einem Krieg kommt, was sehr wahrscheinlich ist, werden die Deutschen dieses Land sofort überrennen. Die französische Armee ist nicht motiviert und stark genug, sich gegen diese rachelüsternen Barbaren aufzubäumen. Auch die Maginotlinie, von deren Uneinnehmbarkeit alle Franzosen träumen, wird die Deutschen nicht aufhalten können. Die Preußen werden nicht den gleichen Fehler wie im Weltkrieg machen. Sehen Sie zu, junger Freund, daß Sie nach Amerika kommen, ich werde Ihnen dabei helfen.«

Das war ein phantastisches Angebot; Günther träumte schon davon, sich in »God's own country« mit Gisela niederzulassen und ein neues Leben zu beginnen, doch er wußte: Seine Mutter würde nie mitmachen. Er kam sich schäbig vor, so weit von ihr wegzugehen. Außerdem fing er gerade an, sich in Frankreich zu etablieren. Als unverbesserlicher Optimist hielt er auch die Aussagen der Dame für zu pessimistisch und traute Hitler nicht zu, daß der die Deutschen noch einmal für einen Krieg gegen die Franzosen begeistern könnte. Die Engländer, Amerikaner und Russen würden ihm dabei bestimmt keine Rückendeckung geben. Günther dachte an seine vielen Freunde in Deutschland. Die würden sich das doch nicht gefallen lassen, meinte er.

Schließlich sagte er sich: »Ich fahre erst einmal in die Schweiz, und dann sehe ich weiter.«

Gisela versprach ihm, ihn in der Schweiz zu besuchen. Mit einem Hochgefühl fuhr Günther los. Das Sammeln würde bestimmt eine leichte Sache sein. Die Juden in der Schweiz mußten ja wissen, wie ihre Schwestern und Brüder verfolgt wurden und daß es ihnen in Frankreich materiell sehr schlecht ging.

Günther hatte eine Liste von seinen Auftraggebern bekommen. Sie erklärten ihm: »Das sind alles steinreiche Leute. Sie werden höchstwahrscheinlich mit einer Million Schweizer Franken zurückkommen, und die brauchen wir auch.«

So ausgerüstet und motiviert, fuhr Günther zu der Bank eines Krösus', der als erster und reichster auf seiner Liste stand. »Sein Beitrag wird die späteren Geber beschämen und sie zu einer höheren Summe bewegen«, hatte man Günther vorgerechnet. »Diese erste Begegnung wird die entscheidende sein.«

Günther betrat also mit großen Erwartungen den Palast aus Granit und Glas. Doch seine Hochstimmung wurde schon im Empfang erheblich gedämpft. Man wollte diesen Fremden, der auch noch hochdeutsch sprach und offensichtlich guter Laune war, nicht zu dem Bankier lassen. Auch war sein einziger, abgetragener Anzug nicht die beste Empfehlung. Das Empfehlungsschreiben aus Frankreich wurde mit äußerstem Mißtrauen gelesen. Aber weil Günther sich nicht abweisen ließ, wurde er endlich doch vorgelassen, nachdem der persönliche Referent ihm bedeutet hatte, daß der hohe Herr natürlich keine Zeit habe und Günther sich kurz fassen müsse.

Er wurde in die Suite geführt, wo der Bankier residierte. Günther kam sich so klein und nichtig vor, als er unter der hohen Decke auf dem Rand eines gewaltigen Perserteppichs stand. Seine abgetretenen, schmutzigen Schuhe beleidigten dieses Prachtstück. Der Herr hinter dem Schreibtisch, der auf Günther so mächtig wie das Gotthardtmassiv wirkte, sah ihn entsprechend abweisend und leicht angeekelt an.

Über seinem weißen Haupt hing ein Kolossalgemälde in Öl, das die patriotische Szene des Rütlischwurs darstellte, mit dem der Sage nach die Gründung der Schweiz bekräftigt worden war.

Der Bankier erhob sich nur knapp, nachdem Günther schon eine Weile auf dem Teppichrand gestanden hatte, und forderte ihn mit einer kurzen Handbewegung auf, Platz zu nehmen und schnell zur Sache zu kommen.

Doch kaum hatte Günther seinen ersten, einstudierten Satz begonnen, da unterbrach ihn der eilige Herr schon: »Also wer sind Sie eigentlich, und warum sind Sie emigriert? Das möchte ich zunächst einmal wissen.«

Günther versuchte es ihm zu erklären. Als er von seiner Verteidigung sozialdemokratischer Angeklagter berichtete, mußte er feststellen, daß dies seinem Zuhörer sehr mißfiel.

Er unterbrach Günther wieder: »Warum mußten Sie sich denn auch mit diesem Pöbel einlassen und die Nationalsozialisten damit herausfordern? Auch in der Schweiz ist uns ein Anwalt der Roten gar nicht sympathisch. Ich kann nun die neue Regierung in Deutschland verstehen, warum Sie Ihnen die Staatsangehörigkeit aberkannt hat.«

Günther wollte schon aufspringen bei dieser Ungeheuerlichkeit, aber dann beherrschte er sich. Sein Geld wurde in Frankreich gebraucht. Er erklärte dem Bankier, daß die meisten Emigranten in Frankreich keine Anwälte gewesen seien und nur darum Deutschland verlassen mußten, weil sie Juden waren.

Doch der Herr Bankier sah auf seine Schweizer Uhr und stellte fest: »Also Sie kommen als Bettler hierher und erwarten, daß ich vor Mitleid zerfließe und Ihnen einfach Geld gebe. Aber ich gebe Ihnen einen ganz anderen Ratschlag und Ihren Mitemigranten auch: Kehren Sie nach Deutschland zurück, fangen Sie ein neues Leben an und lassen Sie nun die Finger von der Politik. Wie ich es hier auch tue. Die Einheimischen haben es nie gern, wenn Eingewanderte und Fremde ihnen vorschreiben, wie sie ihr Land regieren sollen. Meine Familie wohnt schon seit Generationen in der Schweiz, und wir haben es zu Wohlstand gebracht. Wohl aber darum, weil wir uns aus dem Geschäft der Politik herausgehalten haben.

Ich weiß aus zuverlässiger Quelle, daß die Berichte der Emigranten maßlos übertrieben sind. Ich bin sicher, daß es die sogenannte Judenverfolgung in Deutschland gar nicht gibt. Und noch etwas: Wenn ich Ihnen jetzt Geld gebe, dann kommen morgen zehn andere Emigranten zu mir und fordern das gleiche. Ich kann es mir auch geschäftlich gar nicht leisten, Gegner Deutschlands zu unterstützen. Ich habe dort gute Kunden und möchte sie nicht verlieren. Aber ich glaube kaum, daß Sie diesen Gesichtspunkt verstehen. Also ich werde Ihnen aus Prinzip nichts geben.«

Günther verließ den reichen Mann enttäuscht, wütend und ohne einen Rappen.

So oder ähnlich erging es ihm noch bei einem Dutzend anderer reicher Juden.

Nur eine einzige Person unterstützte die jüdischen Geschlechtsgenossen und Emigranten in Frankreich. Der Leser wird nicht glauben, mit welcher Summe! Sie schob Günther fünf Schweizer Fränkli hin, schränkte aber sofort ein: »Aber bitte kommen Sie nicht mehr wieder. Und sagen Sie es keinem weiter.

Ich muß hier in der Schweiz so hohe Steuern zahlen, und keiner soll wissen, daß ich eine Jüdin bin.« Das war eine berühmte und steinreiche Schriftstellerin, die in einem Palast mit Dienern und Zofen residierte.

Günther war enttäuscht, traurig und zornig. Er suchte Rat beim Rabbi der Gemeinde. Der erklärte ihm das Verhalten seiner »liberalen« Schäfchen so: »Sehen Sie, diese Leute haben auch Angst, an die Deutschen ausgeliefert zu werden. Sie fürchten einen deutschen Überfall und wissen, daß sie dann nicht von ihren Schweizer Mitbürgern gedeckt werden. Es ist ihr Wunschdenken, daß es in Deutschland gar nicht so ist, wie es die kritische Presse berichtet.

Wir Juden in der Schweiz wissen, wir sind hier nicht sicher. Ich weiß, Juden wurden an die Deutschen ausgeliefert. Ich habe es selbst erlebt. Einmal erfuhr ich, daß es einer Gruppe von Juden gelungen war, aus Deutschland in die Schweiz zu flüchten, aber man wollte sie wieder über die Grenze abschieben. Ich machte mich sofort auf den Weg. Zur Sicherheit nahm ich mir Zeitungen mit, in denen von deutschen Greueltaten an Juden berichtet wurde, weil ich wußte, wie naiv und unbelesen viele Menschen sind.

Ich konnte die Gruppe erreichen, als die Zöllner gerade erklärten, sie müßte nach Deutschland zurück, weil sie die Grenze ohne ein Schweizer Visum überschritten habe. Die Flüchtlinge versuchten deutlich zu machen, daß drüben Folter und Tod auf sie warteten.

Szenen, die ich nie vergessen werde. Mütter baten die Zöllner auf den Knien, doch wenigstens ihre Kinder hierlassen zu dürfen. Ein Mann versuchte, sich das Leben zu nehmen. Gemeinsam flehten wir sie um Gnade an. Nichts zu machen, die Grenzer blieben stur.

Ich zeigte dem Kommandanten der Grenztruppen die Schweizer Zeitungen mit den Berichten aus Deutschland. Doch er tat es mit einer verächtlichen Handbewegung ab: »Es steht vieles in der Zeitung, das hat für uns keine Bedeutung.«

Drüben warteten schon die deutschen Grenzer und sahen interessiert zu. Ich versuchte, den Vorgesetzten der Beamten, den Minister, zu erreichen, doch die Zöllner erlaubten es nicht, daß ich das Diensttelefon benutzte, und von der Zelle kam ich nicht durch. Als ich zurücklief, hatte man die Flüchtlinge schon an die Deutschen drüben ausgeliefert.

Ich wollte mit ihnen in den Tod gehen, doch die Zöllner hielten mich fest, und der eine erklärte mir: ›Wir werden Sie einsperren, weil Sie ohne Visum versucht haben, die Schweiz zu verlassen.‹

Man sperrte mich einige Stunden ein und brachte mich dann wieder ins Landesinnere. – Begreifen Sie das?« fragte der Rabbi.

Dann beteten die beiden Männer für die Menschen, die in Deutschland einer furchtbaren Zukunft entgegengingen.

Gisela kommt in die Schweiz

Günther lief auf dem Züricher Hauptbahnhof voller Erwartung hin und her. Er war schon zwei Stunden vor der angegebenen Ankunftszeit dort; der Zug konnte vielleicht früher einlaufen.

Würde sie denn überhaupt kommen? Trotz der Ablehnung der Eltern, der Gefahr, als »Judenhure« beschimpft und verfolgt zu werden?

Endlich lief der Zug ein. Die Fahrgäste stiegen aus. Das Vernünftigste war, am Ende des Bahnsteigs zu warten, doch Günther hielt es dort nicht aus. Er lief am Zug entlang. Die Lage war unübersichtlich, er drehte sich immer wieder um.

Er fand Gisela nicht. Vielleicht war sie doch nicht gekommen. Schon wollte er erschöpft und niedergeschlagen aufgeben. Wie konnte er gegen Hitlers Macht und ihre Familie ankommen?

Doch dann sah er Gisela. Er rannte ihr entgegen, warf die Leute fast um. Dann umarmte er sie und hielt sie so fest, als ob er sie nie wieder loslassen würde.

Beschwörend bat sie ihn: »Nicht, Günther, nicht hier. Alle sehen uns. Einer von ihnen könnte ein Beobachter von drüben sein.«

Günther ließ sie nur zögernd los. Er spürte sie vor Furcht beben und verstand sie. Als er ihr seinen Arm bot, nahm sie ihn nicht. Er mußte neben ihr hergehen wie ein Fremder.

Draußen offenbarte Günther ihr selig: »Wir wohnen in der gleichen Pension.« »Bitte nicht, Günther«, bat sie. »Das geht doch nicht. Ich würde mich zu Tode fürchten. Du weißt nicht, wie mein Vater mich mit seinem Haß verfolgt, die Mutter mit ihrem Mißtrauen, die Schwester mit ihrer Verachtung. Alle Menschen in Deutschland sind gegen uns. Verstehst du das denn nicht? Das ist nicht zu ertragen.«

Günther starrte sie an. War er denn nicht mehr ihr Freund? Nur noch ein Jude?

Er brachte Gisela in ein Hotel. Es lag in der gleichen Straße wie seine Pension, und Günther hoffte auf einen wunderbaren gemeinsamen Abend.

Doch daraus wurde nichts. Gisela war sehr müde. Er sah es ihr an. Von der langen Reise, den Spannungen, der neuen, ungewohnten Umgebung. Sie bat ihn um Verständnis dafür, daß sie sich zurückziehen wollte.

Enttäuscht irrte Günther durch die Stadt. Später lief er in seinem Zimmer hin und her, bis der Morgen graute. Dann freute er sich wie ein Kind auf das Wiedersehen. Er eilte zum Hotel, rief sie in ihrem Zimmer an: »Soll ich raufkommen?«, und als er ihre Zurückhaltung spürte: »Oder sollen wir gemeinsam frühstükken?«

»Warte lieber draußen«, bat Gisela. »Hier sind mindestens zwei Deutsche im Hotel. Einer hat mich schon mißtrauisch und neugierig wie ein Gestapoagent angesprochen.«

Günther wartete draußen, er wollte Gisela nicht gefährden. Er kam sich ein bißchen wie ein Tertianer bei seiner ersten, verbotenen Liebe vor. Endlich kam Gisela aus dem Hotel. Mit einer Handbewegung bedeutete sie ihm, er solle hinter der nächsten Straßenecke auf sie warten.

Günther lief dorthin. Außer Sichtweite des Hotels und der Deutschen würde er mit Gisela Arm in Arm durch die schöne Stadt spazierengehen können, und in einer der vielen Parkanlagen konnten sie sich sicher auch küssen oder in einem Kino, wo bestimmt keine Deutschen zu treffen waren. Gisela schien sich von dem ganzen Volk der Deutschen verfolgt zu fühlen. Günther überlegte, wie er sie von diesem »Wahn« befreien konnte.

Gisela erschien. Immer wieder sah sie sich um, ob sie nicht verfolgt würde.

Günther versuchte sie zu beruhigen: »Was hat denn dieser Mann gefragt?«

»Sind Sie auch eine Deutsche?«

»Aber das ist doch wirklich keine verfängliche Frage«, meinte Günther sie beruhigen zu können.

»Aber wie er es gefragt hat!« blieb Gisela bei ihrer Furcht. Etwas später, hinter einer Hecke, bat Günther um einen Kuß, doch Gisela verweigerte ihm den. »Günther, ich kann nicht. Du weißt nicht, wie schlimm es ist. Alle sind gegen uns. Sie beobachten mich, sie hassen, sie verachten mich, sogar meine eigenen Eltern. Du weißt, was mir passiert, wenn herauskommt, daß ich bei dir gewesen bin.« Noch nicht einmal trösten, den Arm um sie legen, durfte er.

Günther hoffte aber, daß Gisela sich im Laufe des Tages etwas beruhigen würde. Um sie aufzumuntern, verkündigte Günther: »Ich habe mindestens eine Woche frei, wenn du möchtest, noch länger. Wir könnten in die Berge fahren . . .«

Gisela unterbrach ihn: »Nein, nein, das geht nicht. Ich muß morgen schon wieder zurück, spätestens übermorgen . . .«

Günther war tief enttäuscht. Doch er beherrschte sich und zeigte Gisela die Stadt wie ein Fremdenführer. Er hielt betont Abstand zu ihr, vielleicht half ihr das, die Angst zu überwinden. Er erinnerte sich an die schönen, gemeinsamen Erlebnisse in der »guten, alten Zeit«. Doch Gisela hörte gar nicht hin, sie drehte sich immer wieder erschrocken um, schritt schneller aus, fühlte sich verfolgt.

Günther litt mit ihr. Er fühlte sich schuldig. Seinetwegen war sie in all das hineingeraten. Er hatte flüchten können, war nun in Sicherheit, doch Gisela mußte wieder in die Hölle zurück. Die Heimat, das Elternhaus, waren eine Hölle für sie geworden.

Plötzlich blieb Gisela stehen und bekannte: »Ich halte es nicht mehr aus, ich fühle mich überall verfolgt, von jedem Blick. Du weißt nicht, wie bei uns Frauen bedroht, beschimpft und auch geschlagen werden, die etwas mit Juden zu tun haben. Man schneidet ihnen die Haare ab. Ich habe solche Angst. Ich möchte mich von dieser Angst befreien, aber ich weiß nicht wie. Ich kann dich nicht verlassen, weil ich dich so lieb habe. Aber ich halte diese Angst nicht mehr lange aus. Du ahnst nicht, in welcher Hölle ich drüben lebe.«

»Dann bleib doch bei mir«, bat Günther sie.

»Es geht nicht«, sagte sie. »Ich muß nach Hause zurück. Vielleicht wird doch noch alles besser.«

Schon früh am Abend zog sich Gisela in ihr Hotel zurück, und am nächsten Morgen brachte Günther sie zum Bahnhof.

Mit tränenüberströmtem Gesicht bat sie um Verständnis. »Günther, ich liebe dich, aber ich kann nicht anders. Wenn du mich lieb hast, dann verstehst du mich.«

Sie stieg in den Zug, der Zug fuhr an.

Günther blieb allein auf dem Bahnsteig zurück. Er fühlte sich vernichtet. Was waren das für Menschen, die nun in seiner Heimat lebten? Wie hatten sie sich gegenüber früher verändert. Günther kannte so viele Menschen drüben, die er mochte und verehrte; was war nur in sie gefahren, daß sie diesem Mörder gehorchten und ihm auch noch zujubelten?

Am Nachmittag hielt er es in Zürich nicht mehr aus. Er fuhr zur nahen Grenze, um Gisela so nahe wie möglich zu sein. Als er auf den Fluß zuging, der die Grenze bildete, dachte er auch an seine Mutter. Günther hatte furchtbares Heimweh. Nur durch den hier noch schmalen Rhein war er von beiden getrennt, und durch die grausame Weltanschauung eines Mannes, der sie einem ganzen Volk, dem »Volk der Dichter und Denker«, aufgezwungen hatte.

Günther betrat die Brücke, in deren Mitte die Grenze verlief. Der Schweizer Zöllner, der die Brücke bewachen sollte, stand in einem Schilderhäuschen und telefonierte. Er beachtete Günther nicht. Im Vorbeigehen hörte Günther, daß der Zöllner mit seiner Freundin ein Treffen im Café Hiddigeigei, drüben in Säckingen, abmachte. Als Günther dann doch stehenblieb, winkte der Zöllner ihm zu, er solle ruhig weitergehen.

Günther ging bis zum Grenzstein mitten auf der Brücke. Drüben sah er deutsche Grenzer, die ihn auch nicht beachteten, sondern laut miteinander sprachen und lachten. Kinder spielten am Fluß, und Hausfrauen trugen Einkaufstaschen nach Hause. Es sah alles so friedlich aus. Konnten denn diese Menschen dort so schlimm sein, wie Gisela es berichtet, wie Günther es selbst erlebt hatte? Er konnte es nicht fassen; sein Heimweh zog ihn fast über die Grenze.

Doch dann wurde er wieder vernünftig. Er durfte nicht hinübergehen, das wäre sein Untergang gewesen. Also setzte er nur einen Fuß auf deutschen Boden und schlenderte dann schweren Herzens wieder in die Schweiz zurück.

Bestimmt eine Stunde lang hatte er sich auf der Brücke aufgehalten und über alles nachgedacht. Als er zurückkehrte, stand der Schweizer Zollbeamte vor dem Schilderhäuschen und verlangte Günthers Paß. Günther reichte ihm sein Dokument für Staatenlose. Der gewissenhafte Beamte kontrollierte es sehr sorgfältig und forderte von Günther die Grenzübertrittserlaubnis.

»Die habe ich nicht«, antwortete der erstaunte Günther. »Ich habe die Schweiz doch gar nicht verlassen, ich bin doch nur bis zur Grenze gegangen und nicht darüber. Sie haben mich doch einfach durchgewinkt, als ich an Ihrem Häuschen vorbeikam und Sie telefonierten.«

»Ich habe nicht telefoniert«, wurde der Schweizer böse. »Ich bin erst vor einer halben Stunde hier eingetroffen und habe meinen Kollegen abgelöst.«

Günther wurde blaß.

Der Beamte blieb hart: »Bei mir ist keiner vorbeigegangen, und ich habe auch keinen auf der Brücke gesehen. Sie schon gar nicht.« Günther versuchte dem Grenzer alles zu erklären, doch der unterbrach ihn barsch: »Wissen Sie, solche Geschichten hören wir jeden Tag. Wenn wir jeden durchlassen würden, der uns so etwas erzählt, wäre die Schweiz schon voll mit fremden Elementen. Gehen Sie jetzt wieder über die Grenze zurück und besorgen Sie sich ein solches Papier von unserem Konsulat in Deutschland, dann lasse ich Sie passieren.«

Günther glaubte zu träumen. Ihm blieb fast der Verstand stehen. Er versuchte zu überlegen, was zu tun sei, doch es dauerte lange, ehe er einen klaren Gedanken fassen konnte.

Günther sah dem Beamten an, daß der schon daran dachte, Verstärkung zu holen, falls Günther sich weigerte, die Schweiz zu verlassen. Nicht weit von ihnen befand sich die Unterkunft der Zollbeamten. Günther fiel der Rabbi in Zürich ein. Vielleicht konnte der helfen. Er wußte zwar nur den Namen, doch die Nummer war von der Auskunft sicher zu erfahren. Er bat den Zollbeamten: »Darf ich hier einmal telefonieren?«

»Nein!« lehnte der ab. »Das ist ein Diensttelefon. Damit darf man nur dienstlich telefonieren, und nur wir Beamte. Machen Sie keine Umstände. Sie müssen sofort wieder nach Deutschland zurück, sonst rufe ich Verstärkung, und wir führen Sie nach drüben ab.«

Günther dachte verzweifelt über eine Rettungsmöglichkeit nach. Lange fiel ihm nichts ein, aber dann ... das Gespräch des abgelösten Zöllners, der mit seiner Freundin ein Rendezvous im Café Hiddigeigei in Säckingen abgesprochen hatte!

Das war seine letzte Möglichkeit, falls der Zöllner darauf einging. Er erklärte dem finsteren Beamten die Sachlage und bat ihn, das Café anrufen zu dürfen. Das würde auch ihm, dem korrekten Schweizer Beamten, ein schlechtes Gewissen und Scherereien ersparen.

Der Zöllner dachte nach, dann nahm er zögernd den Hörer hoch und rief das Café an. Sein Kollege war dort noch nicht eingetroffen. Der Beamte sah den Günther an, als ob er gleich sein Todesurteil aussprechen würde.

Günther bat ihn: »Können Sie denn nicht gleich noch einmal anrufen? Ich habe Ihnen wirklich die Wahrheit gesagt. Sicher wird er sich verspätet haben.«

Sie warteten gemeinsam eine für Günther bange Viertelstunde lang.

Der Zöllner drohte: »Länger aber nicht, sonst mache ich mich noch strafbar.«

Günther dachte wie gelähmt alles durch, was passiert sein konnte. Der Zöllner konnte mit seiner Freundin schon längst das Café verlassen haben. Es war durchaus möglich, daß er sich überhaupt nicht an Günther erinnerte. Oder er war darüber erbost, daß das mit seiner Freundin herauskam, und was ging denn einen Fremden sein Privatleben an!

Todeswarten, doch dann bekam der Zöllner seinen Kollegen an den Apparat. Günther hörte, wie er ihn fragte.

Es dauerte eine Weile, ehe sich der Kollege erinnern konnte. Dann sah sich der Zöllner nach Günther um und nickte. Beide Kollegen sprachen noch belangloses Zeug ins Telefon und lachten darüber.

Dann wandte sich der Zöllner streng an Günther: »Also, ich lasse noch einmal Gnade vor Recht ergehen. Doch ich warne Sie, tun Sie das nie wieder! Ich habe meine Dienstpflicht verletzt und eine Eintragung in meine Personalakte und eine Rüge riskiert, was ich nicht gerne tue. Hauen Sie so schnell wie möglich ab.«

Was Günther auch tat.

Er wollte sofort wieder nach Frankreich zurückfahren, doch sein Geld reichte nicht mehr für eine Fahrkarte bis nach Basel, von wo aus seine Fahrkarte galt. Giselas Besuch hatte ihn viel gekostet; er hatte das Geld aber gerne ausgegeben. Er fuhr so weit wie möglich; die letzten zwanzig Kilometer bis nach Basel mußte er zu Fuß gehen.

Da erst am nächsten Tag ein Zug nach Paris fuhr, übernachtete er in einem Obdachlosenasyl. Trotz des Lysolgestanks und des dröhnenden Schnarchens seiner Pritschengenossen schlief Günther sofort ein. Er kam erst wieder zu sich, als der Heimleiter ihn grob wachrüttelte.

Frisch und fröhlich, er wußte gar nicht warum, schlenderte er durch die Stadt zum Bahnhof. In Gedanken vertieft, stand er plötzlich auf dem Schulhof eines Lyzeums, eines Mädchengymnasiums. Es wurde zur Pause geläutet, und der Hof füllte sich mit schwatzenden und kichernden Mädchen.

Günther starrte sie an wie aus einer anderen, besseren Welt. Mädchen konnten doch nicht so viel Übles tun wie Männer, dachte er. Alle waren hübsch und fröhlich angezogen. Sie hängten sich bei ihren Freundinnen ein, aßen ihre Butterbrote und lachten und lachten.

Günther hatte das Gefühl, schon einmal in diesem Hof gewesen zu sein, vielleicht in einem Traum. Er fühlte sich so gut und frei auf diesem Schulhof, und die Mädchen lächelten dem fremden, unrasierten Mann sogar zu. Er zog seine Baskenmütze ab und grüßte sie wie ein Kavalier.

Als er den Hof verließ, nahm er sich vor: »Eines Tages möchte ich Lehrer an einer Mädchenschule werden ...«

Das Ende der großen Liebe

Günther konzentrierte sich nun auf sein Sprachstudium. Die Juristerei schloß er mit einem kleinen Examen ab, mehr schaffte er nicht, er mußte Geld verdienen.

Sein philologisches Examen bestand er mit der höchstmöglichen Auszeichnung. Er telegrafierte sofort an seine Mutter und an Gisela.

In der kleinen Kapelle neben dem Telegrafenamt zündete er eine Kerze an, fiel auf die Knie und bedankte sich überschwenglich bei Gott für diese Gnade. Er schloß alle Menschen mit ein. Er hätte die ganze Welt umarmen können.

Doch nach diesem Freudentaumel fiel ihm das Alleinsein doppelt schwer. Die Mutter telegrafierte zurück, stolz über ihren Sohn. Gisela reagierte ruhiger, sachlicher, herb. Sie wußte wohl, daß dieses Examen auch ein Schritt voneinander weg war.

Günther wollte Gisela nicht an sich binden. Sie konnte einfach nicht mit ihm in Frankreich leben, in solchen Verhältnissen. Er dachte daran, sie freizugeben. Es war besser für sie. Und sicher dachte sie im geheimen auch daran.

Die Mutter schrieb: »Alle sagen, daß die Judenverfolgungen jetzt abklingen werden. Der Papst habe interveniert. Sicher übertreiben die Zeitungen bei euch. Du solltest dir weniger Sorgen um mich machen. Ich glaube ganz fest, daß du eines Tages wieder hier in Berlin leben wirst. Ein Volk, das so aufstrebend ist, kann doch nicht auf seine jungen Leute verzichten. Wenn du dann wieder beim Gericht zugelassen bist, brauchst du ja nicht gerade Kommunisten zu verteidigen. Von denen hört man jetzt sowieso nichts mehr.«

Doch dann begannen furchtbare Tage für den einsamen Günther in Paris. Er schrieb an Gisela: »Es hat keinen Sinn mehr, ich darf dich nicht binden. Wir trennen uns besser. Es fällt mir so sehr schwer, dir das zu schreiben, doch wir müssen den Bruch machen.«

Mehr konnte er nicht schreiben. Als er den Brief in den Kasten warf, war ihm, als ob er sein Herz und seine Seele dort hineinwerfen würde. Er wollte schon warten, bis der Postangestellte käme, um den Brief wieder zurückzufordern; aber dann wußte er, daß er es so lassen sollte.

Er stand am Straßenrand, Autos jagten an ihm vorbei. Sollte er sich nicht einfach unter ein Auto werfen? Dann wäre alles vorbei ...

Er tat es nicht.

Die Wandlung einer einsamen, verbitterten Frau

Eine ältere Dame bestand darauf, von Günther nicht in ihrer Wohnung, sondern in der Cité Universitaire unterrichtet zu werden. Sie sprach schon ganz gut Deutsch, wollte aber die Feinheiten dieser Sprache kennenlernen.

Es war eine Dame mit Prinzipien. Auf die Sekunde mußte Günther anfangen und nach genau einer Dreiviertelstunde den Unterricht beenden. Dann sagte sie jedesmal: »So, nun haben wir genug gearbeitet. Jetzt möchte ich mich einfach mit Ihnen unterhalten. Auch wenn ich Fehler mache, dürfen Sie mich jetzt nicht korrigieren.«

Günther nannte diese folgende Zeit Kraut- und Rübenunterhaltung, weil sie sich dann – auf deutsch – einfach über alles unterhielten, was ihnen in den Sinn kam.

Aber wenn das Gespräch persönlich wurde, wich die Dame immer aus. Sie sah leidend und traurig aus. Günther hatte Mitleid mit ihr. Sie mußte an einer schweren Krankheit leiden, das war nicht zu übersehen, aber Günther fand es nicht schicklich, sie direkt danach zu fragen.

Als die Dame wieder zu einer Deutschstunde kam, fragte Günther sie wie immer: »Na, wie geht es Ihnen?«

Da antwortete sie anders als sonst: »Schlecht, sehr schlecht.«

Günther sah sie erschrocken an, aber sie reagierte unwirsch: »Fangen Sie bitte mit dem Unterricht an.«

Was Günther auch tat. Doch die Kraut- und Rübenstunde wollte sie sich trotzdem nicht entgehen lassen. Nach einem Geplänkel über die Nützlichkeit von Gummiüberschuhen sagte die alte Dame plötzlich: »Ich habe Knochentuberkulose. Sie ist nicht mehr zu heilen. Die Ärzte versuchen alles, doch ich habe den Eindruck, daß meine Krankheit immer schlimmer wird.«

Günther sah ihr bleiches, leidendes Gesicht. Sie schaute so hoffnungslos aus dem Fenster wie nie vorher. Die Dame tat ihm furchtbar leid, so daß er spontan ausrief: »Ich werde für Sie beten.«

Da fuhr die Dame hoch: »O nein, das verbitte ich mir! Ich habe mit Gott nichts mehr zu tun!«

Das stieß sie mit kurzen, haßerfüllten Worten heraus, wie es Günther dieser kultivierten und sonst so sanften Dame gar nicht zugetraut hätte. Sie stand auf und verließ ihn, noch mitten in der Kraut- und Rübenstunde.

Am Anfang der nächsten Lektion entschuldigte sich die Dame: »Ich muß Ihnen erklären, warum ich mich in der letzten Stunde so im Ton vergriffen habe. Ich war sehr erregt. Es tut mir leid, daß ich zu dieser Tonart griff, doch zu dem Inhalt des Gesagten stehe ich natürlich. Ich habe mit dem Gottesglauben sehr schlechte Erfahrungen gemacht.«

Dann folgte ein Katalog von bitteren Vorwürfen, die alle mit dem Satz endeten: »Wie konnte Gott das zulassen?«

Es war schon eine gehörige Last aus Leid, Krankheit, Elend, Enttäuschung, Ungerechtigkeit, die dieser Frau aufgebürdet worden war. Günther fand nun, daß er es sich mit seinem Gebetsangebot zu leicht gemacht hatte. Obwohl er es nicht als Floskel gemeint hatte, hatte er die tiefen Wunden der Frau wieder aufgerissen.

»Es gibt keinen Gott, weil es keine Gerechtigkeit gibt«, behauptete die Dame. »Es ist alles nur ein Geschwätz.«

Günther fragte vorsichtig: »Haben Sie denn keine Familie, zu der Sie gehören? Nicht einen Menschen, der sich um Sie kümmert, Sie lieb hat? Gibt es keine Verwandten, Bekannten, die es gut mit Ihnen meinen?«

»Niemand, niemand!« antwortete die Frau verzweifelt. »Das ist es ja. Wie kann denn ein Gott so etwas zulassen, daß ich so allein bin, daß sich keiner um mich kümmert? Wenn Gott schon nicht kann, dann könnte er mir doch wenigstens einen Menschen schicken. Er hat doch reichlich Leute, die seine Kirche füllen und Gutes tun wollen. Aber sicher nur mit dem Mund. Mir ist bisher noch kein Mensch begegnet, der mir Gutes getan hat. Es ist keiner da, noch nicht einmal einer, der mir auf der Treppe einen guten Tag wünscht.«

Dann faßte die verzweifelte Frau die Erfahrungen ihres Lebens zusammen: »Ich hasse Gott, ich verfluche ihn, wenn es ihn gibt. Seine Schöpfung und vor allem die Menschen hasse ich auch. Zum Leiden und Sterben sind wir geboren. Nur zu Leid und Tod führt alles hin, auch die sogenannten schönen Tage und das gute Wetter. In allem, was lebt und was wir tun, ist schon der Schmerz und der Tod. Grausam ist es, leben und sterben zu müssen. Falls es einen Schöpfer geben sollte, dann muß er ein grausamer Sadist sein, der sich eins ins Fäustchen lacht und sich an unserem Elend und Schmerz weidet. Er wirft uns das Leben wie einen Köder hin, obwohl er genau weiß, daß er es uns eines Tages wieder fortnehmen wird. Darüber scheint er sich am meisten zu freuen, wenn er sieht, wie sich seine Mißgeburten vor Schmerz krümmen und dann winselnd verenden. Ist das die Dauerstrafe wegen des einen Apfels? Wie großzügig gehen sogar seine Mißgeburten mit dem Jungen um, der sich einen Apfel aus Nachbars Garten nimmt? Doch der sogenannte Schöpfer schrie uns einen ewigen Fluch nach, seit Adam und Eva. Warum bin ich überhaupt geboren worden?«

Günther hörte erschüttert zu. Was sollte er dazu sagen? Dann brach sie plötzlich ab, stand auf und verließ ihn ohne einen Gruß.

Einige Tage später rief die Dame an. Sie entschuldigte sich für ihre Art und Weise des Redens. Und es täte ihr leid, daß sie gerade den Monsieur Schild zum Sündenbock aller ihrer bösen Erfahrungen gemacht habe. Aber zu dem, was sie gesagt habe, würde sie natürlich stehen, jetzt und für alle Zeiten. Dann meldete sie sich mit einem schnellen Satz vom Unterricht ab. Sie habe nicht mehr die Kraft und Lust dazu.

Sie spürte Günthers Enttäuschung und versuchte, es ihm genauer zu erklären: »Nein, nein, es liegt absolut nicht an Ihrer Art und Methodik, daß ich abbreche. Die gefällt mir sehr gut. Aber ich kann einfach nicht mehr.«

Günther stand da. Das traf ihn hart, und die Dame tat ihm leid. Er hatte auch eine wichtige Einnahmequelle verloren, doch das war zweitrangig. Er wollte der Dame noch etwas Tröstliches und Aufbauendes mitgeben und riet ihr: »Versuchen Sie es doch, sich um jemanden zu kümmern, der genauso einsam ist wie Sie, der keine Liebe und Fürsorge kennt. Schenken Sie einem von dem, was Sie noch haben, einem, der noch weniger besitzt, der noch verzweifelter ist. Es gibt doch viele Menschen, die viel schwächer sind als Sie. Wenn Sie etwas von sich verschenken, können Sie einen anderen Menschen damit sehr glücklich machen und sich selbst auch. Vielleicht finden Sie dann auch wieder zu dem Glauben zurück, der Sie als Kind trug.«

Die Dame legte den Hörer auf, ohne ein Wort zu sagen. Günther hörte nichts mehr von ihr.

Als Günther nach dem Krieg wieder in Paris lebte, erinnerte er sich an diese bittere und leidende Dame. Er fand ihre frühere Adresse. Sicher war sie schon gestorben. Zu seiner großen Überraschung entdeckte er an der Haustür doch noch ihren Namen.

Er stieg zu ihrer Wohnung hoch, schellte, und die alte Dame öffnete ihm. Sie empfing ihn gar nicht freundlich, sondern so, als ob er ihr sehr ungelegen käme: »Also eigentlich habe ich gar keine Zeit für Sie.« Als sie Günthers enttäuschtes Gesicht sah, setzte sie schnell hinzu: »Wir ziehen nämlich um.«

»Wir?« fragte Günther erstaunt. Sie hatte doch immer betont, daß sie keinen Menschen auf dieser Welt habe. Er fragte, seine Enttäuschung abfangend: »Dürfte ich dann um Ihre neue Adresse bitten? Ich könnte ja später vorbeikommen, wenn es Ihnen besser paßt. Das heißt, wenn Sie überhaupt Wert darauf legen.«

Die Dame lachte auf, wie er sie noch nie erlebt hatte, und rief ihm fröhlich zu: »Natürlich lege ich Wert darauf. Ich habe mich nicht richtig ausgedrückt, wir ziehen gar nicht um, sondern bleiben hier im Haus. Wir vergrößern uns. Ich habe die gegenüberliegende Wohnung noch hinzugemietet, damit René einen ruhigen Platz für seine Schulaufgaben findet und auch seine Freunde einladen kann.«

Günther fragte erstaunt: »Wer ist denn dieser René, der einen Platz für Hausaufgaben braucht?«

Die Dame lächelte, winkte dann aber ab: »Das erzähle ich Ihnen bei Ihrem nächsten Besuch. Kommen Sie bitte in der nächsten Woche zu uns, am gleichen Tag, und dann zum Abendessen, wenn es Ihnen recht ist.«

Als Günther genau nach einer Woche an der Wohnungstür schellte, wurde ihm von einem höflichen achtjährigen Jungen geöffnet. Er lächelte Günther mit seinen großen, blauen Augen zufrieden und fröhlich an und führte ihn ins Wohnzimmer. Dort erklärte er Günther förmlich: »Ich heiße Sie im Namen meiner Mutter sehr herzlich willkommen. Sie ist zum Einkaufen gegangen und kommt gleich zurück. Darf ich Ihnen etwas zu trinken anbieten? Mineralwasser oder Milch? Alkohol gibt es nicht bei uns«, setzte er etwas altklug hinzu.

»Nein, danke«, lehnte Günther höflich ab. Der Junge zog sich artig wieder zurück.

Günther sah sich im Zimmer um und trat ans Fenster. An diesem milden Sommerabend war alles ins goldene Licht der untergehenden Sonne getaucht.

Günther schaute in den Tuileriengarten, an den eleganten Fassaden der Herrenhäuser entlang. Wie draußen war auch innen in der Wohnung alles wohltuend gepflegt. Das überraschte ihn. Ganz früher hatte er sie schon einmal betreten, als er mit der Dame den Stundenplan und die Bezahlung seiner Lektionen festgelegt hatte. Damals war die Wohnung dunkel, traurig und ungepflegt gewesen. In diesem Zimmer mußte ein fröhlicher und zufriedener Mensch leben: helle Tapeten, fröhliche Bilder an den Wänden, bequeme, einladende Sessel und köstliche Früchte in einer Schale auf dem Tisch des Salons.

Auch Madame Meunier hatte sich total verändert. Als sie die Wohnung betrat, lief sie sofort auf Günther zu, lächelte und entschuldigte sich, daß er hatte warten müssen. Sie trug ein helles, luftiges Kleid und wirkte viel jünger und gesünder als früher. Er sah, daß aus dem verbitterten Menschen ein zufriedener und fröhlicher geworden war.

Madame Meunier bat ihn zum Abendessen und begann zu erzählen: »Die Eltern des Jungen sind im Juli 1940 auf der Flucht vor der deutschen Wehrmacht bei einem Bombenangriff ums Leben gekommen. René blieb wie durch ein Wunder unverletzt. Flüchtlinge lieferten ihn bei der Behörde ab. Diese versuchte, seine Verwandten zu bewegen, den Jungen aufzunehmen. Doch vergeblich. In diesen schlimmen Kriegsjahren war sich jeder selbst der Nächste und übersah die Nöte der anderen im Vorüberhasten.

Als man den unerwünschten Waisenjungen in eine Anstalt schicken wollte, erfuhr ich seine Geschichte. Rein zufällig und ohne daß ich es wollte. Der kleine Kerl tat mir so leid, daß ich meine Scheu überwinden konnte. Ich fuhr sofort zu ihm und nahm ihn mit zu mir.

Als René fünf Jahre alt wurde, erzählte ich ihm alles. Ich überließ ihm die Entscheidung, ob er bei mir bleiben oder sich von mir trennen wollte. Doch er begann bei meiner Frage zu weinen und rief: ›Aber du bist doch meine Mama!‹

So begann es damals zwischen uns, und so ist es geblieben. Wir sind eine Familie geworden, und René hat auch meinen Namen angenommen. Er heißt nun René Meunier, worauf wir beide sehr stolz sind.«

Über ihre Gesundheit brauchte Madame Meunier Günther nichts zu erzählen. Er sah, wie der kleine Junge sie verändert und glücklich gemacht hatte. War das ein Gegensatz zu ihrem letzten Treffen vor dem Krieg!

»Und stellen Sie sich das vor«, rief Madame Meunier sehr fröhlich, »nicht nur meine Seele ist wieder gesund geworden, sondern auch mein Körper. Es sieht so aus, als ob meine Knochentuberkulose geheilt ist. Die Ärzte verstehen es nicht. Aber auf jeden Fall ist sie stehengeblieben und breitet sich nicht mehr aus.

Da war der Krieg doch wenigstens zu etwas gut. Er hat mir einen Sohn beschert, und die Ärzte sind mit den Antibiotika so weit vorangekommen, daß sie mich nahezu heilen konnten.

Monsieur Schild, ich habe mich auch hundertprozentig mit meinem Schöpfer und Gott ausgesöhnt. Leider bete ich nicht so oft zu ihm, wie ich eigentlich sollte. Meistens nur dann, wenn René krank ist oder sehr spät von der Schule heimkommt.

Sie hatten damals recht, als Sie sagten, das beste Heilmittel gegen Einsamkeit und Verdruß sei die Liebe zu einem anderen Menschen. Man sagt: Gott ist die Liebe. Ich sage: Die Liebe ist Gott. Ich darf es Ihnen beichten, lieber Freund, wäre René nicht in mein Leben hineingekommen, ich hätte es mir bestimmt genommen. Ich war so allein und krank und konnte es nicht mehr ertragen.

Aber nun ist alles gut. Ich bin mit mir, mit meinem Leben, mit meinem Schöpfer zufrieden und glücklich. Ich liebe René, und er liebt mich.«

Madame Meunier führte Günther durch die beiden Wohnungen, die sie nun eingerichtet hatte. René hatte sich sein Zimmer nach seinem Geschmack gestaltet. Als die beiden Erwachsenen es betraten, stand er auf und zeigte Günther seine Spielsachen, Bücher und auch den bezaubernden Blick aus dem Fenster hinaus auf die Tuilerien.

Dann sagte er zu Günther: »Kommen Sie bitte bald wieder. Meine Mutter hat mir so oft von Ihnen erzählt. Sie haben ihr so geholfen.«

Entrée Yvonne

Als Günther in Paris studierte und Deutschunterricht gab, wurde er aktives Mitglied der »International Friendship League«, der internationalen Freundschaftsliga. Dort polierte er sein Englisch auf und fühlte sich in der internationalen Atmosphäre sehr wohl. Da er sich mühelos in drei Sprachen ausdrücken konnte, wurde er bald Mitarbeiter bei internationalen Ferienlagern, und dann deren Leiter. Geld brachte es ihm nicht ein, obwohl er die Verantwortung für die Lager trug und sehr viel zu tun und zu laufen hatte. Nach vielem Bitten gewährte man ihm einen täglichen Zuschuß von 50 Centimes. Von diesem Geld konnte er sich einmal im Monat die Schuhe neu besohlen lassen.

Einen Sommer sollte er bei einem Feriencamp an der Riviera mitarbeiten, doch dann fiel der Direktor aus, und Günther mußte die gesamte Verantwortung übernehmen.

Es war 1938, Günther residierte in einer märchenhaften Villa hoch über der Küste. Seine Nachbarn waren Millionäre und Filmstars. Jeden Morgen liefen die jungen Leute des Ferienlagers zum Strand hinunter und tummelten sich dort. Für den Abend bereitete Günther internationale Begegnungen und Programme vor.

So erschien auch eines Abends eine internationale Freundschaftsgruppe aus Pau in den Pyrenäen. Günther nahm die Leute im einzelnen kaum wahr, da ihn seine Verantwortung als Direktor von morgens bis abends ausfüllte. So am Rande fielen ihm immerhin zwei Mädchen auf, Yvonne und Jeanette, die immer zusammen waren, sich einhingen, viel lachten, sangen und trällerten und das Leben in dieser paradiesischen Umgebung gemeinsam genossen. Doch der Herr Direktor hatte natürlich keine Zeit dazu, sie näher kennenzulernen, und konnte sich auch nicht um Einzelpersonen kümmern, wie er meinte. Die achtzig Teilnehmer an der Sommerfreude und Ausgelassenheit nahmen alle seine Gedanken und Energien in Anspruch. Er mußte in drei Sprachen leben, übersetzen, verstehen. Das war etwas anstrengend, aber es machte ihm auch Spaß, so herausgefordert zu werden. Gegen seinen Willen wurde er auch in die persönlichen Probleme seiner Teilnehmer mit hineingenommen. Ein Holländer wollte wissen, was »Ich liebe dich« auf französisch heißt. Kaum waren die Engländer in der Villa eingetroffen, fragten sie schon: »Where is the post office?«

Es war sehr schön, aber Günther atmete doch auf, als das Lager glücklich und ohne Unfälle überstanden war, alle abfuhren und er endlich alle Rechnungen bezahlen konnte.

Zurück im herbstlichen Alltag in Paris, wanderten seine Gedanken noch oft an die Riviera.

Dann, am 2. Dezember 1938, sollte ein Konzert zugunsten der Flüchtlinge aus dem spanischen Bürgerkrieg gegeben werden. Dieses Datum sollte entscheidend für Günthers weiteres Leben sein.

Die Wohltätigkeitsveranstaltung fand im Saal der Quäker an der Rue Guy de la Brosse statt. Günther drängte sich in die schon mit Flüchtlingen und Sympathisanten gefüllte Halle. Er studierte das Programm, fand dort unter den Namen der Mitwirkenden den einer gewissen Yvonne Limouzin, der ihm aber nichts sagte. Diese Dame sollte spanische Volkslieder singen.

Als ein schlankes, blondes Mädchen temperamentvoll auf die Bühne sprang, erkannte er sofort den Besuch aus Pau wieder. Schnell sang sie sich in die Herzen der Zuhörer. Die Spanier weinten beim Klang ihrer Lieder, dann jubelten sie wieder und baten mit donnerndem Beifall um Zugaben. Auch das französische Publikum, sonst immer kritisch, ironisch und verwöhnt von dem, was in Paris geboten wurde, raste vor Begeisterung. Günther sprang mit allen Zuhörern auf und jubelte ihr zu.

Nach dem Konzert wurde Yvonne von Autogrammjägern bestürmt. Günther drängte sich auch zu ihr, doch er wartete geduldig, bis er sie ansprechen konnte. Schon in diesem Augenblick war er sich sicher: »Sie wird einmal meine Frau.«

Als er sie ansprach und sich vorstellen wollte, unterbrach sie ihn: »Natürlich kenne ich Sie. Sie waren doch der Direktor von dem I.F.L.-Lager an der Riviera.« Offensichtlich freute sie sich, ihn wiederzusehen.

Günther wußte: »Es ist gekommen, wie es kommen mußte. Von allen Ewigkeiten her war es so vorbestimmt. Wir gehören von jetzt an zusammen, und nichts kann uns trennen. Erst der Tod.«

Yvonne war im Herbst 1938 nach Paris gezogen. Mit dreiundzwanzig Jahren war sie schon eine diplomierte Musik- und Spanischlehrerin. Außerdem hatte sie den ersten Preis für Klavier des Konservatoriums von Poitiers gewonnen. Sie wollte Sängerin werden.

Günthers Lebensverhältnisse hatten sich verändert. Er war Schatzmeister einer armenischen Flüchtlingsorganisation in Paris geworden und bewohnte jetzt ein Zimmer in einem armenischen Studentenwohnheim. Da das Haus zur Cité Universitaire, dem Pariser Universitätsviertel, gehörte, bekam Günther oft Freikarten für Opern, Konzerte und sonstige kulturelle Veranstaltungen. Diese waren die einzigen Vorteile, die er durch dieses Amt genoß.

Einmal nahm er seinen Mut zusammen und besuchte Yvonne in der Schola Cantorum, wo sie wohnte. Sie willigte ein, mit ihm in eine Aufführung von Figaros Hochzeit zu gehen, für die er gerade zwei Freikarten ergattert hatte. Beide waren von dem Abend begeistert und trafen sich nun öfters. In der Schola Cantorum hatte sich Yvonne ein Klavier gemietet. Wenn sie und Günther nicht unterwegs waren, spielten sie vierhändig. Zunächst nur einmal in der Woche, doch bald jeden Abend.

Günther begleitete Yvonne auch, wenn sie sich auf ein Konzert vorbereiten mußte.

Yvonne gehörte zu einem berühmten Chor, wo sie manchmal die Solopartien singen durfte. Ihre Stimme klang ganz außergewöhnlich klar und frisch, wie aus den himmlischen Sphären. Viele Zuhörer sagten ihr hinterher: »Du singst wie ein Engel.« Womit sie natürlich ganz Günthers Meinung trafen.

Günther besuchte natürlich jedes Konzert, in dem Yvonne sang. Charles Münch war damals der berühmte und gefeierte Dirigent in Paris, der Chor sang oft unter ihm. Auch unter Bruno Walter, der nach Paris zum Dirigieren kam.

Wenn Günther im Publikum saß, brauchte sich der Chor um Beifall nicht zu sorgen. Ehe überhaupt einer damit beginnen konnte, war Günther schon aufgesprungen und klatschte und tobte los, riß wie ein echter Claqueur alle mit.

Dann rannte er zum Bühneneingang, wo er Yvonne jedesmal mit einem riesigen Blumenstrauß beglückwünschte. Die Solistinnen sahen überrascht und neidisch zu der kleinen Choristin hinüber, die hinter den vielen Blumen fast verschwand.

Beide liebten Musik.

Günther hatte schon als Kind mit dem Klavierspielen begonnen, wie es sich für den Sprößling einer großbürgerlichen Familie gehörte. Schon im zarten Alter von vier Jahren hatte Günthers Mutter ihren Sprößling auf den Schemel vors Klavier gesetzt und gehofft, daß aus ihm einmal ein berühmter Pianist werden würde. Mütter und ihre Träume! Günther spielte aber gern, es war kein Zwang für ihn, und er war stolz darauf, wenn er bei Aufführungen seines Schulorchesters den Klavierpart spielen durfte. Aber Pianist wollte er nie werden.

Sein bester Freund war damals Richard Kraus, der Sohn des Heldentenors Ernst Kraus, der in aller Welt Wagner sang. Beide Jungen bekamen so viele Freikarten für die Oper, wie sie haben wollten, und ihre Begeisterung für die Musik wuchs.

In Günthers Jugendzeit waren die Berliner von dem fröhlichen Mozartsänger Francesco d'Andrade begeistert. Der Maler Max Slevogt hatte ihn porträtiert; dieses Bild hängt seitdem in der Berliner Nationalgalerie. Der Bariton d'Andrade, den viele Frauen anhimmelten, war ausgerechnet in Günthers Mutter verliebt und suchte die Familie so oft auf, wie er konnte. Immer wieder sang er auch in ihrer Wohnung und vor gemeinsamen Freunden. Günthers Vater kannte keine Eifersucht, er mochte den Sänger und Menschen überhaupt und war von der ungeteilten Liebe seiner Frau überzeugt.

So wuchs Günther in einer hochgradig musikalischen Atmosphäre auf und klimperte eifrig mit. Deshalb liebte er auch Yvonnes Gesang besonders und war ganz offen für ihre Musik.

Yvonne war keine Pariserin, sie kam aus der Provinz. Aber alles an ihr war französisch. Ihre Grazie, ihr Charme, ihre Lebhaftigkeit. Sie zog sich gerne elegant an und oft um; das war nicht der Inhalt ihres Lebens, doch es gehörte dazu. Sie vibrierte mit dem Leben, das sie liebte, und mit der Musik, die sie hörte und sang.

Auch die außergewöhnliche Höflichkeit der Franzosen gehörte zu Yvonne. Günther war davon beeindruckt, wie liebenswürdig sie ihn behandelte, schon bei ihrer ersten Begegnung in Paris. Das tat ihm, dem Fremden und Gejagten, so gut.

Heinrich Heine erzählt, wie er sich auf den Pariser Straßen extra von einem Franzosen anstoßen ließ, um sich dann an dessen Entschuldigungen und Höflichkeiten zu erfreuen. Für Günther war es wie Musik, wenn Yvonne mit ihm redete. Oft achtete er gar nicht auf den Inhalt ihrer Worte, sondern nur auf den Klang. Wenn sie ihm dann eine Frage stellte, meinte sie irritiert, daß er anscheinend nicht zugehört habe.

»Doch, doch«, verteidigte er sich dann, »ich habe schon zugehört, doch auf einer anderen Ebene, wo der Sinn der Worte nicht mehr so wichtig ist, nur noch der Klang, die Musik. Ich sehe in dein Gesicht und freue mich an der Musik, die du mir schenkst.«

Dann lächelte Yvonne, aber sie fragte ihn doch noch einmal, was sie wissen wollte.

Günther schrieb seiner Mutter von Yvonne und schickte ihr ein Foto. Er lud die Mutter zur Verlobung und später zur Hochzeit ein, doch sie durfte Deutschland nicht mehr verlassen.

Bei der ersten Gelegenheit fuhr Günther mit Yvonne zu ihren Eltern nach Poitiers. Beide Eltern waren Professoren. Der Vater lehrte Mathematik, die Mutter Französisch.

Yvonnes Vater hatte im Ersten Weltkrieg eine schwere Verwundung erlitten und konnte seinen Beruf nur mit äußerster Anstrengung ausüben. Günther erwartete, daß die Familie ihm, einem Deutschen, mit verständlichem Mißtrauen begegnete. Doch es kam alles ganz anders. Er wurde sofort mit Freuden und wie ein Sohn in der Familie aufgenommen. Es spielte überhaupt keine Rolle, was er war. Yvonnes Eltern und Geschwister mochten ihn sofort, und Günther erging es umgekehrt genauso.

Keiner fragte Günther, wovon er lebte, wieviel er verdiente. Alle sahen, wie Yvonne und Günther sich liebten, und freuten sich mit ihnen.

Damals war es gar nicht selbstverständlich, daß eine französische Familie einen Deutschen so aufnahm. Das Leid des Ersten Weltkriegs prägte noch die Menschen, Hitler tobte im Nachbarland und forderte Elsaß-Lothringen und die ehemaligen deutschen Kolonien zurück. Er rüstete auf, er drohte mit Krieg und hatte gerade Österreich »heim ins Reich« geholt. Die Franzosen reagierten mit dem Ausbau ihrer Verteidigung gegen diese Gefahr. Aber erst Ende März 1939, nach der Besetzung der Tschechoslowakei, begriffen die Franzosen wirklich, leider viel zu spät, welch skrupelloses Spiel Hitler mit seinen Nachbarvölkern veranstalten wollte.

Auch daß Günther Protestant war, störte die Familie nicht. Sie waren keine aktiven Katholiken und legten keinen besonderen Wert auf religiöses Verhalten. Sie tolerierten jeden Glauben und hatten auch nichts dagegen, daß Yvonne von einer protestantischen Familie stark beeinflußt worden war. Sie freuten sich über den Glauben des andern, solange man sie nicht zu »bekehren« versuchte. Das kam natürlich Günther entgegen, der doch ein bewußter evangelischer Christ sein wollte.

Kriegsausbruch 1939

Verliebt, wie Günther und Yvonne waren, nahmen sie nicht viel von dem wahr, was sich um sie herum ereignete, und noch weniger, was Völker und Politiker bewegte. Unbekümmert fuhren sie an die Riviera, wo Günther wieder ein internationales Ferienlager leiten sollte. Auch die jungen Leute, die dort eintrafen, hofften, daß der drohende Krieg sich noch verhindern ließ. Sie kamen aus den USA, aus Rußland und vor allem aus England. Sie waren alle Optimisten, wie es ihrem Alter und ihrer internationalen Einstellung entsprach.

Günther mußte bei Hitlers Drohungen immer an seine Mutter denken. Was würde Hitler bei Kriegsausbruch mit den Juden tun, denen er alle Schuld an Deutschlands letzter Niederlage gab?

Doch an der Riviera blieb ihm keine Zeit zum Grübeln. Nur wenn er etwas Ruhe fand, die Zeitungen überflog, drang tiefe Furcht in ihn. Er hoffte auf Frieden, er betete dafür, für alle Menschen guten Willens, und für seine Mutter und Gisela.

Doch die jungen Leute aus aller Welt genossen die Riviera, das Meer und die Gemeinschaft mit fremden Menschen. Sie sangen und feierten miteinander, sie tanzten und flirteten. Günther und Yvonne feierten ihre Verlobung mit ihnen, die ganze Nacht durch, bis in den Morgen. In ihrer Freude hatten sie alles vergessen, was sich in der Ferne zusammenbraute.

Im Morgengrauen, als der letzte Walzer von der Platte verklungen war, alles zu Bett ging und Günther und Yvonne zum Baden an den Strand laufen wollten, kam ein Zeitungsjunge zur Villa geeilt und rief: »Es ist Krieg, es ist Krieg, die Deutschen haben Polen überfallen, Frankreich und England haben Hitler ein

Ultimatum gestellt und rufen die Generalmobilmachung aus!«

Günther stellte sofort das Radio an; dort wurden diese Meldungen wiederholt.

Fluchtartig verließen alle Teilnehmer das Ferienlager. Jeder wollte so schnell wie möglich in seine Heimat zurück. Plötzlich standen Günther und Yvonne allein im Speisesaal und sahen sich erstaunt an. Nach der lauten Nacht nun lähmende Stille. Günther schlug vor: »Nun frühstücken wir erst einmal in aller Ruhe, und dann sehen wir weiter.«

Nachdem sie sich gestärkt hatten, stiegen sie zum Strand hinunter. Auch dort war es menschenleer. Die Geschäfte öffneten nicht und hatten ihre Rolläden heruntergelassen. Mißtrauische Polizisten streiften durch die leeren Straßen und sahen in jedem, den sie dort trafen, schon einen potentiellen Feind. Gerüchte von einer deutschen »fünften Kolonne«, die überall auftauchen könnte, erregten die Gemüter.

Eine lähmende Erwartung des Bösen lastete auf allem.

Als die beiden schnell wieder zur Villa zurückkehrten, fuhren dort gerade die Lieferanten vor, um ihre Waren abzuladen. Günther bedeutete ihnen, daß alle Teilnehmer abgefahren waren, aber trotzdem ließen die Fuhrleute die Nahrungsmittel dort, weil es ihnen so vom Patron befohlen worden war. Günther wußte nicht, was er mit diesen Bergen von Lebensmitteln tun sollte. Er wußte auch nicht, wie er die Rechnungen bezahlen sollte, denn alle Banken hatten den Zahlungsverkehr aus dem Ausland eingestellt. Trotz seiner Interventionen wurde weiter geliefert. Wenn er auf seine Zahlungsunfähigkeit hinwies, wurde nur abgewinkt. Die Lieferanten wußten sowieso nicht, wohin mit ihren Produkten, denn die Hotels und Geschäfte hatten auch geschlossen. Günther hielt die Villa offen, also wurde alles dort hineingetragen. Ein Krieg hatte eben ganz andere Gesetze, besonders wenn man noch nicht wußte, wie man sich darin verhalten sollte. Günther machte sich schlimme Sorgen um seine Mutter und hoffte, daß die Drohungen Englands und Frankreichs Hitler noch einmal umstimmen würden.

Plötzlich klebten überall offizielle Plakate an den Wänden, die alle Deutschen und Staatenlose deutscher Herkunft aufforderten, sich in einem Internierungslager in Toulon zu melden. Bei Nichtbefolgung wurden hohe Strafen angedroht. Günther war betroffen. Yvonne schmiegte sich erschrocken an ihn, sie wollte ihn nicht gehen lassen. Er war doch durch sie ein Teil Frankreichs geworden und ganz bestimmt kein Nazideutscher.

Sie gingen noch einmal zum Strand, um sich beim Spazierengehen die nächsten Schritte zu überlegen. Dort trafen sie auf einen jungen Soldaten unter einem Stahlhelm, der mit dem Gewehr im Anschlag angestrengt auf das Meer hinausspähte.

Neugierig, aber doch vorsichtig fragte ihn Günther: »Was suchen Sie denn dort?«

Der Soldat sah ihn zunächst mißtrauisch an, doch angesichts von Yvonnes Lächeln straffte sich seine Haltung, und er antwortete eher ihr als Günther: »Deutsche. Die können jeden Augenblick hier landen, hat unser Hauptmann gesagt. Wenn ich ihr Schiff sehe, laufe ich sofort zum nächsten Dorf. Dort wartet ein Soldat von uns mit dem Fahrrad. Der fährt dann in unsere Kaserne, wo schnell Alarm gegeben wird.«

»Das ist aber ein sehr weiter Weg«, konnte Günther seine Verwunderung nicht unterdrücken, obwohl Yvonne ihn warnend in die Hüfte stieß.

Doch der Soldat antwortete ganz sicher und stolz: »In unserer Schule war ich immer der Beste im Hundertmeterlauf, und der Radfahrer wollte schon immer mal bei der Tour de France mitfahren.« Dann betrachtete er die beiden einsamen Strandspaziergänger scharf und befahl ihnen: »Wer dem Feind Signale gibt, auf den wird geschossen. Also behalten Sie lieber Ihre Hände in den Taschen.« Was sie ihm versprachen.

Yvonne rang sich dann doch zu dem Entschluß durch, daß Günther sich in Toulon melden müsse. Jeder konnte an seinem Akzent hören, daß er ein Ausländer war. Sie kannten keinen Menschen in dieser Gegend, bei dem Günther hätte unterschlüpfen können. Sicher fiel es ihr schwer, nur daran zu denken, sich von Günther zu trennen, doch sie sah keinen anderen Weg und hoffte: »Vielleicht schreiben sie dich doch nur in eine Liste und lassen dich dann wieder gehen.«

Am nächsten Tag packte sie ihm einen Rucksack mit Lebensmitteln voll. Damit hätte er bestimmt den Nordpol erreichen können und wäre auch bei der Rückfahrt nicht verhungert. Trotz aller Abschiedsschmerzen mußte Günther doch lachen, als Yvonne ihm auch noch einen ganzen, luftgetrockneten Schinken in den Rucksack stopfte.

Yvonne belehrte ihn: »Du kennst doch das englische Sprichwort: ›Hope for the best, be prepared for the worst.‹ Hoffe auf das Beste, aber bereite dich auf das Schlimmste vor.«

Dann mußte sie weinen. Sie umarmten sich und küßten sich mit Tränen.

Während sie ihn zum Bahnhof begleitete, naschten sie von den Weintrauben, die der Villa noch angeliefert worden waren. Günther war nicht sehr traurig; er meinte, daß er bald Yvonne wieder in die Arme schließen würde.

In Toulon fragte Günther nach dem Internierungslager, doch keiner kannte es. Als Günther dann einem Offizier begegnete, fragte er diesen danach.

Der fuhr erschrocken hoch, sah einen Feind vor sich, meinte es auch am Akzent zu hören und tat so, als ob Günther ihn nach französischen Geheiminstallationen gefragt hätte. Er zog seine Pistole und forderte Günther auf, seine Hände zu heben. Der tat das aber nicht, sondern versuchte dem Offizier zu erklären, daß er sich dort im Lager melden müsse.

Zwei junge Soldaten, die zufällig vorbeischlenderten und wohl auf dem Weg zu irgendeiner Vergnügung waren, ihrem vergnügten Kichern nach zu urteilen, befahl der Offizier heran. Diese blutjungen Leute, die man gerade erst in eine Uniform gesteckt hatte und die darin wie verkleidete Zivilisten aussahen, stolperten verdutzt auf den Offizier zu.

Der befahl ihnen: »Ich habe gerade diesen Feind und Spion verhaftet. Bringen Sie ihn sofort in das Internierungslager.«

Günther erbleichte vor Schreck, als er den Namen des Lagers hörte. Vor so einem Lager war er geflohen, nun wollte man ihn doch hinter Stacheldraht stoßen. Sicher, die Franzosen würden nicht so barbarisch sein wie Günthers Landsleute, aber amüsant würde es dort bestimmt nicht werden, und Yvonne würde sich furchtbare Sorgen machen.

Der Offizier ließ die beiden Soldaten mit einem Befehl und dem deutschen Kriegsgefangenen stehen.

Eher amüsiert als kriegerisch sahen sie sich ihre Beute an. Dann zogen sie mit Günther los, als ob der ein Kumpel von ihnen sei und nicht ein Kriegsgefangener. Wie man mit einem Kriegsgefangenen umgehen mußte, das wußten sie nicht, das war in den Instruktionsstunden noch nicht dran gekommen.

Kaum war der Offizier außer Sichtweite, da zeigte der resolutere von den beiden auf ein Café am Straßenrand und schlug vor: »Kommt, trinken wir erst einmal eine Tasse Kaffee.«

Sie setzten sich. Dabei starrte der couragierte Soldat Günther an, als ob der ein exotisches Tier wäre, um dann festzustellen:

»Also du bist ein boche.« »Ja, ja, ich war einmal ein Deutscher«, verbesserte ihn Günther und erklärte ihnen seinen Werdegang. Daß er nach den Vorstellungen der Nazis ein Jude war, erwähnte er lieber nicht, denn das hätte die Jungen nur noch mehr verwirrt.

Interessiert hörten sie ihm zu, schüttelten die Köpfe und bekamen Mitleid mit ihrem Gefangenen. Hinterher fühlten sie sich als Vollzugsbeamte in Günthers Leben gar nicht wohl, und der eine schlug Günther vor: »Paß mal auf, mein Freund. Wenn du freiwillig in das Konzentrationslager gehst, dann bist du der größte Esel, den ich kenne. In so was geht doch kein Mensch freiwillig. Hau ab und versteck dich in der freien Natur. Alle Leute werden dich verstehen und dir helfen. Keiner wird dich verhungern lassen. Doch du mußt hier aus der Stadt raus, aufs Land. Da kommen wir beide her. Dort sind die Menschen viel hilfsbereiter als hier, und dort gibt es auch nicht Offiziere an jeder Straßenecke. Wir sind nette Leute und helfen jedem Menschen, besonders den Ausländern.

Also verschwinde, so schnell wie du kannst. Der Offizier wird weder dich noch uns finden. Dieser eingebildete Gockelhahn hat noch nicht einmal nach deinem Namen oder nach unserer Einheit gefragt.«

Der ruhigere Soldat zahlte den Kaffee für alle drei, und der Wortführer befahl: »So, und wir müssen jetzt Mädchen finden.« Sie wünschten Günther alles Gute, verabschiedeten sich von ihm wie von einem alten Kumpel, rieten ihm noch einmal, nur nicht ins Lager zu gehen, und verschwanden.

Günther überlegte, wohin er fliehen und wo er untertauchen konnte. Damals wurde überall Jagd auf Ausländer gemacht, und alle Leute um die Villa herum wußten, daß Günther einer war. Auch Yvonnes Eltern wollte er nicht in seine Schwierigkeiten hineinziehen.

Der Café-Besitzer fing an, den fremden Gast mißtrauisch zu beobachten. Günther verzog sich. Er nahm sich vor, das Lager einmal in Augenschein zu nehmen. Vielleicht war es doch gar nicht so schlimm, wie er es sich ausmalte. Die Franzosen waren doch wohl humaner als die Nazis, er würde auch nichts dabei riskieren. Wenn er aus der Ferne das Lager betrachtete, würde er nichts riskieren. Aber eins wußte er: »Eine Flucht in die freie Natur – das geht nicht.«

Mit einer Mischung aus Pflichtgefühl, Neugier, aber auch

Angst fragte er sich zum Lager durch. Er fand einen heruntergekommenen Lagerschuppen. Fast alle Fensterscheiben waren schon lange eingeschlagen worden. Den Hof hatten Lastwagen und Raupenschlepper mit ihren Rädern wie zu einem Acker für die Winterbestellung umgepflügt. Überall lagen Berge von stinkendem Abfall, und Rattenhorden bissen sich um das Verwesende. Das Ganze war mit einer Unmenge von angerostetem Stacheldraht abgesichert worden.

Dahinter sah Günther einen Gefangenen auf dem Boden hokken. Er machte ein so unendlich trauriges Gesicht, als ob er in Dantes Hölle des Vergessens geraten sei. Als dieser Mann entdeckte, daß Günther ins Lager wollte, gab er ihm mit einer Handbewegung zu verstehen, er solle sich sofort absetzen und nicht ins Lager kommen. Doch Günthers Pflichtbewußtsein siegte auch in Frankreich. Trotz der Warnung begab er sich zum Schilderhäuschen am Eingang des Internierungslagers. Allerdings wollte er, naiv wie er war, dort einige Auskünfte einholen, ehe er sich entschloß, in den Zustand des Internierten zu treten.

Dem älteren Soldaten, der sich auf seinem Posten sichtlich langweilte, stellte er sich förmlich vor: »Günther Schild, Staatenloser deutscher Herkunft. Eigentlich müßte ich mich hier melden, aber ich hätte vorher noch einige Fragen, falls mir das gestattet ist.«

Der Soldat starrte Günther an, als ob er einen Irren vor sich hätte. Er schüttelte sich vor Unbehagen und riet Günther: »Also, wenn Sie schon auf die da oben hören wollen, dann gebe ich Ihnen vorher noch einen guten Rat: Sehen Sie, es ist ja bald Mittag. Unser Leutnant ist auch schon zum Essen gegangen, und ohne den darf ich Sie gar nicht hereinlassen.« Er zeigte mit seinem Gewehr auf eine Gaststätte gegenüber: »Drüben kann man gut essen, und nicht so teuer. Trinken Sie dazu noch ein paar Schnäpschen, die geben Mut. Der Wein dort ist auch nicht schlecht, und Sie werden ihn bestimmt hinter Stacheldraht sehr vermissen. Wenn Sie gut gegessen und reichlich getrunken haben, dann überlegen Sie es sich noch einmal, ob Sie unbedingt hereinwollen. Ihre Mutter wird sich bei mir noch dafür bedanken und mir bestimmt eine Kerze aufstellen, wenn es mir gelingt, Sie von dem Schwachsinn abzubringen.«

Günther zog sich zurück. Verwirrter als zuvor. Was sollte er tun?

In die Kneipe ging er nicht. Er hatte keinen Appetit, sein

Rucksack war auch noch voller Verpflegung, und trinken wollte er auch nicht, er mußte einen klaren Kopf behalten.

Er irrte durch die Stadt und stand plötzlich vor einem Schild: »Annahmestelle der Fremdenlegion.«

»Das ist die Idee!« rief er. »Wieder so ein guter Zufall, der nicht zu begreifen ist. Als ob ich hierher geführt worden wäre. Ich werde Fremdenlegionär, dann lösen sich meine Probleme von selbst.«

Daran, daß Krieg war und die Legionäre immer in vorderster Front eingesetzt werden, dachte Günther nicht.

Fremdenlegionär Schild

Günther meldete sich beim Posten vor der Fremdenlegionskaserne. Er wurde sofort zum Kommandanten geführt, denn neue Legionäre wurden wegen des Kriegsausbruchs dringend gesucht. »Colonel Legay« las Günther an der Tür. Günther erklärte diesem Offizier seine Lage, zeigte ihm seine Papiere und bat dringend, in die Legion eintreten zu dürfen.

Der Colonel, also Oberst, antwortete ihm: »Da haben Sie wirklich Pech gehabt, Monsieur Schild, denn gerade heute früh kam eine Verordnung, nach der es nicht mehr erlaubt ist, Deutsche oder Staatenlose deutscher Herkunft in die Fremdenlegion aufzunehmen.«

Günther sackte enttäuscht zusammen. Dann sah der Oberst Günther lange an, dachte nach und erklärte ihm mit gedämpfter Stimme: »Das, was ich jetzt sage, ist für kein anderes Ohr bestimmt. Wenn ich Sie so betrachte, mein lieber Monsieur Schild, dann bin ich als alter Soldat davon überzeugt, daß mit Ihnen keine Schlacht zu gewinnen ist. Seien Sie mir bitte nicht böse, ich meine es gut mit Ihnen. Schon beim ersten Angriff würden Sie so begeistert vorwärtsstürmen, daß Sie alle Kugeln auf sich ziehen würden. Oder Sie würden mit den Offizieren Clausewitz diskutieren und damit den Sieg verpatzen. So wie Sie sieht kein Soldat aus, Sie sind durch und durch Zivilist. Der Alltag in der Kaserne mit den Rowdies der Legion würde Sie schon vor dem Einsatz kaputtmachen. Ich will Ihr Bestes. Ich werde Ihren Antrag nicht annehmen.«

Günther wandte ein: »Aber ich bin doch gegen die Nazis, gegen Ihren Feind; der ist auch meiner. Ich möchte gegen Hitler kämpfen. Er hat fremde Völker und auch meine neue Heimat Frankreich in den Krieg gestürzt.«

Der Oberst: »Ich verstehe Sie vollkommen, aber wir müssen es nüchtern sehen. Glauben Sie einem Mann, der ein Leben lang Soldat gewesen ist. Die Fremdenlegion ist nicht Ihr Platz in diesem Kampf gegen das Böse. Suchen Sie sich einen anderen, wo Ihr Einsatz mehr Frucht bringen kann.«

Günther erklärte ihm, daß er dann in ein Konzentrationslager gesteckt werden würde, von dem aus er nichts gegen Hitler unternehmen könnte.

Der alte Haudegen verstand ihn und machte sich Gedanken, wie Günther zu helfen sei. Er schien eine Lösung gefunden zu haben: »Ich werde Ihnen eine Bescheinigung ausstellen.«

Auf einer uralten Schreibmaschine tippte er folgendes Schriftstück: »Monsieur Günther Schild hat sich bei uns um die Einstellung in die Fremdenlegion beworben. Über diesen Antrag muß ein Aufnahmeverfahren eingeleitet werden, da der Fall kompliziert ist. Nach der Untersuchung werden wir ihn wieder hierherbestellen. Bis dahin ist für Monsieur Schild die Verordnung zwecks Meldung in einem Internierungslager hinfällig. gez.: Legay, Oberst.«

Der Colonel drückte den furchterregenden Stempel der Fremdenlegion auf das Papier und überreichte es Günther mit den Worten: »Verlieren Sie es nicht, es könnte Ihr Lebensretter sein.«

Als Günther sich überschwenglich bei ihm bedanken wollte, fuhr der Oberst ihn an: »Mensch, hauen Sie ab, so schnell Sie können!«

Und Günther raste zum Bahnhof, erwischte einen Zug, und der ratterte los, in die Freiheit und zu Yvonne.

Doch KZ

Günther schwankte im überfüllten Zug hin und her. Nicht einen Happen hatte er von der Marschverpflegung gegessen, die Yvonne für ihn eingepackt hatte. Aus dem Rucksack ragte noch immer das Ende des luftgetrockneten Schinkens heraus, was alle

Mitreisenden amüsierte, auch die Schaffner. Günther schnitt allen Betrachtern eine kräftige Scheibe Schinken ab, die sie dann gemeinsam, mit geteiltem Brot und Wein, verschmausten. Günther liebte diese Franzosen immer mehr, er hätte sie alle umarmen können.

Yvonne kam ihm schon entgegen, als Günther zur Villa hochstieg: »Ich habe gewußt, daß du wieder zurückkehren würdest!«

Sie lagen sich in den Armen, Yvonne weinte vor Freude.

Sie genossen die Freiheit und den goldenen Herbst um sie herum. Jeder Tag, jede Stunde war für sie ein Geschenk des Himmels. Sie vergaßen, daß irgendwo Krieg war. Wie Kinder lebten sie in den Tag hinein. Ihre Nachbarn, die das viele Obst und Gemüse kaum ernten und noch weniger verkaufen konnten, beschenkten die beiden mit Pfirsichen, Äpfeln, Beeren und Tomaten.

Günther dachte oft an seine Mutter und betete für sie. Er schämte sich, wenn er sah, wie junge Franzosen in den Krieg ziehen mußten und sich von ihren Lieben verabschiedeten.

Als es kalt wurde, fuhren sie zu Yvonnes Eltern nach Poitiers, wo sie am 20. April 1940 heirateten.

Ende April 1940, als die Deutschen Norwegen und Dänemark besetzt hatten, klebten wieder neue Anschläge an den Wänden, die alle Deutschen und Staatenlose deutscher Herkunft aufforderten, sich in Internierungslagern zu melden. Nichtbefolgung würde mit hohen Strafen geahndet werden. Frankreich mußte jeden Tag mit einem Angriff der deutschen Wehrmacht rechnen. Spione und die »fünfte Kolonne« des Feindes wurden überall gesucht und viele Deutsche verhaftet.

Nachbarn und einige Frauen französischer Soldaten waren darüber erbost, einen gesunden und starken jungen Mann wie Günther noch als Zivilist durch die Straßen wandeln zu sehen, während ihre Männer und Söhne an der Front standen; dieser Fremde lebte hier wie Gott in Frankreich!

Bisher rettete Günther immer wieder das Papier von Oberst Legay, wenn man ihn mißtrauisch kontrollierte. Doch nun rieten ihm Yvonnes Eltern und ihre Bekannten: »Günther, du mußt dich in einem Lager melden, denn sonst wirst du tatsächlich noch als Spion verhaftet. Du kennst die Hysterie hier, die ja auch berechtigt ist.«

Yvonne fuhr mit, als Günther sich im nächsten Internierungslager melden wollte. Sie war sicher, er würde sofort wieder freikommen.

Doch es kam dann alles ganz anders. Günther wurde sofort verhaftet. Zwei Soldaten mit aufgepflanzten Bajonetten führten ihn ins Lager und dort in eine dunkle Baracke. Er traf andere Deutsche und sogar Bekannte aus Berlin. Trotz der bedrückten Stimmung in der Baracke wurde Günther als Schicksalsgenosse herzlich begrüßt.

Die verhafteten Männer waren alle Emigranten, keiner unter ihnen gehörte zu den Nazis. Deshalb waren alle der Meinung: »Man wird unsere Akten überprüfen, unsere antifaschistische Gesinnung feststellen und uns dann wieder laufen lassen.«

Einer spekulierte: »Sie werden uns zu Soldaten ausbilden. Frankreich braucht jetzt jeden Mann. Und an der Front können wir dann unsere Einstellung beweisen.« Draußen an der Front zwischen Frankreich und Deutschland war es noch immer sehr ruhig. Nichts rührte sich vor der Maginotlinie, hinter der sich die Franzosen unbezwingbar fühlten. Nach dem »Blitzkrieg« der deutschen Wehrmacht gegen die Polen wurde diese Phase »Sitzkrieg« genannt. Die Franzosen titulierten sie »le drôle de guerre«, der eigenartige Krieg.

Doch dann, am 10. Mai 1940, griff die deutsche Wehrmacht auch im Westen an. Sie brach in Holland und Belgien ein, umging die Maginotlinie und rollte sie von hinten auf. Es gelang den deutschen Soldaten, bis tief nach Frankreich einzudringen. Stellungsschlachten, bei denen Tausende verbluteten, gab es nicht mehr. In riesigen Kesseln wurden die französische Armee und ihre Verbündeten, Belgier und Engländer, zusammengetrieben und mußten sich ergeben.

Als man in Günthers Lager das Heulen der deutschen Kampfflieger und das Dröhnen der feindlichen Artillerie hörte, veränderte sich plötzlich das Verhalten der sonst so rüden Wachmannschaft und ihres Kommandanten.

Der Kommandant bat seine Gefangenen zu einem Appell. Die sahen sich sehr erstaunt an, denn sonst wurden sie dazu befohlen und zusammengetrieben. Sie brauchten sich noch nicht einmal zu Kolonnen zu formieren. Es wurde auch nicht »Achtung!« gebrüllt, als der Kommandant erschien. Er trat freundlich lächelnd auf, wie ein Conférencier bei einer Wohltätigkeitsveranstaltung.

»Sehr geehrte Herren«, redete er die verdutzten Gefangenen an. »Es tut mir sehr leid, daß ich Sie hier festgehalten habe. Doch bald werden Sie von der siegreichen Armee Ihres Landes befreit werden. Wenn es nach mir gegangen wäre, hätte ich Sie nicht festgehalten und auch besser behandelt, doch es war ein Befehl von oben. Wir Franzosen haben diesen Krieg nun verloren. Sie sind Sieger. Ich gratuliere Ihnen.« Er schien sie alle für Nazis zu halten. Die Gefangenen waren zunächst verblüfft, dann empört. Geraune unter ihnen.

Der Kommandant fuhr fort: »Meine Herren, Sie sind doch von mir und meiner Wachmannschaft immer gut behandelt worden. Wir werden Sie der deutschen Wehrmacht zu treuen Händen übergeben, mit allen Dokumenten. Meine Soldaten und ich bitten Sie, die Sieger, mit uns nach der Übergabe edelmütig zu verfahren.«

Die Gefangenen waren entsetzt. Übergabe an die Deutschen war ihr Ende! Spontan rief einer von ihnen: »Vive la France!«

Dann stimmte ein anderer Gefangene die französische Nationalhymne an. Alle fielen ein, die Gefangenen zuerst und dann auch die Soldaten und der Kommandant.

Diese Demonstration änderte die Meinung des Kommandanten. Er sah ein, daß er seine Gefangenen nicht der Wehrmacht übergeben konnte. In den Wirren der Niederlage hatte er widersprüchliche Befehle bekommen. Einer besagte, er solle das Lager der Wehrmacht übergeben, ein anderer, er solle es nach Gurs in die Pyrenäen überführen. Er entschloß sich zu letzterem. Soldaten und Gefangene formierten sich zu einer Kolonne und marschierten in Richtung Südwesten.

Als die Marschsäule in die Nähe von Poitiers kam, versuchte Günther, sich abzusetzen. Er blieb immer weiter zurück und ließ sich dann in einen Straßengraben fallen.

In diesem Augenblick sah er mit Entsetzen, daß einer der Wachsoldaten auf ihn anlegte. Günther meinte, sein Ende sei gekommen. Doch dann setzte der Soldat sein Gewehr ab, ließ Günther liegen und folgte der Kolonne.

Günther lief quer durch die Flüchtlingsströme zum Haus von Yvonnes Eltern. Sie und Yvonne hatten die Stadt schon verlassen, doch mehrere Adressen zurückgelassen, wo man sich eventuell treffen konnte.

Günther mußte sich beeilen, er hörte schon das Gedröhne der deutschen Panzer, die feindliche Artillerie schoß bereits in die Stadt hinein.

Spion Schild

In dem unbeschreiblichen Chaos, mit dem sich Günther gen Süden wälzte, war eine ganze Nation vor der deutschen Wehrmacht auf der Flucht. Günther wußte wenigstens, wohin er ungefähr wollte, doch die meisten Menschen eilten ohne jedes Ziel kreuz und quer durch das Land, bis sie irgendwo dann doch von der Kriegsmaschine eingeholt wurden.

Der Wehrmacht war dieses Chaos nur recht, sie setzte Kommandos ein, die nach »Feinden« wie Günther suchten. Dagegen war die französische Gendarmerie auf der Suche nach Leuten, die den Deutschen halfen und für das Durcheinander mitverantwortlich waren. Überall meinte man deutsche Spione und die sogenannte fünfte Kolonne des Feindes zu sehen.

Günther ahnte von alledem nichts, er sah nur zu, daß er möglichst schnell aus der Gefahrenzone herauskam. Nachdem er sich auf der Fracht eines überladenen Lastwagens einen Platz ergattert hatte, schrieb er mehrere Postkarten an die Adressen, wo Yvonne eventuell sein konnte. Als sie in einen Stau gerieten und Günther einen Briefkasten entdeckte, sprang er schnell ab und warf die Karten ein. Er hätte sich zwar denken können, daß der Kasten in diesem Wirrwarr bestimmt nicht mehr geleert wurde, doch optimistisch, wie er war, hoffte er, daß wenigstens eine Nachricht von ihm Yvonne erreichte.

Beim Einwerfen der Post wurde Günther beobachtet; ein mißtrauischer Observant informierte die herumstehenden Gendarmen. Diese Männer, die in dem Chaos nicht wußten, wie sie ihre Pflicht erfüllen sollten, sahen hier eine Möglichkeit und nahmen Günther fest.

Der begriff nichts. Man legte ihm sogar Handschellen an. Als er vor lauter Verwirrung nicht die richtigen französischen Worte fand und deutsche Sprachbrocken in seine Fragen hineinstotterte, waren die Polizisten ganz sicher, einen deutschen Agenten gefangen zu haben.

Man warf ihn in das stinkende Stadtgefängnis.

Günther verlor die Nerven. Er fürchtete, nun doch noch von der deutschen Wehrmacht eingeholt und ihr ausgeliefert zu werden. So laut er konnte, donnerte er gegen die Zellentür und schrie: »Bitte lassen Sie mich raus. Ich bin doch kein Spion. Ich bin ein deutscher Flüchtling, genauso verfolgt wie Ihre Landsleute. Sie können doch die Karten lesen, die ich in den Kasten geworfen habe. Ich habe sie an meine französische Frau geschrieben. Ich bin kein Agent.«

Er trommelte gegen die Tür, bis er den Schmerz in seinen Fäusten nicht mehr ertragen konnte.

Doch keiner hörte ihm zu, keiner öffnete die Tür. Günther versuchte, Ordnung in seine wirren Gedanken zu bringen. »Ich muß zur Ruhe kommen. Ich muß schlafen. Nur wenn ich meine Nerven kontrollieren kann, werde ich in diesem Tohuwabohu überleben, sonst nicht«, redete er sich zu. Er war so erschöpft, daß er einschlief.

Am nächsten Morgen erwachte er in einer ganz anderen Stimmung; er sah alles klarer und konnte wieder denken.

Zwei Gendarmen erschienen, legten ihm Handschellen an und führten ihn aus dem Gefängnis. Da brach Fliegeralarm aus. Zusammen mit ihrem Gefangenen flüchteten die Gendarmen in einen Luftschutzunterstand neben dem Gefängnis.

Es waren dicke, gutmütige Männer. Um sich und Günther bei dem Geheul der deutschen Flugzeuge und Bomben zu beruhigen, boten sie ihm eine Zigarette an und rauchten gemeinsam. Dann zog einer einen »Flachmann« aus der Tasche, nahm selbst einen kräftigen Schluck und ließ die Flasche kreisen. Günther brannte das ungewohnte Zeug wie Feuer in der Kehle, doch es beruhigte ihn. Als Entwarnung gegeben wurde, brachten die beiden Beamten Günther zum Kommandanten der Gendarmerie. Dieser Herr gab sich zwar sehr wichtig, horchte aber auch ängstlich auf das Rumoren der deutschen Front, die immer dichter an die Stadt heranrückte. Während er noch zögerte und überlegte, ob er mit dem Verhör beginnen oder sich doch lieber in den Unterstand zurückziehen sollte, bekam Günther einen Niesreiz und suchte in seinen Taschen nach einem Schnupftuch. Dabei bekam er einen Briefumschlag zu fassen, der noch in seiner Jacke steckte. Günther wußte nicht, was der enthielt.

Erstaunt sah er die fremde Schreibmaschinenschrift an. Wie der Brief in seine Tasche kam, hatte er vergessen.

Als er den Brief aus dem Umschlag nahm, dachte er, er träume. Der Oberbefehlshaber der französischen Gendarmerie, General Courtois, ein guter Freund der Familie Limouzin, hatte darin Günther und Yvonne zur Hochzeit gratuliert. Und zwar auf dem offiziellen Kopfbogen der französischen Gendarmerie.

Vielleicht war das Günthers Rettung. Er übergab den Brief dem noch mißtrauischer gewordenen Kommandanten mit der

Bemerkung: »Vielleicht überzeugen Sie die Glückwünsche Ihres Chefs zu meiner Hochzeit davon, daß ich doch kein Spion sein kann.«

Der Kommandant las den Brief und sah dann erschrocken auf: »Ja, wie sind Sie denn ins Gefängnis gekommen?«

Günther erzählte. Plötzlich hatte der Kommandant eine völlig andere Haltung. Er hielt alles für einen Irrtum und gab den entsetzlichen Verhältnissen im jetzigen Frankreich die Schuld. Nicht nur, daß er Günther freiließ; er schrieb ihm auch ein Geleitpapier, in dem alle Gendarmen gebeten wurden, Monsieur Schild bei seiner »Reise« behilflich zu sein. Dann schenkte er Günther noch eine Flasche Cognac und eine Stange Zigaretten, die damals soviel wert war wie ein Goldbarren. Unterwegs wurde Günther noch oft verhaftet, doch das Papier des Gendarmeriekommandanten befreite ihn jedesmal.

Auf Umwegen kehrte er nach Poitiers zurück, wo er seinen Schwiegervater traf. Yvonne und ihre Mutter hielten sich noch irgendwo tiefer im Süden auf. Günther bekam Adressen mit, wo er sie eventuell treffen konnte. Auf dem Rad der Familie trampelte er los.

Zunächst fuhr er zu Jeanette Salvetat, Yvonnes Freundin, die in Carlipa, einem kleinen Ort im Département Aude, etwa hundert Kilometer vom Mittelmeer entfernt, Lehrerin war. Von dort aus, so überlegte Günther, könnte er sich mit Yvonne nach Spanien absetzen. Sein Schwiegervater hatte ihm dazu geraten. Unter deutscher Besetzung würde er immer in großer Gefahr sein.

Günther kostümierte sich so französisch wie möglich, mit einer Baskenmütze auf dem Kopf, einem Schal um den Hals und einem Zigarettenstummel zwischen den Lippen.

Seine Flucht mit der demoralisierten französischen Armee und dem Flüchtlingschaos war ein ständiges lebensgefährliches Abenteuer. Der Hals der Cognacflasche, die aus seiner Jackentasche ragte, half ihm durchzukommen. Die Soldaten riefen ihm lachend nach: »Du hast die richtige Marschverpflegung mitbekommen.«

Günther schlief in Straßengräben und Scheunen. Er tauschte seine Zigaretten gegen Brot und Hühnerbeine. Am 25. Juni 1940 erreichte er Bram, wo Jeanette mit ihrer Tante in einer ehemaligen Pfeffermühle, einer moulin à poivre, wohnen sollte.

Es war schon um Mitternacht, als er todmüde sein Ziel vor sich sah. Dabei achtete er nicht auf zwei schwankende Fahrradlichter, die ihm entgegenkamen. Plötzlich sprangen zwei Gendarmen von den Rädern, und einer schrie: »Hände hoch, Sie sind verhaftet.«

Voller Schreck rief Günther nach Jeanette, doch die Entfernung zur Pfeffermühle war zu weit. Jeanette hörte ihn nicht.

Er wurde ins nächste Konzentrationslager eskortiert. Dort gab es zwar nichts zu essen, aber um so mehr Flöhe. Diese Viecher waren so zahlreich, daß Günther meinte, sie würden seine übelriechende Matratze über den Boden bewegen.

Man entriß ihm den Brief des Gendarmeriekommandanten. Günther bat um Rückgabe und etwas zu essen, doch man lachte ihn aus.

Nach einer grauenvollen Nacht wurde er am nächsten Morgen vor den Kommandanten geschubst.

Dieser Mann war guter Laune und lachte sich halbtot, als Günther ihm seine Odyssee erzählte. Er schickte einen Gendarmen zur Pfeffermühle, um festzustellen, ob man Günther dort kannte und ob die Bewohner garantieren konnten, daß Günther kein Spion sei. Jeanette kam sofort mit, verbürgte sich für Günther, und er wurde freigelassen.

Er schrieb Dutzende von Briefen an Adressen, wo Yvonne sich eventuell aufhalten konnte. Trotz des Chaos erreichte sie einer. Am 2. Juli 1940 war sie bei ihm, und sie konnten nun gemeinsam weitersehen.

Fast eine Idylle

Der Krieg in Frankreich war zu Ende. Die Regierung hatte kapituliert. Den Norden des Landes besetzten deutsche Truppen, im Süden gab es noch eine Restrepublik, die Marschall Pétain, der Held von Verdun, regierte. Er meinte, so das Land vor der totalen Besetzung retten zu können. Später arbeiteten die französischen Regierungen im Süden eng mit den Deutschen zusammen. Eine Demarkationslinie wurde durch das Land gezogen.

Im Norden Frankreichs wurden die Juden in deutsche Konzentrationslager abtransportiert, im Süden geschah noch nichts. Doch Günther wußte, daß man auch hier schon nach Juden und

Antinazis suchte. Etliche Franzosen halfen den Mächtigen dabei und erhofften sich Vorteile. Viele beruhigten sich mit der Feststellung: »So schlimm, wie man bei uns die Nazis beschrieben hat, sind sie nun wirklich nicht. Es gibt ganz nette Leute unter ihnen.«

Günther machte sich große Sorgen um seine Mutter, von der er schon lange nichts mehr gehört hatte. Er durfte ihr auch nicht schreiben, denn ein Brief aus dem feindlichen Ausland hätte ihr große Schwierigkeiten bringen können.

Er und Yvonne wohnten jetzt in einer kleinen Hütte am Rand des Dorfes Carlipa. Jeanette hatte sie ihnen besorgt. Das Häuschen lag günstig am Waldrand, so daß Günther sofort im Gebüsch untertauchen konnte, wenn Gefahr auftauchte.

Sie warteten ab. Was sollten sie sonst tun? Sie hatten gerade geheiratet, sie wollten mit einem gemeinsamen Leben beginnen, eine Familie gründen, im Beruf vorwärtskommen – doch nun war alles vorbei.

Es sah nicht gut für sie aus. Sie hörten von Verhaftungen und verschwundenen Juden, auch im Süden. Würde die deutsche Wehrmacht ganz Europa überrennen? Wer konnte sich ihr noch entgegenstellen? Der Westen war besiegt, und mit Stalin hatte Hitler einen Nichtangriffspakt geschlossen.

Immer mehr Kollaborateure drängten sich in die Regierung des greisen und müden Marschalls Pétain, der in Vichy saß; sie wollten aus dem Restfrankreich eine deutsche Kolonie machen. Als das Gerücht von Verhaftungen aus der Kreisstadt nach Carlipa kam, grub sich Günther ein Loch in den Sandboden der Hütte. Er würde dort untertauchen, falls es ihm nicht mehr gelang, das Häuschen zu verlassen. Sie tarnten es mit einem Schrank und einem Teppich. Sie stellten auch einen Korb dorthin, in dem ihr zukünftiger Hund schlafen konnte. Der sollte sie auch nachts vor herankommenden Fremden warnen.

Bei der Polizei hatten sie sich angemeldet, daher bekamen sie regelmäßig Lebensmittelkarten. Trotz der Gefahr fühlten sie sich wohl in ihrer Hütte. Sie waren beieinander, sie liebten sich sehr, mehr brauchten sie eigentlich nicht. Von der Händlerin im Dorf kaufte Günther einen Sack Reis für einen Spottpreis. Die Ladenbesitzerin war froh, den Reis loszuwerden, weil in Aude nur Kartoffeln gegessen wurden, kein Reis. Der Sack hatte schon mehrere Monate herumgestanden. Der Reis wurde für die nächsten Jahre ihr Grundnahrungsmittel.

Günther und Yvonne halfen auf den Feldern und in den Ställen. Die Landwirtschaft wurde nur noch von Frauen, Kindern und Großeltern bestellt, denn die meisten Männer waren Soldaten gewesen und befanden sich nun in deutscher Kriegsgefangenschaft. Für ihre Hilfe wurden Günther und Yvonne reichlich mit Lebensmitteln versorgt, obwohl sie abwehrten und sagten, die Bäuerinnen täten zuviel des Guten.

Mit Günther kam wieder ein Mann auf den Hof. Oft mußte er bei den heranwachsenden Kindern Vaterfunktion übernehmen. Kleine Kinder sprangen fröhlich auf seinen Schoß, und er mußte mit ihnen spielen, wie es sonst die Väter getan hatten.

Sonntags gingen er und Yvonne in die Kirche. Sie schienen in ein ziemlich unmusikalisches Dorf geraten zu sein. Der Gesang, obwohl aus voller Überzeugung vorgetragen, war für ihre musikalischen Ohren eine Zumutung. Irgend jemand hatte auch die Glocken des Kirchturms so aufeinander abgestimmt, daß das Vieh auf den Wiesen und in den Ställen aufschrak. Das Geläute klang wie das Rattern einer nicht geölten Häckselmaschine. Die Atonalität der Glocken zersägte und zerhämmerte jede Andacht am Sonntagmorgen. Doch der Glöckner bediente sie mit einem strahlenden, engelgleichen Gesicht. Der Pfarrer deutete zum Turm hoch und erklärte Günther: »Sie erinnern mich schon jetzt daran, wie es einmal im Himmel klingen wird.«

Günther hoffte dann immer, daß es dort auch eine Abteilung für musische Menschen geben werde, und meinte, dieses Glockenspiel würde sich eher für eine Art Fegefeuer eignen.

Als er es nicht mehr mitanhören konnte, kletterte er auf den Kirchturm und stellte die Glocken harmonisch aufeinander ein. Als er sie dann am Sonntagmorgen zum Gottesdienst erklingen ließ, rannte plötzlich die ganze Dorfbevölkerung auf die Straße, starrte verwundert und entzückt zum Kirchturm hoch und füllte die Kirche bis auf den letzten Platz, wie sonst nur zu Weihnachten.

Alle klatschten Beifall, als Günther in der Kirche erschien, und er wurde in der Kneipe zum Glöckner von Carlipa ernannt.

Nun ließ er an jedem Sonntagmorgen sein Glockenspiel erklingen. Er stimmte die einzelnen Glocken so aufeinander ab, daß er damit bekannte deutsche und französische Choräle und Weisen spielen konnte. Heimweh kam in ihm auf, wenn die Lieder erklangen, die seine Mutter ihm als Kind vorgesungen hatte, und er sandte Stoßgebete für sie zum Himmel. Den Umsitzenden fiel auch sofort auf, wie klar und herzerwärmend Yvonne singen konnte. Sie baten sie spontan, im Gottesdienst vorzusingen. So waren die beiden Protestanten zu Pfeilern der katholischen Gemeinde geworden.

Es fing also alles sehr gut an, für Günther und Yvonne, in dem kleinen Carlipa hinter den Feldern und Wäldern. Die Menschen waren alle so nett zu ihnen, und Jeanette sorgte sich rührend um sie.

Allerdings ließen Ärger und Aufregung nicht lange auf sich warten. Im Dorf gab es einen fiesen Spitzel und Dorfaufpasser. Der sah seine Lebensaufgabe darin, andere Menschen zu verdächtigen und bei den Behörden anzuschwärzen. Günthers Auftreten brachte neues Leben in sein sonst so tristes und nutzloses Dasein. Nun fand er endlich einen, auf den sich sein ganzer Verdacht konzentrieren konnte.

Er schlich sich an Günthers und Yvonnes Hütte heran und versuchte, sie zu belauschen. Er verfolgte sie, wenn sie ins Dorf gingen, und wollte wissen, wen sie besuchten.

Er schnüffelte auch am Waldrand entlang, hinter dem er Günthers Schlupfwinkel vermutete, doch hinein traute er sich nicht, weil er sich vor Günthers Fäusten und vor Schlangen fürchtete.

Als der Dorfaufpasser nichts Übles über Günther herausfinden konnte, behauptete er plötzlich, Günther habe seinen Abfalleimer mitten auf dem Dorfplatz geleert.

Tatsächlich hatte ein Bewohner dort seinen Unrat ausgekippt, vielleicht war es sogar der Aufpasser gewesen, doch der behauptete, Günther dabei beobachtet zu haben.

Günther fand diese Behauptung unerhört. Und warum sollte er von seinem abgelegenen Wohnsitz bis zur Dorfmitte gehen, um seinen Abfall loszuwerden, wenn er direkt hinter seiner Hütte ein tiefes Loch gegraben hatte? Doch so logisch schien sich keiner im Dorf mit dem Fall zu beschäftigen. Günther sah, wie er als der »Fremde« sehr mißtrauisch beobachtet wurde. Die Leute taten so, als ob er einen Abfalleimer hinter seinem Rücken versteckt hielt, wenn er in den Ort kam.

Schließlich lud Yvonne die beiden rührigsten Klatschbasen Carlipas zum Kaffee ein. Im Zuge der Haus- und Grundstücksbesichtigung zeigte ihnen Günther die gefüllte Abfallgrube hinter der Hütte. Er erklärte ihnen auch, daß diese Abfallgrube für ihn nähergelegen sei als der Marktplatz.

Die Klatschbasen versuchten, im Dorf das Ihre zu tun, doch der Schnüffler gab noch nicht auf. Er behauptete: »In Deutschland, wo die Leute ja so übertrieben sauber sind, haben die fremden Juden den Müll immer auf den Marktplatz gekippt, um die Deutschen zu ärgern. Darum macht das der Jude Schild hier auch.«

Als man ihn auslachte, hetzte der Kerl gegenüber Frauen, deren Männer als Kriegsgefangene in Deutschland zurückgehalten wurden: »Warum ist denn dieser Schild kein Soldat gewesen und hat gegen unsere Feinde gekämpft? Warum muß jeder anständige Franzose in der Gefangenschaft leiden, während er sich hier wie die Made im Speck mästet? Steuern scheint dieser Jude auch nicht zu zahlen, wie ich gehört habe.« Und dann flüsternd: »Ganz sicher ist er ein Spion von drüben.«

Günther fragte sich, was es in diesem abgelegenen Ort zu spionieren geben sollte. Doch die Dorfbewohner sahen das natürlich etwas anders. Als alle bisherigen Beschuldigungen nicht halfen, klemmte sich der Schnüffler hinter fromme Frauen und flüsterte ihnen zu: »Ihr habt sicher vergessen, was diese Juden, zu denen der Schild ja gehört, unserem lieben Heiland angetan haben. Erst haben sie in Bethlehem alle Kinder geschlachtet, weil sie das Jesuskind nicht kriegen konnten, und dann haben sie ihn auch noch ans Kreuz genagelt. Das habt ihr wohl vergessen? Einem solchen Kerl, der von diesen Leuten abstammt, kann man doch nicht trauen!«

Günther beschwerte sich beim Pfarrer darüber. Der fand diese Anschuldigungen »übertrieben«, aber einmischen wollte er sich nicht.

Doch plötzlich wurde das alles unwichtig. Die deutsche Wehrmacht drang in den bisher unbesetzten Teil Frankreichs ein. Und gerade, als Günther alle seine Kraft und Gedanken brauchte, um mit dieser neuen Herausforderung fertigzuwerden, packte ihn eine üble Gelbsucht. Nur Yvonnes geduldige Pflege brachte ihn wieder auf die Beine.

Yvonne kämpft für Günther

Als die Wehrmacht auch noch den Süden Frankreichs besetzte, befürchtete Yvonne für Günther das Schlimmste. Günther versuchte, sie zu beruhigen und die Gefahr herunterzuspielen. Er wollte nicht schon wieder aus einer geordneten Umgebung weggehen. Günther sah seine Situation gar nicht so kritisch. Hier in Carlipa lebte er in einer heilen Welt, fast wie im Paradies, weitab vom Krieg. Er versuchte, nicht an die Welt draußen zu denken, verdrängte, was er an Bösem erfahren hatte, und lebte dankbar in jeden neuen Tag hinein. Was von außen zu ihm drang, tat er als atmosphärische Störungen ab, die vorüberziehen würden.

Yvonne mußte in einer Schule in der Stadt unterrichten, um sich und Günther am Leben zu erhalten. Sie betonte zwar immer wieder, daß sie es gern tat und daß Günther sich besser versteckt halten sollte, doch er konnte es nicht länger ertragen, Yvonne für sich arbeiten zu sehen. Auch reichte ihr Einkommen als Aushilfslehrerin nicht, um die kriegsteuren Lebensmittel zu erstehen.

Deshalb gab Günther im Dorf mit alleräußerster Vorsicht bekannt, daß er auch Deutschunterricht gebe, natürlich ohne jeden politischen Inhalt.

Doch bald erregte das in Carlipa Verdacht. Yvonne wurde die Situation zu brenzlig. Sie beschloß, zum Präfekten des Departements zu fahren und ihn um Rat zu fragen.

Günther hatte Bedenken: »Wenn er ein Kollaborateur ist, bin ich verloren.«

»Zuerst einmal ist er ein Franzose, der eine Französin wie eine Dame behandeln wird!« entwaffnete Yvonne ihn mit ihrer gallischen Logik.

Unmutig sah der gestrenge Herr von seinen neuen, komplizierten und deutschinspirierten Verordnungen auf, als eine elegante Dame in sein großräumiges Büro segelte. Mit einem Mal verwandelten sich die Unmutsfalten in ein angenehm überraschtes Lächeln. Er stand sofort auf, kam um seinen Schreibtisch herum und bot Yvonne einen Sessel an. Er selbst nahm in einem anderen Sessel Platz und ließ die eiligen Akten liegen. Yvonne hatte ganz recht gehabt, auch der gefürchtetste Präfekt ist zunächst einmal ein Franzose.

Sie erzählte ihm alles von Günther und sich, obwohl sie ein unkalkulierbares Risiko dabei einging. Der Präfekt konnte ein Kollaborateur sein, wie so viele in jener Zeit. Er konnte Günther sofort verhaften und an die Deutschen ausliefern lassen.

Nur den Ort, in dem Yvonne mit Günther lebte, gab sie nicht an. Yvonne ahnte nicht, daß dieser Mann gerade dabei war, den Widerstand gegen die Wehrmacht und die Vichy-Regierung zu organisieren. Er riet ihr: »Madame, Sie müssen mit Ihrem Mann sofort mein Département verlassen. Die Deutschen sind hier so stark vertreten wie in keinem anderen in der Nachbarschaft. Es sind üble Scharfmacher dabei, und außerdem wimmelt es hier von Spionen. Ich weiß, sie wollen alle Juden und deutschen Emigranten verhaften, um sie ›unschädlich‹ zu machen.

Gehen Sie über die Berge und durch die dichten Wälder ins Département Tarn. Dort liegt ganz abgelegen der kleine Ort Sorèze. In den dichten Wäldern halten sich Partisanen auf, deshalb trauen sich die Deutschen und ihre Spione nicht in diese Region. Unsere Behörden sind da nicht so deutschfreundlich wie hier.

Je schneller Sie weggehen, desto besser. Sie bekommen von mir ein offizielles Schreiben, das Ihnen das Recht gibt, vom Département Aude nach Tarn umzuziehen.«

Yvonne war ihm sehr dankbar für den Rat und besonders für den Geleitbrief, ohne den ein Umzug damals unmöglich war.

Da der Herr Präfekt so nett und hilfsbereit gewesen war, brachte Yvonne noch ein anderes Anliegen vor: »Ich weiß, daß Sie sehr beschäftigt sind und daß ich Ihre Zeit schon über Gebühr in Anspruch genommen habe. Ich weiß auch, daß Sie natürlich keine Zeit für Einzelfälle haben und haben dürfen. Aber mich beschäftigt noch das Schicksal einer anderen Familie. Vielleicht können Sie diesen Menschen auch helfen.«

Der Präfekt seufzte; er hatte wirklich keine Zeit, doch konnte er einer so reizenden Dame einen Wunsch abschlagen? Mit einer einladenden Handbewegung bat er sie, fortzufahren. »Aber bitte kurz, die Termine jagen mich.«

Yvonne berichtete schnell: »Ein jüdisches Ehepaar ist in unserem Nachbardorf vom Vichy-Regime verhaftet und verschleppt worden. Ihre beiden kleinen Kinder ließ man zurück. Wir haben uns alle um sie gekümmert, und mein Mann und ich möchten diese Kinder als unsere eigenen aufnehmen, bis die Eltern wiederkommen. Doch nun hat man die Kinder abgeholt und sie ins Konzentrationslager Rivesaltes in unserer Nähe gesteckt. Können Sie mir nicht helfen, wenigstens diese Kinder zu retten?«

Der Präfekt sah Yvonne lange an. Dann fragte er: »Wissen Sie, wie sehr Sie sich und Ihren Mann gefährden, wenn Sie um diese Kinder bitten?«

»Das weiß ich«, antwortete Yvonne, »und mein Mann auch.«

»Und was ich riskiere, wenn ich Ihnen einen Passierschein ausstelle?«

Daran hatte Yvonne nicht gedacht.

Doch der Präfekt bat auf einem Papier die Wachen des Konzentrationslagers, Yvonne zum Kommandanten vorzulassen. Mehr Vollmachten besaß er nicht.

Yvonne ging diesen gefährlichen Weg. Man ließ sie bis zum Kommandanten vor. Dort kam Yvonne sofort zur Sache und bat um die beiden Kinder. Der Kommandant, von soviel Mut überrumpelt, antwortete: »Madame, leider haben die Kinder gerade das Lager verlassen. Sie sollen mit einem Zug nach Paris transportiert werden. Wenn Sie sie noch sehen wollen, müssen Sie sich beeilen. Der Zug könnte noch im Güterbahnhof stehen.«

Yvonne rannte los. Sie nahm ihre Schuhe in die Hand, um schneller voranzukommen. Doch es war sehr weit zum Bahnhof, und nirgendwo ein Fahrzeug, das sie hätte mitnehmen können. Als Yvonne endlich den Bahnhof erreichte, war der Zug schon abgefahren.

Niedergeschlagen setzte sie sich auf eine Bank und weinte voller Verzweiflung los.

Später erfuhr sie, daß die Kinder zusammen mit ihren Eltern in Auschwitz vergast worden waren.

Ginette Audouard

Yvonne und Günther befolgten den Rat des Präfekten und fuhren mit ihren Rädern los. Was sie besaßen, konnten sie gut auf ihren beiden Gepäckträgern verstauen. Es ging durch dichte Wälder, sie mußten sich durch enge Schluchten zwängen und über Bergpfade der Montagne noire ihre Räder schieben. Dann erreichten sie Sorèze, eine Kleinstadt am Rande der Berge.

Nach mehreren Erkundungsgängen entdeckte Günther zwischen dichtem Gebüsch ein Dachsloch. Er grub es so breit und tief aus, daß er hineinpaßte. Zunächst hatte er Schwierigkeiten mit dem Ausschachten. Da er die Abraumerde nicht hoch und weit genug warf, fiel fast genauso viel Erde in sein Loch zurück, wie er hinauswarf. Auch an das Hinausklettern hatte er nicht gedacht; als er es versuchte, rutschte die ganze Wand mit ihm in die Tiefe. Er mußte lachen über soviel Ungeschicklichkeit, trotz der Blasen an seinen Händen und der Rückenschmerzen.

Doch langsam lernte er die schwere Erdarbeit, hackte sich Steiglöcher in die Wand und verteilte oben die Erde so weit wie möglich. Das war auch notwendig, um sein Loch zu tarnen und nicht mit Erdaufschüttungen darauf aufmerksam zu machen.

Hinterher führte er Yvonne ganz dicht an sein Versteck heran und bat sie, es zu suchen. Sie fand es nicht, obwohl sie sich sehr bemühte. Günther war stolz auf sein Werk und fühlte sich sicherer. Aber er wollte Yvonne bei Gefahr nicht im Stich lassen.

»Unsinn!« fuhr sie ihn an. »Natürlich haust du ab. Die Häscher suchen dich und nicht mich.«

In Sorèze fand Günther schnell einige Deutschschüler. Eine von ihnen hieß Ginette Audouard. Sie war fünfzehn Jahre alt und die Tochter eines Gendarmen.

Eines Morgens im September 1943 winkte Ginettes Vater, der Gendarm, ihn vom Marktplatz in eine Nebengasse und warnte ihn: »Ich habe da was läuten hören. Machen Sie sich bereit, sehr schnell zu verschwinden. Wenn es soweit ist, schicke ich meine Tochter zu Ihnen hoch.«

Günther zog sich schnell in seine Hütte zurück. Schon am Nachmittag kam Ginette und bestellte ihm von ihrem Vater: »Le moment est venu. Der Augenblick ist gekommen.«

Was genau an diesem Tag geschah, erfuhr Günther erst nach der Befreiung Frankreichs.

Kurz nach der Begegnung mit Günther am Morgen hatte der Chef der Gendarmerie Ginettes Vater in einen Nachbarweiler geschickt, weil er wußte, daß er mit dem »Juden Schild« befreundet war und ihn sonst warnen würde. Audouard fuhr also mit einem Dienstwagen in den Nachbarort, um dort polizeilich einzugreifen. Bei seiner Ankunft hatte sich die Situation so drastisch verändert, daß er seinen Chef telefonisch um neue Instruktionen bitten mußte.

Bei diesem Anruf geriet er versehentlich in ein Gespräch, das sein Chef mit einem Taxifahrer führte: »Seien Sie morgen früh um sechs Uhr vor der Gendarmerie. Sie fahren dann mit meinen Leuten zum Weiler Duretié herüber. Dort werden die Gendarmen den Juden Schild verhaften. Sie halten aber etwa fünfhundert Meter vor dem Ort an, damit der Jude Schild nicht gewarnt wird. Meine Leute gehen zu Fuß weiter. Es ist zu befürchten, daß der Jude Schild bewaffnet ist. Erst wenn meine Gendarmen Ihnen mit der

Trillerpfeife ein Signal geben, ist der Feind überwältigt, und Sie können zum Haus hochfahren.

Anschließend bringen Sie den Gefangenen und seine Bewacher sofort zum deutschen Verbindungsstab nach Albi. Dort wird der Herr Oberstleutnant den Juden gebührend in Empfang nehmen, zwecks Überstellung an ein deutsches Konzentrationslager. Ich habe Sie dienstlich informiert und mache Sie damit zum Geheimnisträger. Sie sind zu absolutem Schweigen verpflichtet. Erfährt der Jude Schild etwas von diesem Unternehmen, werde ich Sie an die Deutschen ausliefern.«

Audouard fuhr daraufhin sofort nach Hause und schickte seine Tochter Ginette zu Günther, obwohl er sich damit einer Suspendierung vom Dienst und einer Auslieferung an die Deutschen aussetzte.

Natürlich nahm er an, daß Günther sich sofort in den dichten Wald absetzen würde, doch dem war noch gar nicht danach zumute. Er sagte zu dem Mädchen, als sie ihm die Botschaft überbracht hatte: »Na, dann habe ich ja noch etwas Zeit, und da du gerade hier bist, können wir auch eine Deutschlektion hinter uns bringen.«

Ginette meinte, Günther habe sie nicht genau verstanden, und wiederholte, Monsieur Schild solle ganz früh am nächsten Morgen verhaftet werden. Doch Günther nickte und begann mit dem Unterricht.

Was Günther trotz der Bedrohung diese Ruhe gab, wußte er selbst nicht. Er hatte das Gefühl, daß ihm bis zum nächsten Morgen nichts passieren konnte. Nach dem Unterricht schwang er sich auf sein Fahrrad und fuhr ins Dorf, um dort einige Besorgungen zu machen. Yvonne hatte er vorsichtshalber noch nichts von seiner drohenden Verhaftung gesagt, denn sie hätte ihn bestimmt nicht mehr nach Sorèze gelassen.

Er fuhr auch noch bei der Generalin Brown de Colstoun vorbei, die ihm vorher schon augenzwinkernd den Daunenschlafsack ihres Sohnes angeboten hatte. Den holte er für die Übernachtung in seinem Dachsloch ab, sein neues Versteck.

Als Günther an der Gendarmerie vorbeiradelte, saß dort Vater Audouard mit seinen Kollegen vor der Tür. Der glaubte zu träumen, als er Günther vorbeikommen sah. Er mußte sich die Augen reiben und den plötzlich ausgebrochenen Schweiß von der Stirn wischen. Doch ehe er ein Wort herausbekam oder zu einem rettenden Gedanken fähig war, war Günther schon verschwunden, von seinem Rad herunter freundlich alle Passanten grüßend. Begriff dieser Schild denn nicht, in welcher Gefahr er sich befand?

Doch der lebte mit allen Franzosen ruhig in diesen milden, sonnendurchfluteten Abend hinein. Günther wußte, daß am Feierabend kein französischer Gendarm aufspringen und ihn verhaften würde. Denn der Feierabend ist ganz besonders den Südfranzosen heilig, und seine Verhaftung stand doch erst für den nächsten Morgen auf dem Programm. Er wußte ganz sicher: »Ich bin in der Hand meines Vaters, mir kann nichts passieren. Wen Gott schützt, den schützt er.«

Die letzte, steile Strecke schob Günther sein Rad zum Waldhäuschen hoch. Erst dann erzählte er Yvonne, was Ginette ihm übermittelt hatte.

Sie schimpfte: »Bist du denn von Sinnen, jetzt noch einmal mitten durch das Dorf zu fahren?« Und stöhnend: »Du bist so ein richtig dummer, frecher Junge.«

Als das Notwendige heraus war, besprachen sie die Flucht und das weitere Verhalten. Günther würde im Wald bleiben, vorläufig, und Yvonne würde ihm das Essen am Abend oder in der Nacht bringen. Da der September sehr mild ausfiel, würde Günther Nachtkälte und starker Regen wohl kaum zusetzen. Er rechnete auch damit, daß die Alliierten schon bald an der französischen Küste landen und das Land befreien würden. Sein Waldaufenthalt würde darum nur von kurzer Dauer sein.

Nur sehr selten besuchte Günther Yvonne; aus dem gleichen Grund: er wollte sie nicht gefährden.

Sie verabredeten ein Warnzeichen. Wenn Günther sich zum abgemachten Termin dem Haus näherte, wollte Yvonne so tun, als ob sie eine Arbeit außerhalb des Hauses hätte. Sie würde dabei eine Kanne in der Hand halten und vorgeben, diese draußen zu leeren. Behielt Yvonne die Kanne in der Hand, ohne sie zu entleeren, bedeutete es, daß keine Gefahr im Verzug sei und Günther kommen konnte. Kippte sie aber die Kanne um, wußte Günther, es war höchste Gefahr. Dann waren Deutsche in der Nachbarschaft oder aber Dorfbewohner, die Günther durch Beobachtungen und unvorsichtige Bemerkungen gefährden konnten.

Inzwischen kannte sich Günther im dunklen, dichten Wald so gut aus wie ein Waldläufer. Gendarmen würden sich kaum hineintrauen, weil sie sich vor den Partisanen fürchteten, die sich dort aufhielten und manchmal in die umliegenden Orte einbrachen. Allerdings hatte Günther nie eine Spur von diesen Männern entdecken können, auch bei seinen ausgedehnten Spaziergängen und Streifzügen nicht.

Trotz Yvonnes zornigem Protest verließ Günther noch einmal die Hütte, um vom Bauern Elie, der außerhalb der Ortschaft lebte, ein paar Eier zu kaufen. Gerade als Günther die Küche betrat, hörte er, wie der französische Sender in England meldete, Italien, der deutsche Hauptverbündete, habe mit den Alliierten einen Waffenstillstand geschlossen. Worauf Günther so laut sagte, daß es jeder verstand: »Das bedeutet für mich, daß ich mich sofort nach Spanien absetzen muß, denn nun werden meine Landsleute noch stärker nach ihren Feinden suchen.«

Es war Günther wichtig, daß die als sehr gesprächig bekannte Bäuerin das hörte. Sie würde es bestimmt überall im Dorf erzählen und so für die Gendarmerie eine falsche Spur legen.

Dann zog sich Günther in seinen Dachsbau zurück.

Am nächsten Morgen erschienen bei Yvonne tatsächlich zwei Gendarmen. Ein langer, hagerer und ein kleiner, dicker und gemütlicher. Der Hagere vertrat schroff und unbeugsam das Gesetz und die Ordnung des jetzigen Staates. Für ihn war jeder Befehl heilig. Auch der, den »Juden Schild« zu verhaften und ihn den Deutschen auszuliefern. Es mußte ja alles seine Ordnung haben, und wo kam man hin, wenn man jeden Befehl hinterfragte? Er zeigte Yvonne den Haftbefehl. Ihr lief ein kalter Schauer den Rükken hinunter, denn sie wußte, daß das Günthers Todesurteil sein konnte.

Der Hagere forderte Yvonne auf, ihn zu Günther zu bringen. Als sie ihm erklärte, er sei nicht greifbar, drohte der Pflichtbewußte: »Dann muß ich Sie eben mitnehmen, bis wir ihn finden.«

Dagegen aber protestierte der kleine Dicke energisch: »Das ist doch Sippenhaft. So was gibt es vielleicht drüben in Deutschland und in Rußland, aber nicht hier bei uns!«

Doch der Gestrenge wies seinen Kollegen zurück: »Erinnerst du dich nicht an den Juden Walinko vor einigen Wochen? Als wir den Kerl nicht fangen konnten, habe ich die Frau mitgenommen. Und wer erscheint bei uns am nächsten Tag, um sich zu stellen? Der Jude Walinko. Genauso wird es hier passieren.«

Da riß der kleine, aber brave Mann den Haftbefehl an sich, klopfte darauf und rief: »Hier steht klar und deutlich, daß wir Monsieur Schild festnehmen sollen und nicht seine Frau. Niemand anderen als ihn. Ich begehe keine ungesetzliche Handlung. Wenn du die Frau mitnehmen willst, dann mußt du dir vorher neue Befehle vom Chef holen. In Frankreich herrscht noch das Recht!«

Wütend ließ der Hagere Yvonne stehen und zog ab. Der kleine Dicke trottete hinterher. Aber schon nach wenigen Schritten drehte er sich um und zwinkerte Yvonne wissend zu.

Yvonne fürchtete sich vor der Rückkehr der Gendarmen, doch als die sich bis zum Abend nicht sehen ließen, lief sie zu Günther in den Wald hoch. Noch immer bleich vor Schreck und bebend vor Erregung berichtete sie ihm überstürzt, was passiert war. Günther umarmte sie: »Liebe, kleine Yvonne, was mußt du alles durchmachen, meinetwegen!«

Am nächsten Morgen telefonierte Yvonne mit ihrem Bruder Alain. Er stand als Arzt und Leutnant in der geheimen ersten französischen Armee, die sich zum Eingreifen in den Befreiungskrieg bereitmachte. Auch ihm erzählte sie alles und bat um Rat.

Alain nahm sofort Urlaub und kam nach Sorèze. Dort suchte er den Chef der Gendarmerie auf und drohte ihm: »Falls Sie meinen Schwager Günther Schild verhaften lassen, wird Sie das teuer zu stehen kommen. Hitler hat den Krieg schon verloren, das wissen Sie. Die Alliierten rücken in Italien vor, die Russen im Osten, und bald werden die Alliierten in Frankreich landen. Wenige Wochen später kommen sie hierher, um uns zu befreien.

Dann werden meine Leute Sie an den Galgen hängen, wegen Kollaboration mit den Deutschen und wegen Mordes. Ich werde persönlich dafür sorgen, daß Sie uns nicht entkommen. Ich meine das ernst, darauf können Sie sich verlassen. Ich kenne die Lage besser als Sie, und auch unsere schwarzen Listen. Lassen Sie meinen Schwager dort, wo er ist. Machen Sie meine Schwester nicht unglücklich, damit ich Ihre Frau nicht unglücklich machen muß.«

Danach kam Alain noch einmal kurz zu Yvonne. »Ich werde euch jeden Monat mit Lebensmittelkarten versorgen, damit ihr nicht verhungern müßt und nicht von der Gnade anderer Menschen abhängig seid. Es ist kein Problem für mich, diese Karten zu erhalten.«

Dann mußte Alain wieder verschwinden.

Les cloches de Carlipa

In der Eile ihrer Flucht aus Carlipa hatte Yvonne eine Flasche Öl dort vergessen – damals ein Schatz, der kaum zu ersetzen war. Günther wollte dieses wertvolle Gut sofort holen, doch Yvonne verbot ihm das: »Willst du denn dein Leben für eine Flasche Öl riskieren? Warte lieber eine Weile.«

Was Günther dann auch tat. Aber als er meinte, die Lage habe sich ein wenig entschärft, wollte er unbedingt nach Carlipa zurück. Was er sich in den Kopf gesetzt hatte, das mußte er auch ausführen.

Zunächst widersetzte Yvonne sich dem Plan, aber als sie merkte, daß sie gegen diesen preußischen Dickschädel nicht ankam, bestand sie darauf, mitzufahren. Also radelten die beiden los.

Unterwegs mahnte sie Günther: »Ich fahre darum mit, damit du keinen Unsinn machst. Ich kenne dich, du riskierst in deiner Naivität immer zuviel . . .«

Sie suchten zunächst einmal den Flickschuster von Carlipa auf, der außerhalb wohnte, ein guter Freund von ihnen, um bei ihm die Lage zu erkunden. Dieser Mann kannte nicht nur die Schuhe seiner Mitbewohner, sondern auch ihre Seelen, besser als der Pastor.

Er bewohnte aber eine furchtbar heruntergekommene Kate. Geputzt hatte er sein Anwesen wohl nie und alles so liegengelassen, wie es ihm hingefallen war. Auch vom Waschen und Baden hielt er nicht viel, sicher glaubte er daran, daß jeder Seifen- und Wassergebrauch seinem Körper nur schaden konnte. Doch in all dem Schmutz wohnte eine gute Seele. Das wußte jeder im Dorf.

Als sie bei Einbruch der Dunkelheit den erfreuten Schuster überraschten, warnte der: »Seit ein paar Tagen sind die Deutschen im Ort und suchen nach Partisanen. Besonders in der Dunkelheit durchstreifen ihre Patrouillen die Gassen und schießen auf alles, was sich dort bewegt. Sogar eine Ziege ist schon von ihnen getötet worden.

Es ist sicherer, wenn Ihr heute nacht bei mir bleibt. Ich hole dann morgen früh eure Ölflasche, und ihr könnt wieder zurückradeln. Außerhalb des Ortes und auf dem Weg in die Wälder ist nicht viel los. Also schlaft mal hier, ich stelle euch mein Bett zur Verfügung.«

Sie schlugen vor, er solle doch in seinem Bett schlafen, sie würden sich auf den Boden legen. Aber davon wollte der freundliche Gastgeber nichts wissen.

Yvonne zog das Bett allerdings ab, ehe sie sich niederlegten. Sie schaltete auch sofort das Licht aus, um nicht alles genauer betrachten zu müssen. Zwar hörten und fühlten sie noch die Aktivitäten ihrer vielbeinigen Mitbewohner, doch sie waren so müde vom Radeln, daß sie bald einschliefen.

Am Morgen, es war ein Sonntag, kam Günther ein Gedanke: »Ich werde dem Schuster und den Menschen von Carlipa heute morgen eine besondere Freude machen. Ich klettere auf den Kirchturm und wecke sie mit einem Glockenspiel.«

Er kroch aus dem Bett, ohne Yvonne und den Schuster zu wecken, schlich auf den Kirchturm und ließ den Choral »Großer Gott, wir loben dich« erklingen. Er hatte gerade damit geendet und bereitete sich schon auf den nächsten vor, als er zu seinem Schrecken entdeckte, daß sich auf dem Kirchplatz unter ihm eine Kolonne deutscher Soldaten formierte.

Günther erstarrte. Er sah nur Gewehre und Stahlhelme und hörte die harschen Kommandos, doch dann blickten alle Soldaten zu ihm hoch, als er den nächsten Choral erklingen ließ. Sie erkannten die Melodie von »Wer nur den lieben Gott läßt walten«. Freude zog über ihre Gesichter, und Dankbarkeit. Er konnte sich gar nicht vorstellen, daß diese noch sehr jungen Soldaten ihn jagten.

Günther mußte aufhören und die Kirche schnellstens verlassen, denn da tauchten bereits die mißtrauischen Gesichter der Offiziere auf. Er versuchte sich so französisch wie möglich zu tarnen; er zog sich seine Baskenmütze tief ins Gesicht, schlug den Jackenkragen unordentlich hoch und versenkte seine Hände tief in die Hosentaschen. Er sah wie die deutsche Karikatur eines Franzosen aus, aber so fühlte er sich sicherer.

Es blieb ihm kein anderer Weg, als ganz dicht an der deutschen Kolonne vorbeizugehen. Er hörte deutsche Worte, ein Unteroffizier sprach sogar Berlinerisch. Günther mußte sich zwingen, weiterzugehen und seine Landsleute nicht anzureden.

Doch da wurde der kommandierende Offizier aufmerksam und sah sich nach einem Soldaten um, der Französisch sprach. Günther konnte sich schon denken, was er dem befehlen würde: »Fragen Sie den Mann mal nach seinen Ausweispapieren!«

Doch es sollte noch schlimmer kommen. Gerade als Günther sich beeilen wollte, um wegzukommen, schlug eine Frau ihr

Fenster auf und rief laut und fröhlich über den Markt: »Der Schild ist da, der Schild ist wieder da.« Die Soldaten wurden von Günther abgelenkt und sahen zu dem Fenster und der Frau hoch. Dann öffneten sich noch mehrere andere Fenster, und viele Männer und Frauen beugten sich weit heraus, um den Schild zu sehen und ihn zu begrüßen.

Diese Verwirrung half ihm. Alle sahen zum Kirchturm hoch, und so konnte er sich schnell um eine Ecke herum absetzen und auf das Haus des Flickschusters zulaufen.

Dort hatte Yvonne auch die Glocken gehört und wußte, wer sie spielte. Voller Schreck wartete sie schon mit den Rädern auf ihn.

»Los, los!« trieb der Schuster sie zur Eile an, und die beiden fuhren, so schnell sie konnten, in die Wälder zurück.

»Ach, die Flasche Öl!« fiel Günther plötzlich wieder ein. »Die ist dageblieben!«

»Und die bleibt da!« befahl Yvonne.

Doch ein paar Tage später erschien der Schuster bei ihnen und brachte die Flasche Öl: ». . . und herzlichen Dank für das Glockenspiel, soll ich euch von allen Bewohnern bestellen.«

Der Agent

Die Hütte, die Yvonne in Sorèze von einer erstaunten Kleinbäuerin gemietet hatte, lag nur einen Sprung weit vom dichten Wald entfernt. Einige Stufen die Treppe hinunter, fünf Schritte über eine Wiese – und Günther wurde schon von dichtem Gestrüpp verschlungen.

In diesen Ort verirrte sich nur selten ein Fremder; trotzdem mußte Günther damit rechnen, daß auch hier Deutsche und ihre Schergen auftauchten. Darum hatte er sich mit dem Schutz in der abgelegenen Hütte nicht zufrieden gegeben und das Dachsloch als Unterschlupf zurechtgemacht.

Zu seinem Versteck führten weder Wege nach Pfade, nur der Dachs hatte eine schmale, kaum sichtbare Spur gezogen. Wenn Günther durchs Gestrüpp kroch, schloß es sich ganz schnell wieder hinter ihm.

Da Gerüchte über deutsche Razzien in den Nachbarorten umgingen, hielt sich Günther meistens im Wald auf, um vor plötzlichen Überfällen sicher zu sein und den Wald besser kennenzulernen. Im Ort hatte er sich noch nicht sehen lassen. Aber Yvonne und er nahmen an, daß man dort schon über die beiden Fremden redete. Für die alteingesessenen Bewohner war das immer ein schlechtes Zeichen, wenn plötzlich Unbekannte auftauchten.

Yvonne ging nur zu den notwendigsten Besorgungen in die kleine Stadt.

Eines Tages, sie spülte gerade in der Hütte Geschirr, stand plötzlich ein fremder Mann vor ihr, ohne angeklopft zu haben. Yvonne fuhr erschrocken zusammen, wollte schon nach Hilfe schreien, doch da legte der Fremde seinen Finger auf die Lippen und bat sie mit beschwörendem Blick, nur nicht aufzuschreien: »Bitte ruhigbleiben, denn sonst gerate ich in Gefahr. Ich bin ein Abgesandter der Partisanen aus dem Wald, ich muß dringend mit Ihrem Mann, Günther Schild, sprechen. Wir brauchen Informationen von ihm, und wir wollen ihm auch Ratschläge geben, wie er sich im Wald verhalten soll, wenn die Deutschen kommen.«

Yvonne hörte angespannt zu. Mit so einem Besuch hatte sie nicht gerechnet. Obwohl der Mann gütig und einfühlend auf sie einredete, gefiel er ihr nicht. Er hatte ein verschlagenes Gesicht, dem man kein wahres Wort zutraute. Sein Blick tastete sie ab, als ob er sie gleich fragen würde: »Was kostet es denn, wenn ich zu dir komme?«

Yvonne wollte ihn schon aus der Hütte jagen, doch dann dachte sie an Günther. Die Partisanen konnten seine Rettung sein. Der Mann bestand darauf, zu Günther in den Wald geführt zu werden. »Verstehen Sie, Günther Schild ist ein Fremder für uns. Wir müssen ihn kennenlernen. Der Kommandant hat es mir aufgetragen. Ohne diese Begegnung tragen wir keine Verantwortung für ihn. Es könnte sonst durchaus passieren, daß er von unseren Leuten irrtümlich oder aus Mißtrauen erschossen wird. Er muß auch unsere Erkennungszeichen kennen.«

Das sah Yvonne ein. Mit großem Unbehagen führte sie den Mann in den Wald, nicht bis zu Günthers Loch, aber so in die Nähe, daß Günther ihr Rufen hören konnte.

Günther näherte sich mißtrauisch. Er wurde noch vorsichtiger, als der sogenannte Abgesandte der Partisanen ihm sagte, er hätte gerne Informationen über das generelle Verhalten von

Deutschen, aber dann gar nicht mehr an einer Antwort interessiert war, sondern wissen wollte, ob Günther schon Partisanen begegnet sei und wo die sich nach seiner Meinung versteckten.

Auch von den Erkennungsparolen war keine Rede, und was er Günther über das Leben im Wald sagte, klang so, als ob eine Mutter ihren Vierjährigen vor dem bösen Mann warnte. Dann wollte er unbedingt Günthers Versteck inspizieren. Doch Günther weigerte sich, ihn dorthin zu führen.

»Aber Monsieur Schild, Sie gefährden Ihr Leben, wenn wir durch den Wald schleichen, Sie nach der Parole fragen und Sie diese nicht wissen!«

»Das macht nichts«, antwortete Günther. »Mein Leben ist so oft gefährdet worden, ich kann es kaum noch zählen.«

Etwas pikiert stellte der Fremde noch einige Fragen, die Günther belanglos fand und auf die er einfach das antwortete, was ihm gerade einfiel, ohne groß darüber nachzudenken. Dann entschuldigte sich der Fremde »für einen Augenblick«. Er verschwand und ward nicht mehr gesehen.

»Der kam von den Bösen«, stellte Günther fest.

Yvonne machte sich große Vorwürfe, daß sie den Mann zu Günther gebracht hatte, doch er beruhigte sie: »Was konntest du denn sonst tun?«

Wenige Tage später stand wieder ein Mann vor Yvonne, doch dieses Mal einer, der anklopfte. Yvonne fuhr erschrocken hoch, doch er beruhigte sie, und sie fand sein Gesicht zwar ernst, aber zuverlässig.

Der Mann sagte Yvonne: »Wir haben beobachtet, daß Sie vor ein paar Tagen Besuch von einem Fremden hatten und ihn in den Wald geführt haben. Dieser Mann war ein Agent der Deutschen, der sich als Partisan ausgab. Wir haben ihn beobachtet, erwischt und erschossen. Das sollte Sie beruhigen. Sie können sich ausmalen, was Ihrem Mann und Ihnen passiert wäre, wenn er die Deutschen hierhergeführt hätte. Uns Partisanen hätte er auch gefährdet. Wir möchten Sie warnen. Seien Sie vorsichtiger, trauen Sie keinem. Sie haben sich beide in Todesgefahr befunden.«

Der Schuß

Die Landung der Alliierten an der Küste Frankreichs verzögerte sich immer wieder. Die Franzosen waren enttäuscht, die Feinde fühlten sich immer stärker, bauten den »unüberwindlichen Atlantikwall« und griffen härter gegen ihre Widersacher und alles Verdächtige durch. Die systematische Vergasung der Juden war in vollem Gange.

Günther mußte sich in seinem Dachsbau auf den Herbst und Winter einrichten. In Sorèze herrschte Unruhe, weil man jede Minute mit einem Vorstoß der Deutschen rechnen mußte. Viele Unbekannte tauchten auf, streiften durch die Straßen, und keiner wußte, ob die nun zu den Partisanen oder zu den Deutschen gehörten. Etliche Franzosen sahen in ihren Besetzern nicht mehr den Feind, sondern einen Brötchengeber, dessen Hiersein sie vor der Rache ihrer eigenen Landsleute bewahrte.

Günther buddelte sich noch tiefer in sein Versteck ein. Jemand anderes mußte dort schon vor ihm gegraben haben.

Auf eine Schicht von Reisig und Laub legte er seinen Schlafsack. Seine Umgebung tarnte er so, daß man, auch wenn die Bäume kahl wurden, seinen Eingang kaum entdecken konnte.

Auch zwei Ausweichquartiere legte sich Günther zu; er hatte ja reichlich Zeit: Eins in einem hohlen Baum und das andere in einem verlassenen Fuchsbau.

Abends, wenn die Sonne langsam mit betörenden Farben unterging, kroch Günther in sein Loch. Er schlief dort tief und ungestört. Erst wenn morgens in der Dämmerung die Vögel jubelten, wachte er auf. Er streckte seine Glieder und stimmte in ihren Gesang ein. So lebte er ganz im Rhythmus der Natur. Er roch den Duft des frischen Bodens und der Pflanzen. Das trockene Laub in seiner Höhle umgab ihn mit einem wohligen Gefühl.

Wenn er dann herauskrabbelte und sich der Sonne entgegenreckte, rief er: »Hallelujah, du Schöpfer dieser Welt. Hallelujah, Mutter Sonne und all ihr Vögel, meine kleine Schwestern und Brüder. Vater im Himmel, behüte und bewahre doch heute meine Mutter und Yvonne und alle Menschen mit gutem Willen. Ja, und herzlichen Dank für diese ruhige und sichere Nacht. Hallelujah, hallelujah. Amen.«

Bald gewöhnte sich Günther an den Wald. Der Forst war nicht mehr etwas Dunkles, Fremdes, Gefährliches für ihn, sondern sein Zuhause und Schutz. Die Vögel kannten ihn, sie stießen kein

Warngeschrei mehr aus, wenn Günther auftauchte, sondern begrüßten ihn mit fröhlichem Schnattern. Aber wenn etwas Fremdes im Wald auftauchte, dann warnten sie ihn.

Er vertraute darauf, daß ihn sein Schöpfer und Vater im Himmel beschützte, wie seinen eigenen Augapfel. Sogar die Haare auf Günthers Kopf hatte er ja gezählt.

Neugierig und leichtsinnig, wie er war, wollte er unbedingt wissen, wer noch mit ihm im Wald lebte. Angeblich biwakierten in seiner Nähe Partisanen, doch er war nie einem begegnet. Er fand, daß sie doch das gleiche Ziel verfolgten, wenn auch mit anderen Mitteln: ein freies Frankreich und Europa. Zuerst wurde Günther noch von der Warnung seines Schwagers Alain gebremst: »Nimm keinen Kontakt mit den Partisanen auf. Für sie ist jeder Deutsche ein Feind, auch wenn er behauptet, ihr Freund zu sein. Und du siehst genau so aus, wie sich der normale Franzose einen Deutschen vorstellt. Halte dich von ihnen fern.« Doch mit der Zeit nahm Günther diese Warnung nicht mehr so ernst, und seine Neugier wuchs. Er kannte den Wald doch besser als sie, dachte er, konnte ihnen bestimmt Ratschläge geben und verborgene Pfade zeigen.

Eines Morgens stand er einfach auf, kroch aus seinem Versteck, sang mit den Vögeln sein Morgengebet und marschierte zu den Partisanen, um ihnen seine Dienste anzubieten.

Günther ahnte, wo sich die Partisanen aufhalten mußten: an der unzugänglichsten Stelle des Waldes. Auf einer Anhöhe, von wo aus sie ihre Umgebung beobachten konnten. Um diesen Platz herum zog sich eine Lichtung, über die jeder mußte, der aus dem fast undurchdringlichen Wald die Anhöhe erklettern wollte.

Günther kannte einen Schleichweg, über den er ungesehen die Lichtung erreichte.

Genau wie er geahnt hatte, befand sich auf der Anhöhe das Partisanenlager. Ohne daß die ausgestellten Wachen ihn oder er sie bemerkte, stand er plötzlich mitten im Lager direkt vor dem Kommandanten.

Der fuhr erschrocken hoch, doch Günther zeigte ihm seine leeren, unbewaffneten Hände und beruhigte ihn: »Keine Gefahr. Ich bin auch einer, der sich vor den Deutschen im Wald verstekken muß. Und ich möchte Ihnen helfen.«

Da Günther lauter und nervöser als gewöhnlich sprach, um seinen Worten Nachdruck zu verleihen, hörten das die Partisanen in ihren Stellungen und kamen ihrem Kommandanten sofort mit entsicherten Waffen zu Hilfe. Am liebsten hätten sie den fremden Eindringling sofort erschossen, doch der Kommandant winkte ab, starrte Günther aber noch immer so an, als ob er gerade vom Himmel gefallen oder aus der Hölle aufgetaucht sei. Einer beschimpfte die Wachen, drohte mit Erschießen, weil sie diesen Fremden unerkannt hatten passieren lassen. Günther versuchte, sie zu beruhigen: »Sehen Sie, darum bin ich ja zu Ihnen gekommen, um Ihnen zu helfen. Es ist nicht die Schuld Ihrer Wachen, daß Sie mich nicht entdeckt haben. Ich kenne diesen Wald eben besser als Sie, weil ich hier schon so lange lebe. Ich möchte Ihnen meine Dienste als Pfadfinder anbieten.«

Der Ausdruck »Pfadfinder« schien den mißtrauischen Männern auch nicht zu gefallen. Sie hatten sofort herausgehört, daß Günther ein Ausländer war. Wenn man erregt ist, macht man viele Fehler in der fremden Sprache, auch wenn man sie sonst ausgezeichnet spricht.

Günther versuchte, die Partisanen mit seiner Lebens- und Fluchtgeschichte zu überzeugen. Doch die Umstehenden hörten gar nicht zu. Sie warteten nur darauf, ihn endlich umbringen zu können, diesen Spion.

So hielt sich Günther an den Kommandanten, weil der wenigstens interessiert zuhörte, während die anderen ihm offensichtlich kein Wort glaubten.

Der Kommandant dachte lange nach, als Günther seine Geschichte beendet hatte. Dann entgegnete er zögernd: »Ich glaube Ihnen. Aber Sie sehen nicht so aus wie einer von uns. Sie sehen genauso aus wie unser Feind, und Sie sprechen auch so. Jedes Wort von Ihnen weckt in mir Mißtrauen. Ich kenne die Deutschen, unsere Feinde. Sie sind zu allem fähig . . .«

Ein düsterer Partisan unterbrach ihn: »Ich leg den Kerl um. Er ist ein Spion. So ähnlich haben sie auch meinen Bruder aus dem Wald gelockt und erschossen.«

Nun begriff Günther, warum sein Schwager ihn gewarnt hatte.

»Ich befehle hier!« fuhr der Kommandant den Partisan an. Doch Günther sah, daß der Kommandant nicht lange mit seiner Meinung die Oberhand behalten würde. Alle anderen Partisanen starrten böse auf Günther. Endlich hatten sie mal einen Feind erwischt, und den wollte ihr Kommandant laufenlassen! Sie wollten an ihm Rache nehmen, für ihre getöteten Kameraden und für die Ehre ihres Vaterlandes.

Schließlich sagte der Kommandant traurig: »Es ist besser, wenn Sie jetzt gehen. Ich weiß nicht, wie lange ich noch für Ihre Sicherheit garantieren kann. Ich glaube Ihnen, aber sonst keiner.«

Günther verließ das Lager nicht auf seinem Schleichweg, sondern quer über die Schneise, wo sie am breitesten war. Er schritt langsam und für alle sichtbar über die Lichtung. Er gab dabei das beste Ziel ab, das sich ein Schütze vorstellen konnte. Hinter sich hörte er einen Wutausbruch: »Das ist doch ein Verräter, und du läßt ihn laufen! Ich lege ihn doch noch um!«

»Nein!« hörte Günther den Kommandanten rufen. »Er ist kein Verräter, du schießt nicht.«

Günther tat so, als ob er nichts gehört hätte. Er befand sich nun mitten auf der Lichtung. Da fiel ein Schuß. Die Kugel flog so dicht an seinem Ohr vorbei, daß er die Hitze und den Wind spürte.

Er wollte sich schon auf den Boden werfen, doch dann riß er sich zusammen. »Wenn du ihnen zeigst, daß du sie fürchtest, ist das dein Ende«, sagte er sich. »Geh so weiter, als ob nichts geschehen sei.«

Das tat er. Er riskierte alles und ging genauso langsam weiter wie vorher. Ein Kommando erschallte im Wald, Günther verstand es nicht. Dann fielen mehrere Schüsse, die aber nicht mehr direkt in seine Richtung zielten. Wenigstens bildete Günther sich das ein, und das half ihm, Haltung zu bewahren. Er hatte das Gefühl, daß sie ihn erschießen würden, falls er die Nerven verlor und rannte. Mit einem Stoßgebet: »Lieber Vater, lieber Vater, schütze mich . . .« schritt er weiter auf den Wald zu. Nur noch vereinzelte Schüsse, von denen allerdings einer sehr dicht an ihm vorbeipfiff. Dann plötzlich Totenstille.

Günther erreichte den Wald. Er schob sich ins Dickicht hinein, in den dichten, schützenden Wald. Nun war er mit seinen Nerven am Ende und taumelte nur noch vorwärts. Er bebte am ganzen Körper. Plötzlich versagten seine Knie, und er fiel hin.

Er grub seine Finger in den Boden und drückte seinen Kopf an die Erde. Tränen brachen aus ihm heraus. Dann aber weinte er erlöst wie ein kleines Kind und stammelte: »Danke, danke, danke.«

Ihm war neues Leben geschenkt worden.

Im Schlammloch

Günther ernährte sich jetzt von dem, was im Herbst so verschwenderisch im Wald wuchs. Pilze und Beeren gab es in solchen Mengen, daß er Körbe und Eimer voll für Yvonne und ihre Freunde sammeln konnte. Außerdem aß er Hagebutten und wilde Äpfel. Brombeeren fielen ihm in Mengen in die Hände, wenn er nur die Sträucher berührte.

Abends hockte Günther in einer dicht von Sträuchern umstandenen Kuhle und röstete sich Eßkastanien. Dazu trank er kühles, frisches Wasser aus einer Quelle.

Jeden Morgen wusch er sich im Bach. Seine Freunde, die Vögel, sahen mißbilligend zu und schüttelten, in kalter Vorahnung, ihre trockenen Federn.

Günther verstand, warum in vielen Religionen das rituelle Waschen so wichtig war. Der Morgen im Bach war für ihn eine lebenswichtige Erfrischung.

Dann begann der Herbstregen. Ununterbrochen brach er in Strömen aus den dicken Wolken herunter, Tag und Nacht. Zunächst fühlte Günther sich in seinem Dachsbau noch geborgen und absolut trocken. Manchmal sogar gemütlich, weil er sich in seinen warmen Schlafsack kuscheln konnte, während draußen der Regen prasselte. Nur daß die Vögel nicht mehr jubilierten, bedrückte ihn.

Eigentlich wäre es bei diesem prasselnden Dauerregen das beste gewesen, Yvonne aufzusuchen und die Wärme und Trockenheit ihrer Hütte zu genießen. Sicher wäre er auch gewesen, denn bei diesem Wetter traute sich bestimmt kein Gendarm in den Regen. Aber Günther blieb dann doch in seinem Schlafsack liegen und döste durch den Morgen. Er nahm sich vor, gegen Abend zu Yvonne zu gehen. Am Nachmittag meinte er, daß der Regen ein wenig nachließ, doch gegen Abend brach er wieder wie eine Sintflut herunter. Er verschob seinen Plan auf den nächsten Morgen.

Am Abend begann eine solche Sturzflut, daß Günther sich erschrocken halb erhob. Auf einmal, ehe er sich's versah, brach Wasser in sein Loch hinein. Es riß einen Teil der Wände mit in die Tiefe. Sie waren durch den Dauerregen schon weich geworden.

Im Nu schwamm Günther in einer Brühe, die stieg, weil von oben immer mehr Wasser ins Loch brach. Er kroch aus seinem

Schlafsack, so schnell er konnte. Kaum stand er, da reichte ihm die gurgelnde Flut schon bis an den Bauch. Aber er nahm es eher humorvoll und gelassen hin: »Ich werde zu Yvonne gehen, mich umziehen, ihren heißen Kräutertee trinken und ein Schnäpschen, wenn sie eines da hat.« Er rollte seinen durchnäßten Schlafsack zusammen und wollte über die Stufen, die er in die Wand gegraben hatte, aus dem Loch hinausklettern.

Doch als er mit den Händen in der stockdunklen Nacht nach den Stufen griff, fand er nur noch glatte, abgespülte Wände. Der Regen hatte die Erde abgewaschen.

»Nanu«, wunderte er sich noch halb amüsiert, aber das sollte ihm schnell vergehen. Das Wasser stürzte nun von allen Seiten in sein Loch hinein. Es reichte ihm schon bis an die Brust. Auch der aufgeweichte Boden unter seinen Füßen gab ihm kaum noch Halt. Langsam stieg in ihm das Gefühl auf, daß dies sein Ende sein könnte. Tod durch Ertrinken im Schlamm. Es war, als ob ein reißender Fluß den Weg in Günthers Dachsbau gefunden hätte.

Er suchte nach einem Halt in den Wänden, wollte sich daran hochstemmen oder hochziehen. Wieder stieg der Todesgedanke in ihm hoch und würgte ihn. Er wehrte sich; das konnte doch nicht sein, daß er so sterben mußte. Er war aus dem Todesgriff der Nazis geflohen, er hatte tödliche Gefahren in Frankreich überwunden. Gott war immer auf seiner Seite gewesen, so erbärmlich konnte und durfte doch nicht sein Ende sein!

Günther versuchte noch einmal, sich zu befreien, doch es gelang ihm nicht. Er rutschte ab und fiel ins Wasser, wo er viel von der lehmigen Brühe schluckte.

In seiner Verzweiflung schrie er um Hilfe. Doch wer sollte ihn schon hören? Yvonne würde natürlich nicht einfach so ihr Haus verlassen, plötzlich hier auftauchen und Günther aus dem Schlamm ziehen.

Er verlor die Beherrschung und schrie um sein Leben. Doch der herunterprasselnde Regen verschluckte sein Schreien, es drang nur als Wimmern bis in die nächsten Büsche.

Das Wasser stand ihm bis an den Hals. Hilflos versuchte er mit seinen Händen die Flut aufzuhalten. Immer mehr verlor er den Boden unter den Füßen und mußte schwimmen.

Keine Hilfe kam. Günther konnte nur noch seinen Mund knapp über dem Wasser halten. Grauenhaft und lähmend war es, wie das gelbe Wasser in seine Ohren hineingurgelte.

Günther gab auf. Das Wasser schlug in seinen Mund, er schluckte es. Noch einmal versuchte er, mit seinen Händen an den Wänden einen Halt zu finden, doch die Erde war schon zu Schlamm geworden, sie floß einfach durch seine Finger.

In seiner Verzweiflung betete er wie ein Kind: »Bitte, bitte, bitte, lieber Gott, laß doch den Regen aufhören. Bitte, bitte, bitte, lieber Gott, laß mich doch nicht ertrinken.«

Er betete immer wieder diese kurzen Sätze. Immer wieder. Solange noch Atem in ihm war. Er konnte kaum noch den Kopf über den Fluten halten.

Zum Schluß brachte er nicht mehr heraus als: »Bitte, bitte, bitte . . .«

Plötzlich hörte der Regen auf, wie mit einem Schlag. Das Wasser stand ihm noch immer bis an den Mund, er mußte gegen das Ertrinken anrudern, doch es regnete nicht mehr.

Er konnte es nicht fassen. Er war nicht ertrunken, er lebte noch!

Dann hatte er sogar den Eindruck, als ob das Wasser fallen würde. Nach einer Weile reichte es ihm nur noch bis ans Kinn.

Er wartete. Nun, mit dem neugeschenkten Leben, hatte er alle Zeit in der Welt, und auch die Ruhe.

Die Erde begann zu trocknen, er fühlte, daß der Schlamm klebriger wurde. Aber wenn er die Wand befühlte, rutschte dort noch immer die nasse Erde ab. Dann stand er nur noch bis zu den Schultern im Wasser.

Bis zum Morgen mußte er warten, die ganze Nacht durch. Er fürchtete, der schwere Regen würde wieder einsetzen. Doch es blieb trocken von oben.

»Lieber Gott, lieber Gott . . .«, betete er; mehr konnte er nicht sagen. Gott wußte ja, was ihn bedrückte und was er fürchtete. Gott hatte den Regen angehalten.

Er schlief im Stehen ein. Daß er nicht umfiel und ertrank, war ein zweites Wunder.

Der jubelnde Gesang der Vögel unter dem trockenen, offenen Himmel weckte ihn. Er erhob seine Hände zum Himmel und dankte. Die Erde trocknete. Aber an den Wänden seines Lochs gab sie noch nach. Er mußte Geduld haben.

Nach Stunden zog er sich ganz langsam hoch. Die Erde glitt zwar noch durch seine Finger, aber er fand doch genügend Halt.

Dann lag er flach auf der Erde. Er drehte sich langsam von dem Loch weg, weiter auf die feste Erde, blieb dort liegen und stammelte: »Danke, danke, danke.«

Der Kartoffeldieb

Erst als es dunkel wurde, konnte sich Günther durch den Wald zu Yvonne trauen. Durchgefroren, vor Kälte bebend, hustend und niesend, obwohl er es unterdrücken wollte, von oben bis unten mit Lehm beschmiert, jagte er ihr einen gewaltigen Schrekken ein.

»O Günther!« rief sie, kochte ihm sofort heißes Wasser zum Baden und brühte ihm einen kräftigen Kräutertee auf. Draußen trommelte wieder der Regen aufs Dach.

Yvonne hätte Günther am liebsten im Haus und im Bett behalten, doch sie wußte, das Risiko war zu groß. Wie sie bei der Krämerin gehört hatte, waren die Deutschen schon bis ins Nachbardorf gedrungen und durchkämmten dort jedes Haus. Man sagte, daß jetzt alle Juden direkt nach Deutschland überführt werden mußten. Schon in Frankreich wurden sie von deutschen Sonderkommandos übernommen.

Günther mußte also wieder in den nassen, kalten Wald zurück. Sein Dachsbau war total zusammengebrochen. Er mußte sich einen Fuchsbau als neuen Unterschlupf ausgraben. Doch beim nächsten schweren Landregen lief er auch voll Wasser.

Günther sah sich nach einem Versteck um, in dem er weder ertrank noch erfror. Bei seinen Streifzügen hatte er ein sehr abgelegenes Gehöft entdeckt. Als er es vor Regen und Kälte nicht mehr aushielt, schlich er sich an den kleinen Hof heran und klopfte dort an.

Der mißtrauische Bauer sprach zunächst nur durch die geschlossene Tür mit ihm. Günther versuchte dem Mann seine verzweifelte Lage zu erklären und bat ihn, ihm doch Unterkunft in der Scheune zu gewähren.

»Falls die Deutschen oder Gendarmen kommen, können Sie ja sagen, ich hätte mich ohne Ihr Wissen in die Scheune geschlichen«, versuchte er dem Bauern die Zweifel und die Angst vor Repressalien zu nehmen.

Der Bauer mußte sehr lange nachdenken, doch als er Günther dann so naß und verfroren vor sich sah, packte ihn doch das Mitleid, und er gab klein bei: »Eigentlich wollte ich mich nicht mit Politik einlassen, mit keiner Seite. Aber wenn ich Sie so sehe, dann kann ich Sie doch nicht in den Wald zurückschicken. Also, Sie können in meiner Scheune pennen, aber morgens müssen Sie immer verschwinden.

Und noch eins, ich hab da Kartoffeln versteckt, davon weiß die Behörde nichts. Die dürfen Sie nicht klauen, Sie dürfen da nur schlafen.«

Günther versprach ihm hoch und heilig, daß er keine Kartoffeln stehlen würde.

In der ersten Nacht dachte er auch an nichts anderes als an Schlafen und Warmwerden, in dem wohligen Heu. Morgens mußte er dann wieder in die nasse Kälte hinaus. Den ganzen Tag über wurde er von einem furchtbaren Hunger gequält. Er durfte nicht in die Hütte, um Yvonne nicht zu gefährden; außerdem wußte er, daß es dort kaum etwas zu essen gab.

Als er am nächsten Abend wieder in die Scheune kroch, roch er die Kartoffeln, die langsam vor sich hin faulten. Wogegen der Bauer auch nichts unternahm, denn er wollte aus ihnen später Schnaps brennen.

Günther sah den Kartoffelberg an und fand es eine Schande, daß hier Kartoffeln faulten, während die Menschen überall hungerten.

Trotz seines Hungers schlief er ein, wurde aber bald wieder durch ein Kneifen im Magen geweckt. Der starke Kartoffelgestank tat ein übriges, seine Sinne aufs äußerste zu reizen.

Draußen regnete es so stark, daß sich bestimmt keine Streife aus den Häusern heraustrauen würde. Auch vom Bauernhof war kein Lebenszeichen zu hören.

Günther hielt es nicht mehr aus. Er nahm sich aus dem Haufen eine Handvoll roher Kartoffeln und begann zu essen.

Ausgerechnet in diesem Augenblick mußte die Bäuerin die Scheune betreten. Sie sah, daß Günther etwas kaute und schluckte; die abgebissenen und sorgfältig abgenagten Kartoffelschalen lagen auf dem Boden. Sie sagte kein Wort, doch Günther sah an ihrem Gesicht, daß sie ihn schon verurteilt hatte.

Am Nachmittag erfuhr Yvonne durch andere Frauen, daß die Bäuerin im Kramladen erzählt hatte: »In unsere Scheune hat sich der Jude Schild eingeschlichen. Eigentlich müßte er dankbar sein, weil wir ihn nicht sofort melden. Doch was tut der vor lauter Dankbarkeit? Der klaut unsere wenigen Kartoffeln.«

Aber nicht nur Yvonne warnte Günther, sondern auch einer vom Widerstand. Der kam zu Günther gelaufen und riet ihm: »Hau sofort ab! Das Tratschweib hat dich verraten. Du mußt sofort in den Wald zurück.«

Doch ehe Günther das tun konnte, mußte er sehen, daß diese Frau ihren Mund hielt und ihn nicht noch mehr gefährdete.

Er lauerte ihr in der Abenddämmerung auf, als sie aus dem Stall kam, und schrie sie an: »Wenn Sie noch einmal so tratschen, wie Sie es unten im Laden getan haben, dann legen wir Sie um. Das ist unsere letzte Warnung. Das soll ich Ihnen auch von meinen Kameraden im Wald und von unserem Kommandanten bestellen.« Das wirkte. Günther erfuhr, daß sie kaum noch ihren Hof verließ und beim Krämer oder Bäcker kein Wort mehr sagte außer dem Nötigsten für den Einkauf.

Der Löwe in der Scheune

Aber eine Familie Serres bot Günther an, bei ihnen unterzuschlüpfen. Madame Serres sagte zu Yvonne: »Mein Mann meint, daß Monsieur Schild ganz gut bei uns in der Scheune wohnen kann, auch tagsüber, bis es draußen wieder wärmer wird und die Amerikaner kommen. Im trockenen Heu und Stroh ist es gemütlicher als draußen im Wald. Bald wird es bestimmt auch schneien, mein Mann spürt es schon im Kreuz, und so kurz vor Weihnachten kann man doch keinen Christenmenschen im Wald erfrieren lassen!

Er kann sich unter dem Heu ein Loch graben und darin verschwinden, wenn die Häscher kommen. Wir wollen Monsieur Schild auch zu essen geben, das hat mein Mann vorgeschlagen, und ich bin ganz damit einverstanden.«

Yvonne war überwältigt und gerührt von diesem Angebot, das ja auch die Familie Serres in Lebensgefahr bringen konnte, falls es herauskam. Yvonne meinte, sie könne Günther schon mit Essen durchbringen.

»Nein, nein«, wurde ihr Vorschlag abgewehrt. »Sie werden bestimmt beobachtet. Wir sind zwar kleine, arme Bauern, aber für einen Gast reicht es bestimmt noch.«

Günther nahm dieses Angebot mit einem Luftsprung an. Als er bei Dunkelheit an Serres' Gehöft erschien, im Schneeregen, befahl ihm Madame Serres resolut: »Morgen bleiben Sie den ganzen Tag in der Scheune, bei diesem Wetter. Und auch sonst. Ich werde schon dafür sorgen, daß keiner außer meinem Mann und mir in die Scheune kommt.«

Es wurde immer gefährlicher in Sorèze und Umgebung. Deutsche Streifen tauchten auf, Schüsse fielen, Verdächtige, aber auch Unschuldige wurden abgeführt. Die Gendarmen wurden nervös, patroullierten auch durch die Feldwege und schossen auf alles, was sich bewegte. Ganz Frankreich befand sich in einer nervösen Spannung und wartete auf die Landung der Alliierten.

Madame Serres hatte ihren Kindern strengstens verboten, die Scheune zu betreten und dort zu spielen. Aber eines Tages, als ihre Mutter sie nicht beobachtete, schlichen sich die Kinder mit denen der Nachbarn doch in die verbotene Scheune.

Günther verkroch sich, so schnell er konnte, in sein Loch und zog Heu zur Tarnung über sich.

Leider spielten die Kinder nicht nur auf dem festgetretenen Boden, sondern fingen auch an, ins Heu zu springen. Jeder Sprung entwickelte eine Staubwolke, die Günther in seinem Loch zu ersticken drohte. Er preßte die Hände wie zu einem Filter vor sein Gesicht, aber trotzdem drang ihm der feine Staub in die Nase und den Mund. Günther hielt es nicht mehr aus. Er fing ganz furchtbar an zu brüllen, wie ein mit dem Hammer getroffener Stier, und stemmte seine Heulast hoch.

Die Kinder erstarrten zunächst vor Schreck, schrien dann auf und rannten aus der Scheune hinaus, als ob der Teufel hinter ihnen her wäre. Sie rannten zu ihrer Mutter und riefen: »Mama, Mama, es ist ein Löwe in der Scheune oder ein Tiger.«

Die Mutter drückte die erschrockenen Kinder an sich, mußte ein Lächeln unterdrücken, beruhigte sie und mahnte: »Ja, ja, so geht es, wenn man nicht auf seine Eltern hört. Habe ich euch nicht gesagt, daß ihr nicht in der Scheune spielen dürft? Wenn ihr da noch einmal hineingeht, dann wird euch der Tiger oder Löwe ganz bestimmt fressen.«

Von da an trauten sich die Kinder nicht mehr in die Scheune, und Günther brauchte nicht mehr ins gefährliche Loch zurück.

Die Serres versuchten ihm das Leben auch sonst zu erleichtern. Jeden Morgen, wenn die Kinder zur Schule aufgebrochen waren, öffnete Mutter Serres die Scheunentür und rief hinein: »Venez boire le café. Buvez-le tant qu'il est chaud. Kommen Sie den Kaffee trinken, solange er heiß ist.« Aber auf dem Frühstückstisch in der Küche dampfte dann nicht nur heißer, starker Kaffee, etwas für Geld fast Unerschwingliches damals, sondern dort stand auch selbstgebackenes Brot. Wenn Günther die selbstgeknetete und gestampfte Butter von Madame Serres bescheiden und dünn aufs Brot strich, griff sie ein und legte ihm dicke Scheiben darauf. Darüber wurde dunkelbrauner Honig von wilden Bienen aus den Wäldern gestrichen.

Wie er diese gastfreien Menschen liebte! Für sie war es eine Selbstverständlichkeit, Günther zu beherbergen und zu beköstigen.

Beim Frühstück ließen sich alle drei Zeit. Im Winter gab es nicht viel im Stall und auf dem Acker zu tun, und die Bauersleute hörten Günther gern zu, wenn er von der fernen Welt erzählte, die sie nicht kannten.

Günther wollte ihnen wenigstens ein bißchen wiedergutmachen, was sie für ihn taten, doch da wurde die Bäuerin richtig böse: »Jetzt hören Sie endlich auf damit, sonst komme ich mir noch wie ein Engel vor, und der kann ja den menschlichen Kaffee gar nicht schmecken.«

Günther bot sich dem Bauern als Knecht im Stall an. Der sah sich kopfschüttelnd Günthers Hände an und stellte fest: »Also wenn Sie damit meine Mistgabel anfassen, dann stechen Sie die noch meiner Kuh in den Hintern. Nee, lassen Sie mal. Wir haben Sie auch so ganz gerne hier, und wenn Sie uns erzählen, dann schmeckt uns der Kaffee noch mal so gut.«

Immer, wenn Günther die Küche betrat, ließ er seine Schuhe vorne vor der Stube stehen und marschierte in Socken über die Bretter. Eines Morgens, als Günther noch mit der Bäuerin in der Küche saß, hörten sie plötzlich fremde Schritte über den Flur poltern. Günther kam nicht mehr aus dem Zimmer hinaus, er mußte sich schnell hinter dem Schrank verstecken. Der Briefträger starrte die Schuhe an. Die paßten weder in die Bauernstube noch zu Familie Serres. Diese Treter hätte man auch ganz gut als kleinere Spreekähne bezeichnen können. Man sah ihnen allerdings noch die Pariser Machart an. Es gab niemand im Ort außer dem Schild, der solche Schuhe trug oder dem sie passen würden. Das wußte der Briefträger sofort.

Nach dieser Panne paßte Günther besser auf. Er erschien nur sehr kurz zum Frühstück und ließ nie mehr seine Schuhe mitten vor der Stube stehen. Man wußte ja nicht, wie der Briefträger reagieren würde und mit wem er über seine Entdeckung sprach.

Die Serres nahmen die Panne nicht so tragisch und beruhigten Günther. Er warf sich vor: »Aber wie ich Sie durch diesen Fehler hätte gefährden können!«

»Jeder macht einen Fehler«, sagte der Bauer.

»Und es ist ja alles gutgegangen«, fügte die Bäuerin hinzu. Tatsächlich hatte diese Panne kein Nachspiel. Der Briefträger hatte sie wohl nicht verraten.

Das Weihnachtsfest fing nicht gut an. Am Morgen des vierundzwanzigsten Dezember wurde in der Umgebung heftig geschossen. Günther konnte nicht mit Yvonne feiern. Er stand allein im Wald, in einer klaren, eiskalten Nacht, und versuchte sich warmzustampfen. Da hörte er Tritte und einen unterdrückten Männerruf nach ihm. Günther zuckte zusammen; er befürchtete das Schlimmste, doch dann war es Monsieur Serres.

»Monsieur Schild«, sagte er, als er herankam. »Wir haben gehört, daß Sie in Deutschland immer am Heiligabend feiern. Wir haben gedacht, meine Frau und ich könnten es mit Ihnen gemeinsam tun. Sie können nicht allein im Wald bleiben, wie die Hirten auf dem Feld in Bethlehem. Wir haben die Kinder schon früh ins Bett geschickt, damit sie morgen für die Bescherung richtig ausgeschlafen haben. Heute abend wollen wir mit Ihnen feiern.« Günther hatte Bedenken, weil sich seine Gastgeber damit doppelte Arbeit machen mußten, doch Monsieur Serres rief: »Warum tut Ihnen das denn leid? Wir freuen uns doch, daß wir zweimal feiern können – einmal mit Ihnen und dann noch mit den Kindern.«

Günther war gerührt. Er stapfte mit dem Bauern durch den Wald. Über den Feldern standen die Sterne am klaren Himmel. Von überallher hörten sie Kirchenglocken läuten.

In der hinteren Stube hatte Madame Serres alles festlich und doch gemütlich hergerichtet. Sie hatte sogar daran gedacht, von Yvonne ein Geschenk für Günther zu holen, einen warmen Pullover. Als Günther dann jammerte: »Und ich habe gar nicht daran gedacht, Yvonne etwas zu schenken!«, unterbrach ihn die Bauersfrau und rief: »Aber ich kenne ja die Männer, und wo sollten Sie auch ein Geschenk herholen? Ich habe eine schöne Schlafdecke in Ihrem Namen geschenkt.«

Es gab einen riesigen Braten; dazu tranken sie den herben Wein der Gegend.

Dann bat die Frau: »Monsieur Schild, Sie können doch so schön erzählen. Wir möchten von Ihnen gerne die Weihnachtsgeschichte hören.«

Günther erzählte sie ihnen gleich zweimal: einmal die von Timmermanns über das Jesuskind in Flandern und dann Heiligabend in Berlin, wo die Engel durch Taxifahrer unterstützt werden. Tief gerührt waren alle drei. Danach sangen sie Weihnachtslieder, deutsche und französische.

Erst als sich oben die Kinder rührten, standen sie vom Tisch auf. Sie hatten in der Nacht kein Auge zugetan, und die guten Serres mußten anschließend sofort mit den Kindern feiern.

Zum Abschied umarmten und küßten sie sich. Günther sagte fröhlich: »Uns ist heute der Heiland geboren, und wir sind alle glücklich darüber.«

Günther wird gezwungen, einen deutschen Soldaten gefangenzunehmen

Endlich, endlich war es so weit! Die Alliierten landeten unter General Eisenhower an der französischen Kanalküste. Erst wurden sie in der Normandie noch aufgehalten, aber dann brachen ihre Panzer endlich durch und rollten nach Frankreich hinein und auf Deutschland zu.

Aber Südfrankreich wurde vorläufig noch nicht befreit. Dort gab es überall versprengte, nervöse deutsche Truppenteile, die sich verfolgt fühlten und schossen. Auch die Partisanen drangen aus den Wäldern in die Orte, befreiten sie, verloren sie wieder, nahmen Rache an den Feinden und Verrätern, wobei auch viele Unschuldige leiden mußten.

Es gab Gruppen von Bewaffneten, von denen keiner wußte, wohin sie eigentlich gehörten. Sie schossen, raubten und lebten nach dem Motto: »Genießt den Krieg, der Friede wird fürchterlich.«

Günther hielt es nicht mehr im Wald aus. Er wollte das Ende des Krieges miterleben.

Yvonne warnte ihn: »Nicht nur die Deutschen sind hinter dir her, auch die Partisanen. Die halten doch jeden Deutschen für ihren Feind, das weißt du genau. Und die Kollaborateure, die früher die Deutschen unterstützt haben, als die an der Macht waren, werden jetzt jeden anderen anzeigen, egal, ob er schuldig oder unschuldig ist, um ihre Haut zu retten.«

Günther mußte aber in den Ort. Er hielt es nicht mehr in der Hütte aus. Er versprach Yvonne nur, nicht mehr zu radeln, sondern zu Fuß zu gehen, um nicht so leichtsinnig wieder in eine Falle zu trampeln.

Doch kurz vor Sorèze stand plötzlich ein bewaffneter deutscher Soldat vor ihm. Er hielt sein Sturmgewehr in den Händen, und Günther lief ihm genau in die Mündung. Er schloß die Augen und stellte ruhiger, als er erwartet hatte, fest: »So, jetzt ist alles vorbei.« Er wartete auf den Schuß des Soldaten. Doch der drückte nicht ab ...

Als Günther, nach einer Ewigkeit, wie ihm schien, sich traute, die Lider ein wenig zu heben, sah er, daß der Soldat genauso überrascht war wie er. Beide sahen sich erschrocken an.

Plötzlich, für Günther völlig unerwartet, warf der deutsche Soldat sein Gewehr weg, riß die Arme hoch und schrie in einem grauenhaften, eingepaukten Französisch: »Je me rends! Ich ergebe mich!« Aber nicht nur einmal, sondern er wiederholte es wie eine angekratzte Schallplatte und schrie immer lauter.

Günther begriff erst nichts. Daß so etwas gerade ihm passieren mußte! Er überlegte, was er tun sollte, weglaufen wäre das beste gewesen, doch dann hätte der Soldat nach ihm schießen können.

Dann fiel dem Soldaten noch ein französischer Satz ein, den er zu stammeln versuchte: »Machen Sie mich zu einem Kriegsgefangenen.«

Günther traute sich nun aufzuatmen. Sein Leben war nicht mehr gefährdet. Doch nun kam ihm seine Lage tragikomisch vor. Wie in einer Farce! Ein Deutscher, der ihn doch gefangennehmen konnte, bat ihn um die Gefangennahme. Günther schüttelte den Kopf, um sich Klarheit zu verschaffen.

Doch der Soldat faßte dieses Schütteln als Weigerung auf und bat: »Bitte, bitte, nehmen Sie mich doch gefangen.« Das hörte sich komisch an, in seinem gebrochenen Französisch, aber Günther begriff schon, was er wollte. Der Mann hatte Angst vor den französischen Partisanen; sicher hatte er gehört, daß sie jeden deutschen Soldaten erschossen, den sie fingen.

Günther bemühte sich, Herr der Situation zu werden. Er überzog dabei ein wenig, sprach den Soldaten so an, als ob er rein zufällig einen deutschen Touristen vor dem Eiffelturm in Paris getroffen hätte, der ihn im Kauderwelsch um einen Rat fragte. Als erstes schlug er dem Soldaten vor: »Sollen wir uns nicht lieber auf deutsch unterhalten?«

Der Soldat mit seinen erhobenen Händen erstarrte zur Salzsäule. Er sah Günther wie einen Geist an. Dann aber faßte er sich; es gab ja auch Franzosen, die Deutsch sprachen. Er bettelte: »Bitte, bitte, liefern Sie mich nicht an die Partisanen aus. Die legen mich sofort um. Bitte bringen Sie mich doch in ein Gefangenenlager.«

Günther wußte nicht, wo es in der Nähe ein offizielles Lager gab. Aber dann sah er, wie ausgehungert der Soldat war. Yvonne hatte ihm zwei Stullen eingepackt. Günther versuchte den Soldaten und sich zu beruhigen. Er schlug vor: »Ich weiß nicht, wo ein solches Lager ist, aber wollen wir nicht erst einmal eine Stulle essen? Meine Frau hat mir zwei eingepackt.«

Er hielt dem Soldaten das belegte Brot hin, und der biß mit Heißhunger hinein. Dann stammelte er: »Hab schon mit dem Tod gerechnet, und dann noch eine Stulle! Und wenn Sie Stulle sagen, dann können Sie doch gar kein Franzose sein . . . nee, dann müssen Sie auch aus Berlin kommen, genauso wie ich.«

»So ist es«, bestätigte Günther.

Nun traute sich sein Gefangener auch, etwas weiter zu denken. Er meinte zu wissen, daß ihm von einem Berliner keine Gefahr drohte. »Aha«, dämmerte es ihm, »dann bist du bestimmt von der Truppe getürmt, hast dich hier versteckt, eine Französin angelacht. Ich verstehe.«

»So ähnlich«, bestätigte Günther.

Das beruhigte den Gefangenen noch mehr. Er aß mit gutem Appetit, atmete hörbar durch und kaute so laut wie zu Hause.

Günther bekam richtig Heimweh nach Berlin, dachte an seine Mutter und fragte den Soldaten nach seiner Heimatstadt aus. In Gedanken gingen sie in den Straßen spazieren, die sie beide kannten, als ob um sie herum tiefster Frieden herrschte.

Aber dann packte den Soldaten doch wieder die Angst, und er fing nun an zu zweifeln, ob dieser deutsche Deserteur ihn vor den Partisanen schützen konnte.

»Doch, doch«, versuchte ihn Günther zu beruhigen. »Ich kenne mich hier sehr gut aus und kenne auch die Gendarmen.«

Dem Soldaten fehlten die Worte, er starrte Günther wie ein Wunder an. Wie der es in den wenigen Monaten geschafft hatte, hier so populär zu sein, ohne daß die deutsche Feldgendarmerie ihn einfing!

Günther wunderte sich aber auch und fragte sich: »Waren das wirklich die Leute, die mich gejagt haben? Und vor denen habe ich Angst gehabt?« Er dachte nicht weiter darüber nach, weil ihm das zu kompliziert wurde. Er wunderte sich nur, genauso wie sein »Gefangener«.

Der bat: »Bitte nehmen Sie mich doch gefangen und bringen Sie mich in Sicherheit.« Er traute sich nicht, Günther zu duzen.

Günther dachte nach und beschloß, seinen Gefangenen bei der örtlichen Gendarmerie abzuliefern.

»So«, befahl er, »nun marschieren wir in die Gefangenschaft!« Er klang wie ein Lehrer beim Schulausflug.

Der Soldat setzte hinzu: »Wir müssen das Gewehr mitnehmen, sonst denken die, ich hätte es versteckt. Bitte nehmen Sie es, denn ich bin ja Ihr Gefangener, und wenn sie mich damit sehen, legen sie mich bestimmt um.« Günther wollte erst nicht, aber dann sah er doch ein, daß es weniger gefährlich war, wenn er das Gewehr trug. So konnte die ganze Szene einem Beobachter aus der Ferne so erscheinen, als ob ein französischer Partisan einen Deutschen abführte. Aber, fiel Günther plötzlich voller Schreck ein, was würde geschehen, wenn plötzlich deutsche Soldaten auftauchten, was durchaus möglich war? Dann wäre dies sein Ende.

Aber er trug dann doch das Gewehr und führte seinen Gefangenen so um den Ort herum, daß ihn keiner aus den Häusern sehen konnte. Das war der sicherste Weg.

Die Gendarmen auf der Wache, die Günther ja kannten oder von ihm gehört hatten, starrten ihn ungläubig an.

Günther bat um Gnade für diesen Gefangenen. Die Gendarmen versprachen ihm hoch und heilig, den Soldaten nicht den Partisanen zu übergeben. Sie wußten ja auch, was dort mit ihm geschehen würde.

Günther wünschte seinem Gefangenen viel Glück und eine gute Heimkehr.

Ehe man ihn in die Zelle führte, rief der seinem Lebensretter noch zu: »Das werd ich dir nie vergessen. Ich wohn' in der Müllerstraße, da kennt mich jeder, Paule von der Olga. Wenn wir beide wieder in Berlin sind, dann lade ich dich ein, Eisbein mit Erbsenpürree und soviele Mollen Bier, wie du willst.«

»Danke, danke!« bedankte sich Günther bei ihm im voraus.

Einer von den Gendarmen sprach für alle, als er feststellte: »Der Schild, der gibt uns immer wieder neue Rätsel auf.«

»Reinigung« nach dem furchtbaren Krieg

Die Alliierten hatten Frankreich freigekämpft. Nur im Elsaß und in einigen Häfen am Atlantik verteidigten sich noch Reste der deutschen Wehrmacht.

Am Tag der Befreiung Südfrankreichs fuhren Günther und Yvonne zu ihren Freunden und Beschützern in Sorèze, umarmten, küßten sie, bedankten sich bei ihnen, und dann wurde gefeiert.

Als Günther sich bei den Gendarmen in Sorèze dafür bedankte, daß sie für ihn beide Augen zugedrückt hatten, forderten sie ihn auf: »Jetzt mußt du dir eine Knarre nehmen und dich an all den üblen Burschen rächen, die dir das Leben zur Hölle gemacht haben. Die haben ja dir und deinen Leuten ganz übel mitgespielt, wenn man an Auschwitz und die anderen Plätze denkt, und wie sie dich gejagt haben. Nun ist für dich der Tag der Rache gekommen.«

Günther starrte sie an. An so etwas hatte er nie gedacht. Sicher, sie hatten ihm übel mitgespielt, einen Unschuldigen gejagt. Aber er konnte nicht hassen, er konnte nicht an Vergeltung denken. Er war dankbar, daß die Gefahr für ihn vorbei war, und wollte alles so schnell wie möglich vergessen. Er fühlte sich frei und froh und wunderbar und wünschte das allen Menschen, auch seinen Landsleuten und Verfolgern. Nun konnte doch alles neu werden.

Sobald wie möglich machte er sich mit Yvonne auf den Weg nach Poitiers, zu Yvonnes Eltern. Yvonne fand auch gleich eine Stelle als Lehrerin in Limoges.

Die Franzosen, die mit den Deutschen zusammengearbeitet hatten, fürchteten sich nun vor der Rache der Partisanen. Die meisten behaupteten, nur Mitläufer gewesen zu sein, gezwungenermaßen. Sie seien schon immer dagegen gewesen, beschworen sie ihre Ankläger. Nach dem Krieg gab es plötzlich keinen mehr, der sich zu seinen Taten und bösen Unterlassungen bekannte.

Doch die Partisanen wollten Frankreich von diesen »Parasiten« reinigen. Eine große Aktion begann überall, die sogenannte Épuration, Reinigung. Die Partisanen waren dafür verantwortlich und griffen hart durch. Todesurteile wurden schnell gefällt und vollstreckt. Dabei kamen auch Unschuldige um, während Schuldige sich herauswinden konnten oder nicht gefunden wurden.

Günther und Yvonne mochten diese »Épuration« nicht. Sie hatten von den Siegern ein größeres Herz erwartet und weniger Rachedurst, der allerdings verständlich war. Sie ahnten nicht, daß Günther auch als Kollaborateur verdächtigt wurde, was natürlich absurd war.

Man fragte die beiden aber nach Namen von Kollaborateuren, die sie kannten und die ihnen zugesetzt hatten. Natürlich fielen ihnen diese Leute ein, aber sie weigerten sich, die Namen zu nennen. Sie wollten diesen furchtbaren Krieg und das Morden nicht noch verlängern. Danach meinten sie, daß diese unangenehme Épuration für sie nun beendet sei.

Sie ahnten auch nichts Böses, als eines Morgens ein freundlicher Polizist vor ihnen stand und Günther höflich, aber bestimmt aufforderte: »Kommen Sie mit zur Gendarmerie.«

Der Gendarm freute sich sichtlich an dem schönen Morgen und seiner leichten Aufgabe. Da Günther auch bester Laune war, nahm er nur das Gute an: Entweder wollte man nun seinen Antrag auf die französische Staatsbürgerschaft vorantreiben, den er vor Jahren schon gestellt hatte, oder man wollte ihn für seinen »Widerstand« auszeichnen. »Das werde ich aber ablehnen«, nahm er sich vor.

Aber Yvonne hatte ein ganz anderes Gefühl. Sie bestand darauf, in die Gendarmerie mitzukommen.

Eigentlich wollten sie Tani, ihre Hündin, nicht mitnehmen, doch Tani drängte sich zwischen sie und ließ sich nicht abwimmeln. Also nahmen sie sie mit. Der Polizist guckte zwar ein wenig überrascht auf die Hündin, doch dann fand er sich in seiner guten Laune damit ab, kraulte sie sogar zwischen den Ohren und bat die Prozession, ihm zu folgen.

Nun übertrug sich die gute Laune des Polizisten und die von Günther auch auf Yvonne. Sie hängte sich bei Günther ein und trällerte ein fröhliches Lied vor sich hin. Sie vergaßen im Spazierengehen ihre Sorgen, um Günthers Mutter, um Yvonnes Brüder an der Front und in deutscher Gefangenschaft.

Günther war sofort aufgefallen, daß der Gendarm eine Akte unter dem Arm trug. Neugierig versuchte er den Titel zu lesen und fand heraus, daß es sich um seinen Namen handelte. Er nahm an, daß dort nur gute Dinge über ihn standen. Vielleicht wollte man das in der Gendarmerie auf den neusten Stand bringen, um endlich seinen Einbürgerungsantrag vorantreiben zu können.

Günther wunderte sich, daß diese Akte noch existierte, nach dem Krieg, den Bombenangriffen und Bränden und seinen verschiedenen Wohnorten und Zufluchten.

Der Polizist führte Günther und seine Begleitung in ein dunkles, drohendes Gebäude, in dem sich die FTP (Francs-Tireurs et

Partisans) niedergelassen hatten. Der Chef dieser Widerstandsbewegung war nun der Verantwortliche für die Épuration im Département Vienne. Etliche Kollaborateure oder solche, die von den Anklägern der Zusammenarbeit mit den Deutschen beschuldigt worden waren, hatte man in diesem Haus zu Tode verurteilt und hingerichtet. Günthers gute Laune verflog ein wenig, als er durch die dunklen, drohenden Flure geführt wurde.

An einem Flurende hatten sie stehend zu warten. Geschäftige und bewaffnete Partisanen eilten hin und her, musterten jeden Fremden wie einen überführten Verbrecher. Yvonne wollte sich schon bei dem Beamten, dem sie vorgeführt werden sollten, beschweren, daß er sie so einfach wie Angeklagte im Flur stehen ließ.

Dann wurden sie in das Büro des Kommandanten geführt, dem sowohl die Partisanen als auch die Épuration in diesem Département unterstanden. Er thronte in einem neuen Büro, in das er überhaupt nicht hineinpaßte. Die Möbel waren zusammengeklaubt. Die frischgeschneiderte Uniform verwandelte ihn fast zu einer Vogelscheuche. Die Ärmel krochen viel zu kurz und eng an den Armen hoch, unter den Achseln schienen die Nähte jeden Moment zu platzen.

Als die beiden eintraten, telefonierte der erboste Kommandant gerade mit seinem Schneider. Er beschimpfte ihn wegen seiner miserablen Arbeit und warf ihm vor, den neuen Staat durch seine Pfuscherei sabotieren zu wollen. Er ließ sich in seiner Philippika auch nicht durch das Eintreten der beiden stören.

Doch schon während seines Telefongesprächs ließ sich der Kommandant Günthers Akte vorlegen und begann sie zu studieren. Als sich seine gröbste Wut gelegt hatte, wurde ein entschuldigendes Säuseln durchs Telefon hörbar, und der Kommandant begann sich zu beruhigen.

Günther beobachtete diesen Chef der Partisanen. Er fand in ihm einen Vertreter der gebildeten Klasse, mit besten Manieren und einem gewählten Französisch. Er freute sich schon auf ein kultiviertes Gespräch mit diesem Herrn, während sich über Yvonnes Gesicht Sorgenfalten zogen.

Der Kommandant entschuldigte sich mit einer einladenden Geste dafür, den beiden nicht sofort einen Platz angeboten zu haben, und holte es damit nach. Er mußte noch das Gespräch mit seinem Schneider beenden.

Tani sah den Fremden böse an und knurrte, obwohl der ihr

noch nichts Böses getan hatte. Sie sprang Yvonne sofort auf den Schoß, als sie sich setzte, ließ aber den Fremden nicht aus den wachsamen Augen. Die Stühle, auf denen Günther und Yvonne Platz genommen hatten, waren steil, hart und schmal. Günther beobachtete den Kommandanten, wie der seine Akte studierte. Er hatte angenommen, daß er sie nach einem kurzen Blick wieder zuschlagen würde, doch dem war nicht so. Er meinte sogar festzustellen, daß der Blick des »Richters« sich umwölkte, je mehr er las. Doch er beruhigte sich: »Was kann mir denn schon geschehen, die Nazis, meine Feinde, sind besiegt und vertrieben, nun muß sich doch alles für mich zum Besten kehren.«

Yvonne blieb ganz ruhig, auch als sich bei Günther eine leichte Nervosität breitmachte. So war es in kritischen Situationen, sie blieb dann die kaltblütigere von beiden. Doch Tani wurde immer unruhiger, obwohl Yvonne sie zu beruhigen versuchte.

Mit einem letzten, wütenden Zornesausbruch beendete der Kommandant das Telefongespräch. Er wandte sich mit liebenswürdigem Lächeln den beiden zu und erhob sich leicht und artig, um die Begrüßung nachzuholen. Noch immer freundlich öffnete er die Akte und zitierte daraus. Aber so, als ob er Lesefrüchte aus einer amüsanten Novelle zum besten geben würde. Doch was er vortrug, das waren ganz ungeheuerliche Vorwürfe und Anklagen, die Günther den Kopf kosten konnten. Zunächst begriff er gar nichts, er glaubte, der Kommandant habe Akten verwechselt. Doch dann erkannte er seine Erlebnisse wieder, aber sie waren so wiedergegeben, daß alles zu seinem Nachteil klang und ihn als einen Verräter, Spion und Verbrecher darstellte. Alles, was er bisher in Frankreich getan oder nicht getan hatte, wurde ihm als Anklagepunkt vorgehalten. Wer seine Akte las, mußte zu dem Schluß kommen, daß Günther ein Mitglied der deutschen »fünften Kolonne« war und daß er nicht milder bestraft werden konnte als durch den Tod.

Was warf man ihm vor? Die Anklage begann mit Günthers Flucht aus dem KZ. Sie wurde als ein Untertauchen bei den Deutschen gewertet. Seine Postkarten tauchten sogar wieder auf und waren natürlich Nachrichten an den deutschen Geheimdienst. Natürlich wurde nicht erwähnt, daß Günther im KZ »Vive la France!« gerufen und die Marseillaise gesungen hatte.

Kein Wort über Günthers Verstecke und Verfolgungen. Nur die Bemerkung eines scharfsinnigen Detektivs: Es verstehe sich, daß Schild nicht von den Nazis entdeckt worden sei, sie wollten das gar nicht. Er spielte dieses Verstecken nur vor. Er wurde auch dabei beobachtet, wie er sich mit deutschen Offizieren intensiv unterhielt und Glockensignale für die deutsche Wehrmacht in Carlipa gab.

Günther saß stumm dabei. Die Anklagen hatten ihm die Sprache verschlagen.

Der Kommandant las auch das Resümee vor, das ein Gendarmerieoberst hinter Günthers Vorgang geschrieben hatte: »Wir haben stärkste Beweise dafür, daß Schild Dolmetscher in der deutschen Wehrmacht gewesen ist. Als solcher hat er natürlich viele Handlangerdienste für sie verrichten können. Er verriet auch seine ehemaligen Landsleute, die im Widerstand tätig waren, und traf sich regelmäßig mit seinen Auftraggebern, erst in der Schweiz und dann hier bei uns.«

Günther suchte nach Worten, um sich zu verteidigen. Aber nicht nur einer hatte ihn beschuldigt, sondern Dutzende von Anklägern. Yvonne sah ihn entsetzt an, als ob auch sie an ihm zweifeln würde.

Ein Sachbearbeiter hatte noch hinzugefügt: »Was diesen Fall noch erschwert, ist die Tatsache, daß der Nazi Schild sich als Jude ausgab. Natürlich sieht jeder, daß er gar kein Jude sein kann.«

Schlußbemerkung der übergeordneten Gendarmeriedienststelle, die schon wie ein Todesurteil klang: »Schild wurde am 6. Oktober 1944 der FTP zur Verurteilung überstellt!«

Zwar lächelte der Kommandant noch verbindlich, weil eine Dame anwesend war, doch Günther konnte erkennen, daß der schon sein Urteil gefällt hatte: Tod!

Aber er gab Günther wenigstens noch die Chance eines letzten Wortes: »Na, dann erzählen Sie mir doch mal, was Sie nach Ihrer Meinung in diesen Kriegsjahren und vorher getan haben.«

Günther versuchte das infame Todesurteil und alle Vorurteile zu vergessen, nahm seine Nerven zusammen und berichtete alles ganz genau. Alles. Auch wie der Gendarm Audouard ihn durch seine Tochter Ginette gewarnt habe. Dazu die Begegnung mit dem Agenten. Er versuchte, die falschen Beschuldigungen richtigzustellen und durch Tatsachen zu widerlegen. Natürlich erzählte Günther von der Familie Serres und all den Menschen, die Yvonne und ihn unterstützt hatten.

Doch er sah, daß ihm der Kommandant nicht glaubte. Was schwarz auf weiß vor ihm lag, bedeutete ihm mehr als Günthers Verteidigung mit Worten.

Der Kommandant ließ Günther aber ausreden und fragte schließlich: »Haben Sie denn Dokumente, die das belegen können, was Sie hier behaupten? Oder wenigstens ein Stück Papier?«

Günther kramte in seinen Taschen herum, obwohl er wußte, daß sich dort nichts befand. Er hoffte noch auf ein Wunder wie damals, als er die Hochzeitswünsche des Gendarmeriegenerals in seiner Tasche fand, was ihn vor der Liquidation rettete. Nun war die Gefahr genauso groß, empfand er, eher noch größer. Dieser harte und höfliche Mann ihm gegenüber war zu allem fähig, und er war sicher, in Günther einen Spion vor sich zu haben. Das konnte er sogar dokumentarisch belegen.

Doch Yvonne hatte an ein eventuelles Verhör gedacht und das einzige Papier mitgenommen, das die beiden sich für ihre Reise nach Poitiers ausstellen ließen, um unterwegs nicht behelligt zu werden. Neben dem Paß, den sie immer bei sich trug.

Dieses Papier hatte der Bürgermeister von Sorèze, der Widerstandskämpfer Renard, ausgestellt. Darin stand, daß Günther von der Wehrmacht verfolgt worden war und sich darum in Sorèze und in den Wäldern der Umgebung versteckt gehalten hatte.

Yvonne reichte das Papier dem Kommandanten, und Günther meinte schon in seinem wieder auftauchenden Optimismus, ein besseres Papier könne es für ihn gar nicht geben.

Doch der Kommandant war ganz anderer Meinung. Er überflog es nur, gab es Günther zurück und hob an: »Wissen Sie, Monsieur Schild, solche Papiere tauchen bei uns zu Tausenden auf. Sie werden gefälscht, gekauft und von naiven Seelen aus Mitleid ausgestellt. Leider wissen wir genauestens, welch schlimmer Verbrechen Sie sich schuldig gemacht haben. Sie sind lückenlos und logisch dokumentiert.

Sie sehen nicht wie ein Verbrecher aus, aber das ist gerade das Gefährliche an Ihnen. Sie sind ein gebildeter Mensch und auch noch mit einer Französin verheiratet. Monsieur Schild, Sie sind am Tode vieler Franzosen schuldig! Dafür gibt es nur eine Strafe. Herr Schild (er sagte das auf deutsch), wir werden Sie erschießen.«

Dieses Todesurteil wurde von dem Mann gelassen, aber bestimmt ausgesprochen. Seine Ruhe, seine gepflegten Manieren standen in schroffem Gegensatz zu dem Urteil, das Günther unschuldig vernichten würde.

Die Vorwürfe waren so ungeheuerlich, so aus der Luft gegriffen und mit teuflischer Logik aneinandergereiht, daß Günther glaubte, er träume das alles nur. Das konnte doch nicht Wirklichkeit sein!

Was hatte er alles leiden müssen! Die Beschimpfungen und Drohungen der Nazis in Berlin, die Flucht vor seiner Verhaftung, die Schande der Ausbürgerung, das knappe Entkommen an der belgischen Grenze, die Todesgefahren in Frankreich. Seine Sehnsucht nach der Freiheit und dem Frieden, sein Jubel, als er wieder zu Yvonne durfte, und nun sollte sein Leben mit diesem schimpflichen Tod enden!

Ein Federstrich dieses Mannes sollte sein Ende sein? Günther fiel wieder ein, daß er schon von der Macht dieses Kommandanten gehört hatte, den alle fürchteten, der nicht vor Todesurteilen zurückschreckte, um die »Reinigung« durchzuführen. Er hatte gegen die Deutschen gekämpft und sein Leben riskiert. Jeder wußte, daß er Grund hatte, die Feinde wegen ihrer Übeltaten zu hassen.

Günther hoffte, daß das alles nur ein Alptraum war, eine Verwechslung, nicht die Wirklichkeit.

Dann wandte sich der Kommandant an Yvonne. Er verneigte sich höflich vor ihr und erklärte ihr förmlich: »Madame, es tut mir leid, aber Sie müssen nun von dem Angeklagten Abschied nehmen. Sie werden ihn nie mehr wiedersehen.«

Günther sackte in sich zusammen. Nicht einmal zu einem Stoßgebet fand er die Kraft. Es war sein Ende. Gegen Behörden und ihre Beschuldigungen mit Eiden und Siegeln kam er nicht an.

Doch Yvonne gab nicht auf. Yvonne, die Wohlerzogene, die nie ein Wort zu laut sagte, Yvonne, die sich eher selbst anklagte als andere, die immer höflich und ruhig blieb, sprang plötzlich auf. Der Hund sprang ihr vom Schoß, bellte den Kommandanten an und war bereit, ihn anzugreifen.

Mit vor Zorn und Empörung bebendem Körper riß sie ihren französischen Paß aus der Handtasche und warf ihn vor den Kommandanten auf den Tisch.

Der Kommandant zog seine Pistole. Er fühlte sich bedroht, er war bereit, zu schießen. Auf wen? Auf den Hund, auf Günther? Es lag alles in seiner Macht.

»Tani, sei ruhig, komm her!« Günther wollte wenigstens den Hund retten, wenn er selbst schon zum Tode verurteilt war. Der Hund zog sich knurrend an Günthers Bein zurück. Der Kommandant steckte zwar seine Pistole ein, doch an seinem entschlossenen Gesicht sah Günther, daß er bei seiner Verurteilung bleiben würde.

Yvonne aber schrie dem Kommandanten ins Gesicht: »Das ist mein Paß. Ich will ihn nicht mehr haben. Ich bin Französin, wie hätte ich es zulassen können, daß mein Mann mein Vaterland, mein Volk, meine Freunde, Eltern und Geschwister verriet? Alles, was in Ihrer Akte steht, sind ungeheure, infame Lügen. Sie sollten sich schämen, so etwas über meinen Mann auch nur zu denken. Er hat nichts getan, von dem ich nicht gewußt hätte. Genau das Gegenteil ist passiert, mein Mann war immer gegen die Nazis, obwohl er ein Deutscher ist. Ich will diesen Paß nicht mehr, ich will nicht mehr zu diesem Volk gehören, in dessen Namen Sie ein solches Verbrechen begehen wollen!«

Der Kommandant versuchte Ruhe in diese Aufregung zu bringen. Er war ein Routinier, es war nicht das erste Todesurteil, das er aussprach, und die Reaktionen der Frauen von Verurteilten kannte er auch. Er versuchte abzulenken, indem er in Yvonnes Paß blätterte.

Doch Yvonne ließ sich nicht beruhigen oder ablenken. Sie schrie den Kommandanten an: »Mein Bruder Alain steht als französischer Offizier mit der ersten Armee im Elsaß an der vordersten Front. Mein Bruder Jacques ist als Zwangsarbeiter ins Ruhrgebiet verschleppt worden. Meine Eltern sind angesehene Bürger von Poitiers. Ihre Drohung ist ungeheuerlich!«

Yvonne suchte nach weiteren Worten, sie wußte, daß sie den Kommandanten noch nicht wirklich erreicht hatte.

Dann fragte er, als ob sie sich in einem leichten, plätschernden Gespräch befänden: »Sagten Sie, daß Sie einen Bruder Jacques hätten, Jacques Limouzin? Hat der vor dem Krieg das Gymnasium in Poitiers besucht?«

»Natürlich«, versuchte Yvonne diese unnütze, ablenkende Frage wegzuschieben.

Doch der Kommandant blieb bei diesem ablenkenden Thema: »Als ich noch Sportlehrer am Gymnasium war, hieß einer meiner besten Schüler genauso. Ich kann mich noch gut an ihn erinnern. Das muß Ihr Bruder gewesen sein. Oder?«

Yvonne antwortete ihm nicht. Sie bebte vor Wut. Sie wollte ihren unschuldigen Günther retten und sich nicht mit solchen Lappalien aufhalten. Sie blieb stehen, sie war bereit zu kämpfen, mit Günther in den Tod zu gehen.

Langes, ernstes Nachdenken beim Kommandanten. Kein Lächeln mehr. Noch einmal las er die Anschuldigungen durch, kritischer, auch Widersprüche entdeckend.

Plötzlich richtete er sich auf und sagte zu Yvonne: »Also dann nehmen Sie Ihren Mann wieder mit nach Hause. Es war alles nur ein Irrtum. Wissen Sie, in Kriegszeiten, da kommen öfters solche Irrtümer vor, und wenn mal eine Akte übel anfängt, dann beziehen sich alle späteren Notizen darauf und werden auch negativ gelesen. Ich spreche Ihren Mann frei.« Er stand auf, gab beiden versöhnend und entschuldigend die Hand und wollte zum Abschied auch den Hund streicheln. Doch der sprang wütend hoch und hätte ihn gebissen, wenn Günther ihn nicht zurückgehalten hätte.

Wie die Träumenden verließen die beiden das Haus. Eng aneinandergeschmiegt und mit Tani, überglücklich bellend und springend, neben sich.

Als sie es Yvonnes Eltern erzählten, konnten die es nicht glauben. Aber sie tranken dann doch gemeinsam eine Flasche Champagner, auf Günthers neues Leben.

Freiwild

Jeden Tag dachte Günther an seine Mutter. Bei jedem Konzentrationslager, das genannt wurde, zuckte er zusammen: Ob die Mutter wohl dort litt?

Falls sie noch nicht eingesperrt worden war – wie erging es ihr in Berlin, das seit 1942 regelmäßig von den Alliierten bombardiert wurde? Viele Menschen kamen in den Bränden und durch die Bomben um.

Nach dem Krieg, als das wieder möglich war, fuhr Günther sofort zu seiner Mutter. Sie hatte überlebt, doch nach welchen Leiden und Verfolgungen!

Das Schlimmste war gewesen, daß sie sich bei niemand hatte aussprechen können. Jetzt, wo Günther ihr gegenübersaß, erzählte und erzählte sie: »1942 kamen sie und holten mich ab. Man brachte mich auf das Polizeirevier Schöneberg. Da gab ich jegliche Hoffnung auf und wollte meine zwanzig Veronaltabletten nehmen, die ich immer bei mir führte, um mein Leben zu beenden.

Deshalb bat ich, austreten zu dürfen. Der Beamte blieb hinter der nicht verschlossenen Tür stehen. Es gelang mir, acht oder neun Stück zu nehmen, als der Beamte die Tür aufriß und rief: ›Was machen Sie denn da!‹ und mir die übrigen Tabletten aus der Hand riß.

Man brachte mich auf die Sanitätswache, um mir den Magen auspumpen zu lassen. Der Arzt war abwesend, deshalb brachte man mich unverrichteterdinge zurück in das Polizeirevier. Kaum war ich aus der scharfen Kälte in die warme Stube getreten, wurde ich bewußtlos. Ich erwachte erst nach Tagen; mein erster Blick fiel auf ein winziges, vergittertes Fenster über mir, und ich dachte: ›Mein Gott, was träumst du doch so schwer.‹ Dann hörte ich Stimmen um mich herum, kam langsam zu vollem Bewußtsein und erkannte, daß ich mich in einer Gefängniszelle mit etwa fünf anderen Frauen befand.

Ich lag auf einer Pritsche, die ich nachts mit anderen zu teilen hatte. Zum Glück war eine Krankenschwester unter den Frauen, die mich geradezu rührend pflegte, mir löffelweise Nahrung einflößte und Mut zusprach.

Als man glaubte, ich sei vernehmungsfähig, brachte man mich in einem grünen Polizeiwagen zur Burgstraße, dem Sitz der Gestapo. Ich war von der Veronalvergiftung noch so benommen, daß mir die Schwere der Situation zuerst nicht bewußt wurde.

Über die Frage des Gestapobeamten: ›Ja, warum sind Sie denn eigentlich hier? Aus Ihren Papieren ersehe ich keinen Grund der Verhaftung‹, war ich sehr erfreut.

Doch offenbar spielte er mit mir Katze und Maus, denn als ich glücklich fragte: ›Darf ich nun nach Hause gehen?‹, lächelte er und sagte: ›O nein. Sie müssen jetzt freiwillig unterschreiben, daß Sie bereit sind, nach Polen zu gehen. Wenn Sie sich weigern, müssen Sie so lange bei Wasser und Brot in der Zelle sitzen, bis Sie unterschreiben.‹ Ich unterschrieb sofort und wurde im gleichen Wagen in das jüdische Sammellager in der Großen Hamburger Straße gebracht.

Das Sammellager befand sich in einem großen Haus von mehreren Etagen. Die Insassen waren in Zimmern wie auch auf den Gängen in primitivster Form untergebracht; auf dem Boden lagen wahllos Matratzen; Männer und Frauen, bunt durcheinander, suchten einen Platz, wo sie lagern konnten. Die Toiletten in einem grauenhaften Zustand. Niemand kümmerte sich um Sauberkeit, da die Bewohner ständig wechselten. Waschgelegenheiten nur in diesen furchtbaren Toiletten.

Es spielten sich schreckliche Verzweiflungsszenen ab. Besonders schwer war die Lage für alte und kranke Menschen.

Ich besaß bei meiner Einlieferung nur eben das, was ich am Körper trug, Kleid und Mantel, da ich ja ganz überraschend verhaftet wurde. Man versprach mir, Kleidungsstücke aus meiner Wohnung zu holen, die ich aber nie erhielt. Wir durften uns in dem großen Haus frei bewegen, was zu meiner Rettung führte ...

Ich hatte bereits acht Tage dort verbracht, als ich eines Vormittags eine große Aufregung bemerkte. Ich hörte, daß ein Transport nach Theresienstadt abgehen sollte. Die Gänge waren überfüllt von Angehörigen der Abreisenden, die ihre Lieben noch einmal sehen wollten. Ich ging durch die Etagen, weil ich innerlich sehr unruhig war. So kam ich schließlich ins Parterre, ohne etwas zu denken, wo sich mir folgendes Bild bot: Das sonst fest verschlossene Eisentor stand weit offen, eine Schlange von Menschen außen davor, die an dem Portier vorbeikommen wollten, um die Erlaubnis zum Eintritt zu erhalten. Die Halle selbst war mit einer Unmenge von Koffern und Decken vollgestellt.

Von den sonst ständig anwesenden drei Gestapoleuten war nur einer zu sehen, der sich in einer Ecke über einen Sack beugte, um ihn zuzuschnüren. Als ich die letzten Stufen hinunterschritt, hörte ich von oben den Inspektor dem Portier zurufen: »Kommen Sie endlich, ich bin doch nicht Ihr Schuhputzer!«

Der Portier rannte an mir vorbei nach oben.

Das Entscheidende spielte sich dann in wenigen Augenblicken und ohne eine klare Überlegung ab. Wie eine Nachtwandlerin ging ich auf das offene Tor zu und kam auf die Straße. Niemand beachtete mich. Ich bewegte mich ganz langsam bis zur Straßenecke, immer in der Furcht, jeden Augenblick lege sich eine Hand auf meine Schulter und ein Gestapobeamter verhafte mich von neuem.

Als ich mich an der Straßenecke umdrehte und sah, daß mir niemand folgte, riß ich den gelben Judenstern ab, den wir ja tragen mußten, und raste davon. Ich rannte völlig kopflos und verstört, ohne jeden Plan, in Berlin hin und her, bis ich meine Gedanken soweit sammeln konnte, um zu überlegen, wo ich in der Nacht unterkommen könnte.

Da Berlin damals dauernd bombardiert wurde und die Behörden nicht mehr so gut funktionierten, übernachtete ich zunächst bei Freunden, um dann wieder in meine Wohnung zurückzukehren. Die zerstörten Wohnungen und das Problem der Bombengeschädigten beschäftigten die Behörden so, daß sie mich wohl vergaßen.«

Nach dem schweren Bombenangriff auf Berlin, bei dem die Verwaltung ziemlich zusammenbrach, Rathäuser und Behörden brannten, versuchte Günthers Mutter, eine »Fliegerabreisebescheinigung« zu bekommen. Was das war, mußte sie Günther erklären:

»Die Fliegerabreisebescheinigung erhielten Leute, die in der vergangenen Nacht ausgebombt worden waren und ihr Heim und alle Papiere verloren hatten. Diesen Schein zu besitzen, bedeutete besonderen Schutz bei den Behörden, Extra-Lebensmittelkarten und unentgeldliches Reisen.

Ich stand viele Stunden vor dem Schöneberger Rathaus Schlange, bis ich dieses wertvolle Papier ergatterte, ohne Schwierigkeiten, ohne viel gefragt zu werden. Dieses Papier wurde für mich zu einem ›Sesam, öffne dich‹.

Nun gehörte mir wieder das langentbehrte Glück der Ruhe, der Sicherheit, guter Behandlung und nicht zuletzt der regelmäßig zugewiesenen Lebensmittelkarten, die ich schon seit Jahren entbehrt hatte. Nur bei einem solchen Chaos, wie es in Berlin durch die furchtbaren Bombenangriffe seit 1943 entstand, waren mit solcher Leichtigkeit falsche Angaben bei den Behörden möglich. Da die Polizeireviere nicht mehr existierten, war jede Nachforschung und Überprüfung praktisch unmöglich geworden.

Vor 1943 war es nur mit fast unerschwinglichen Bestechungsgeldern möglich gewesen, sich so ein Papier zu beschaffen.

Der von mir gewählte Name war Maria Ritter. Geburtsdatum und Ort waren ebenfalls falsch angegeben. Man bekam etwas Geld, so daß es möglich war, sofort abzureisen. Ich wollte nach Lebach bei Saarbrücken zu einer jungen Frau, die ich in einer Pension kennengelernt hatte, wo sie als Reinemachfrau arbeitete. Ich hatte ihr gefallen, und sie bot mir an, ich dürfe jederzeit zu ihr kommen, um im Haushalt zu helfen, da ihre Mutter kurz vorher gestorben war. Sie machte mich aber darauf aufmerksam, daß es bei ihr sehr viel Arbeit gebe, denn sie habe zwei kleine Kinder, und ihre Schwester wohne mit ihrem Baby auch bei ihr. Dazu kämen dann noch eine zehnjährige und eine zwanzigjährige Schwester. An schwere Hausarbeit war ich ja nun gewöhnt. Außerdem war ich so froh, wenn ich aus dem gefährlichen Berlin aufs sichere Land kommen konnte. Ich ahnte nicht, daß mir erneut eine schwere Leidenszeit bevorstand.

Die Reise verlief ganz nach Wunsch. Ich wurde auf der Bahn und im Speisewagen geradezu bevorzugt behandelt, als Bombengeschädigte.

In Lebach wurde ich freundlich aufgenommen, auch meine Anmeldung verlief völlig glatt. Ich erhielt meine Lebensmittelkarte und noch einen Ausweis für Kohlen. Es war bereits Mitte November und eisig kalt, so halfen uns allen diese Kohlen.

Im Haushalt der einfachen Frau Marx war alles vorhanden, wie im tiefsten Frieden. Es wurde reichlich gekocht und fast täglich gebacken. Ich sah große Vorräte an Schokolade, Mehl und Fett, auch an Likören und Cognac, dazu noch Ballen von schönsten Stoffen jeder Art, Wäsche und Schuhe – genug Vorrat für zehn Jahre. Das alles kam in Kisten aus Frankreich, wo Vater und Bruder der jungen Frau als Soldaten standen.

Es ging mir sehr gut. Ich wurde auf die gleiche Weise verköstigt wie die Familie. Ich schlief mit den beiden Kindern der Frau zusammen in einem Zimmer. In dem im Zimmer befindlichen Schrank hatte ich meinen Platz, konnte dort meine wenigen Habseligkeiten aufhängen und besaß ein Fach für die Wäsche. Zugleich benutzte die junge Frau diesen Schrank.

Unvorsichtigerweise versteckte ich zuunterst in meiner Wäsche ein zusammengeschnürtes Päckchen: meine Papiere – Geburtsschein, Geburtsurkunde meines Vaters, viele Fotos usw.

Nachdem man überaus herzlich zu mir gewesen war, fiel mir plötzlich das veränderte Wesen der jungen Frau auf. Ich nahm wie sonst das Baby auf den Arm, doch nun riß mir die Mutter mit einem verzerrten Gesicht das Kind aus dem Arm. Beim Essen wurde nicht mehr mit mir gesprochen. Man sagte mir schroff, ich müsse mir sofort eine andere Wohnung suchen, da Vater und Bruder sich auf Urlaub angemeldet hätten. Es ging auf Weihnachten zu. Fast alle Zimmer in Lebach waren vorbestellt oder von Verwandten belegt. Nach langem Suchen im Schneegestöber fand ich endlich eine Unterkunft. Man sagte mir dort, ich könne auf einem Sofa schlafen. Aber wenn die Verwandtschaft käme, müsse ich weichen, doch man würde sich und mir schon Rat schaffen.

In dem neuen Zimmer hatte ich gerade ausgepackt, als an die Tür geklopft wurde. Ein Polizist trat mit den Worten ein: ›Heil Hitler, Frau Schild!‹

Ich war wie vom Donner gerührt, konnte mich aber aufraffen und ihn korrigieren: ›Das ist sicher ein Irrtum, ich heiße Frau Ritter.‹

Darauf verlangte der Polizist meine Papiere zu sehen. Ich tat so, als ob ich eifrig danach suchte und sie nicht finden könnte. Dann sagte ich zu ihm: ›Wahrscheinlich habe ich meine Papiere bei Frau Marx vergessen. Bitte gehen Sie doch dorthin und lassen Sie sich die Papiere von ihr geben.‹

Der Polizist sah, daß ich sehr aufgeregt war, und meinte: ›Auch wenn Sie eine Jüdin sind, wie man mir sagt, könnten Sie das ruhig zugeben, denn niemand wird Ihnen etwas tun.‹

Er fügte hinzu: ›Kommen Sie doch morgen früh mit Ihren Papieren um acht Uhr ins Amtsgericht.‹

Ich war so kopflos, daß ich nicht an eine sofortige Flucht denken konnte, sondern nur daran, meine Papiere verschwinden zu lassen, die ich natürlich auch in meinem neuen Zimmer versteckt hielt. Ich holte sie und rannte auf die nach Kaiserslautern herausführende Straße.

Soviel Überlegung besaß ich noch, daß ich mir einen Baum aussuchte, unter dem ich meine Dokumente vergraben konnte. An ihm war ein Kruzifix angebracht, das mir später half, diese Stelle zu beschreiben.

Mit zitternden Händen vergrub ich alle wichtigen Dokumente. Zu Hause angekommen, suchte ich in rasender Eile einige Stücke an Wäsche und Schuhen zusammen und packte sie, als es wiederum klopfte. Dieses Mal standen zwei Polizisten in der Tür. Der eine sagte sofort: ›Sie sind am Packen. Fluchtverdacht! Sie sind verhaftet.‹

Ich brach innerlich völlig zusammen und ließ mich willenlos mitnehmen. Dabei fielen mir aber auch merkwürdige Aussprüche der Familie Marx bei meinem Weggang ein. Als ich vorschlug, das mir bereits gelieferte Holz und die Kohlen in mein neues Quartier schaffen zu dürfen, antwortete Frau Marx: ›Das wird nicht mehr nötig sein.‹

Später begriff ich, daß sie vorhatte, mich verhaften zu lassen, sobald ich bei ihr ausgezogen war, um Szenen in ihrer Wohnung zu vermeiden. Eigenartigerweise freute ich mich darüber, daß ich die Weihnachtszuteilung, über die damals jeder jubelte, schon vertilgt hatte.

Man brachte mich sofort zum Amtsgericht, wo mich der SS-Offizier Kaiser verhörte. Es bestehe der Verdacht, daß ich eine Spionin sei. Er riet mir, meine sämtlichen Papiere vorzuzeigen, um mich von diesem Verdacht zu reinigen.

Daraufhin gab ich mein Versteck an. Ein Justizbeamter wurde

an die Stelle geschickt, wo ich meine Papiere vergraben hatte. In der Zeit, in der er zu meinen Papieren unterwegs war, wurde ich einer Leibesvisitation unterzogen, die natürlich erfolglos verlief.

Der SS-Offizier schickte nach Frau Marx, die auch erschien, aber wortlos an mir vorüberging. Sie wurde in einem Nebenzimmer verhört.

Der Justizbeamte kam zurück, und ich sah, wie er meine Papiere aus seiner Tasche zog.

Der SS-Offizier schien nun überzeugt zu sein, daß ich keine Spionin war, sondern nur als Jüdin untergetaucht leben und überleben wollte.

Mit diesen Untersuchungen war viel Zeit vergangen. Es war schon tiefe Nacht, als man mich ins Gefängnis einlieferte. Wie ein wundes Tier rannte ich in meiner eiskalten Zelle hin und her. Ich stotterte vor mich hin: ›Nun ist es aus, Günther, nun sehe ich dich nie wieder.‹

Hätte ich in dieser Zelle einen Strick gefunden, ganz bestimmt hätte ich damit meinem Leben ein Ende bereitet.

Am nächsten Morgen holten mich drei Gestapoleute ab, von denen einer mit folgender Frage in meine Zelle trat: ›Sind Sie die Jüdin Schild?‹, worauf ich schweigend nickte.

Dann wurde ich in einem geschlossenen Wagen in das Gestapolager ›Neue Bremm‹ nach Saarbrücken gebracht.

Es regnete in Strömen, ein scharfer Ostwind wehte. Wir fuhren durch den mit Stacheldraht gesicherten Eingang, und ich sah viele Baracken, die einen weiten Platz in der Mitte freiließen.

Mit scharfem Ton wurde mir befohlen, auszusteigen und zu warten, ungeachtet des strömenden Regens und der eisigen Kälte. Ich mußte mindestens eine halbe Stunde lang warten und wurde völlig durchnäßt.

Doch ich vergaß mein Elend, als ich zusehen mußte, wie ein Gefangener von seinem Aufseher im Kommandoton angeschrien wurde: ›Hinlegen! Aufstehen! Hinlegen! Aufstehen!‹ Er mußte diese Befehle in Eis und Schlamm ausführen, unzählige Male. Schließlich war er vollkommen mit Kot bedeckt und brach erschöpft zusammen.

Später führte man mich in eine Baracke, wo ich ein schmutziges Bett zugewiesen bekam. Der Raum wurde von mindestens zwanzig Frauen bewohnt, aus allen sozialen Schichten; manche sahen unsagbar verschmutzt und verkommen aus. Das WC bestand aus einem großen Eimer, dessen Inhalt die Luft verpestete.

Eine kleine Waschschüssel, deren Boden kaum mit Wasser bedeckt war, sollte für uns reichen. Die Betten waren übereinander geschichtet, auf ihnen krochen unzählige Wanzen herum.

Das Essen war ungenießbar. Nach acht Tagen Lageraufenthalt war ich so geschwächt, daß ich mich kaum noch aufrechthalten konnte.

Dann wurde ich in einem geschlossenen Polizeiwagen, mit vielen anderen ›Verbrechern‹, durch die Stadt zum Kriminalgericht gefahren. Dort verhörte man mich noch einmal scharf, ich wurde fotografiert, meine Fingerabdrücke wurden für das Verbrecheralbum genommen. Man sagte mir, daß ich mich damit abfinden müsse, nach Auschwitz deportiert zu werden.

Nach der Vernehmung führte mich ein Gestapomann durch lange Gänge, um mich in eine Zelle zu bringen, wo ich warten sollte, bis alle von uns verhört worden waren und wir wieder gemeinsam in unser Lager zurückgebracht werden konnten.

Es war der 23. Dezember 1943. Die Gänge waren eiskalt. Als wir einen Raum passierten, in dem ein Herd glühte, bat ich den Mann, mich dort etwas wärmen zu dürfen. Der Bewacher erlaubte es mir.

Ich setzte mich an den Ofen, wärmte mich. Außer uns war sonst kein Mensch in diesem Zimmer, es herrschte tiefste Stille.

Aber ich saß noch keine zwei Minuten am Ofen, als plötzlich im Nebenzimmer das Telefon klingelte.

Jedesmal, wenn ich später an diesen Augenblick dachte, kam mir das Läuten des Telefons wie die Fanfarenklänge in der Kerkerszene des Fidelio vor.

Der Bewacher erhob sich, warf einen prüfenden Blick auf mich und schien befriedigt davon zu sein, daß ich ganz zusammengesunken und hilflos am Ofen saß. Er begab sich ins Nebenzimmer an den Apparat.

Kaum hatte er mich verlassen, da richtete ich mich auf. Mein Blick fiel auf eine Glastür. Ohne Überlegung stürzte ich auf diese zu, drückte die Klinke herunter und fand sie unverschlossen.

Ich stürzte aus dem Zimmer und befand mich außerhalb des Gerichtsgebäudes, allerdings noch im Hof und nicht auf der Straße. Ich behielt soviel Fassung, daß ich nicht zu rennen begann, was bestimmt die Aufmerksamkeit der Beamten hinter den Bürofenstern erregt hätte.

Ich ging scheinbar gelassen an der Wand entlang, bis ich eine Freitreppe erreichte. Dort konnte ich mich nicht mehr im Zaum halten und raste hinunter.

Auf der untersten Treppenstufe hörte ich noch die Trillerpfeife meines Gestapomannes. Im selben Moment riß ich mir das verordnete rote Tuch vom Kopf und zog meinen Mantel aus, trotz der beißenden Kälte, weil ich mir bewußt war, daß man mich in diesen Sachen fotografiert hatte.

Ich befand mich in einer sehr lebhaften Verkehrsstraße, lief quer über den Fahrweg und in eins der Häuser hinein. Dort hatte ich das Glück, in der ersten Etage eine nette, junge Frau vor ihrer offenen Wohnungstür zu treffen, die sich mit ihrer Nachbarin unterhielt.

Ich bat sie, mich doch für einen Moment in ihre Wohnung zu lassen, da ich mich sehr elend fühlte. Ich hatte einen hochroten Kopf und machte bestimmt einen fiebrigen Eindruck. Die Frau reagierte mitleidig und lud mich ein: ›Ja, bitte, kommen Sie nur herein.‹

Ich kam in eine wohlig durchwärmte Küche, auf dem Fußboden spielte ein etwa dreijähriger Junge. Ich setzte mich an den Küchentisch, und Tränen stürzten mir aus den Augen, so daß die junge Frau zu dem Kind sagte: ›Nun sei recht brav, die Tante ist krank.‹

Dann holte sie mir ein großes Glas Cognac und meinte: ›Trinken Sie das, das wird Sie aufwärmen.‹

Nach einer Weile, als ich mich etwas beruhigt hatte, erzählte ich ihr alles wahrheitsgetreu und sagte zum Schluß: ›Morgen ist der 24. Dezember, wo alle Menschen Frieden haben wollen und einander Gutes tun. Können Sie es über sich bringen, mich anzuzeigen, um mich wieder in ein großes Unglück zu stürzen?‹

Sie kam auf mich zu, umarmte mich und sagte: ›So, nun helfe ich Ihnen erst recht.‹

Sie bereitete mir ein sehr schmackhaftes und reichliches Mittagessen. Dazu die Wärme des Raumes, ihr Verständnis – alles erschien mir so unwirklich wie im Märchen. Um neun Uhr war ich als Gefangene wie eine Verbrecherin vernommen worden, und um elf Uhr saß ich in aller Freiheit am Tisch mit dieser reizenden Frau.

Ich wollte nicht über Nacht bleiben, die Gefahr einer Razzia war zu groß, und ich hätte das Leben der Frau und des Kindes gefährdet, wenn ich bei ihnen geblieben wäre und man mich bei ihnen gefunden hätte.

Sie riet mir, bei Anbruch der Dunkelheit in der letzten Straßenbahn zum Bahnhof zu fahren, um dort in Richtung Metz abzureisen.

Dann bereitete sie für mich noch ein reichliches Abendessen vor, packte mir ein großes Netz voll mit Äpfeln und Broten, die mich tagelang versorgen würden. Dazu schenkte sie mir auch noch hundert Mark, damit ich mir Fahrkarten kaufen konnte.

Um elf Uhr nachts, bei völliger Dunkelheit, nahm ich Abschied von der fassungslos weinenden Frau, die immer wiederholte: ›Nun müssen Sie arme Frau hinaus in die Dunkelheit und Kälte und wissen nicht wohin, wie ein gehetztes Wild.‹

Die gute Frau weinte mehr als ich. Ich nahm mir damals vor, ihr diese Güte zu vergelten, falls ich alles überlebte. Doch nach dem Krieg suchte ich sie in Saarbrücken vergeblich. Keiner kannte sie. Die Straße, in der sie gewohnt hatte, war vollständig von Bomben zerstört worden.«

Noch viel mehr erzählte sie Günther in diesen wenigen Tagen, als er sie zum ersten Mal wieder besuchte. Von jetzt an schickten er und Yvonne ihr regelmäßig Care-Pakete.

Liebet eure Feinde

Die deutsche Wehrmacht zerfiel in Gefangenenkolonnen, ein Teil wälzte sich nach Rußland, der andere wurde nach Frankreich hineingekarrt. Der Freiheitsheld der Franzosen, General de Gaulle, verkündete: »In Frankreich gibt es nur noch gefangene oder tote Deutsche.«

An den Stammtischen und Theken prosteten sich die befreiten Franzosen zu: »Nur ein toter Deutscher ist ein guter Deutscher.«

Wie er früher unter den Nazis gelitten hatte, so taten Günther nun diese Worte weh, obwohl die natürlich nicht mit dem zu vergleichen waren, was Hitler und seine Horden in Europa angerichtet hatten. Trotzdem, Günther hatte auf einen echten Frieden ohne Haß gehofft.

Doch er überwand seinen Zorn; einer mußte ja damit anfangen, Vergebung zu leben. Seine ehemaligen Landsleute brauchten Hilfe, das war ganz klar. Ehe er sich alles in Ruhe überlegen konnte, drängte ihn sein Gewissen zu der für die deutschen Kriegsgefangenen zuständigen Behörde von Limoges. Es war ein riskantes Unternehmen für ihn, sich dort zu melden. Er konnte immer noch eingesperrt und verurteilt werden. Günther wußte nicht, wo jetzt gerade seine gefährliche Akte herumirrte. Trotzdem bot er sich dem verblüfften Beamten an: »Ich möchte die deutschen Kriegsgefangenen besuchen und ihnen Andachten halten.«

Der erschrockene Schreiberling, wohl ein früherer Kollaborateur oder Mitläufer mit schlechtem Gewissen, flüchtete sofort zu seinem Chef, damit er sich nur keinen Fehler zuschulden kommen ließ.

Der meinte: »Schaden kann es nicht.«

Zunächst durfte Günther die Kriegsverbrecher, die im Gefängnis saßen, besuchen. Natürlich versicherte ihm jeder Angeklagte, daß er unschuldig und alles nur eine Verwechslung sei. Günther hatte zwar ein offenes Ohr für sie, weil er ja selbst als Kriegsverbrecher unschuldig verdächtigt worden war. Aber er war doch darüber enttäuscht, daß keiner irgendeine Schuld einsah, auch ehemalige hohe SS- und Polizeioffiziere nicht, die Franzosen nach Deutschland deportiert und in den Tod geschickt hatten.

Günther sah aber nicht seine Aufgabe darin, Menschen anzuklagen und zu verurteilen, sondern er wollte ihnen helfen, ein neues Leben zu beginnen.

Der Chef der Gefängnisse war natürlich der Meinung, Günther, der ehemalige Verfolgte, würde den Nazis in den Zellen das Leben zur Hölle machen und ihnen am Sonntag die Leviten lesen.

Mit weichen Knien und gemischten Gefühlen betrat Günther am Sonntagmorgen das Gefängnis, in dem er zu Todeskandidaten predigen sollte. In einem Saal waren Stuhlreihen aufgestellt, vorne an der Stirnwand standen zwei Tische. An einem sollte er sitzen, an dem daneben nahmen zwei französische Offiziere Platz. Beide sprachen ausgezeichnet Deutsch. Der eine stenografierte jedes Wort mit, das Günther sprach, der andere beobachtete die Reaktionen auf den Gesichtern der Todeskandidaten.

Die Gefangenen wurden hereingeführt. Männer mit verschlossenen, düsteren, hoffnungslosen Gesichtern. Günther wußte nicht, was sie »verbrochen« hatten, doch sie taten ihm furchtbar leid. Was sollte er predigen? Er hatte etwas vorbereitet, doch schon wieder vergessen. Als Verteidiger hatte er sein Plädoyer immer im Kopf gehabt, doch seine biblische Ansprache war plötzlich weg.

Der höhere Offizier bedeutete Günther, er solle nun anfangen. Mit einer geballten Faust versuchte er, Günther noch einmal auf den Sinn seiner Predigt hinzuweisen: kräftig auf diese »Kriegsverbrecher« einzuschlagen. Der zweite Offizier hatte schon mißtrauisch seinen Bleistift gezückt.

Günther suchte nach einem Anfang, und ehe er etwas unternehmen oder nachdenken konnte, war ihm schon herausgeschlüpft, was er eigentlich sagen wollte und wie er mit den Verurteilten fühlte: »Liebe Brüder«, redete er sie an.

Wütend fuhren die beiden Offiziere hoch. Sie meinten, sie hätten sich verhört. Aber auch die Gefangenen erhoben ihre gesenkten Köpfe und starrten Günther ungläubig an.

Er fuhr langsam fort und gab jeder Silbe eine starke Betonung; nichts war zu überhören: »Ich möchte heute über den Satz ›Liebet eure Feinde‹ sprechen.«

Atemlose Stille und Spannung. Damit hatte keiner gerechnet. Günther auch nicht.

Er redete von dem Mann, der diesen Satz seinen entsetzten Zuhörern gesagt hatte. Er erzählte von der Bergpredigt und dann von der Kreuzigung, wo der gefolterte und gequälte Zimmermann von Nazareth betete: »Herr, vergib ihnen, denn sie wissen nicht, was sie tun.«

Der protokollierende Offizier schrieb nicht mehr. Der höhere überlegte, wie er Günthers Solidaritätserklärung abbrechen könnte. Doch als guter Katholik traute er sich nicht, einen Gottesdienst zu stören, obwohl er nicht genau wußte, ob das, was die Protestanten taten, ein Gottesdienst war.

Günther schloß: »Ich liebe euch, weil Jesus Christus uns zuerst geliebt hat; darum können wir auch lieben.«

Die Blicke der Gefangenen zeigten ihm, daß sie ihn verstanden hatten.

»Ja, wir sind schuldig«, sagte einer zu ihm, »doch wir hoffen auf Vergebung, wenigstens von unserem Vater im Himmel.«

»Nein«, protestierten die Offiziere anschließend gegenüber Günther. »Das ging ja wohl zu weit, von uns zu verlangen, unsere Mörder zu lieben. Hier werden Sie nie wieder predigen dürfen.«

Aber die Behörden riefen Günther, wenn sie einen Dolmetscher bei den Gerichtsverhandlungen gegen deutsche Kriegsverbrecher brauchten.

So lernte Günther einen Beamten aus der fränkischen Stadt Hof kennen. Er wurde beschuldigt, im Juli 1944 an einem Massaker gegen Franzosen in Tulle beteiligt gewesen zu sein. Doch der Angeklagte beteuerte: »Ich habe mich dort nur rein zufällig aufgehalten. Ich gehörte gar nicht zu der Einheit, die dort die Erschießungen durchführte. Ich habe alles nur am Rande miterlebt, mich aber davor gegraust, doch was kann man als kleiner Soldat dagegen tun?«

Der beste Verteidiger von Limoges versuchte, das Gericht von der Unschuld seines Mandanten zu überzeugen, weil er selbst davon überzeugt war. Doch es half nichts, der Angeklagte wurde zum Tode verurteilt. Obwohl das gar nichts mit seinem Auftrag als Dolmetscher zu tun hatte, besuchte Günther den zum Tode Verurteilten täglich in seiner Einzelzelle.

Unschuldige Menschen waren in Tulle von der Wehrmacht aus Rache für einen Partisanenüberfall erschossen worden. Die Empörung des Gerichts und der Öffentlichkeit war verständlich. Man fand, die Todesstrafe war die einzige Möglichkeit, diese Unholde zu bestrafen.

Doch der Angeklagte blieb dabei, unschuldig zu sein. Es waren schwere Stunden für den Mann aus Hof, aber auch für Günther, der ihm helfen wollte, die Last der Anklage und die Furcht vor dem Tod zu tragen.

In den Augen des Mannes, die schon auf das Ende starrten, stand Verzweiflung. Ein verbitterter, zusammengekniffener Mund darunter. Nur selten stieß er ein Wort heraus, hart, bitter und verzweifelt. Der Kummer um seine Familie, der Schimpf und die Schande, die er über sie bringen würde, zerfraßen seinen Lebenswillen. Er kam nicht darüber hinweg, daß er seine Lieben nie wiedersehen würde.

»Wie kann ich da mit Bibelworten helfen?« fragte sich Günther. Er fühlte sich ohnmächtig. Doch er war nicht umsonst Strafverteidiger gewesen. Nüchtern ging er die Verhandlung noch einmal durch und versuchte sie zu analysieren. Dabei fielen ihm einige Lücken in der Beweisführung der Anklage auf. Günther machte den Anwalt des Verurteilten darauf aufmerksam. Und dieser wies das Gericht darauf hin, doch sein Einwand wurde als Lappalie abgetan.

Nun sah es so aus, als ob man eine Revision ablehnen würde; dem Verteidiger fehlten die überzeugenden Einsprüche. Doch Günther gab nicht auf. Er konnte in dem Todgeweihten keinen Mörder sehen; der würde sich nie zu einer solchen Brutalität hinreißen lassen. Das widersprach seinem Wesen. Er war der typische Mitläufer, Leisetreter, Befehlsempfänger, der sich aber auch davor drücken konnte, etwas Unangenehmes oder Böses zu tun.

Günther betete jeden Tag für den Verurteilten in seinem »Kämmerlein«. Doch als er ihn wieder einmal besuchte, hatte er den Eindruck, er müßte laut für ihn und mit ihm beten, was er noch nie getan hatte.

Aber im Angesicht des Todes befreite er sich von dieser Scheu und betete laut für seinen Bruder. Er spürte, wie seine Worte von dem Mann abprallten; noch weniger gelang es ihm, bis in die Seele des Verzweifelten zu dringen.

Als Günther überhaupt nicht mehr weiterwußte, sagte er in seiner Verzweiflung zu dem Mann nur diesen einen Satz: »Gott liebt auch dich.«

Da sah der gebeugte Mann auf und antwortete: »Das ist doch unmöglich. Wie kann Gott einen zum Tode verurteilten Kriegsverbrecher lieben? Einen Soldaten, den alle anderen hassen und verachten!«

»Doch«, antwortete Günther, »Gott liebt auch dich.«

Der Angeklagte überlegte lange. Dann, als er wieder aufblickte, sah Günther zum ersten Mal Hoffnung in seinen Augen: »Ja, wenn Gott mich wirklich lieb hat, dann kann er mich doch vor diesem schimpflichen Tod bewahren. Er wird mich dann an seine väterliche Hand nehmen und mich durch die schrecklichen Jahre meiner Haft führen, und danach bis nach Hof, zu meinen Lieben.«

Diese Sätze kamen ihm nicht so leicht über die Lippen. Zwischen langen Pausen redete er in einzelnen, stockenden Worten. Er war sich noch nicht sicher, daß wenigstens einer ihn liebte und nicht verachtete.

Der Anwalt versuchte es noch einmal mit einer Revision, listete alle Lücken auf, auch jene, auf die Günther ihn aufmerksam gemacht hatte.

Ein Formfehler mußte vom Gericht zugegeben werden. Günther und der Anwalt waren darauf gekommen. Im Verlauf des

Prozesses war vom Gericht nicht einmal die Frage gestellt worden: »Ist die vom Angeklagten begangene Tat ein Kriegsverbrechen?« Ohne diese Frage zu beantworten, hatte man ihn als Kriegsverbrecher verurteilt.

Die Revision wurde zugelassen, der Angeklagte vorläufig vor einer Exekution bewahrt.

Es dauerte Jahre, ehe es zu dieser zweiten Verhandlung kam. Doch das kam dem Angeklagten zugute, denn mittlerweile hatte sich in Frankreich der Haß gegen alles Deutsche gemildert, und die Gerichte konnten wieder objektiver urteilen, mit Geschworenen, die nicht nur an Rache und Vergeltung für die deutschen Scheußlichkeiten dachten.

Der Angeklagte mußte noch einige Jahre nach der erfolgreichen Revision absitzen, wobei ihm die Untersuchungshaft angerechnet wurde. Dann schenkte man ihm im Rahmen eines allgemeinen Gnadenerlasses die Freiheit.

Le bon Pasteur Finet

Jetzt als Deutscher in Frankreich zu existieren, war fast genauso schwierig wie während des Krieges im Untergrund. Fast jeder, dem Günther begegnete, sah in ihm einen Feind: in der Bahn, in den Warteschlangen vor den Lebensmittelläden. Wo er hinhörte, wurde auf die Deutschen geschimpft. Wie sollte er reagieren? Er konnte nicht alle seine Landsleute als Verbrecher bezeichnen, er konnte aber auch nicht den Mund halten, wenn solche Vereinfachungen und Bosheiten hinausposaunt wurden.

Sobald er auch nur ein positives Wort über seine Landsleute sagte, schrie man ihn an, bedrohte ihn, verfolgte ihn.

Yvonne bat: »Hör doch nicht hin, halte dich da raus, geh doch weg.«

Deutschsprechen war damals fast ein Verbrechen. Man wurde sofort als entlaufener Gefangener oder Spion verdächtigt. Die »fünfte Kolonne« der Deutschen war nun in »Wehrwolf« umgetauft worden, der sich angeblich an den Franzosen für die Niederlage rächen wollte.

Falls man einen »freien« Deutschen erwischte, fanden sich immer Zeugen, die gegen diesen »Kriegsverbrecher« aussagten, auch um sich von ihrer eigenen Schuld reinzuwaschen.

Unschuldige Menschen wurden eingesperrt. Auch Emigranten, die verdächtig erschienen, weil sie die französische Sprache nicht perfekt beherrschten und sich darum auch nicht ordentlich verteidigen konnten. Der Deutschenhaß kannte keine Grenzen.

Wer nur zu bedenken gab: »Bitte, die Deutschen sind doch auch Menschen«, der war schon ein Todeskandidat; er hatte sein eigenes Urteil gesprochen. Günther besuchte inzwischen deutsche Gefangene im Gefängnis, um ihnen zuzuhören und Briefe für sie hinauszuschmuggeln. Dabei hörte er mit Entsetzen, wie viele Gefangene in den überfüllten Lagern verhungerten.

Schon zu Tode erschöpft schwankten sie aus den Schlachten in die bereits überfüllten Lager. Dort herrschte Chaos. Es war für die französische Regierung unmöglich, diese plötzlich ankommende Masse von Gefangenen zu versorgen. Außerdem reichte die medizinische Versorgung noch nicht einmal für die Zivilbevölkerung, geschweige denn für die Gefangenen.

Als er sich bei den zuständigen Behörden beschweren wollte, reagierten sie nicht darauf oder stritten es einfach ab. Einige Beamte drohten ihm sogar: »Wenn Sie sich einmischen, werden auch Sie bald wieder hinter Draht landen, wo alle Deutschen hingehören. Oder es wird Ihnen noch Schlimmeres passieren. Wir wissen schon, wie wir mit unseren Feinden umzugehen haben.«

Günther wußte, daß viele Franzosen auch hungerten, und es war die Schuld von Deutschen, daß die meisten Europäer in den schrecklichen Kriegs- und Nachkriegsjahren hungern mußten. Aber die neuen Herrscher Europas sollten doch besser und menschlicher sein als Hitler und seine Gehilfen. Das hatten sich die Sieger doch auch geschworen; Gerechtigkeit sollte für alle da sein.

Zu der Zeit wurden noch mehrere hunderttausend deutsche Kriegsgefangene in den USA zurückgehalten. Es ging ihnen dort besser als allen Europäern und ihren Landsleuten in Deutschland. In Amerika richtete man sich ganz genau nach der Genfer Konvention über die Behandlung von Kriegsgefangenen. Für viele wurde die Zeit dort drüben, nach den furchtbaren Gefahren und Strapazen des Krieges, zu einer Art Urlaub. So gut wie in den USA waren sie schon lange nicht mehr untergebracht, eingekleidet und verpflegt worden. Aber sofort nach Kriegsschluß begannen die Amerikaner ihre Gefangenen zu entlassen. Mit »Liberty«-Schiffen wurden sie nach Le Havre in Frankreich transportiert. Dort begrüßten sie amerikanische Plakate mit der Aufschrift: »You are going home. Ihr fahrt nach Hause.«

Jubel bei den Gefangenen. Ihr Heimweh und ihre Sehnsucht nach der Familie würde bald ein Ende haben. Doch dann kam die große Enttäuschung. Die Amerikaner übergaben den Franzosen die Deutschen zur Weiterleitung in ihr Heimatland. Aber die Franzosen hielten die Gefangenen zurück, sperrten sie wieder ein und beschäftigten sie beim Aufbau ihrer Städte und Industrieanlagen.

Sie hatten kein Verständnis für die amerikanische Milde, nachdem gerade die Deutschen alle internationalen Regeln mit ihren nägelbeschlagenen Stiefeln zertrampelt hatten.

Kriegsgefangene durften nach der Genfer Konvention zum Aufbau eines zerstörten Landes eingesetzt werden. Für eine bestimmte Zeit. Französische Kriegsgefangene und zwangsverpflichtete Männer hatten ja auch in Deutschland arbeiten und hungern müssen, unter ganz schlimmen Umständen, wenn sie nicht gerade an einen Bauern geraten waren, der Mitleid mit ihnen hatte.

Günther fuhr nach Le Havre, um dort die aus Amerika zurückkehrenden deutschen Kriegsgefangenen zu empfangen, und erlebte enttäuscht mit, wie sie »umgeleitet« wurden. Wütend versuchte er Einspruch zu erheben, doch man lachte ihn aus.

Damals richteten die Amerikaner in Limoges ein Erholungszentrum für ihre Soldaten ein. Wöchentlich erschienen neue Gruppen und gaben den Straßen ein anderes Bild. Es waren junge, frische, lebensfreudige Soldaten, denen man keine Spur des gerade gekämpften Krieges ansah. Für sie war das alles ein Trip nach Europa. Günther sprach sie an, frischte sein Englisch auf und lernte eine für ihn neue, unbekannte Lebensart kennen. Einmal während ihres Aufenthaltes in Limoges fuhr jede Gruppe nach Oradour. Dort hatte die SS, aus Rache für einen Partisanenüberfall, alle 550 Männer des Ortes, Frauen und Kinder in der Kirche verbrannt. Diese Stätte des Grauens sollte die jungen Soldaten erinnern, wofür und wogegen sie in Europa gekämpft hatten.

Günther merkte den Soldaten an, daß ihnen dort Haß gepredigt wurde. Das gefiel ihm nicht. Sicher war diese Verbrennung etwas Furchtbares und Unmenschliches gewesen, doch gerade darum mußte dort auch die Botschaft von Reue und Vergebung verkündigt werden, von dem Mann am Kreuz. Und sein Wort: »Liebet eure Feinde!«

Aber immer, wenn er versuchte, die Soldaten auf Oradour anzusprechen, wechselten sie das Thema und erzählten von einer Porzellanfabrik, in der sie Andenken für ihre Angehörigen eingekauft hatten.

Hier sah Günther eine Möglichkeit. Er konnte den Jungen helfen, das richtige Porzellan für zu Hause zu kaufen, und ihnen auch die Botschaft von der Feindesliebe sagen.

Er erkundigte sich, wer denn diese Ausflüge organisierte, und bekam zur Antwort: »So ein Pastor von der Armee.«

Günther suchte ihn auf und bot seine Dienste als Reiseführer und Dolmetscher an. Der Chaplain war sofort begeistert. Sicher sollten die jungen Soldaten das Grauen von Oradour nicht vergessen. Alles sollte so dargestellt werden, wie es wirklich geschehen war. Aber es sei auch notwendig, dabei die Botschaft von der Schuld des Menschen und der Versöhnung durch den Opfertod Jesu zu verkündigen, zu einem Neubeginn, meinten die beiden.

Der Chaplain fand: »So etwas kann ein Fremder, der hier auch gelitten hat, viel besser als ich, von dem man es erwartet und dann abhakt.«

Zusammen mit der nächsten Soldatengruppe fuhren sie nach Oradour und beschönigten dort nichts. Noch im Schock sprachen die Amerikaner mit Günther und fragten, ob denn alle Deutschen solche Tiere seien. Er versuchte alles zu erklären, ohne etwas zu beschönigen, und setzte seine Hoffnung auf einen Neubeginn, der immer mit Reue und Vergebung anfangen mußte.

Danach ging es in die Porzellanfabrik.

Abends lud ihn der Chaplain in seine Kaserne ein, wo er ein Zimmer bewohnte, das ein deutscher Gefangener mit Namen Otto piekfein pflegte. Otto war froh, einen solchen »Druckposten« ergattert zu haben, wo er eine ruhige Kugel schieben konnte. Bis in die Nacht hinein plauderten der Chaplain und Günther. Sie sprachen über alles, wie es unter Freunden üblich ist. Der Pastor war empört, als Günther ihm über den Zustand der deutschen Kriegsgefangenenlager berichtete. Und noch wütender wurde er, als Günther ihm erzählte, daß die deutschen Gefangenen aus den USA auch in diese Misere hineintransportiert wurden, obwohl man ihnen drüben in den Staaten die Freiheit versprochen hatte.

Beide überlegten, wie dieser Zustand zu beenden sei. Auf jeden Fall mußten die deutschen Gefangenen in Amerika zurückgehalten werden, bis sich hier die Lage verbessert hatte.

Beide dachten darüber nach, wie man einen Bericht über die entsetzliche Lage in die französische Presse lancieren konnte, aber sie wußten auch: Keiner würde sich trauen, so etwas zu drucken.

Auf jeden Fall mußte Günther in ein Kriegsgefangenenlager hineinkommen und dort Fakten sammeln, falls er darüber schreiben wollte. Aber wie? Damals wurde es keinem Zivilisten gestattet, ein solches Lager zu betreten. Der einzige Mann im Département, der eine Erlaubnis erteilen konnte, war ein Pfarrer Chaudier. Er war ein hochgeachteter Mann des Widerstandes gegen die deutsche Wehrmacht. Ohne Zögern gab er Günther die Erlaubnis, deutsche Gefangene in Lagern, Gefängnissen und Krankenhäusern zu besuchen. Er bat ihn sogar darum, weiter bei Kriegsverbrecherprozessen für die Angeklagten zu dolmetschen, damit sie nicht ungerecht verurteilt wurden.

In mehreren Lagern durfte Günther Befunde über Sterbende lesen und die Statistiken über den Hungertod vieler Gefangener. Er war erschüttert.

Mit diesen Informationen fuhr er zum Chefredakteur der bekannten Pariser Wochenzeitung »La Réforme«. Dieses politisch unabhängige protestantische Blatt bemühte sich immer, genau zu recherchieren und der Wahrheit gerecht zu werden. Wegen des hohen Standards wurde »La Réforme« auch von vielen anderen Intellektuellen gelesen.

Der Chefredakteur, Pasteur Finet, nahm Günthers Material sofort an. Im September 1945, mitten in der Zeit des Hasses und der Revanche, wagte es Pasteur Finet, zwei kritische Artikel über die Lage der deutschen Kriegsgefangenen zu schreiben. Vor allem der zweite schlug wie eine Bombe ein und erregte in ganz Frankreich große Empörung. Mit seiner Balkenüberschrift »Les camps de la mort lente – die Lager des langsamen Sterbens« sprang der Artikel am Kiosk jedem Vorübergehenden ins Auge.

Nach offiziellen Zahlen starben damals durch Hunger und Krankheit 24178 Gefangene in den Lagern, darunter 21886 Deutsche.* Doch niemand wollte etwas davon wissen. Kaum war Finets Artikel erschienen, da wurde er schon auf das gemeinste

* Nach neueren Forschungen war die Zahl wesentlich höher.

beschimpft. »Verräter« und »Nestbeschmutzer« nannte man ihn. Er habe wohl vergessen, was die Deutschen mit Juden, Franzosen und anderen verbrochen hatten. Anonyme Briefe drohten ihm mit Folter und Tod. Doch Finet stand zu dem, was er geschrieben hatte. Günther übersetzte die Artikel sofort ins Englische und gab sie dem Chaplain. Der rief: »Ich werde sie Präsident Truman vorlegen. Nicht umsonst kenne ich ihn. Er muß verhindern, daß weitere deutsche Gefangene nach Frankreich kommen!« Der Chaplain war mit dem damaligen Präsidenten in der gleichen Stadt aufgewachsen und zur Schule gegangen.

Schon ein paar Tage später lag Finets Artikel auf dem Schreibtisch des Präsidenten. Der reagierte schnell und verbot die weitere Ausreise deutscher Gefangener. Das geschah ohne große Worte und Proklamationen, denn die Amerikaner hatten eigentlich den Franzosen versprochen, ihnen ihre Gefangenen zum Wiederaufbau zu schicken. Doch der amerikanische Präsident nahm lieber den Vorwurf eines Vertragsbruchs auf sich, als Menschen bewußt ins Elend und in den Tod zu schicken.

Paris

Günther fand in Limoges und Poitiers keine Arbeit, die ihn auf Dauer befriedigt und sie beide ernährt hätte. Yvonne unterrichtete als Lehrerin, sie konnten von ihrem Gehalt leben, doch Günther wollte nicht abhängig sein und die meiste Zeit untätig herumhängen. Daß er ein Deutscher war und bleiben wollte, war auch kein Vorteil bei der Arbeitssuche. Yvonne wurde ihre Heimatstadt und das Zusammenleben mit ihren Verwandten zu eng; beide wollten nun heraus.

Günther schlug Paris vor, die Stadt, wo sie sich kennen und lieben gelernt hatten, eine Stadt voller wunderbarer Erinnerungen. Beide konnten stundenlang von Paris schwärmen und in ihren Erinnerungen wie in einem wohligen Bad untertauchen. In einer großen Stadt würde Günther auch nicht so auffallen.

Spontan beschlossen sie, nach Paris zu fahren, obwohl sie noch nicht wußten, wo sie wohnen, wovon sie leben und wo sie arbeiten konnten. Yvonne kündigte ihre feste Stellung, zum Entsetzen ihrer Eltern, Vorgesetzten und Kollegen. Doch sie bekam beste Referenzen mit, besonders vom Rektor der Akademie, wo sie unterrichtete, an seinen Vorgesetzten in Paris. Yvonne war stolz darauf, weil sie sich ihrer Leistung vorher gar nicht so bewußt gewesen war.

Als die Eltern Yvonne beschworen, doch nicht wieder ein solches Risiko einzugehen, wurde sie ein wenig unsicher. Doch Günther stellte in seinem naiven, aber auch unerschütterlichen Glauben fest: »Das hast du doch bisher erlebt: Wir sind Gottes Kinder, er beschützt uns überall, und was ist schon Paris nach all dem, was wir bisher erlebt haben?«

Sie fuhren also los, mit einem Koffer, der alles enthielt, was sie besaßen. Die erste Nacht verbrachten sie auf Bänken im Gare de Lyon. Sehr hart, zugig und verraucht war es in diesem Bahnhof. Doch Günther empfand das als Pariser Atmosphäre; er wurde an eine Stelle erinnert, in der F. Scott Fitzgerald die Atmosphäre eines Bahnhofs in Paris beschreibt. Yvonne konnte nur Kohlenqualm und Kneipengeruch feststellen.

Am nächsten Morgen marschierte sie zum Unterrichtsministerium und legte dort ihre Papiere vor. Sie rechnete damit, abgewiesen zu werden, denn Spanischlehrerinnen mußte es doch reichlich geben, durch die vielen spanischen Flüchtlinge im Land. Um so überraschter war sie, als man sie sofort zu einem Gymnasium in einen Pariser Vorort schickte und ihr sagte: »Die rufen uns schon dauernd wegen einer ›Spanierin‹ an.« Der Direktor des Gymnasiums meinte glücklich: »Genau so eine Lehrerin wie Sie brauchen wir. Schon seit Kriegsende suche ich danach. Können Sie morgen anfangen?«

Natürlich konnte Yvonne. Es war kein Problem, einen Vorschuß zu bekommen, den Günther und Yvonne dringend brauchten. Yvonne bekam ein Monatsgehalt im voraus.

Günther begab sich auf Zimmmersuche. Als er eine Straße entdeckte, die Rue de la Providence, Straße der Vorsehung, hieß, sah Günther das als ein gutes Omen, fragte nach einem Zimmer und fand es. Als Yvonne am nächsten Morgen zur Schule fuhr, begab sich Günther auch in die Stadt. Er mußte sich eine Arbeit suchen, aber er hatte keine Ahnung, was er eigentlich wollte. Ziellos schlenderte er durch die Straßen, in der Hoffnung, daß ihm etwas einfallen würde.

Es war der 23. Oktober 1945. Günther ahnte nicht, daß an diesem Tag ein neuer Abschnitt seines Lebens beginnen würde.

Überall flanierten amerikanische Soldaten herum, blieben

staunend vor allen Fassaden stehen und ließen sich davor knipsen, wenn möglich mit einer Mademoiselle. Günther lächelte; er mochte diese lebensfrohen, von keiner Ideologie verhetzten Jungen. In den Nebenstraßen boten sie allerdings auch Waren an, die es in Frankreich noch nicht gab, zu horrenden Preisen: Nylonstrümpfe, Pulverkaffee und Uhren, Uhren, Uhren. Günther fragte sich, wo diese Uhren herstammten? Er nahm an, daß sie aus Deutschland und von deutschen Kriegsgefangenen als Beute mitgenommen waren. Erschien aber die amerikanische Militärpolizei, verschwanden diese Angebote schnellstens. Wenn nicht, nahm die Polizei den Anbieter sofort mit.

An einer Straßenecke stauten sich Amerikaner und Franzosen. Günther dachte zunächst an einen Schwarzmarkt, doch als er näher herankam, sah er einen amerikanischen Soldaten hinter einem Tisch mit Büchern und Heften stehen und hörte, wie er auf französisch eine Ansprache hielt.

Zwischendurch übersetzte er schnell einige Passagen ins Englische, damit die andern Soldaten ihn auch verstanden.

Alle hörten interessiert zu, weil dieser Mann liebenswürdig und in einem ausgezeichneten Französisch sprach. Auch erzählte er so spannend, daß keiner sich etwas entgehen lassen wollte.

Der Redner machte keinen Hehl daraus, daß er seine Zuhörer auffordern wollte, Jesus Christus, dem Heiland der Welt, nachzufolgen. Doch er brachte es so natürlich vor, wie Günther noch nie einen Pastor hatte predigen hören. Man glaubte dem Redner jedes Wort.

Nach seiner Ansprache bot der Prediger die verschiedenen Evangelien und Briefe aus dem Neuen Testament allen Interessenten an, unentgeldlich, auf englisch und französisch.

Jeder Zuhörer versuchte ein Büchlein zu ergattern, auch Günther drängte sich nach vorn und bekam das Matthäusevangelium, auf englisch. Er war freudig überrascht, denn dieses Evangelium liebte er ganz besonders.

Er schlug es auf, ohne zu überlegen, und las dann dort: »Liebet eure Feinde.«

Das traf ihn. Genau das wollte er tun. Hier fand er eine Bestätigung und einen Weg für seine Zukunft. Nach diesem Befehl hatte er unbewußt gesucht. In dem Augenblick stand sein Entschluß fest: »Das werde ich tun!«

Obwohl er nicht genau wußte, was er eigentlich wollte, war

Yvonne damit einverstanden, daß Günther diesen Befehl in die Praxis umsetzte.

Am nächsten Morgen suchte er das Büro der Aumônerie Protestante, die Dienststelle der protestantischen Feldgeistlichkeit, in der Rue de Clichy auf. Der Leiter, ein Pasteur Pierre Lienhard, empfing ihn liebenswürdig und hörte aufmerksam zu. Günther gefiel dieser Mann und die Atmosphäre von Vertrauen und Verstehen, die er um sich verbreitete. Schon lange hatte er keinen so aufmerksamen Zuhörer mehr erlebt, der ihn nicht sofort als Feind und seltsamen Vogel abqualifizierte. Günther fragte Lienhard, ob er eine Möglichkeit sehe, ihn als Hilfsgeistlichen in einem der vielen deutschen Kriegsgefangenenlager zu beschäftigen. »Und zwar möglichst mit dem Status eines Kriegsgefangenen, der im Lager lebt und leidet, wie die anderen Gefangenen.«

Der Pastor lächelte verstehend, dämpfte aber Günthers Enthusiasmus: »Es ist sehr ehrenwert, was Sie da vorhaben. Aber wir brauchen einen Mann, der nicht nur in die Lager hinein, sondern auch wieder heraus kann. Um uns zu berichten, was dort geschieht.«

»Na«, gab Günther klein bei, »wenn es nicht anders geht, dann würde ich das auch machen. Aber sicher verstehen Sie, daß ich den Gefangenen ein Gefangener sein möchte.« Der Pasteur nickte. Er überlegte eine Weile und schlug Günther folgendes vor: »Unser Dienst geschieht fast ausschließlich im Rahmen der französischen Armee. Dafür sind wir als Feldpastorat zuständig. Obwohl die Kriegsgefangenenlager der Armee unterstehen, haben wir dort noch keinen Betreuungsdienst eingerichtet. Ich weiß auch nicht, ob es uns möglich sein wird. In den Lagern gibt es deutsche Pfarrer, die wir mit Bibeln und sonstigem unterstützen.

Aber die Leute von der internationalen YMCA*, die in den Lagern arbeiten, haben bei uns schon öfter nachgefragt, ob wir ihnen nicht Betreuer vorschlagen könnten. Wäre das nicht etwas für Sie?«

Obwohl Günther noch nie etwas von dieser YMCA gehört hatte, sagte er sofort ja. Denn durch sie schien es einen Weg in die Lager zu geben.

* Young Men's Christian Association – Christlicher Verein Junger Männer (CVJM) (heute: ... Junger Menschen)

Günther findet einen neuen Beruf

Günther begab sich sofort zum Sitz der YMCA gegenüber dem Eiffelturm. Der verantwortliche Herr dort, sehr nervös hin- und herlaufend, kam zwischen zwei Telefongesprächen schnell zur Sache. Ohne Einleitung stellte er Günther drei Fragen:

»Erstens: Können Sie Deutsch?«

»Das ist meine Muttersprache.«

»Zweitens: Sind Sie bibelfest?«

»Zur Zeit kenne ich dort hauptsächlich den Befehl: Liebet eure Feinde.«

»Drittens: Können Sie Autofahren?«

»Leider nicht«, antwortete Günther, »aber während meiner Referendarzeit in Berlin mußte ich sechs Monate lang in der Unfallkammer Dienst tun. Dort habe ich gelernt, wie man nicht fahren soll und wie man Unfälle vermeiden kann.«

Diese Antwort, mit der der Examinator nicht gerechnet hatte, überrumpelte ihn derart, daß er Günther auf der Stelle annahm.

Allerdings hatte er vergessen, Günther noch eine wichtige Frage zu stellen, deren Beantwortung Günther vielleicht etwas ernüchtert hätte. Der YMCA-Direktor fragte nicht: »Sind Sie damit einverstanden, von einem sehr geringen Einkommen zu existieren?«

Das Gehalt, das Günther dann erhielt, reichte noch nicht einmal, um die Miete des Zimmers zu bezahlen, in dem er und Yvonne wohnten. Günther würde also weiterhin auf Yvonnes Einkommen angewiesen sein. Doch er wußte, daß sie gerne dazu bereit war. Großzügig bot der Direktor dagegen Günther an, seine Fahrausbildung zu zahlen, die sofort beginnen sollte.

Damals waren die Straßen von Paris leer, es gab kaum private Wagen, nur Militär- oder Behördenfahrzeuge fuhren vereinzelt über die verödeten Boulevards. Das knappe, rationierte Benzin war kaum zu erstehen, und an Reifen kam ein Privatmann nur über den teuren schwarzen Markt heran.

In wenigen Stunden leistete Günther seine Fahrschule ab. Er fuhr seinen Kammergerichtsreferendar-Erkenntnissen entsprechend so, daß er eigentlich keinen Unfall verursachen konnte. Der Fahrlehrer gähnte laut neben ihm und behauptete, Günther habe den absoluten Langsamkeitsrekord in Frankreich aufgestellt. Aber er hatte nichts dagegen, als Günther zur Fahrprüfung wollte.

Günther mußte zu einer Prüfstelle, die als sehr streng gefürchtet war. Doch der überaus genaue Prüfer war krank geworden, und ein Assistent mußte für ihn einspringen. Dieser Mann war sonst nur mit Büroarbeiten beschäftigt und bat Günther im voraus um Verständnis, falls ihm einige Fehler bei der Prüfung unterlaufen würden. Günther vergab ihm schon sehr großzügig, auch im voraus. Die beiden bestmöglichen Partner für eine solche Situation waren zusammengetroffen.

Der unsichere Prüfer klemmte sich zu Günther in den YMCA-Wagen und bat ihn, die breiteste Straße von Paris entlangzufahren, nämlich die Champs-Élysées. Unvorstellbar heute: Als die beiden in die Prachtstraße bogen, war dort weit und breit kein Fahrzeug zu sehen.

»Bis zum Triumphbogen hoch«, wagte der Prüfer Günther zu schicken, als er kein anderes Fahrzeug entdeckte.

Kein Problem für Günther, bei Tempo dreißig, was den Beifahrer etwas beruhigte. »Und nun um den Bogen herum«, faßte der Assistent mehr Mut. Aufgemuntert auch dadurch, daß ihm bisher noch nichts passiert war. Günther umkreiste Frankreichs Stolz mit allem Respekt. Dann fiel dem Prüfer ein, Günther müsse auch zeigen, daß er rückwärts fahren konnte. Er befahl ihm, in eine Nebenstraße hineinzufahren, in die Avenue de Wagram.

Kaum waren sie in die Seitenstraße eingedrungen, mutete der Prüfer Günther zu: »So, und nun rückwärts wieder in die Hauptstraße zurück.« Was natürlich verboten ist, wie man weiß; nur Günther und sein Prüfer wußten es nicht.

Günther erledigte die Vorbereitungen vorschriftsmäßig und mit äußerster Vorsicht und niedrigstem Tempo. Er fuhr den Wagen dicht an den Bürgersteig heran, drehte sich halb um, legte seinen rechten Arm über die Lehne, beobachtete alles im Spiegel, mußte aber zu seinem Entsetzen feststellen, daß gerade diese Straßenmündung dauernd von Fußgängern überschritten wurde.

Er gab seinem Prüfer zu bedenken: »Aber ich kann doch nicht einfach in die Fußgänger hineinfahren.«

Doch der beruhigte ihn: »Die werden schon zur Seite springen, und außerdem sind wir sehr hoch versichert.«

Günther, der Menschenfreund, jagte ein Stoßgebet gen Himmel, entschuldigte sich schon im voraus bei den Fußgängern, weil er sie gleich stören und gefährden würde, setzte zurück, verängstigte einige, verletzte aber keinen und bekam seinen Führerschein.

Am nächsten Tag mußte er schon allein und im Auto ein verstecktes Kriegsgefangenenlager finden. Zwar hatte er sich auf der Karte angesehen, wie er fahren mußte, doch alles wieder vergessen, als er in seinem ungewohnten Gefährt saß. Aber mit seinem Gefühl, auf das er sich meistens verlassen konnte, fand er das Lager.

Der kantige Weinbauer aus Württemberg

Mit der Zeit konnte Günther seinen Wagen etwas schneller als mit dreißig über die französischen Landstraßen bewegen, und bald war ihm kein Lager seines Bezirkes mehr unbekannt.

Die Gefangenen freuten sich, wenn Günther bei ihnen auftauchte, ein Landsmann, einer, der zuhören konnte, der von draußen, von der Freiheit etwas wußte und dem sie alles über ihre Familien und Bräute erzählen konnten. Bald lernte Günther, daß Zuhören das Wichtigste war.

Günther organisierte Schreibpapier, Bleistifte, Bücher, Fußbälle, Bibeln, stopfte seinen Wagen damit voll und wurde alles reißend los. Die schönen Dinge waren meist Spenden aus den USA, die von der YMCA verteilt werden durften. Günther war gerne so eine Art Weihnachtsmann.

Bei einer Dienstbesprechung sagte der YMCA-Direktor zu Günther: »Sie könnten mal nach Orléans fahren, dort ist noch nie einer von uns gewesen.«

Günther fuhr los, verfuhr sich, fand dann aber doch das Lager. Kaum eingetroffen, bei der Entleerung seines Wagens, umringten ihn die Gefangenen und bestürmten ihn mit der Frage, die Günther überall hörte: »Wann kommen wir nach Hause?«

Natürlich wußte er keine Antwort und sagte das auch. Doch als er sah, wie enttäuscht die Männer waren, wie sie ihm diese Barschheit als Desinteresse auslegten, hörte er immer wieder zu, dachte mit den Männern nach und spielte theoretisch verschiedene Möglichkeiten durch.

Den Männern tat es gut, diese Frage stellen zu können. Einer, der von draußen kam und das Privileg hatte, ein Lager betreten zu dürfen, der mußte mehr wissen als sie. Günther beruhigte alle, verbreitete Optimismus, verschenkte seine Wagenladung und schrieb alle Fragen auf.

Wenn diese bedrückende Hauptfrage gestellt worden war, kamen einzelne Gefangene zu Günther und luden bei ihm ihre persönlichen Lasten ab. Über ihre Familie, ihre Zukunft, ihren schlechten Gesundheitszustand, die üblen Verhältnisse im Lager. Sie fragten aber auch nach dem Sinn des Lebens und nahmen sich vor, sie wollten nie wieder etwas mit der Politik zu tun haben. Damals wurde das Schlagwort jener Kriegsgeneration formuliert: »Ohne mich.« Günther versuchte ihnen zu sagen, daß es nun gerade auf sie ankommen würde, beim Neuaufbau von Deutschland, und auf ihre Erfahrungen.

Am liebsten wäre Günther mehrere Tage und Nächte in jedem Lager geblieben. Doch das Übernachten war ihm verboten. Also verabschiedete er sich, wenn Zapfenstreich war, von den Männern, war aber am nächsten Morgen wieder da.

Er hielt den Gefangenen keine Strafpredigten, machte ihnen keine Vorwürfe, sondern hörte zu. Er empfand keinen Haß und noch weniger Rachegefühle gegen die ehemaligen deutschen Soldaten, seine früheren Feinde. Die Männer waren seine Brüder geworden. Keiner von ihnen ahnte etwas von seiner Vergangenheit. Günther freute sich ganz besonders darüber, wenn er miterlebte, wie sich die Männer von ihrer Nazivergangenheit und Indoktrinierung lösten. Da half er, wie er konnte. Keiner dachte jemals daran, Günther nach seinen Problemen und nach seiner Vergangenheit zu fragen. Also ließ er sie ruhen.

Im Lager Orléans fiel Günther ein hochgewachsener, knochiger Mann mit klugen, blauen Augen auf. Bei der Vorstellung sagte einer der Gefangenen über ihn: »Er ist einer der eifrigsten in unserer Bibelgruppe, und immer da.«

Günthers Standardfrage an jeden Gefangenen war immer diese: »Wann geht es nach Hause, welche Kategorie?« Alle Gefangenen waren in Kategorien eingeteilt worden, nach denen sich ihr Entlassungstermin richtete. Mit »eins« mußte man sehr lange warten, während »fünf« schnellste Entlassung garantierte.

Um so überraschter war Günther, als der kantige Mann auf seine Frage mit der Kategorie antwortete, die sehr selten vergeben wurde: »Wahrscheinlich die fünfte.«

Diese Kategorie bekam eigentlich nur einer, der einem Franzosen das Leben gerettet hatte. Und wer sie erhielt, wurde meistens auf der Stelle entlassen.

Verwundert fragte Günther den Gefangenen: »Ich verstehe nicht, warum Sie dann noch hier sind.« Auf seine weiteren Fragen antwortete der Mann mit klaren, ruhigen Sätzen. Kein Wort war zuviel. Günther mußte angestrengt zuhören, um seinen starken, schwäbischen Akzent zu verstehen.

Als die anderen schnell ihre Fragen losgeworden waren, nahm sich Günther Zeit, diesem Mann zuzuhören. Woher er denn wisse, daß er in der Kategorie fünf sei. Er konnte es nämlich gar nicht wissen, weil er noch keinen Entlassungsantrag gestellt hatte, nach dem dann die Kategorie festgelegt wurde.

Doch der Mann war sich ganz sicher und erklärte Günther, warum. Er sei ein Weinbauer aus dem Schwäbischen und dann auch noch Soldat geworden. Eines Tages habe er Kurzurlaub bekommen, oder besser, sich genommen, und da seine Einheit in der Nähe seiner Heimat gelegen habe, sei er schnell nach Hause gefahren. Und dort habe er gesehen, wie die SS zwei französische Gefangene erschießen wollte. Er habe sich für die beiden eingesetzt, und die SS habe sie wieder laufen lassen.

Günther konnte sich vorstellen, daß es nicht so einfach gewesen war, wie der Mann es erzählte. Die SS hatte sich selten von einem Soldaten der Wehrmacht bewegen lassen, ein Todesurteil aufzugeben. Auch war eine solche Einmischung in ihre Angelegenheiten mit Lebensgefahr verbunden. Das hatte Günther selbst erfahren und auch von anderen gehört. Er versuchte nachzuhaken, doch der württembergische Weinbauer wollte keine Worte mehr darüber verlieren und stellte fest, daß sich seine Lebensrettung rein zufällig ereignet habe, eben weil er gerade dort vorbeigekommen sei.

Er wechselte das Thema und sprach über seine Gefangenschaft in Frankreich, deutete an, daß es manchmal nicht ganz leicht gewesen sei.

Als Günther dann wieder auf die erstaunliche Kategorie fünf zurückkam, antwortete der Winzer schnell und etwas peinlich berührt: »Meine Frau hat ohne mein Wissen an den französischen Rundfunk geschrieben, daß ich schon zweiundvierzig Jahre alt sei und zwei Franzosen das Leben gerettet hätte. Sie haben meiner Frau geantwortet, daß sie nun Nachforschungen anstellen.« Der Weinbauer hatte aber Vertrauen zu Günther gefaßt, nahm ihn mit in seinen Schlafsaal und zeigte ihm dort Bilder von seiner Familie und seinem Hof.

Dann begann er von seinem Schicksal zu erzählen, fing mit dem Naheliegendsten an, seiner Gefangenschaft: »Ich arbeitete auf einem Bauernhof als Knecht, brauchte dort nicht zu hungern wie die Gefangenen in den Lagern; dafür mußte ich schwer arbeiten, was ich aber gewohnt bin. Doch sie behandelten mich wie einen Ausgestoßenen. Ich mußte in einem Verschlag hausen, wie auf meinem Hof nicht einmal das Vieh. Dort schob man mir auch das Essen hinein. Keiner sprach mich an, und wenn ich es tat, ließen sie mich stehen.

Da hatte es der Franzose, der auf meinem Weingut arbeitete, doch besser. Von 1940 bis 1945 arbeitete und lebte er bei uns und gehörte mit zur Familie, wie jeder Arbeiter. Und wenn wir feierten, Geburtstage oder Weihnachten, dann feierte er natürlich mit, obwohl es eigentlich streng verboten war.

Der Louis, das war kein Gefangener für uns, der gehörte zu uns. Als ich 1942 Soldat werden mußte, hab ich dem Louis gesagt: ›So, jetzt bist du der Bauer auf dem Hof. Ich verlasse mich auf dich.‹

Und das konnte ich auch. Der Louis hat meinen Hof, meine Weinberge, die Kühe und Felder gepflegt; keiner merkte, daß der Bauer eingezogen worden war. Als ob es sein eigener Hof gewesen wäre. Keine Arbeit ist ihm zuviel gewesen, und er hat sich nicht das Geringste zuschulden kommen lassen. Das beruhigte mich, als ich an der Front war. Ich wußte, die Familie und der Hof waren beim Louis in besten Händen.

Wenn ich auf Urlaub kam, saß mein Sohn auf seinem Schoß. Für den kleinen Jungen war Louis der Vater. Sicher war es auch für den Louis nicht leicht, so weit weg von seiner Heimat zu sein, und richtig war es auch nicht, ihn solange gefangenzuhalten, doch er hat mir mehr geholfen, als er mußte, und nichts vergolten. Ich war sein Freund und er meiner.

Mein Bauer hier in Frankreich war ganz anders. Wenn ich sonntags zur Kirche gehen wollte, tobte er und behauptete, ich wolle mich nur vor der Arbeit drücken. Dann schrie er: ›Messe gehn – nix arbeiten, aber viel fressen.‹

Die anderen deutschen Gefangenen im Dorf hatten es besser als ich. Einigen ging es sogar sehr gut. Als ich ins Hospital mußte, haben mich die Ärzte und Krankenschwestern so gut wie einen Franzosen behandelt.«

Während Schriecker, so hieß der Weinbauer, erzählte, betrachtete Günther das kantige Gesicht. Es faszinierte ihn. Es war das Gesicht eines uralten, schwäbischen Bauerngeschlechts, aus dem Wille, Wissen, aber auch Gelassenheit, Klugheit und Güte sprach. Aber auch tiefe Sorgenfalten hatten sich hineingegraben.

Es war spät geworden. Günther versprach, am nächsten Morgen wegen der fünften Kategorie bei der Lagerleitung einmal vorzusprechen. Er fand heraus, daß eine Bestätigung des Tatbestandes schon vorlag, aber Schriecker noch nicht nach fünf eingeordnet worden war. Günther protestierte, und der Name wurde in die nächste Entlassungsliste eingetragen.

Günther las auch die Bestätigung der beiden geretteten Franzosen. In ungeübter Schrift stand dort: »Sans lui, nous serions passés par les armes. Ohne ihn wären wir erschossen worden.« Beide hatten unterschrieben.

Günther lief zu Arnulf Schriecker zurück, überbrachte ihm die frohe Nachricht, und alle gratulierten ihm. Dann bat Günther, ihm doch genauer zu erzählen, wie er den beiden Franzosen das Leben gerettet hatte.

Stockend, etwas unwillig, fing er an: »Unsere Einheit lag damals in der Nähe meines Heimatortes. Ich hatte keinen Urlaub, aber ich machte mich trotzdem heimlich auf den Weg. Am 31. März kam ich abends unverhofft zu Hause an. Am nächsten Morgen hörte ich laute Stimmen vor unserem Haus. Ich sah einen Menschenauflauf und wie eine Gruppe von heftig gestikulierenden SS-Leuten zwei Franzosen gegen die Wand unseres Hauses stellten, um sie zu erschießen. Einer von den beiden war unser Louis. Mit einem Satz war ich unten.

Die SS-Leute hatten schon ihre Waffen zum Erschießen angelegt. Ich sprang dazwischen.

Was war geschehen? Louis und sein Kamerad vom Nachbarhof waren am frühen Morgen, nach dem Melken und Füttern, durch die Felder spazieren gegangen. Damals beherrschten die amerikanischen Feldbomber den deutschen Himmel und beschossen alles, was sich bewegte. Wenn die feindlichen Flugzeuge am Himmel auftauchten, warfen sich die beiden schnell auf den Boden, um nicht beschossen zu werden.

Das hatte diese SS-Rotte beobachtet, sie nahm an, die beiden Gefangenen würden durch ihr Hinwerfen den Tieffliegern Signale übermitteln.

Da sie in ihrer Wut sonst keinen Feind fanden und sich auch nicht gegen die Jagdbomber wehren konnten, nahmen sie die beiden fest, hörten nicht auf ihre Beteuerungen, stellten sie gegen die Wand und wollten sie erschießen. Ich mußte dazwischen stehenbleiben und lange reden, ehe sie mir glaubten und die beiden Gefangenen laufen ließen.

Vielleicht waren es auch die Orden auf meiner Brust und die Leute vom Dorf, die zusahen und auf meiner Seite waren, was die SS-Leute von der Exekution abhielt.

Es war wirklich der reinste Zufall, daß ich gerade an diesem Tag auf Urlaub gekommen war, und auch noch schwarz, ohne Urlaubsschein. Ich hätte mir ewig Vorwürfe gemacht, wenn man Louis getötet hätte.«

Günther und die anderen Gefangenen hatten gespannt zugehört, aber dann fragte ein Zuhörer: »Hör mal, du hattest doch weder Urlaub noch einen Urlaubsschein. Wenn dich die SS-Leute danach gefragt hätten und du keinen hättest vorweisen können, dann hätten sie dich bestimmt mit den Franzosen an die Wand gestellt. Das mußt du doch gewußt haben.«

Erst wurde Schriecker ganz ernst, doch dann lächelte er: »Gott sei Dank haben sie mich nicht nach dem Schein gefragt. Aber soweit habe ich damals gar nicht gedacht. Erst nachher, als die SS abgezogen war, fiel es mir ein. Ich muß zugeben, daß ich dann auch richtig Angst bekam.

Es war mein letzter Besuch zu Hause. Schon kurz danach wurde ich gefangengenommen und hierher nach Orléans transportiert.« Günther sah dem Mann an, wie arg er vom Heimweh geplagt wurde. Er dachte bestimmt an seine Lieben zu Hause, und daß da jetzt kein Louis war, der an seiner Stelle dem Hof vorstand.

Er fragte Schriecker: »Warum haben Sie denn nicht eher den Entlassungsantrag gestellt, wo Sie doch wußten, daß jeder sofort entlassen wird, wenn er einem Franzosen das Leben gerettet hat?«

Die Antwort hatte Günther nicht erwartet: »Die Kriegsgefangenschaft ist eine Schule Gottes. Ich hatte nicht das Recht, diese Schule abzubrechen.«

Günther bewunderte diesen Mann und fragte: »Was hat Sie in Ihrem Leben so geprägt?«

Ohne lange nachzudenken, antwortete Schriecker: »Der CVJM in unserem Ort. Seit meiner frühesten Jugend gehöre ich dazu. In unserem Dorf gibt es siebenhundert Einwohner. Aus jeder Familie gehört wenigstens einer dazu. Natürlich ist der Verein seit Hitlers Machtübernahme geschrumpft, doch er hat nie aufgehört zu existieren. Der Posaunenchor blies auch noch durch den Krieg hindurch, obwohl nur noch Greise und Kinder mitmachen konnten.«

Nach einer Weile des Nachdenkens und Erinnerns, mit einem dankbaren Gesicht, sagte er mehr zu sich als zu Günther: »Ich habe eine goldene Jugend gehabt.«

Sie schwiegen. Dann fuhr Schriecker fort: »Schon seit fünf Jahrhunderten lebt und arbeitet meine Familie auf dem gleichen Erdenfleck. Seit fünfhundert Jahren mindestens pflanzen und veredeln wir und andere Familien im Dorf unseren Wein.

Bisher bestellte jede Familie für sich allein die Weinberge und verkaufte den Rebensaft, nun aber wollen wir uns in einer Genossenschaft vereinigen, und man hat mich schon gebeten, den Vorsitz zu übernehmen. Das will ich auch tun, wenn ich wieder nach Hause komme.

Früher hat jede Familie nur an sich selbst gedacht. Die Reichen wurden immer reicher und die Armen von Schulden erdrückt. Wir sahen im Nachbarn unseren Konkurrenten und nicht unseren Nächsten. Das soll nun anders werden. Wir haben alle durch den Krieg gelernt, und wer gutes Land hat, der soll es als ein Geschenk ansehen und sich mit anderen daran freuen.

Ich habe auch mit meinem Schöpfer gehadert, weil ich so lange in der Gefangenschaft sein mußte. Ich vergaß, ihm dafür zu danken, daß ich den Krieg lebend überstehen durfte. Grübeln und Hadern hat keinen Sinn, man muß das Leben als eine Gabe und als eine Schule für größere Dinge hinnehmen. So erfährt man den Schöpfer und Erlöser.«

Auf dem Mont-Saint-Michel

Autos und Omnibusse säumten den Felsen Saint-Michel, der hoch aus dem Meer herausragte. Schwer schob sich die Brandung des Atlantiks gegen die schroffe Küste der Normandie. Tausende von fröhlichen Menschen drängten sich durch die engen Gäßchen der Insel, die nur durch einen Damm mit dem Festland verbunden war. Das winzige Städtchen, unten um den Fels herum zusammengedrängt, suchte sich mit einer hohen Mauer gegen das anstürmende, brüllende Meer zu schützen, das wütend die Gischt der zerberstenden Brandung über die Häuser schleuderte. Hier, nach Hunderten von Kilometern freier Bewegung, fanden die Wogen des Atlantiks zum erstenmal einen Widerstand.

Durch die schmalen, vollgestopften Ladensträßchen wanderte Günther zu der Abtei aus dem dreizehnten Jahrhundert hoch. Links Andenkenbuden mit schreiendem Kitsch und grellen Ansichtskarten. Rechts die aufdringlichen Aufforderungen sündhaft teurer Restaurants, bei ihnen mit Meeresaussicht die Früchte der See zu verspeisen. Mit Hunderten von Neugierigen wartete Günther in der hohen, gewölbten Eingangshalle der Abtei, bis er mit der Menschenmasse durch Gänge und Säle, über Treppen und Höfe geschleust wurde und schließlich im lichtdurchfluteten Kirchenschiff stand.

Der Fremdenführer, wohl ein verhinderter General, bellte immer wieder übelgelaunt um Ruhe, rasselte Jahreszahlen, Abmessungen, Namen herunter, Informationen, mit denen kein Besucher etwas anfangen konnte. Günther ärgerte sich, gerade zu Pfingsten zum Mont-Saint-Michel gefahren zu sein.

Beim Hinabsteigen suchte er nach einem stillen Gäßchen und einer ruhigen Aussicht aufs Meer. Als er gerade eine Stelle gefunden hatte, von wo aus er links die normannische und rechts die bretonische Küste sehen konnte, torkelte ein vollgefressener Maltersack mit seinen Kumpanen auf ihn zu und prahlte, wie sie sich in einer Cafeteria hätten vollaufen lassen.

Angeekelt setzte sich Günther in ein ruhigeres Seitengäßchen ab. Dort stand er plötzlich vor einem Warnschild: Ein Totenkopf mit gekreuzten Knochen darunter und noch tiefer eine detonierende Bombe. Darüber stand: »Achtung! Todesgefahr! Eintritt für Unbefugte strengstens verboten!«

Das Häuschen dahinter war mit Rollen von rostigem Stacheldraht abgesichert. Ganz sicher wohnte dahinter ein Minenräumkommando deutscher Kriegsgefangener.

Darum öffnete er die Gartenpforte. Der Blumengarten vor dem Haus bildete einen starken Kontrast zu dem kriegerischen Zaun. Kein Unkraut war zu entdecken, Blumen blühten, und zwischen den Beeten liefen linear angelegte und sauber gerechte Pfade. Ein Hündchen kam auf Günther zugelaufen, beschnupperte ihn und wackelte erfreut mit dem Schwänzchen.

Günther suchte nach einem französischen Wachtposten, wie der eigentlich vorgeschrieben war, doch er konnte keinen entdecken. Alles lag wie ausgestorben da, als ob sich das Hündchen als einziges lebendes Wesen dahin verlaufen hätte.

Doch dann hörte Günther Stimmen im Haus, deutsche Laute. Er öffnete die Haustür, die nicht verschlossen war, und stieg zur ersten Etage hoch, aus der die Stimmen zu ihm drangen.

Als er an die Tür klopfte, verstummten alle Reden. Er trat ein, obwohl die Überraschten ihn nicht eingeladen hatten. Etwa zwanzig deutsche Kriegsgefangene, eng in ein Zimmer gepfercht, starrten ihn erstaunt an. Einige hielten noch ihre Skatkarten und Bleistifte hoch, mit denen sie sich gerade beschäftigt hatten.

Günther begrüßte die Männer und stellte sich vor. Einer reagierte endlich und rief: »Der erste freundliche Besuch hier bei uns, und das noch an einem Feiertag. Herzlich willkommen.«

Günther setzte sich, und die Fragen begannen. »Wann kommen wir nach Hause?« Alles lag in dieser Frage: Heimweh, Trauer, Ungeduld, Resignation. Aber auch Anklage.

Günther wußte keine direkte Antwort, aber er versuchte, Ruhe zu verbreiten. Er konnte sich gut in ihre Lage hineinversetzen, doch seine Verbannung war eine ohne Sehnsucht nach dem Land gewesen, wo ihm der Tod drohte.

Er war sicher, daß sie ihre längste Zeit in der Gefangenschaft hinter sich gebracht hatten. Das sagte er ihnen auch, ganz ruhig, und sie nahmen es ihm ab wie das Evangelium. Günther erbot sich, ihre Briefe schnell und sicher abzuschicken. Er verbreitete Hoffnung, aber mit Geduld gepaart. Er erinnerte aber auch an die französischen Gefangenen, die fünf Jahre im fremden Deutschland hätten verbringen müssen, auch fern von ihren Lieben und in Gefahr.

Als Günther den Gefangenen Fragen stellte, horchten sie auf. Das war der erste, der an ihrem Leben und an ihren Problemen interessiert war. Erst sprachen nur zwei, drei Gefangene mit ihm, doch dann legten alle ihre Briefe und Karten hin, hörten zu, mischten sich ein.

Günther erfuhr, daß er mit Minenräumern zusammensaß, die das Ufer räumen mußten. Eine lebensgefährliche Arbeit, die schon viele Verletzte und einige Tote gekostet hatte. Dabei war die französische Bewachung auch noch übel und erleichterte den Männern die schwere Arbeit kein bißchen.

Mit der Ebbe zogen die Männer zum Felsen Tombelaine im Wattenmeer, räumten dort Minen, bis die Flut wieder vom offenen Atlantik zurückkehrte. Dann mußten sie sich beeilen, um das rettende Ufer zu erreichen. Eineinhalb Stunden brauchten sie zu ihrem Arbeitsplatz, dann schnell die Minen beseitigen und wieder zurück. Ein hartes Leben.

Doch als einer von ihnen feststellte: »Wir lassen uns nicht unterkriegen, wir halten zusammen«, nickten alle.

Günther sah in ihren Gesichtern Freude an der gefährlichen Arbeit und einen unbändigen Willen, die Gefahr zu bezwingen und zu überleben. Sie waren eine Eliteformation und stolz darauf. Obwohl sie über das Risiko und die unverständige, brutale französische Wachmannschaft schimpften.

Ein anderer Gefangener erklärte Günther stolz: »Wir haben hier eine gute Kameradschaft. Wir stehen zueinander und gehen durch dick und dünn. Schlimm war es im Januar, als uns draußen am Fels eine plötzliche Sturmflut überraschte. Normalerweise rollt die Flut in der Geschwindigkeit eines galoppierenden Pferdes heran, und wir wissen, wann wir losgehen müssen, um nicht eingeholt zu werden. Doch dieses Mal brauste die Sturmflut wie ein D-Zug heran.

Man hatte uns nicht gewarnt, und als wir mit Entsetzen merkten, was los war, da schien es schon zu spät zu sein.

Das Wasser holte uns auf halbem Wege ein, wir konnten nicht mehr laufen. Mit jedem Schritt versanken wir in dem immer nasser und weicher werdenden Sand. Wir wußten: Gegen die eiskalte Januarflut gab es kein Überleben durch Schwimmen.

Das Wasser reichte mir schon bis an die Knie. Jeder Schritt wurde zu einer Qual. Jeder rannte und strauchelte um sein Leben. Das Wasser spritzte mir schon bis über den Kopf.

Da plötzlich hinter uns ein Schrei. Wir fuhren herum. Fritz, der jüngste von uns, war zurückgeblieben. Er hatte sich den Fuß verstaucht, er kam kaum weiter, und das Wasser stand ihm schon um die Arme und Schultern herum. Dann sackte er so tief weg, daß wir nur noch seine roten Haare sehen konnten.«

Der Erzähler hielt inne, zeigte auf den Rotschopf in der Ecke. Das war Fritz, um dessen Leben es damals ging. Dann fuhr er fort: »Uns anderen ging das Wasser nun auch schon bis an den Bauch. Laufen konnte keiner mehr, nur noch waten. Keine Sekunde durften wir verlieren, nicht stehenbleiben. Es sah sowieso schon so aus, als ob wir das Ufer nur noch als angespülte Leichen erreichen würden.

Doch wir konnten den kleinen Fritz nicht einfach ertrinken lassen. Er war unser Kamerad, er mußte gerettet werden, auch unter Einsatz unseres Lebens.

Ich befahl: ›Sofort eine Kette bilden!‹ Und schnell faßten sich die Kameraden an den Händen, sogar der französische Wachtposten, der sonst ein Ekel war. Er reihte sich nicht nur ein, sondern machte sich zum letzten, gefährdetsten Glied der Kette und watete wieder zu Fritz zurück.

So drückten wir uns gegen die starke Strömung. Immer tiefer sackten unsere Schritte im weichen Sand ein. Wir konnten alle ertrinken, doch keiner von uns blieb zurück. Die Kette hielt, wir krampften uns aneinander.

Als Fritz schon versank, erwischte der Franzose noch gerade seine Hand und zerrte ihn wieder hoch. Wir alle halfen mit, keiner gab nach. Es war ein schlimmer, ungleicher Kampf gegen dieses wütende Element. Hätte einer von uns losgelassen, wären wir alle ertrunken.

Ich weiß nicht, wie wir es geschafft haben, es war fast menschenunmöglich. Endlich erreichten wir alle das Ufer. Alle naß und kalt und am Ende unserer Kräfte. Doch wir waren stolz, wir hatten den Fritz vor dem sicheren Tod gerettet. Später haben wir Gott auf den Knien gedankt.«

Die Rettung des Michael Hauck vom Tode

Den verwunderten Günther erreichte ein Brief aus der Zentrale des Weltkirchenrats in Genf. Darin bat man ihn, sich für die Freilassung des Kriegsgefangenen Michael Hauck einzusetzen. Dieser sitze in einem Lager bei Rennes in der Bretagne ein. Als Erklärung für diese Bitte stand im Brief, der Vater des jungen Mannes, ein Bankdirektor Hauck aus Frankfurt, liege mit Krebs im Sterben und würde gerne noch einmal seinen einzigen Sohn und Erben sehen.

Von dem üblen Lager Rennes hatte Günther schon gehört, war aber bisher noch nicht dazu gekommen, es zu besuchen, auch weil es bisher noch nicht zu seinem Bezirk gehört hatte. Was man hörte, war, daß Infektionskrankheiten viele Insassen dahinrafften.

Günther fuhr sofort los, als er den Brief gelesen hatte. Im Lager erfuhr er von einem deutschen Kriegsgefangenen, daß das Lazarett mit vierzig Kranken belegt gewesen sei. Doch die seien alle gestorben, bis auf einen, aber der würde es auch nicht mehr lange machen, wie der Gefangene meinte.

»Heißt der Hauck?« fragte Günther, Böses ahnend.

»Genau so«, antwortete der Gefangene.

Günther mußte in die Schreibstube, für eine Erlaubnis, die er brauchte, um die Lazarettbaracke zu betreten. Dort hockten deutsche Gefangene, die es sich auf dem »Druckposten« sehr bequem gemacht hatten. Nach ihrer Kostümierung zu schließen, hatten sie sich frei an den Sachen der Verstorbenen bedient. Sie grinsten, als Günther um die Erlaubnis bat, und gaben sie ihm willig. Sie selbst hätte keiner in die Infektionsbaracke gebracht. Bisher war niemand dort lebend herausgekommen.

Der diensttuende Sanitäter wollte Günther abhalten: »Es hat keinen Sinn mehr, ihn zu besuchen. Er erkennt Sie sowieso nicht, und lange wird er es auch nicht mehr machen.«

Der Todkranke lag allein in einer leeren, stinkenden Baracke. Es war ein grausiges Bild. Als Günther an sein Bett trat, starrte er ihn mit seinen fiebrigen Augen wie einen Geist an und fragte: »Haben Sie denn keine Angst vor dem Sterben? Hier sterben doch alle, und ich bald auch.«

Günther beruhigte ihn, brachte ihm Grüße von seiner Familie, sagte ihm aber nicht, daß sein Vater sterbenskrank war. Er versprach dem jungen Mann, er werde sich für ihn einsetzen, damit er aus dem Lager herauskäme und in Deutschland geheilt werden könnte.

Der Todkranke bedankte sich, zweifelte aber, ob Günther das gelingen würde. So viele Parolen von der baldigen Entlassung waren im Lager immer geflüstert worden; wenn sich dann nichts dergleichen tat, war die Enttäuschung um so größer gewesen.

Günther blieb aber bei seiner Zuversicht. In der Schreibstube trat er vor den deutschen Schreiberlingen so auf, als ob er vom französischen General der Kriegsgefangenenlager persönlich hierherbeordert worden sei: »Wann geht der nächste Transport nach Deutschland?«

»Morgen«, antwortete der Oberschreiber, mißtrauisch abschätzend, ob Günther ihm das Leben erschweren konnte oder nicht.

»Kommt Hauck mit?« bohrte Günther weiter.

»Nee«, kam die Antwort. Der Schreiber meinte nun, in Günther keine Gefahr mehr sehen zu müssen. Günther kannte diesen Typ, der sich diesen »Druckposten« sicher erschlichen oder erkauft hatte und bereit war, sich von jedem bestechen zu lassen, auch auf Kosten von Menschenleben. Da die Franzosen diesen diensteifrigen Gefangenen gerne den langweiligen Bürokram überließen, konnten sie jeden, der sie saftig schmierte, in die Entlassungsliste bringen, auf Kosten jener, die eigentlich repatriiert werden sollten, aber brav darauf warteten.

Günther nahm an, daß die Lagerleitung gern den letzten Infektionsfall aus ihrer Todesbaracke loswerden wollte, daß aber dieser Gauner von Schreiberling den Namen gegen den eines anderen ausgetauscht hatte. Als er das hinterhältige, aber leicht unsichere Gesicht des Schreibers sah, war er ganz sicher.

Günther, der sonst immer sehr höflich und milde mit Menschen umging, wurde böse und drohte dem »Druckposten«: »Hör mal genau zu, mein Freundchen, was ich dir jetzt sage. Deine Zeit auf diesem Stuhl kannst du nach Minuten zählen und die deines Frankreichsaufenthaltes nach Jahren, wenn du nicht sofort das tust, was ich dir befehle! Erst einmal will ich die Entlassungsliste sehen.«

Mit diesem Befehl stapelte Günther kräftig hoch. Er hatte keinerlei Befugnis zu einem solchen Ansinnen. Falls der Schreiber den Kommandanten informierte, würde der Günther aus dem Lager werfen und einen Bericht schreiben, der ihm alle weiteren Besuche in Lagern und seinen Beruf kosten könnte, wenn nicht mehr. Doch Günther hatte wieder einmal »Glück«. Der Kommandant war nicht im Lager und keiner der andern Verantwortlichen.

Der Schreiber erbleichte, faßte sich aber dann wieder: »Ich kann die Liste nicht herausgeben, sie ist GEKADOS, geheime Kommandosache.«

Günther spielte ihm einen gewaltigen Wutanfall vor. Der dröhnte so laut aus der Schreibstube hinaus, daß die Gefangenen draußen stehenblieben und auf die verhaßte Bude starrten. Das war Walzer für ihre Ohren. Wer Günther von draußen zuhörte, mußte annehmen, der Oberkommandierende aller Gefangenenlager erlitte gerade einen Tobsuchtsanfall.

Während seiner gekonnten Vorführung, die Schrecken und Zurückweichen in der Schreibstube verursachte, entdeckte Günther die Entlassungsliste auf dem Schreibtisch und nahm sie an sich. Auf dem Bogen las er, daß nicht Hauck, sondern ein anderer Gefangener entlassen werden sollte, dessen Namen er kannte. Ein millionenschwerer deutscher Tabakfabrikant. Günther sah auch, daß auf der Liste radiert worden war.

Wütend schrie er auf: »Dieser Tabakkerl ist vollkommen gesund, der Hauck auf den Tod krank. Wenn er nicht sofort aus dem verseuchten Lager herauskommt, wird er sterben. Das werde ich nicht zulassen.«

Der Oberschreiber tat so, als ob er mit der ganzen Sache nichts zu tun habe; er zuckte mit den Schultern und versuchte gelangweilt aus dem Fenster zu sehen. Doch Günther sah ihm das schlechte Gewissen an und drohte weiter: »So, ihr werdet jetzt was erleben. Stellt mir sofort eine Verbindung mit General Buisson her. (Das war der Chef aller Lager, den Günther tatsächlich kannte, aber nicht so gut, wie er vorgab.) Den kenne ich persönlich. Es gibt einen Stunk, wie du ihn noch nicht erlebt hast. Der Kommandant wird was erleben, und du wirst dich an einem Ort wiederfinden, wo du bestimmt nicht hinwillst!«

Günthers Toben hatte auch die anderen »Sesselfurzer« ins Büro gelockt, die nun verlegen an der Wand herumstanden und sich nicht trauten, ihre Plätze einzunehmen.

Da erhob sich der Oberschreiberling unterwürfig und gab zu: »Ja, der Tabakbonze hat uns alle bestochen. Erst mit Geld, und später sollen wir alle Zigaretten kriegen. Auch die deutschen gefangenen Ärzte hat er herumgekriegt mit seinen Beziehungen. Die haben bei dem Tabakonkel Staniolpapier vor die Lunge gelegt. Dann sah das bei den Röntgenaufnahmen so aus, als ob er Tuberkulose hätte. Wir hatten schon alle Angst dabei, aber nun ist es herausgekommen, und ich bitte Sie, es nicht weiterzumelden.«

Günther sah diese Bitte in allen Gesichtern um ihn herum. Er wurde wieder ruhiger und ging bestimmt auf sein Ziel zu: »Gut, daß ihr das zugegeben habt. Das ehrt euch. Aber ihr müßt mir nun auch helfen, den todkranken Hauck aus dem Lager zu bringen. Der muß morgen auf den Transport nach Deutschland, auch sein Vater liegt schwer krank.«

Günther wollte die Originalliste sehen, denn auf dem Schreibtisch lag nur eine Kopie.

»Das geht nicht, das kann nur der Kommandant, und der ist nicht da. Die Liste ist bei uns im Panzerschrank.«

»Aber du hast den Schlüssel!« behauptete Günther. »Öffne sofort den Schrank.«

Der Schreiber traute sich nicht, das zu tun. Doch er zeigte Günther, wo der Schlüssel versteckt lag, und erklärte ihm, wie der Schrank zu öffnen sei.

Günther beging mehrere Verbrechen, und dann auch noch

Urkundenfälschung, als er den Namen des Tabakfabrikanten durchstrich und den von Hauck eintrug.

Hauck wurde entlassen.

Aber Günther hatte sich angesteckt und lag mehrere Wochen schwerkrank zu Hause. Doch ein Arzt, Dr. Petit, besorgte sich das damals kaum erhältliche neue Penizillin, und Günther wurde wieder gesund.

Hochwasser an der Mosel

Eines Tages wurde Günther um einen Hilfstransport für ein französisches Gefangenenlager gebeten. Dort benötigte man dringend Kleidung und andere lebensnotwendige Dinge. Als er mit einem Lastwagen eintraf, erzählten die Gefangenen, was sich zugetragen hatte.

Schon seit Weihnachten 1947 schütteten gewaltige Wolkenbrüche sintflutartige Wassermengen auf das Land. Die Mosel trat bald über die Ufer und verwandelte Straßen und Wege zu Nebenflüssen. Auch die ältesten Leute im Tal konnten sich an ein derartiges Hochwasser nicht erinnern.

Das direkt am Fluß gelegene Kriegsgefangenenlager war äußerst gefährdet. Silvester befahl der Kommandant, die Häuser und Baracken zu räumen. Die Gefangenen mußten schon durchs steigende Wasser waten, um die Sammelstelle auf dem höhergelegenen Platz zu erreichen. Das Wasser brach in die Keller und schwemmte die Fundamente der Wohnblöcke frei.

In der stockfinsteren Nacht ließ der Kommandant Le Diraison alles antreten und durchzählen. Er wartete darauf, daß der Vertrauensmann der Gefangenen ihm die Zahl meldete. Er wartete und wartete. Dann rief er den Namen des Mannes: »Adam?« Doch der meldete sich nicht.

Alle Gefangenen begannen nach ihm zu rufen. Keine Antwort. Der Vertrauensmann hatte seiner Stellung gemäß unten im Keller ein Einzelzimmer. Hatte er nicht gehört, wie das Wasser in den Keller gurgelte, und die Befehle, die alle Gefangenen zum Räumen aufforderten? Schlief er noch, war er ertrunken oder hatten die Wassermassen ihn in den Fluß gerissen? Mit einer unvorstellbaren Gewalt und einem Höllenlärm dröhnte der über die Ufer getretene Strom an den Soldaten vorbei und riß alles mit, was ihm im Weg stand.

Da durchdrang plötzlich ein Hilfeschrei das Gedröhne des Flusses. Alle starrten auf die Mosel. Undurchdringliche Dunkelheit. Der Fluß war zu hören, zu spüren, aber kaum zu sehen. Noch immer schüttete es. Die Elektrizität war schon lange ausgefallen. Nur schwaches Funzellicht irrte an wenigen Stellen durch die Nacht. Noch einmal ein durchdringender Schrei aus dem Fluß. Ein Blitz zerriß die Nacht, spaltete einen Baum, aber einige Gefangene und der Kommandant konnten auch den Schopf von Adam im Fluß erkennen. Sie sahen, wie er um sein Leben kämpfte.

Der Lagerkommandant, sonst eher als zurückhaltend und streng bekannt, brüllte durch den Orkan den Gefangenen zu: »Wir müssen Adam retten. Wer kommt mit?«

Adams Freunde, Jahn und Bauer, meldeten sich sofort. Mit ihnen watete der Kommandant durch das reißende Wasser in Richtung Fluß. Sie hielten sich gegenseitig fest, damit keiner weggerissen wurde. Sie fanden das Boot, das immer am Ufer festgezurrt lag. Nun tanzte es auf den Wellen, das Wasser versuchte es mitzureißen. Wie ein Dreschflegel schlug das sonst so friedliche Boot um sich.

Es war Wahnsinn von den drei Männern, hier ihr Leben zu riskieren. Als das Boot in ein Wellental schlug, sprangen die Männer hinein, krallten sich fest, schnitten das Seil durch, und schon wurden sie in das Inferno hinausgeworfen. Der Kommandant versuchte zu rudern, die beiden Gefangenen das Boot im Gleichgewicht und vor dem Kentern zu bewahren. Sie warfen ihre Körper gegen die Seite an, die überschlagen wollte. Daß keiner aus dem Boot gespült wurde, war schon ein Wunder. Und sie mußten doch den Adam suchen.

Plötzlich schrie der wieder. Ein Blitzstrahl – sie sahen seinen Kopf. Bauer hing sich aus dem Boot, doch Adam versank erneut. Ein Schrecken durchfuhr die drei.

Aber dann tauchte er wieder auf. Bauer legte sich gefährlich weit über Bord, Jahn versuchte auszugleichen. Der Kommandant drückte die Riemen tief ins Wasser, um das springende Boot kontrollieren zu können. Bauer griff zu und erwischte Adam, zerrte ihn bis an den Bootsrand hoch, doch dann gaben seine Fäuste nach, und Adam rutschte ihm wieder weg.

Beim nächsten Versuch rutschte Bauer auch halb aus dem

Boot, doch Jahn griff zu, und es gelang ihm, beide ins Boot zu zerren. Woher er die unmenschlichen Kräfte nahm, wußte er selbst nicht.

Total erschöpft erreichten sie das Ufer und wurden von den anderen Männern herausgehoben. Doch da rief ein Gefangener: »Es fehlt noch einer, der muß auch im Fluß sein.«

Die drei Männer sahen auf das Wasser, dem sie gerade einen todgeweihten Kameraden entrissen hatten. Sie waren durchnäßt, froren, zitterten am ganzen Leib, waren gerade der Hölle entronnen.

»Wir müssen noch einmal raus«, sagte der Kommandant und stieg ins Boot. Ehe die beiden anderen Männer bei ihm waren, wurde das Boot aus den Fäusten der Soldaten gerissen und von der Flut mitgezerrt. Ein Baumstamm traf es und warf den Kommandanten ins Wasser.

Das sah sein Fahrer, ein Gefangener, der Sepp. Der sprang sofort in den Fluß und kraulte auf den Kommandanten zu. Er holte den Kommandanten ein, der schon einmal kraftlos und ausgelaugt abgesackt war, und zerrte ihn ans Ufer.

Sepp kam in Kategorie fünf, wegen Lebensrettung eines Franzosen, und wurde schon am nächsten Tag entlassen. Etwas später auch Jahn und Bauer, die mit dem Kommandanten Adam vom Tod zurückgeholt hatten.

»Wenn die Menschen alle so wären wie der Kommandant und der Sepp, dann würde es keine Kriege mehr geben«, meinte Adam.

Die Geschichte mit der Schwedin im Bett

Weil Günther sich bei seinen Lagerbesuchen immer weiter von Paris entfernte, mietete er sich in einem geräumigen evangelischen Pfarrhaus weiter im Süden ein. Die Familie war froh, einen zahlenden Mieter gefunden zu haben – denn die Gehälter der französischen Pfarrer waren ziemlich spärlich.

Durch die anschwellende Korrespondenz war Günthers Bürokratie so gewachsen, daß er sich ein Büro einrichten mußte. Da er meistens unterwegs war, blieb die Post lange liegen, und es gab Unannehmlichkeiten, besonders mit Behörden, die schnell eine

Antwort wollten, wenn sie auf Günthers Anträge schon einmal reagierten.

Als Günther Oberst Ferlus, dem viele Kriegsgefangenenlager unterstanden, sein Leid klagte, schlug der vor: »Suchen Sie sich doch einen Kriegsgefangenen als Assistenten aus. Jeder macht so etwas gern, denn er ist froh, wenn er aus dem Lager herauskommt. Ich werde denjenigen zu einem Außenkommando ›YMCA und Schild‹ in Marsch setzen.«

Günther bedankte sich für Rat und Hilfe. Der Oberst fügte aber noch hinzu: »Sie sind für Unterkunft, Verpflegung und das vorgeschriebene Taschengeld verantwortlich. Und dann müssen Sie natürlich aufpassen, daß der Mann nicht flieht.«

Das letztere war eine Verantwortung, von der Günther nicht wußte, ob er sie tragen konnte. Er war ja selbst ein Gefangener gewesen und hatte jede Möglichkeit zur Flucht genutzt. Auch hatte er Gefangenen illegal geholfen, Frankreich zu verlassen. Der Oberst erriet Günthers Gedanken und beruhigte ihn lächelnd: »Also wenn ein Kriegsgefangener einen solchen Posten bekommt, wird er sich schon überlegen, ob er den und seine baldige Entlassung durch eine Flucht gefährdet. Aber ich weiß natürlich, wie stark das Verlangen in einem Mann ist, die Freiheit zu erringen. Ich war ja selbst in Deutschland gefangen, habe Tag und Nacht über die Flucht nachgedacht und es viermal versucht, doch ich wurde immer wieder eingefangen. Heimat ist Heimat, und die zieht uns alle wie ein Magnet an. Wie ich Sie kenne, werden Sie ihm eventuell auch noch helfen, zu fliehen.«

Günther lächelte ein wenig schuldbewußt, aber auch verschmitzt. Bei soviel Reue kniff ihm der Oberst ein Auge zu, bestand dann aber darauf: »Wenn Ihnen der Kriegsgefangene von der Fahne geht, dann kriegen Sie nie wieder einen, und ich werde Ihre Lagerbesuche auch einschränken müssen.«

Günther versprach dem Herrn Oberst, alles zu versuchen, damit der Schreiber nicht abhaute. Dann machte er sich auf die Suche.

Natürlich würden sich sofort Dutzende von Männern melden. Wenn Günther einen Anschlag anbrachte auf dem »PG (prisonnier de guerre) zum Außenkommando nach Alençon gesucht«, stand. Doch Günther mußte schon einige Anforderungen stellen. Ein wenig Allgemeinbildung sollte der Kandidat doch haben, und Französisch mußte er auch sprechen. Und eine Schreibmaschine mußte er bearbeiten können, wenigstens mit zwei Fingern, wie Günther. Ein Brief durfte für ihn nicht ein schwer zu besteigender Berg sein.

Günther suchte einen Mann, der schnell kapierte, reagierte und auch Entscheidungen treffen konnte. Behörden und Gefangene wurden schnell nervös, wenn sie lange auf eine Antwort warten mußten. Je mehr Günther über die Qualifikation seines zukünftigen Assistenten nachdachte, desto höher wurde der Berg der Verantwortung, den er zusammentrug. Eigentlich war nur ein Sonderfall von einem Menschen fähig, das auf sich zu nehmen, und den gab es natürlich nicht.

»Nein, nein«, wehrte Günther schließlich seine Träume ab. »Eigentlich braucht er nur ein sympathischer und aufgeweckter Kerl zu sein . . .« Und nach dem suchte er dann.

Er hatte Glück, wie so oft. Schon im ersten Lager sah er einen jungen Mann, der ganz seinen Vorstellungen entsprach. Ein netter, frischer Kerl mit offenem Gesicht. Nach wenigen Sätzen fand Günther heraus, daß er klug und beweglich war. Er fragte ihn sofort, ob er ihm helfen wolle. Die Antwort kam ohne Umschweife: »Klar, sehr gerne.«

Ernst hieß der junge Mann. Günther nahm ihn sofort mit. Doktorand war er auch.

Ernst bekam im Pfarrhaus ein Kämmerchen zugewiesen, und dann mußte Günther ihn schon in seine Aufgaben einweisen. Nur eine knappe halbe Stunde Zeit blieb ihm dazu.

Günther hinterließ seinem Assistenten ein Dutzend Briefbögen mit seiner Blanko-Unterschrift. Entsetzt wollte der überrumpelte Assistent ein so überwältigendes Vertrauen abweisen: »Aber das geht doch nicht. Ich könnte Ihr Vertrauen arg mißbrauchen, und Sie kennen mich doch gar nicht.«

»Doch, doch«, behauptete Günther, »und dein Verhalten bestätigt mich darin, dir vollkommen zu vertrauen.« Dann fuhr er schon los, erleichtert, diesen »Bürokram« auf eine andere Schulter packen zu können. Seine Hauptaufgabe sah er darin, deutsche Gefangene zu besuchen, und nicht, am Schreibtisch zu kleben.

So ging es einige Wochen. Der junge Mann verrichtete seine Arbeit bestens, und Günther ließ ihm immer mehr Blanko-Unterschriften zurück.

Eines Abends kam Günther sehr spät zurück. Alles schlief schon. Auf seinem Schreibtisch fand er einen Zettel, auf dem stand:

»Die Katze liegt in Ihrem Bett, die Schwedin liegt in meinem Bett.«

Günther starrte den Zettel an, las ihn mehrere Male, ohne ihn zu verstehen. Was sollte das alles bedeuten? Sicher, die Katze kroch öfters in Günthers Bett, obwohl er das nicht mochte. Aber was war das denn für eine Schwedin, und was tat sie in einem fremden Bett, auch noch hier in einem streng reformierten Pfarrhaus?

Günther begann an Ernst zu zweifeln. Lag diese Schwedin eventuell mit ihm im Bett? Aber warum dann diese Unerhörtheit, ihm das auch noch zu schreiben?

Günther begann nachzudenken. Zunächst einmal über die Katze und ihren Platz, weil die ihm greifbarer war. Sonst schlief sie bei Ernst in der Kammer. Doch als Günther sein Zimmer betrat, schnurrte sie ihm behaglich vom Fußende seines Bettes entgegen. Der erste Teil der verwirrenden Botschaft klärte sich also auf.

Günther wollte schon das Büro aufsuchen, tat es dann aber doch nicht. Er hatte keine Lust, dort eine schlafende Schwedin vorzufinden.

Als er am nächsten Morgen das Büro betrat, schlief Ernst dort auf einer Matratze. Das beruhigte Günther etwas.

Nachdem Ernst aufgewacht war, erklärte er Günther, eine Schwedin sei im Haus, die hier ihr Französisch aufbessern wolle. Der schwedische Pfarrer in Paris hatte ihr als Quartier dieses Pfarrhaus empfohlen, wo Günther wohnte. Sie sei dann einfach losgefahren und habe angenommen, daß der schwedische Pastor seinen Amtskollegen informiert habe. Doch dem war nicht so.

Trotzdem war sie sehr freundlich aufgenommen worden, als sie plötzlich eintraf. Ernst hatte ihr sein Zimmer zur Verfügung gestellt, bis ein anderes hergerichtet war.

Ernst und Karin, die Schwedin, mochten sich vom ersten, überraschten Augenblick an. Sie sei sofort in sein Herz »gesprungen«, beichtete er Günther später. Karin berichtete ihren Eltern, daß sie Ernst heiraten wolle, wenn er aus der Gefangenschaft entlassen wurde.

Auf Umwegen bat ihr Vater den YMCA in Frankreich um Auskunft über Ernst. Diese Bitte wurde an Günther weitergeleitet.

Günther, der kurz nach Erhalt des Briefes wieder wegfahren mußte, sagte zu Ernst: »Paß mal auf. Du kennst dich doch besser, als ich dich kenne. Schreib doch deinem hoffentlich zukünftigen

Schwiegervater eine Beurteilung und nimm dazu einen Briefbogen mit meiner Unterschrift.«

Verdattert stand Ernst vor ihm: »Aber Sie sollten doch wenigstens den Brief sehen, ehe ich ihn abschicke.«

»Nein, nein«, rief Günther, schon im Weggehen, »ich bin sicher, daß du ganz ehrlich mit dir bist.«

Ernst schrieb seine Beurteilung und schickte sie ab. Eigentlich wollte er eine Kopie von dem Brief machen, dann vergaß er das. Er entschuldigte sich bei Günther dafür, sagte aber, er habe nicht nur über seine guten, sondern auch schlechten Eigenarten berichtet. Davon war Günther überzeugt.

Als Ernst entlassen wurde, heirateten die beiden.

Eine Riviera für alle

Durch seine Arbeit war Günther noch einmal Gast in einer Villa hoch über der Riviera. Ein gepflegter, weiträumiger Park umgab sie, der Blick von der Terrasse sah über eine einladende Bucht weit auf das blaue Meer hinaus. Von der Natur war der Park verschwenderisch mit blühenden Bäumen und Sträuchern ausgestattet und dazu von einem Mann angelegt, der das Leben genießen wollte. Doch nur selten kam er, ein Millionär aus Paris, dazu, sich an seiner Pracht zu freuen. Geschäftliche Verpflichtungen hielten ihn in Paris zurück, und wenn, erschien er nur für ein paar Stunden. Daher hielt ein Hausmeisterehepaar das Anwesen in Ordnung. Dieser Mann und diese Frau hatten keine Kinder. Da sie das Grundstück nicht allein genießen wollten, luden sie einfach junge Leute aus den Städten und dem grauen, regenverhangenen Norden zu sich ein. Der Besitzer hatte nichts dagegen, ganz im Gegenteil, er kaufte Betten und was sonst noch zu einem gastfreien Haus gehörte.

Als diese Hauseltern von Günthers Arbeit erfuhren, luden sie ihn und ein paar Kriegsgefangene ein. Günther fragte einige Bauern, bei denen Kriegsgefangene arbeiteten, ob er sie einmal für ein paar Tage »ausspannen« dürfe. Sie hatten nichts dagegen. So lud Günther vier Mann in seinen Wagen, und dann fuhren sie zur Riviera. Ihre Jacken mit den großen Buchstaben »PG« hatten sie im Kofferraum versteckt. Eigentlich war es ja nicht gestattet, daß Gefangene zum Urlaub an die Riviera fuhren.

Von den Hauseltern wurden die fünf so aufgenommen, als ob sie schon jahrelang gute Freunde seien. Sie fühlten sich sofort wie zu Hause. Mit anderen Gästen zusammen wurde ein turbulentes Fest gefeiert. Günther und seine Freunde waren gleich mittendrin, sie aßen, tranken, sangen und tanzten.

Zwischendurch setzten sich junge Leute zu Günther und fragten ihn aus, nach seiner Arbeit, nach dem Sinn des Lebens und nach seinem Glauben. Zweifel wurden besprochen. Doch dann holte man ihn wieder zu einer Polonaise kreuz und quer durch das Haus und den Park. Bis zwei Uhr morgens wurde gefeiert. Dann faßten alle mit an und räumten auf.

Die meisten Gäste verließen schon danach das Haus, nur Günther und die Gefangenen blieben zurück. Sie saßen mit den Eheleuten noch bei einem Glas Wein zusammen. Die Güte dieser beiden Menschen, ihr Einfühlungsvermögen, ihr Zuhören tat den Gefangenen besonders gut. »Daß es solche Menschen noch gibt, haben wir nicht geahnt«, sagte einer von ihnen.

Als Günther am nächsten Morgen spät aufstand und auf die Terrasse trat, erlebte er die Schönheit und Harmonie der Schöpfung. Ein strahlend blauer Himmel, durch den eine freundliche Brise Schäfchenwolken pustete. Das Meer lag ruhig da, nur leichte Wellen kräuselten die Oberfläche.

Die Blütenpracht des Parks strömte einen betörenden Duft aus. Und auf der Terrasse war eine Frühstückstafel für Günther und seine Kameraden gedeckt, wie er noch nie eine gesehen hatte. Weißes, frisches Leinen lag auf dem Tisch, darauf Silberbesteck und feines Porzellan. Ein riesiger Blumenstrauß krönte die Tafel.

Auf die hungrigen Männer warteten frische Baguettes, Landbutter, delikate Wurst, hauchdünn geschnittener Schinken und goldgelber Honig. Genüsse, von denen die PG's nur träumen konnten. Sie rieben sich die Augen, als sie diese Pracht sahen.

Sie ließen sich sehr viel Zeit beim Frühstück. Die Hauseltern setzten sich zu ihnen. Einer der jungen Männer meinte: »Wir sind hier ins Paradies geraten, und Adam und Eva sitzen bei uns am Tisch.«

»Vor dem Sündenfall«, ergänzte Günther.

Die Banater Bäuerin

Viele Volksdeutsche, besonders aus dem Banat, versuchten nach dem Krieg, in Frankreich eine neue Heimat zu finden. Großzügig, wie die Franzosen sich Emigranten gegenüber verhalten, wurden auch diese Flüchtlinge freundlich aufgenommen. Aber viele von den Zugewanderten konnten in dem fremden Land und der ungewohnten Zivilisation keine Wurzeln schlagen und zogen nach Deutschland weiter, in die Heimat ihrer Vorfahren.

Jeder Banater, der Frankreich wieder verlassen wollte, mußte die Zeit vor der Ausreise in einem Repatriierungslager verbringen. Günther suchte auch die Menschen dort auf und versuchte, Mut und Zuversicht zu verbreiten. Auch die Enttäuschung der Menschen über den mißlungenen Schritt in Frankreich versuchte er zu lindern.

Bei einem seiner Besuche sah Günther eine alte Bäuerin im Lager auf dem Gras sitzen. Kein Mensch beachtete sie. Es war noch sehr früh im Jahr, der Himmel grau verhangen, die Erde dunkel und feucht. Die Farben der Baracken waren verblichen, von den Fensterrahmen bröckelte der Kitt. Auf den Wegen lag noch die verkrümelte Asche, die man im Winter gegen das Glatteis gestreut hatte. Auf dem grauen, buckeligen Lehmboden faulten Reste von Grashalmen und Wurzeln.

Auch das riesige Kopftuch, aus dem das Gesicht der alten Frau sah, bestand aus dunklem, leicht verblichenem Stoff. Das Gesicht war von tiefen Sorgenfalten durchfurcht. Der weite, dunkle Rock der Frau reichte bis zu den Knöcheln. Über ihre Schultern fiel ein Umhang in breiten Falten über den ganzen Körper herunter. Das gab der Frau das Aussehen einer Nonne. Doch ihre Hände waren breitgearbeitet, mit Schwielen, Falten und Narben überzogen.

So saß sie da, allein, mitten in einem grauen, verhangenen Tag, durch den man den Frühling noch nicht ahnen konnte. Sie blickte aber nicht ins Leere, sondern andächtig in eine aufgeschlagene Bibel. Es war ein großes Buch, das fast ihren ganzen Schoß bedeckte. Mit ihrem schweren Zeigefinger fuhr sie langsam an den Zeilen entlang. Sie bewegte ihre Lippen dabei, doch Günther konnte nicht verstehen, was sie las.

Die Frau war völlig ins Lesen der Heiligen Schrift versunken. Selbst der einsetzende Nieselregen störte sie nicht. Manchmal hob sie ihren Blick von der Schrift, dachte nach, betete, las weiter.

Günther konnte ahnen, was die Frau alles erlebt haben mußte.

Die Geschichte der Deutschen auf dem Balkan ist eine harte, schwere, blutige. Sie waren dort immer Fremde, und die Regierungen der alten Heimat kümmerten sich kaum um sie. Hitler erst dann, als er Soldaten brauchte.

Verfolgungen hatte die Frau bestimmt erlitten, ihr Leben war wohl hauptsächlich viel zu schwere Arbeit gewesen. Und doch mußte sie ihrem Mann und den Kindern eine Heimat geben. Sicher hatte sie das auch getan.

Es war eine einfache Bäuerin, die vor Günther saß, doch eine lesende, die aus dem Buch lebte, das sie las. Das merkte Günther.

Sie hatte wohl immer aus dem Wort Gottes gelebt, diese in sich ruhende Frau. Ein tiefes Leben, von dem sie ihrer Familie und anderen noch abgeben konnte. Sie strahlte Liebe, Geborgenheit und Zuversicht aus, trotz der tristen Umgebung.

Der graue Tag, die Umgebung waren nicht wesentlich für sie. Die verfallenden Baracken, die überquellenden Mülltonnen, der rostige Stacheldraht. Sie sah durch das alles hindurch. Auch die an der Verwaltungsbaracke angehefteten Verordnungen und Schikanen betrafen sie nicht mehr. Von ihrem gefaßten Gesicht konnte Günther die Botschaft ablesen, die sie las und die sicher so begann: »Wahrlich, wahrlich, ich sage euch . . .« So sprach ihr Heiland, der sie trug und tröstete, der ihr half, Nöte und Entbehrungen zu tragen.

Sie senkte ihren Kopf mit dem Tuch, sie faltete ihre Hände. Sie betete das Gebet des Herrn, das Vaterunser. Günther nahm seine Kappe ab und betete mit. So waren sie beide unter dem Regen, aber der Geist Gottes erfüllte sie.

Douai

Dann wurde den deutschen Kriegsgefangenen in Frankreich angeboten, als Zivilarbeiter in die Bergwerke des Nordens zu gehen. Viele nahmen dieses Angebot an. Besonders solche, die aus den verlorenen deutschen Ostgebieten kamen, keine Angehörigen hatten oder nicht wußten, wo diese waren.

Ehemalige Kriegsgefangenenlager verwandelten sich nun in Lager für Zivilarbeiter. Günther zog mit den Gefangenen in den Norden. So kam er nach Douai, einer alten Stadt im Norden, die von Kohlengruben, Halden und häßlichen Bergarbeiterkolonien umgeben war.

Das Barackenlager, in dem Günther und Yvonne dort für kurze Zeit unterkamen, konnte in seiner Häßlichkeit kaum übertroffen werden. Hinter einem Kanal lagen die Häuser wie ausrangierte Waggons. Von der nahen Kokerei hing immer eine Schmutzfahne am Himmel und senkte Asche und Staub auf die flachen Dächer der Baracken. Mit Schlackenasche waren die Wege aufgeschüttet und gewalzt worden. Zwar war der Stacheldraht beseitigt, doch die rostigen Eisenpfähle hatte man einfach stehenlassen. Überall wucherte Gras und Unkraut. Zerbrochene Flaschen zeugten von den Festen, die hier mit viel Alkohol gefeiert wurden.

Als Yvonne und Günther ihr erstes Kind, René, bekamen, bestand Yvonne darauf, daß sie sich eine bessere Wohnung suchten. Sie fanden eine in der schönen Altstadt. Obwohl Günther von der YMCA miserabel bezahlt wurde, wollte er, daß Yvonne nicht mehr arbeitete, sondern sich ganz dem Kleinen widmete, was sie auch tat. Für Yvonne war es nicht leicht, ihre sonnige Heimat im Süden und das elegante, vibrierende Paris gegen den verregneten, rußigen Norden zu tauschen. Doch sie stand ganz hinter Günthers Arbeit und half ihm dabei.

Verschiedene Typen traf Günther in den Lagern, prima Kumpels, Herumtreiber, Trinker und zuverlässige Arbeiter. Einige von ihnen ließen ihre Frauen oder Bräute aus Deutschland kommen, andere heirateten Französinnen. Vor allem aber nahmen sie die Töchter ihrer Kumpels, die schon vor einiger Zeit aus Polen ausgewandert waren.

Günther wurde zu vielem gebraucht. Er verhandelte für die Arbeiter mit ihren Vorgesetzten und den Behörden. Er schrieb Briefe für sie und füllte Formulare aus. Er hörte zu, wenn Menschen ihm ihr Leid klagten.

In manchem Ehekrach wurde von Yvonne und Günther gemeinsam vermittelt. Es gab immer wieder Verständigungsschwierigkeiten in den Ehen, wo ein Deutscher und eine Polin oder Französin zusammenlebten.

Yvonne kümmerte sich ganz besonders um die Kinder und gründete für sie fünf Clubs im Kohlengürtel. Bald hingen die Kleinen mit großem Zutrauen an ihr. Auch wenn Günther erschien, ließen sie ihn kaum aus dem Auto steigen. Sie klammerten sich an seinen Beinen fest, als ob sie ihn nie loslassen wollten. Sie erzählten ihm, was sie erlebt hatten. Ein Junge, Silvio, war sehr stolz auf den neuen Mantel, den ihm seine Eltern gekauft hatten. Als Günther in seinen alten, abgetragenen schlüpfte, sagte der Kleine zu ihm: »Aber mein Mantel, der ist viel schöner als deiner. Das tut mir leid. Ich würde dir meinen Mantel schon geben, aber er ist zu klein für dich.«

Maria, ein kleines Mädchen, war einmal durch die Spötteleien einer anderen, garstigen Maria aus der Fassung gebracht worden. Weinend kam sie zu Yvonne gelaufen, klammerte sich an sie und erzählte: »In Italien hat mir auch einmal ein Mädchen Fratzen gezeigt, und da bin ich krank geworden. Meinst du, daß ich jetzt auch krank werde?«

Dann bekamen Yvonne und Günther mit Marie-Anne weiteren Familienzuwachs, so daß ihre Familie nun aus vier Personen bestand.

Der Lärge

Er war Schlesier, und diesen Leuten hing man früher den Namen Lerche an. Sonst sind die »Lerchen« ja patente Leute, doch dieser Lärge war ein Miesling. Überall schlich er sich ein, verhetzte und verpetzte Leute und konnte sich gar nicht vorstellen, daß einer wie Günther versuchte, anderen zu helfen, ihnen Freude zu bereiten.

»Der Jude Schild«, nannte er ihn, nachdem er herausgefunden hatte, daß Günther einer war und die Bezeichnung in bezug auf sich nicht leiden konnte.

Lärge war auch ein Meister im Farbewechseln. Bei den Nazis war er natürlich braun gewesen und hinter der Hakenkreuzfahne hermarschiert. Als Besatzungssoldat hatte er wie Gott in Frankreich gelebt. Doch nachdem er in Gefangenschaft geraten war, verwandelte er sich sehr schnell in einen Demokraten, der schon immer gegen die Nazis gewesen war.

Als Günther im Gastarbeiterlager auftauchte, hing Lärge ihm sofort ein übles Motiv an: »Dieser Schild, der ist niemals ein Jude gewesen. Seht ihn euch doch an! Der sieht aus wie einer von der Leibstandarte Adolf Hitlers. Ein SS-Spitzel war der, und zwar ein ganz raffinierter. Während wir an der Front unseren Arsch hinhalten mußten, hat der hier Mademoiselles geschwängert.«

Doch als in Frankreich der Haß gegen alles Deutsche etwas

nachließ und die deutsche Fußballmannschaft ihre ersten Siege nach dem Krieg errang, kam bei Lärge wieder die übertünchte braune Farbe durch. Und immer wieder mußte er Übles über Günther erzählen. Einmal, als er zuviel getrunken hatte, behauptete er: »Dieser Jude Schild, der ist wie alle die Itzigs. Der hat noch nie malocht, noch nie eine Schüppe in der Hand gehalten. Guckt euch doch mal seine Pfoten an, wie aus Samt. Als wir die Autobahn bauten und dann für Führer, Volk und Vaterland an die Front mußten, da hat der sich schon im Ausland herumgedrückt, habe ich gehört. Die haben ihn aus Deutschland rausgeschmissen, weil er ein Bolschewist war. Kann man Adolf nicht verdenken. Wie Gott in Frankreich hat der gelebt, während wir bluten mußten. Ich sag euch nur meine Meinung: Den haben sie vergessen zu vergasen. Ich verstehe nicht, wie ihr in seinen frommen Club laufen könnt.«

Die meisten Kumpels hörten nicht auf ihn. Für sie war Günther der, der allen half.

Dieser Miesling behauptete auch, Günther lenke die Bergleute von ihren gerechten Forderungen ab: »Der Jude Schild, der ist jetzt von der Industrie und dem Pütt gekauft worden. Der macht Spielchen mit den Blagen und erzählt euch Märchen vom Onkel Jesus. Der macht euch so, daß ihr gar nicht mehr um eure Rechte kämpft. Das ist ein ganz falscher Fuffziger.«

Die Kumpels wollten dem Lärge zwar nicht zuhören, doch dieses dauernde Hetzen gegen Günther senkte Gift in ihre Seelen.

Aber eines Abends in einer Kneipe, als sich Lärge wieder zu der Drohung mit der Gaskammer verstieg, da war das dem Alfred zuviel. Alfred war einer von den Treusten in Günthers Gruppen, aber auch ein handfester Kohlenhauer. Der packte sich den Lärge und schlug ihn so zusammen, daß eine Ambulanz ihn abholen mußte.

Bei der polizeilichen Vernehmung hatte keiner gesehen, wer den Lärge so zugerichtet hatte. Ein polnischer Kumpel meinte: »Der muß wohl besoffen die Treppe runtergefallen sein, pschakrew pirunje.«

Der Lärge verschwand aus dem Lager und von der Arbeit. Keiner trauerte ihm nach.

Günther als Komödiendichter und Laienspieldirektor

Doch Günther arbeitete weiter, trotz widriger Umstände und des Mißtrauens seines Vorgesetzten. Immer wieder blieb sein Gehalt aus, ebenso wie notwendige Zuschüsse für einzelne Arbeiten. Manchmal wußten er und Yvonne nicht, wovon sie ihre Miete bezahlen sollten. Aber Günther ließ sich nicht abhalten. Er mußte den Kumpels und ihren Familien helfen, und er tat das gern. Er war genau das Gegenteil von dem, was man heute einen Manager oder Macher nennt. Für ihn standen an erster Stelle die Menschen, und dann das Geld und alles mögliche andere.

Jemand kam auf die Idee, sie könnten Theater spielen. Günther ließ sich schnell überreden. Er schrieb Stücke, die ganz genau zu den Charakteren der Kumpels paßten, die interessiert waren.

Zunächst waren es Sketche, doch als die Zuschauer und er bemerkten, welch begabte Leute da über die Bühne alberten, wurde Günther zu einem Lustspiel mit viel Situationskomik und Klamauk inspiriert. Er wollte damit etwas Freude in die triste Atmosphäre des Lagers bringen.

Günther konnte mit begeisterten Schauspielern arbeiten, die über die Bühne tobten und ihre Zuschauer überzeugten. Sie spielten in allen Lagern des Kohlengürtels.

Ihr erfolgreichstes Lustspiel hieß: »Die amerikanische Tante.« Dieses Stück schlug so gewaltig ein, daß sie sogar in Städte eingeladen wurden. Doch der Höhepunkt war ihr Auftritt in Paris.

In diesem Stück spielte Toni Beier, ein Kumpel, die Rolle eines verkrachten Barons. Dieser Nobelmann, der all sein Erbe verjubelt und verspielt hatte, konnte nur noch vom Pump leben. Aber obwohl es ihm gar nicht mehr zustand, trat er doch noch als hochmütiger und arroganter Freiherr auf. Die Zuschauer pfiffen und riefen pfui, wann immer sich dieser miese Typ auf der Bühne sehen ließ.

Seine Tochter und der Diener versuchten ihn noch zu ändern, aber das gelang ihnen nicht. Sie mußten in den Läden um Kredit bitten, doch mittlerweile gab ihnen keiner mehr etwas auf Pump, da ja die alten Schulden nicht zurückgezahlt wurden. Trotzdem gab sich der Pleitebaron so, als ob ihm die halbe Welt gehörte.

Mitten in dieses Trauerspiel hinein flatterte ein Brief aus Amerika. In dem stand, eine Tante vom Pleitebaron, die er nie gesehen hatte, sei gerade gestorben und habe ihm ihr ganzes Vermögen vererbt. Es handele sich um Millionen, teilte der Anwalt mit. Der arrogante Pleitebaron tat so, als ob er schon immer damit gerechnet hätte. Empört sahen die Zuschauer, die ja wußten, daß das Glück immer den Falschen trifft, den Laffen über die Bühne stolzieren und alle nicht so Glücklichen verachten, die mit Schwielen und Schweiß ihr Brot verdienen mußten.

Doch in diese Hochstimmung tropfte bitterer Wermut, als die Tochter ihren Vater darauf hinwies, daß er die letzten Zeilen, den Nachtrag des Briefes, nicht gelesen habe. Dort stand nämlich, daß eine Bedingung erfüllt werden müsse, ehe der Baron seine Erbschaft bekommen würde. Und diese lautete so: Der erste Landstreicher, der an die Wohnung des Barons anklopfen würde, sollte von ihm wie ein Herr behandelt werden. Einen ganzen Tag müsse der Baron ihm als Diener untertänig sein, ihn bedienen und zu Beginn ihm die Füße waschen. Er müsse alles tun, was dieser Clochard von ihm erwarte, sonst würde er die Erbschaft nicht bekommen. Das Ganze müsse unter der Aufsicht eines Rechtsanwalts geschehen.

Als der Pleitebaron diese Bedingung hörte, tobte er. Er schrie, er wolle lieber auf die Millionen verzichten, als sich so demütigen zu lassen. Seine Tochter, unterstützt vom Kammerdiener, versuchte ihn händeringend umzustimmen: »Liebes Papilein, denk doch nur an die unbezahlten Rechnungen und drohenden Mahnungen, die uns ins Haus geschickt werden«, und der Kammerdiener präsentierte ihm sofort ein ganzes Bündel davon. Auch der Pfändungsbefehl des Gerichts wurde dem Pleitebaron unter die Nase gehalten, doch der winkte nur ab. So demütigen konnte er sich nicht, das sprach ganz gegen seine Natur.

Kurt Berke, der Begabteste des Ensembles, übertraf sich in seiner Rolle als Kammerdiener so, daß sich der Saal bei jedem seiner Auftritte kugelte.

Paul Hanke, von Natur aus schon ein pingeliger und pedantischer Vertreter, trat als Advokat auf, der überwachen sollte, daß der Baron auch genau die Bedingungen des Testaments erfüllte. Wie gerne wäre Paul Hanke auch im wirklichen Leben ein Rechtsanwalt oder Buchhalter gewesen. Im Lager und untertage wurde er wegen seiner »Pingeligkeit« oft gehänselt und ausgelacht. Er sammelte sogar das weggeworfene Butterbrot ein, weil es ihn störte, und betrat er eine Wohnung, zog er zunächst einmal die Deckchen zurecht und hing die Bilder gerade. In seiner Rolle durfte er das spielen, was er gerne sein wollte, einer, der sich am Tüpfelchen des Gesetzes festhielt.

Dem Gerichtsvollzieher, Werner Arndt, bereitete es eine riesige Freude, die sich auf alle Zuschauer übertrug, beim Pleitebaron zu erscheinen und alle Möbelstücke und Hirschgeweihe mit einem »Kuckuck« zu bekleben. Sogar den Zylinder und die Frackschöße ließ er nicht aus, zum Jubel der Zuschauer, denen es gefiel, wenn so ein arroganter Reicher mal drankam.

Dann wurde es für den Gerichtsvollzieher immer schwieriger, noch einen Pfändungsgegenstand für seinen »Kuckuck« zu finden. Doch Werner Arndt gab nicht auf. Er kroch sogar unters Bett und klebte einen Kuckuck ans Nachtgeschirr. Was einen Riesenjubel beim Publikum auslöste, das ihm half, noch weitere Gegenstände zu finden.

Als es nichts mehr zu pfänden gab und alle schon resignieren wollten, tauchte im zweiten Akt ein Clochard auf: Kowallik. Auch er spielte die Rolle so echt, als sei er nie etwas anderes gewesen. Torkelnd, nach Fusel stinkend, beschmutzt und verschwitzt torkelte er in die aufgelöste Familientragödie auf die Bühne. Er fiel geradezu in seine Rolle hinein, ein Flasche Schnaps schwenkend und nach mehr suchend.

In den ersten Reihen des Zuschauerraumes hielten sich die Betroffenen die Nasen zu. Denn Kowallik trat nicht nur in seinen verrußten und verschwitzten Püttklamotten auf, sondern hatte diese noch mit billigem Fusel getränkt.

Ein groteskeres Paar konnte man sich nicht vorstellen: dieser heruntergekommene Clochard, dem der geschniegelte Baron dienen sollte.

Nun versuchten Tochter, Kammerdiener und Rechtsanwalt, jeder auf seine Art, dem Pleitebaron zu erklären, wie er seine Rolle zu spielen habe. Doch der sträubte sich noch immer. Da nahmen sie sich den Kowallik vor. Doch während der Herr Rechtsbewahrer darauf bestand, daß Kowallik so bleiben müsse, wie er war, versuchte der Kammerdiener ihn zu bereden, es dem Herrn Baron nicht so schwer zu machen.

Weder im Spiel noch im Leben war Kowallik bisher so hofiert worden. Er genoß nicht nur die schönen Worte, sondern jede Silbe davon und nahm sich der Tochter gegenüber manches heraus, was ihm bisher im Leben verwehrt worden war.

Er stellte sich dümmer an, als er war, tat so, als ob er nichts verstanden hätte. Er schwelgte in den Versprechungen und Beschwörungen, wie im lauwarmen Wasser einer parfümierten Badewanne, die er schon so lange nicht mehr bestiegen hatte. Der Kammerdiener steckte ihm eine Flasche Schnaps in die Tasche, die Kowallik aber sofort an den Hals setzte, um einen gurgelnden, schmatzenden Schluck daraus zu nehmen. Der Kammerdiener versprach Kowallik, auch in Zukunft bei jedem Besuch im Schloß eine Flasche Schnaps und ein Strohlager zur Verfügung zu stellen, falls es ihm gelänge, dem Herrn Baron zu seinem Erbe zu verhelfen.

Der Rechtsanwalt bestand darauf, daß der Herr Baron in seiner Rolle als Lakai, wie im Testament vorgesehen, mit der Fußwaschung des Stromers beginnen müsse. Kowallik streckte ihm schon schnapsselig seine unbeschreiblichen »Quanten« hin.

Der Baron wollte flüchten, doch die nicht ganz sanfte Gewalt seines Kammerdieners und die Tränen seiner Tochter schleppten ihn dann doch wieder an das »Subjekt«, wie er sich ausdrückte, heran.

Doch: »Nein, niemals werde ich das tun!« wehrte er mit allen seinen Gliedern ab.

Aber seine Getreuen beschworen ihn, malten ihm aus, wie es ihnen bald ergehen würde und daß seine bildhübsche Tochter wohl als Bettlerin ihr tägliches Brot werde verdienen müssen.

Fast hätten alle Frauen im Saal mitgeweint, während ein Zuhörer spontan rief: »Bei mir kann sie jederzeit unterkommen!«

Johlen und Brüllen im Saal.

Kowallik brauchte sich nur zu rühren, zur Flasche zu greifen, und schon lachte der Saal wieder auf. Sonst war Kowallik ein arbeitsamer, zuverlässiger Bergmann, aber wie es aus der Flasche schmeckte, das wußte er auch, und manchmal trank er ein wenig zuviel davon. Natürlich wusch der Pleitebaron Kowallik dann doch die Füße, und alles kam zu einem glücklichen Ende und er zu der Erbschaft. Zum Schluß flatterten dann Geldscheine aus dem Theaterhimmel auf den glücklichen Baronshaushalt herab, der nun mit Champagner feierte.

In Paris wollten alle natürlich ihre Rolle ganz besonders gut spielen. Kowallik meinte, ein Schluck aus einer echten Schnapsflasche würde seine Künste noch beflügeln. Aber wie es meistens ist, es blieb nicht bei einem. Und je mehr Kowallik trank, desto besser fühlte er sich in der Rolle eines betrunkenen Landstreichers.

Von seiner Nebenprobe wußte aber keiner der anderen etwas. Zunächst verlief auch in Paris alles so, wie es die Schauspieler gewohnt waren. Das Publikum ging begeistert mit, lachte an den richtigen Stellen, und es gab Szenenapplaus. Günther saß als Souffleur im Kasten. Von dort aus führte er auch Regie. Doch nun konnte er sich zurücklehnen, das Stück lief von selbst.

Als Kowallik auf die Bühne stolperte, wirkte er so echt, daß das Publikum ihn zu seinem Helden erkor. Vor lauter Spieleifer und Torkeln hatte er aber die Worte vergessen, die er sagen mußte, damit die Mitspieler ihren Einsatz bekamen. Kowallik wußte sich jedoch Rat. Er schwankte zum Souffleurkasten und beugte sich hinunter, um von Günther das Stichwort zu hören.

Günther kam eine Wolke von Schnapsdunst entgegen. Bald wußten die andern auch, was mit ihm passiert war. Kaum hatte er seinen Satz herausgelallt, vergaß er schon wieder den nächsten und mußte zum Kasten zurück. Aber dort verstand er nicht, was Günther ihm zuflüsterte, und fragte so laut, daß es bis in den Saal zu hören war: »Watt?« Günther mußte sich halb aus dem Kasten herausheben, damit Kowallik seine Zeilen verstand. Das Publikum meinte, das gehöre so zum Stück, und amüsierte sich köstlich. Doch die Schauspieler befürchteten das Schlimmste. Sie dachten schon daran, den Vorhang einfach fallen zu lassen, denn Kowalliks Gedächtnisschwund breitete sich immer weiter aus und nahm bald die Größe eines Baggerlochs an.

Aber dann fielen dem Kowallik doch wieder die Worte seiner Rolle ein, und er brachte sie glücklich heraus. Sicher in seinem Erfolg schwimmend, nahm er auch die anderen mit. Trotzdem kehrte er immer wieder torkelnd zu Günther zurück, obwohl er dessen Hilfe nicht mehr brauchte.

Der Abend wurde zum größten Erfolg der Theatergruppe aus dem Norden. Anschließend feierten die Künstler mit Champagner, aber Kowallik trank nur noch Kaffee und schämte sich ein bißchen.

Am nächsten Tag berichteten die Pariser Zeitungen von dem Erfolg einer Bergarbeiterbühne aus dem Kohlenrevier. Sogar der gefürchtete Theaterbeobachter Elmer schrieb unter anderem: ». . . diese entwaffnend komische Farce wurde weit über den gegebenen Anlaß hinaus eine sozialkritische Satire, in der herrlich humorvollen Enthüllung all des unergründlichen Kitsches, der unsere unruhigen Träume beherrscht, auch wenn wir es nicht wahrhaben wollen. Dieses kleine Ensemble vollbrachte eine wahre Meisterleistung in der bewußt schlicht gehaltenen Form der Darbietung und des Ausdrucks . . . Ohne Ausstattung, ohne Aufmachung, ohne jede Maske, zwanglos, ungeniert gaben sich die Komödianten im Spiel wie im Leben. Vollends, als sie sich zum

Schluß vorstellten, sich als Paare fanden und ihren Autor und Regisseur aus dem Souffleurkasten auf die Bühne zogen ...«

Die Granate

Im Jahre 1946 besuchte Günther ein deutsches Such- und Sprengkommando in der Normandie. Als er sich bei der französischen Lagerwache wieder abmeldete, schenkte ihm der diensthabende Soldat eine Granate: »Weil Sie sich immer so treu um die Gefangenen kümmern.«

Günther fand das rührend. Er hielt zwar nicht viel von Waffen und dachte nicht daran, sich so etwas als Zierde in die Wohnung zu stellen, doch der Soldat meinte es nett, und dann konnte man die Granate auch als ein modernes Kunstwerk betrachten, wie eines von Archipenko.

Günther fragte aber vorsichtshalber noch einmal nach: »Wenn die Granate aber explodiert ...?« Worauf der Waffenexperte ihm antwortete: »Keine Angst, die ist längst von Ihren Landsleuten entschärft worden. Und dann stand sie auch schon fast zwei Jahre auf dem Schreibtisch unseres Leutnants und hat sich nie gemuckst.«

Günther bedankte sich für das Geschenk und legte die Granate unter den Fahrersitz seines Autos. Und vergaß sie dort. Manchmal brachte sie sich in seine Erinnerung zurück, wenn er über eine schlechte Straße rumpelte und sie im Wagen hin- und herschlug. Dann nahm Günther sich vor, sie doch bald mal irgendwo hinzustellen. Sie erinnerte ihn wieder an die Freundlichkeit des französischen Soldaten. Es geschah auch, daß die Granate hinten hochsprang und wieder herunterkrachte oder ihm zwischen die Beine rollte; dann nahm er sich ganz fest vor, sie bei der Ankunft sofort aus dem Wagen zu nehmen, was er dann aber doch wieder vergaß.

Als er sie schließlich herausnahm, um Yvonne damit zu überraschen, wurde Yvonne richtig böse, und Günther mußte das »Biest«, wie Yvonne sich ausdrückte, wieder ins Auto tragen. Sie wollte keine Andenken an den Krieg in ihrer Wohnung dulden. Wieder fuhr Günther mit der Granate Hunderte von Kilometern durchs Land, zu abgelegenen Kriegsgefangenenlagern. Als ihm die Granate einmal beim Bremsen zwischen die Füße geriet und fast einen Unfall verursachte, nahm sich Günther vor: »Noch heute kommt sie weg.« Da er am Abend den Pfarrer von Alençon besuchte, wo er mit Ernst gewohnt hatte, schenkte er diesem die Granate, als ein Kunstwerk edler Formen.

Der Pfarrer wußte zwar auch nicht, was er mit einer Granate machen sollte, aber als wohlerzogener Mann nahm er sie an. Doch nachdem Günther sich verabschiedet hatte, legte er sie auf den Boden, wo das Gerümpel des Hauses lagerte.

Dort blieb sie mehrere Jahre liegen. Bei jedem Frühjahrsputz wurde sie hin- und hergerollt, kippte öfters um, schlug auch schon mal hart auf den Boden und gegen andere Möbel, bis sie wieder in eine Ecke geschoben wurde.

Eines Tages las der Pfarrer erschrocken einen dringlichen Aufruf der Polizei. Darin wurde die Bevölkerung aufgerufen, sofort alle Waffen und Munition aus dem Weltkrieg abzuliefern. Es seien schon viele Unfälle passiert, auch mit tödlichem Ausgang. Auch die Frau des Pfarrers hatte es gehört und bat ihren Mann inständig, doch sofort die Granate zur Polizei zu bringen.

Als der geistliche Herr sein Geschenk dort auf den Tisch stellte, gingen alle sofort in Deckung, und der Chef schrie ihn kreidebleich an: »Mensch, raus hier, die ist scharf, die kann jeden Augenblick explodieren.«

Die Granate wurde von Feuerwerkern abgeholt und entschärft, aber der Pastor in ein Kreuzverhör genommen. Er bekannte natürlich, wie er an dieses Teufelsgeschoß gekommen sei. Der Pfarrer mußte Günthers Namen nennen, aber die Adresse wußte er nicht. Er versuchte zu erklären, daß Monsieur Schild es sicher gut gemeint habe, doch die Polizei setzte sofort eine Fahndungsmeldung auf. Günthers Adresse wurde gefunden und er zur örtlichen Polizei vorgeladen.

Das war ihm so oft passiert, daß er sich keine besonderen Gedanken darüber machte, als er im örtlichen Revier erschien. Dort erschrak er aber doch, als man ihm sofort vorwarf, er sei ein gefährlicher Waffenhändler. Man verlangte ein volles Geständnis von ihm, doch Günther konnte nicht mehr sagen als das, was wir schon wissen.

Der Kommissar blätterte in Günthers Akten herum und las mißtrauisch, was dort gegen den »Waffenhändler« schon argwöhnisch und negativ zusammengetragen worden war. Daraus schloß er: »Sie sind eine undurchsichtige Person. Sie haben in Frankreich Waffen für die Araber gekauft und in Pfarrhäusern versteckt. Das ist ein niederträchtiger Trick.«

Günther, schon erfahren mit solch absurden Verhören, fragte: »Aber wie kommen Sie denn darauf?«

Der Kommissar fuhr ihn an: »Wir stellen hier die Fragen und nicht Sie!«

Jedes Wort, das gesprochen wurde, stenografierte man mit. Es sah für Günther wieder einmal gefährlich aus. Da fiel ihm ein, daß er den Chef der örtlichen Polizei sehr gut kannte. Er war ihm schon oft begegnet, wenn er für die Ausländer aus den Bergarbeiterlagern verhandelte und übersetzte. Bei ihm hatte er immer ein offenes Ohr gefunden. Als Günther bat, vor ihn geführt zu werden, fragten die Polizisten sofort, ob ihr Chef geneigt sei, diesen Schieber zu empfangen. Zu ihrem Erstaunen war er es.

Der Chef begrüßte Günther wie einen alten Freund und bat ihn, auf einem bequemen Sofa Platz zu nehmen. Er angelte nach einer alten Flasche Cognac hinter einer Aktenwand und goß beiden erst einmal ein Gläschen ein. Dann studierte er Günthers Akten und schüttelte den Kopf. Günther nickte: »Tja, ich verstehe es auch nicht.«

Der Chef wußte, was Günther für die Menschen in den Lagern tat, und glaubte eher ihm als der dicken Polizeiakte. Er bat Günther, ihm die Sache mit der Granate genau zu erklären. Günther berichtete humorvoll, doch der hohe Beamte blieb ganz ernst und fuhr Günther schließlich an: »Monsieur Schild, Sie müssen mehr Schutzengel als Rillen im Gehirn haben. Sie haben eine lebensgefährliche Granate monatelang durch Frankreich geschaukelt. Normalerweise explodiert dieses hochempfindliche Geschoß bei der leichtesten Berührung. Die Detonation hätte Sie zu Hackfleisch verwandelt. Ich betone es noch einmal: zu Hackfleisch! Daß Sie noch am Leben sind, ist ein Wunder. Gehen Sie sofort in eine Kirche und zünden Sie dort eine Kerze an!«

Günther versuchte, sich erschrocken und stammelnd zu verteidigen: »Aber der Soldat hat mir doch gesagt, daß sie entschärft worden ist und auf dem Schreibtisch des Leutnants gestanden hat . . .«

Doch der Polizeikommandant winkte ab: »Man kann ja viel erzählen, aber das war schon ein krimineller Spaß. Hackfleisch, Monsieur Schild, daß Sie nicht zu Hackfleisch geworden sind, ist ein Wunder. Danken Sie der Vorsehung dafür, die Kinder und Toren anscheinend besonders bewahrt.«

Wie Günther und der deutsche Generalkonsul ein Kind entführen

Die Familie lernten Günther und Yvonne durch einen ihrer Kinderclubs kennen. Dorthin kam ein kleiner Junge, der Bernard hieß und fünf Jahre alt war. Sein Vater, ein Herr Wasserträger, war ein »Mistviech«, wie die Bayern sagen. Eines Tages ließ er Frau und Sohn einfach sitzen. Er sagte Berta, seiner Frau, er müsse neue Reifen für den Schrottkarren kaufen. Als sie gerade nicht aufpaßte, nahm er alles mit: Bargeld, Sparbuch, von dem er alles abhob, Silberbesteck, Bertas Schmuck, sogar ihren Mantel und den Teppich, und verschwand samt Auto für immer. Später sah man ihn in Deutschland, wo er ein liederliches Leben führte.

Bald darauf lernte Berta Ali kennen. Er arbeitete unter ungesunden Verhältnissen in einem schon schrottreifen Chemiewerk und verrichtete dort eine Arbeit, die weder Deutsche noch Franzosen anfassen wollten.

Gemeinsam mit seinen Landsleuten und Schicksalsgenossen hauste er in einem erbärmlichen Barackenlager. Berta und er mochten sich, und Ali zog aus der Baracke in Bertas Wohnung.

Anfangs verlief ihr Zusammenleben ohne Probleme. Doch dann begann Ali zu trinken, was natürlich auch etwas mit seiner ungesunden Arbeit zu tun hatte. Oft kam er total betrunken nach Hause, oder seine Saufkumpane mußten ihn zu seiner Wohnung schleppen. Leider verwandelte der Alkohol diesen sonst so friedlichen Menschen in einen Unhold, der seine Lebensgefährtin und den kleinen Bernard furchtbar schlug und trat. Ihr Leben verwandelte sich in eine unerträgliche Hölle.

Unter diesen Umständen kam Aischa zur Welt, als Tochter von Berta und Ali. Ali wollte sie aber nur als seine Tochter registrieren lassen, was in Frankreich durchaus möglich ist. Er machte sich kundig und zog zum Standesamt. Dort ließ er seine Tochter registrieren und schrieb hinter die Frage nach der Mutter: »unbekannt«. Nach dem Code Napoléon, der in Frankreich die Grundlage des Gesetzes bildet, ist so etwas durchaus möglich. Mit dieser Eintragung, von der Berta nichts wußte, hatte Ali alle Rechte über Aischa und Berta keine.

Aischa war ein bildhübsches Mädchen. Ali liebte sie fast abgöttisch. Aber gleichzeitig setzte er Berta und ihrem Bernard immer übler zu. Yvonne und Günther sahen an dem kleinen Jungen immer wieder Spuren von Schlägen und Tritten, wenn er in den Kinderclub kam. Überall an seinem Körper zeigten sich Wunden und blaue, blutunterlaufene Flecken. Der Kleine bebte vor Angst, wenn er wieder nach Hause mußte. Yvonne gab ihm all ihre Liebe, und auch Günther versuchte, ihm ein guter, milder Vater zu sein.

In der schlimmsten Zeit übte der Kinderclub gerade ein Krippenspiel für Weihnachten. Alle Kinder waren mit Begeisterung und strahlenden Äuglein dabei. Nur Bernard hockte in einer Ecke und weinte vor sich hin. Es war ein Bild zum Erbarmen.

Yvonne fragte ihn: »Sag es mir, mein lieber, kleiner Freund. Flüstere es mir ins Ohr, daß es keiner hört: Warum bist du denn so traurig?«

Da schluchzte Bernard auf und flüsterte ihr ins Ohr: »Der Ali, der schlägt mich immer.« Und dann: ». . . und die Mutter schlägt er auch ganz schlimm.«

Yvonne und Günther überlegten, wie sie eingreifen konnten. Da erschien Berta, um ihren kleinen Sohn abzuholen. Als Yvonne und Günther ihr berichteten, was Bernard ihnen gebeichtet habe, brach sie auch in Tränen aus und bestätigte: »Ali kommt jetzt jeden Tag betrunken nach Haus. Er weiß dann nicht mehr, was er tut. Er schlägt mich ganz furchtbar und Bernard auch, aber Aischa, die drückt er an seine Brust und küßt sie . . .« Entsetzt fragte Günther: »Aber warum bleiben Sie denn bei ihm?«

Die Antwort kam schnell und bitter: »Er will ja, daß Bernard und ich ihn verlassen. Er schreit immer: ›Hau doch ab mit deinem Bastard, aber die Aischa, die bleibt bei mir, die nehme ich mit nach Algerien zu meinen Eltern!‹ Aber Aischa ist doch auch mein Kind. Ich liebe sie genauso wie Bernard. Später würde er sie bestimmt auch schlagen, wenn er sich nicht mehr an uns austoben kann.«

Günther verstand Berta. Welches Leid nahm sie auf sich, um bei ihrer Tochter bleiben zu können!

Dann seufzte die Mutter: »Ich will mit den Kindern von ihm weg. Es ist nicht mehr zum Aushalten. Aischa weint auch mit uns, bekommt Angst vor ihm, wenn er uns schlägt. Sie schreit und strampelt, wenn der betrunkene Kerl sie auf den Arm nimmt und sie mit seinem stinkenden Atem küßt. Monsieur Schild, ich halte es nicht mehr aus, und für die Kinder ist es auch die Hölle.«

Günther rief den deutschen Generalkonsul in Lille an, den er sehr gut kannte. Er hatte Günther schon oft geholfen, wenn seine Leute in Not waren. Der Konsul war schockiert, reagierte aber sofort: »Kommen Sie schnell ins Konsulat. Bringen Sie Berta Wasserträgers Paß mit. Mir kommt eine Idee. Sie muß von diesem Alkoholiker weg.«

Günther fuhr Berta und Bernard nach Hause, um ihren Paß zu holen. Die Gelegenheit war günstig. Ali befand sich im Krankenhaus, weil seine angegriffene Leber behandelt werden mußte. Dann sagte Günther geistesgegenwärtig zu Berta: »Wenn Sie von Ihrem Mann wegwollen, müssen Sie es jetzt tun. Packen Sie alle Ihre Sachen und halten Sie sich mit Ihren Kindern bereit, während ich nach Lille fahre. Vielleicht regelt der Konsul dort alles, und Sie können schon heute Frankreich verlassen. Haben Sie jemanden, der Sie über die Grenze bringen kann?«

»Ja«, antwortete Berta, »mein Bruder. Der tut alles für uns. Er ist Taufpate vom Bernard und hat ein Auto. Ja, ich möchte so schnell wie möglich weg, ehe die Kinder noch mehr Schaden erleiden und ich auch.«

Günther raste mit seiner wackeligen Ente nach Lille und hoffte nur, daß sie unterwegs nicht zusammenbrach. Der Diplomat hatte bei Hitlers Machtübernahme unter Franz von Papen, dem Vizekanzler, gearbeitet. 1934 war er an einer angeblichen Verschwörung beteiligt, die Hitler beseitigen wollte. In letzter Sekunde konnte er den Braunhemden entwischen und floh ins Ausland. Seine Mitverschworenen wurden gefaßt und erschossen. Er entstammte einer adligen Familie in Ostpreußen. Nach dem Krieg verlor die Familie ihren Besitz, und er ging wieder in den diplomatischen Dienst. Nun war er der deutsche Generalkonsul für Nordfrankreich.

Als Günther atemlos in Lille eintraf, wurde er sofort vorgelassen. Der Konsul hatte schon einen Plan entwickelt, mußte Günther aber vorher auf die eventuellen Folgen aufmerksam machen: »Tja, mein lieber Schild, da müssen wir aber allerhand riskieren, um dieser Frau und ihren Kindern zu helfen: Sie Ihre Freiheit und ich meine Freiheit. Wenn das herauskommt, was wir beide jetzt tun, um die drei zu retten, dann wird es uns sehr übel ergehen.«

Günther nickte, aber er lächelte auch und schränkte ein: »Aber dieses Mal geht es nicht um unseren Kopf.«

»Das stimmt schon«, gab der Konsul zu, »aber eine Karriere mit Pensionsberechtigung ist auch nicht zu verachten. Und ich denke, daß Sie von der Einsperrerei auch nicht sehr viel halten. Die wäre dann für Sie bestimmt nicht zu vermeiden, wenn man uns das nachweisen kann, was ich nun vorschlagen möchte.« Er kam zur Sache: »Also hier in Frankreich wird der Vater alle Rechte für die kleine Aischa auf immer und ewig behalten. Sie ist und bleibt sein Kind. Die als unbekannt deklarierte Mutter wird überhaupt nicht beachtet. Wenn diese nach dem Gesetz unbekannte Frau mit dem fremden Kind Aischa – denn das ist sie laut Gesetz – flüchtet, macht sie sich der Kindesentführung schuldig und wird entsprechend hoch bestraft. Wir natürlich auch. Mich schützt zunächst meine diplomatische Immunität, doch in der Bundesrepublik kann sie aufgehoben werden. Aber Sie ...«

»...gehen für ein paar Jährchen ins Zuchthaus«, setzte Günther die Rechtsbelehrung fort.

»So ist es«, schloß der gelernte Jurist. Dann erhob er sich in seiner ganzen Junkerlänge von zwei Metern und verkündete: »Aber wir werden es trotzdem tun. Weil es besser für die Kinder und die Frau ist. In Deutschland hätte Berta als Mutter alle Rechte auf ihr Kind Aischa. Darum müssen wir sie und ihre Kinder so schnell wie möglich aus Frankreich in die Bundesrepublik bringen. Wenn möglich, noch heute. Läßt sich so ein Transport bewerkstelligen, Herr Schild?«

Günther war stolz, daß ihn seine Intuition nicht betrogen hatte: »Es ist alles vorbereitet. Berta hat einen deutschen Paß, in dem auch Bernard eingetragen ist, aber nicht Aischa.«

»Na, das ist ja prima!« rief der Konsul, nahm Bertas Paß und verschwand.

Günther rief noch hinterher: »Kann ich helfen oder was unterschreiben?«

»Lieber nicht«, wehrte der Konsul ab, »es ist besser, wenn Sie nicht sehen, wie ich Urkundenfälschung betreibe.«

Nach einer Viertelstunde kehrte der Konsul freudestrahlend zurück und schwenkte Bertas Paß: »So, jetzt heißt das kleine Mädchen Christina Wasserträger. Geburtsort und Datum sind verändert. Ist das nicht ein schöner Name, Christina Wasserträger? Darauf müssen wir einen heben.«

Sprach's, begab sich zu einem Geheimtresor, fischte eine Flasche mit uraltem französischen Cognac heraus und schenkte seinem Freund und sich ein.

Stehend tranken die beiden »Kindesentführer« auf die Wiedergeburt und das neue Leben der Christina Wasserträger.

Ernst betonte der Konsul noch einmal: »Aber heute muß die Mutter unbedingt mit ihren Kindern Frankreich verlassen.«

Günther versprach es und war bereit, sie selbst nach Deutschland zu bringen. Doch Bertas Bruder stand schon mit seinem Wagen bereit, alles war eingepackt, und die Kinder stiegen ein, als Günther Berta den Paß überreichte. »Wenn Sie in Aachen eingetroffen sind, müssen Sie sich dort sofort beim Sozialamt melden. Paragraph zwei des deutschen Fürsorgegesetzes besagt, daß jeder Deutsche, der aus dem Ausland kommt, sich bei diesem Amt in der nächstgrößeren Stadt nach der Grenze melden soll. Die dortige Behörde wird dann alles andere veranlassen.«

Berta umarmte Günther aufgeregt und voller Dankbarkeit. »Wir haben doch einen gütigen Vater im Himmel«, sagte sie leise. Dann fuhren sie los. Günther blieb bis zur französischen Grenze hinter ihnen und atmete dankbar auf, als sie sie ohne Probleme passierten.

Als der Bruder von Aachen zurückkehrte, berichtete er, alles sei reibungslos verlaufen, die drei würden nun von der Caritas betreut. Günther nahm an, damit sei für ihn die Geschichte abgeschlossen. Aber dem war nicht so.

Als Ali aus dem Krankenhaus entlassen wurde und seine Tochter Aischa nicht vorfand, schrie er auf. »Liebe« Nachbarn erklärten ihm, dieser Schild habe Berta und den Kindern zur Flucht verholfen. Ali fand schnell heraus, wo Günther wohnte, kippte sich ein paar Schnäpse hinter die Binde, um Mut zu bekommen, lieh sich einen Revolver und suchte den Mitentführer auf.

Günther wohnte in der ersten Etage und sah meistens aus dem Fenster, ehe er die Treppen hinunterstieg, um zu öffnen. Warum er es damals nicht tat, wußte er auch nicht. Er lief die Treppe hinunter und öffnete die Tür.

Ali brach wie ein Bagger in den Flur und drohte ihm: »Geben Sie mir sofort Aischa heraus, sonst passiert ein Unglück!«

Günther ahnte, was Ali in seiner ausgebeulten Hosentasche umklammert hielt. Alis Augen funkelten wie die eines Mannes, der zu allem bereit ist, auch zum Töten. Seinen einzigen Schatz in dieser Welt hatte man ihm gestohlen, seine Tochter, die er vergötterte. Günther ahnte nicht, was Ali eigentlich vorhatte, sonst hätte ihm das noch mehr Furcht eingejagt. Ali wollte Yvonne zur Geisel nehmen, bis Günther ihm Aischa zurückbrachte.

»Wo ist Aischa?« schrie Ali noch einmal und war bereit, seine Pistole zu ziehen.

»Aischa ist nicht bei uns«, versuchte Günther ihn zu beruhigen. »Ich weiß nicht, wo sie genau ist, aber nicht in Frankreich.«

Letzteren Satz hätte er nicht sagen dürfen, denn Ali verlor nun vollkommen die Selbstbeherrschung. Er rempelte Günther zur

Seite und wollte die Treppe zu Günthers Wohnung hochlaufen. Günther konnte ihn gerade noch am Jackenärmel erwischen und festhalten. Nun zog Ali die Pistole und richtete sie auf Günther. Doch der war plötzlich die Ruhe selbst. Ihm fiel sogar noch etwas ein: »Machen Sie sich doch nicht unglücklich«, bat er. »Wenn Sie mich töten, werden Sie Ihre Aischa bestimmt nie wiedersehen. Und oben in meiner Wohnung ist sie nicht. Keiner ist dort, meine Frau ist gerade mit dem Jungen ausgegangen.«

Diese Information zerstörte Alis Pläne mit der Geiselnahme. Plötzlich wußte er nicht mehr, wie er weitermachen sollte.

Günther bemerkte es und redete so ruhig, wie er konnte, auf Ali ein: »Ich kenne einen sehr guten algerischen Anwalt, der Ihnen sicher auch bekannt ist. Der verteidigt sehr erfolgreich Ihre Landsleute, wie Sie sicher wissen. Wenn der Ihre Sache in die Hand nimmt, wird es bestimmt mehr bringen, als wenn Sie mich hier erschießen. Wer soll sich dann um die Kleine kümmern? Also lassen Sie doch den Rechtsanwalt für Ihre Rechte kämpfen.«

Günther schrieb die Adresse des Rechtsanwalts und einen Gruß auf seine Visitenkarte, die er dem noch immer verdutzten Ali übergab. Der fluchte noch einmal ganz furchtbar auf arabisch, steckte die Pistole weg und verließ das Haus. Günther mußte sich erst einmal gegen die Wand lehnen.

Kurze Zeit später erhielt er eine Vorladung zur Polizei. Er mußte sich dort beim Chef persönlich melden. So wichtig wurde die Kindesentführung genommen. Günther kannte diesen Mann.

Er wurde sehr höflich empfangen, zu einem Sessel geleitet, er bekam eine Zigarette angeboten, doch das alles täuschte ihn nicht über die sehr ernste Lage hinweg, mit der der Beamte Günthers Akte studierte.

Der Polizeichef blätterte sehr lange in Günthers Akte herum und fragte dann scharf: »Sie wissen sicher, warum Sie hier vorgeladen sind?«

Günther nickte.

»Sie können sich denken, daß wir eine Kindesentführung sehr ernst nehmen, denn sonst würde ich mich als Polizeichef nicht damit befassen.«

Günther nickte wieder, schuldbewußter.

Dann wieder der Polizeichef: »Das ist ja eine üble Sache, die Sie sich da eingebrockt haben. Der algerische Anwalt war gestern bei mir. Er ist ein sehr erfolgreicher Jurist, wie Sie wissen, und das Recht steht auf seiner Seite. Wenn es stimmt, was er mir berichtet hat, daß Sie nämlich ein Kind mit einer unbekannten Frau entführt haben, dann werden wir Sie hart bestrafen müssen. Sie wissen, wie unsere Gerichte in diesen Fällen verfahren. Sie sind ja selbst Jurist gewesen. Ich werde Ihnen aber zur Erinnerung noch einmal den entsprechenden Paragraphen vorlesen.«

Was er auch tat. Günther zuckte zusammen, als er das Strafmaß hörte. Er rechnete mit einer mehrjährigen Zuchthausstrafe.

Dann mahnte der Polizeichef: »Ich werde Sie jetzt verhören. Geben Sie also acht auf jedes Wort, das Sie sagen. Ich kann es als Beweis der Anklage benutzen lassen. Sie sind hier im Polizeipräsidium, und ich habe Sie zu einem offiziellen Verhör bestellt. Verstehen Sie, daß jedes Wort gegen Sie ausgelegt werden kann?«

Es fröstelte Günther, nun bekam er doch Angst. Würde er überhaupt noch einmal zu Yvonne, zu den Kindern gehen können? Geschah die Festnahme sofort nach dem Verhör, wegen Verdunkelungsgefahr, die ja bestand?

Doch plötzlich sagte der Chef, nachdem er wieder eine Zeitlang intensiv nachgedacht hatte: »Ich nehme an, daß Sie ein gutes, uneigennütziges Motiv bei Ihrer Tat hatten, so wie ich Sie und Ihre Arbeit auch unter Arabern kenne. Sie haben es sicher nicht getan, weil Sie einen Araber weniger als Menschen ansehen als einen Europäer. Sicher verstehen Sie auch, wie ein Vater an seiner Tochter hängt. – Warum haben Sie es getan? Wir sind beide hier allein. Es gibt keine Zeugen, ich werde zunächst nichts protokollieren. Also berichten Sie mir alles, auch Ihre Motive, von Mensch zu Mensch. Vergessen Sie den Polizisten dabei.«

Dann erzählte Günther alles, und der Polizeichef hörte zu. Zunächst sehr kritisch und ablehnend; aber dann lockerte er sich, weil er nun verstand, warum Günther es getan hatte.

Anschließend schwiegen beide eine Weile. Der Polizeichef war nun ein Mitwisser geworden, und er wußte, was das auch für ihn bedeuten konnte, falls es herauskam. Günther sah ihm an, daß er ihn nicht mehr verurteilte; doch er dachte daran, welch einen Skandal diese Entführung auslösen konnte, falls Informationen darüber in die Öffentlichkeit gerieten. Er hörte schon den Aufschrei in der liberalen und linken Presse: »Religiöse Diffamierung, rassische Diskriminierung, Raub eines unschuldigen, arabischen Kindes durch Deutsche . . .«

Der Polizeichef dachte wohl etwas Ähnliches. Er stand auf und marschierte in seinem Büro auf und ab. Dann, nach einer langen Zeit, setzte er sich wieder. »Monsieur Schild, ich kenne Ihre Arbeit. Ich glaube dem nicht, was in Ihrer Akte steht. Ich weiß, wieviel Sie auch gerade für die Algerier tun. Ich weiß, daß Sie mit den besten humanen Motiven gehandelt haben, aber Sie haben auch eine Straftat begangen, die nach unseren Gesetzen sehr hart bestraft werden muß.«

Günther konnte nichts mehr sagen, es lag alles an diesem Mann. Er war in seiner Hand.

Doch der machte es sich nicht leicht. Schließlich stand er auf, ernst und wie zur Verkündigung eines harten Urteils. Mit befehlsgewohnter Stimme befahl er Günther: »Monsieur Schild! Bitte stehen Sie auf und sprechen Sie mir folgendes nach.«

Günther stand auf. Er mußte mit allem rechnen. Was sollte er nachsprechen? Sein Urteil? Seine Reinwaschung? Ihm schauderte vor dem Eid, den er eventuell sprechen mußte. Vor der Formel, die er sehr ernst nahm: »So wahr mir Gott helfe ...« Er konnte sich nicht herauslügen. Röte schoß ihm ins Gesicht.

»Sind Sie bereit?« fragte der Polizeichef noch einmal, so ernst, als ob es zum Schafott gehen würde.

»Ja«, antwortete Günther leise, aber bestimmt.

Dann deklamierte der Polizeichef langsam und mit getragener, fester Stimme: »Die Familie Wasserträger ist, wie ich gehört habe, ausgewandert. Ihre genaue Adresse kenne ich nicht.«

Günther wiederholte, was der Polizeichef ihm vorgesprochen hatte. Er wartete auf weitere Sätze, doch die kamen nicht.

Der Polizeichef setzte sich, schrieb diese beiden Sätze als Protokoll auf und ließ Günther unterschreiben.

Während Günther noch unter seiner Last geduckt saß, noch gar nicht so recht begriff, was geschehen war, sich noch nicht bedanken konnte, wechselte der Polizeichef plötzlich das Thema: »Sie waren ja gestern abend auch im Sinfoniekonzert. Fand ich ganz ausgezeichnet, bis auf die modernen Sachen. An die muß sich mein Ohr erst noch gewöhnen.«

Günther nickte verdattert, konnte sich aber dann doch an dem Gespräch beteiligen.

Als der Präsident aufstand, um sich von Günther zu verabschieden, versuchte sich Günther endlich zu bedanken.

»Nicht nötig«, meinte der Polizeichef. »Den Schwächeren muß geholfen werden.«

Günthers Abschied von der YMCA

Sechzehn Jahre lang hatte Günther im Rahmen der YMCA-Organisation gearbeitet. Mit großer Freude. Es war für ihn die Möglichkeit, Menschen zu helfen.

Seine Bezahlung war immer miserabel gewesen, doch das störte ihn nicht bei der Arbeit. Zunächst hatte er verständnisvolle und sogar begeisterte Vorgesetzte in Paris gehabt. Doch das änderte sich. Ein Mann sah in der YMCA eine Kuh, die er reichlich melken konnte. Als er die Organisation verlassen mußte, hatte er gut vorgesorgt und sich zwei Häuser gebaut. Ein anderer stellte sich später als Agent heraus, der für die CIA arbeitete.

Der dritte hielt Günther immer vor, er arbeite für sich und nicht für die YMCA. Um Günthers Gehalt und notwendige Zuschüsse für die Arbeit kümmerte er sich nicht, trotz wiederholter Versprechungen. Nach seiner Ansicht war Günther dort im Norden völlig erfolglos und wäre am besten entlassen worden.

Jedesmal, wenn Günther einen Brief aus Paris bekam, wußte er, es stand etwas Übles darin, oder zumindest eine Drohung, daß man ihn entlassen müsse, da das Geld nicht reiche. Durch jede Nachricht spürte Günther, daß er nicht mehr wohlgelitten war, um es einmal sanft auszudrücken. Doch er hing an dem, was er tat. Es war für ihn eine Lebensaufgabe; kein Beruf, sondern eine Berufung. Er hatte sich auch nie Gedanken darüber gemacht, was er tun sollte, falls er diese Arbeit verlor.

Noch schlimmer war es, wenn er nach Paris fahren mußte. Dann wurde er von seinem Chef vor dem Vorstand lächerlich gemacht. Der sammelte alles, was gegen Günther sprach, in Akten und trug es dann, logisch, aber negativ aneinandergereiht, den verdutzten Herren vor. Günther war dann immer so überrascht und sprachlos, daß seine Verteidigung keinen überzeugen konnte, ihn selbst auch nicht. Er verlor dabei sein Selbstbewußtsein und strampelte herum. Günther hatte sich selbst noch nie gut verteidigen können. So etwas lag ihm nicht.

Besonders weh tat ihm, wie ein französisch-deutsches Versöhnungstreffen in Douai abqualifiziert wurde, das Günther mit Arbeitern aus dem Ruhrgebiet organisiert hatte. Zu der Vorstandssitzung, wo er darüber berichten wollte, brachte er extra zwei Kumpels mit, Alfred und Herbert aus dem Ruhrgebiet, die in Douai arbeiteten. Doch die sollten gar nicht zu Wort kommen. Die Zeit sei zu knapp. Da schnaubte Herbert, und Alfred donnerte mit seiner Kumpelfaust auf den Tisch: »Das ist eine Sauerei, wie Sie den Schild behandeln! Wissen Sie denn nicht, was der für uns tut? Das ist der einzige, der sich um uns kümmert, immer Zeit für uns hat, für unsere Frauen und Kinder . . .«

Vorgebracht im harten Akzent des Kohlenreviers, gemischt mit einigen harten Brocken aus Alfreds pommerscher Heimat, wirkte die Rede, solange die Kumpels im Vorstand saßen, aber kaum hatten sie die Sitzung verlassen, da fand der Chef schon wieder genügend Haarspaltereien, mit denen er Günther lächerlich machen konnte.

Bald mußte Günther wieder nach Paris. So sehr er diese Stadt liebte, so wurde ihm doch immer übler, wenn er sich ihr näherte und an die Sitzung dachte.

Auch diesmal wurde er wieder mit Anklagen überschüttet. Der Chef hatte Zeitungsausschnitte gesammelt, die über Günthers Arbeit berichteten. Darin hatte er nachgezählt, wie wenig der Name YMCA und wie oft der von Günther Schild erwähnt wurde.

»So geht das doch nicht weiter!« machte der Boß seiner Empörung Luft. »Wie sollen wir denn so das Geld für unsere Arbeit zusammenbekommen?« Günther teilte sein Schlafzimmer während dieser Sitzungstage mit Monsieur Beaurin aus dem YMCA-Vorstand. Dieser Herr war Mathematikprofessor in Rouen. Günther klagte ihm sein Leid, und der Professor verstand ihn. Er hatte oft genug miterlebt, wie Günthers Arbeit abgewertet wurde, aber nicht die notwendigen Informationen gehabt, um sich für ihn einzusetzen. Er war auch ein Herr, der lieber einem Streit aus dem Wege ging. Er hoffte immer, daß sich alles doch noch zum Besten kehren würde.

Günther betonte, wie gerne er für die YMCA arbeitete, wie sehr ihn seine Arbeit beflügelte und motivierte. Das geringe Gehalt könne er auch ertragen, aber nicht mehr diese dauernden Angriffe seines Chefs. Beaurin wollte Günther helfen, er war mehr auf seiner als auf der Seite des Chefs. Deshalb fragte er nach Günthers früheren Arbeiten und Qualifikationen. »Haben Sie denn nie daran gedacht, wieder mit dem Deutschunterricht zu beginnen? Das ist doch jetzt in Frankreich sehr populär, und soviel ich weiß, gibt es nicht genügend gute Lehrer.«

Günther antwortete: »Ich habe nie daran gedacht, ich war so sehr in meine jetzige Aufgabe vertieft . . .«

»Aber Sie sollten einmal daran denken!« bestand Beaurin auf seinem Vorschlag. »So wie jetzt geht es nicht mehr weiter. Ihr Chef wird nicht eher ruhen, bis er Sie hinausgesetzt hat. Ich weiß es von unseren Sitzungen. Er ist ja immer hier in Paris und informiert uns Ehrenamtliche so, daß wir ihm beistimmen müssen. Sie sind zu weit weg.«

Als Günther am nächsten Tag wieder wegen einer Lappalie angegriffen wurde und sich, zugegeben, sehr ungeschickt und viel zu laut wehrte, nahm er sich vor: »Schluß jetzt mit der YMCA, auch wenn es mir schwerfällt. Dort gibt es für mich keine Zukunft mehr. Ich sehe auch nicht ein, warum ich mein Leben durch diesen Miesling von Direktor ruinieren lassen soll.« Günther war, gelinde gesagt, unterbezahlt. Sogar ein Arbeitsloser bekam mehr Geld auf die Hand als er. Seine Familie konnte nur existieren, weil Yvonne sehr sparsam wirtschaftete und sich nichts gönnte. Die YMCA hatte Günther keinen Arbeitsvertrag gegeben, er konnte jeden Tag ohne Angabe von Gründen entlassen werden. Er stand auf der Abschußrampe, sur la touche, ins Abseits geschoben, wie die Franzosen sagen.

Als er nach Hause zurückkam, rief er beim Direktor des Goethe-Institutes in Lille an. Das war ein alter Bekannter von ihm.

»Hör mal«, sprach Günther ihn an, »als du vor ein paar Jahren Direktor des Instituts wurdest, hast du mir den Platz deines Stellvertreters angeboten. Sicher wirst du diese Stelle jetzt schon besetzt haben, aber vielleicht brauchst du einen Deutschlehrer? Ich möchte mich jetzt nämlich gerne verändern.«

»Leider sind wir überbelegt«, bedauerte Direktor Frankenberger, fuhr aber fort: »Doch vor fünf Minuten rief mich der Direktor der Jesuiten-Universität hier in Lille, Père du Parc, an und fragte, ob ich ihm einen guten Deutschlehrer vermitteln könnte. Mir fiel keiner ein, aber ich versprach ihm, darüber nachzudenken. Es sei dringend, meinte er.

Mein lieber Schild, an dich habe ich natürlich nicht gedacht. Ich dachte, du seist mit deiner YMCA für immer und ewig verheiratet. Mensch, das ist ja ein unglaublicher Zufall. Ich würde dich ja auch sofort nehmen, aber leider habe ich keine Planstelle mehr frei. Ruf doch sofort an und halte mich auf dem laufenden, damit ich für dich reden kann und etwas anderes suche, falls dies nicht klappt.

Warum habt ihr beiden bloß innerhalb von zehn Minuten angerufen? Schon seit Jahren, nein, eigentlich nie hat mich einer hier nach einem Deutschlehrer gefragt. Also ruf sofort dort an.«

Günther rief die Jesuiten-Hochschule an. Die Rekrutierung eines Deutschlehrers mußte sehr dringlich sein. Günther wurde gebeten, am nächsten Tag um neun Uhr mit dem Rektor zusammenzutreffen. Es war der 6. Juni, der Hochzeitstag seiner Eltern. Ein Tag, den Günther nie vergaß.

Doch er hatte auch Zweifel, als er nach Lille fuhr. Es war eine Universität mit hohem Ansehen wegen ihrer akadamischen Leistung. Aber man sagte auch, daß sie eine stark katholische Ausrichtung habe und daß dort sogar die Mäuse romanisiert seien. Günther hätte seine protestantische Konfession verbergen können. In Frankreich nahm man sowieso an, daß jeder katholisch war. Doch er dachte nicht daran.

Der Père Recteur, der Günther empfing, war ein sehr ernster und asketischer Mann. Günther rechnete damit, nun einer Inquisition unterzogen zu werden. Um so erstaunter war er, als der geistliche und bis oben zugeknöpfte Herr ihm einen Vertrag reichte und erklärte: »Hier ist Ihr Arbeitsvertrag. Herr Frankenberger hat Sie bestens empfohlen. Lesen Sie bitte die Paragraphen gründlich durch, damit wir die ändern können, die Ihnen nicht gefallen.«

Günther war so überrascht und erregt, daß er gar nicht verstand, was da genau stand. Noch nie war er durch einen Vertrag gesichert worden. Er traute seinen Augen nicht, als er entzifferte, daß er mit den vorgeschlagenen vier Wochenstunden mehr verdiente, als bei der YMCA im ganzen Monat.

Günther hätte den geistlichen Herrn umarmen können, doch der saß steif hinter seinem Schreibtisch und hoffte, daß Günther unterschreiben würde. Er fragte auch noch: »Also wenn Sie meinen, wir sollten noch einiges ändern, wir sind gerne dazu bereit.«

Doch Günther unterschrieb, zwar an der falschen Stelle vor lauter Aufregung, aber dort galt die Unterschrift auch.

Vom nächsten Telefonhäuschen rief Günther glücklich Frankenberger an, um sich zu bedanken.

Der lachte: »Mensch, Schild, nicht nur das, ich habe noch eine Stelle für dich, wenn dich deine jetzige noch nicht auslastet. Ich rief nämlich noch die Journalistenschule an, falls dich die Jesuiten nicht genommen hätten, von wegen deiner anderen Konfession. Die wollen dich auch!«

So war es dann. Günther konnte bei den angehenden Journalisten seine Vorlesungen so legen, daß sie nicht mit denen bei den Jesuiten kollidierten, und genau auf die Tage, wo er sowieso in Lille war. Günstiger hätte es gar nicht kommen können.

Er hatte erst wenige Vorlesungen an der Jesuiten-Hochschule

gehalten, als er sich mit dem Professor für Elektronik befreundete. In jeder Pause wandelten sie unterhaltend durch die Flure.

Eines Tages sagte dieser Mann zu Günther: »Ich bin auch im Vorstand der katholischen Universität hier in Lille. Sie geben ja ausgezeichneten Deutschunterricht, wie ich gehört habe. Wir würden Sie ebenfalls gerne an unserer Universität anstellen. Meine Kollegen haben mich gebeten, Sie zu fragen. Möchten Sie gerne auch bei uns unterrichten?«

Als Günther, noch immer verdattert vor lauter Freude, ja stotterte, stellte der Professor ihn mit Handschlag an. Später wurde dieser Gelehrte, Norbert Segard, Minister in der Regierung von Valéry Giscard d'Estaing. Er ließ die Verbindung zu Günther nicht abreißen und lud ihn und Yvonne mehrere Male ein.

Günthers Abgang bei der YMCA war enttäuschend wie vieles, was mit dem Pariser Vorstand zu tun hatte. Seine Kündigung wurde sofort förmlich angenommen. Kein Dankeschön, noch nicht einmal ein Brief über die sechzehnjährige Zusammenarbeit. Das tat weh.

Die drei Hochschulen, an denen Günther nun unterrichtete, waren wegen ihres hohen Standards in Frankreich sehr angesehen. An der Jesuiten-Hochschule wurden jährlich nicht mehr als neunzig Studenten von etwa tausend Bewerbern angenommen, 450 Studenten wurden von vierzig Professoren unterrichtet. Es waren kleine Seminare, sehr zum Vorteil für alle Beteiligten.

Auf der Journalistenschule sah es ähnlich aus. Von tausend Kandidaten nahm man nur fünfundzwanzig an. Diese mußten bereits das erste Universitätsexamen gut bestanden haben. Es gab nicht mehr als fünfzig Studenten an der ganzen Schule, deren Ausbildung zwei Jahre dauerte.

Auf der katholischen Universität gab es tausende von Studenten, die dort von den Sprachen bis zur Medizin fast alles studieren konnten.

Bei den Jesuiten gab es nur drei Protestanten, den Sekretär des Rektors, Günther und von 1971 bis 1975 seinen Sohn René, der dort studierte. Doch das isolierte Günther in keiner Weise; er brauchte sein Bekenntnis auch nicht zu verstecken. Ganz im Gegenteil: Révérend Père Debeunne, der Studienleiter, mit dem Günther bald eng befreundet war, bat ihn sogar: »Klären Sie doch bitte unsere Studenten über den evangelischen Glauben auf, sie wissen so wenig davon.« Dieser Pater besuchte die Schilds auch zu Hause und fuhr mit ihnen in den Urlaub. Günther und er verstanden sich in ihrem Glauben, obwohl sie die Unterschiede nicht außer acht ließen.

Von der Studentenrebellion Ende der sechziger und Anfang der siebziger Jahre wurden auch die katholischen Hochschulen betroffen. Drei Studenten forderten ihre Kommilitonen auf, gegen Günther zu stimmen. Doch bei der Abstimmung waren nur diese drei gegen ihn, die anderen wollten weiterhin von ihm unterrichtet werden.

Günthers Sohn René wurde später auch sein Schüler. Er besuchte den Deutschunterricht und hatte dabei die gleichen Probleme wie seine Mithörer, denn bei Schilds zu Hause wurde nur Französisch gesprochen. Günther war ja der einzige, der die deutsche Staatsangehörigkeit besaß.

Immer wieder fielen Studenten durch die Prüfungen, doch René strengte sich an und schaffte es. Aber in der Zwischenzeit mußte er immer das Schlimmste befürchten.

Regelmäßig wurden die Studenten von ihrem Professor einzeln geprüft. So mußte auch René bei Professor Schild erscheinen. Wenn er das Zimmer betrat, begann dieser Spaßvogel so: »Alors, mon cher petit Papa, was soll ich dir denn jetzt auf deutsch erzählen?«

Beide lachten, aber danach wurde scharf examiniert, genauso wie bei anderen Studenten.

Günther war stolz darauf, daß sein Sohn glänzend alle Examen bestand und als Diplom-Ingenieur eine gute Position bei einem Industriekonzern bekam. Er gewann auch den ersten Preis bei einem wissenschaftlichen Wettbewerb, der ihm in der Universität Lille vor Hunderten von Fachleuten überreicht wurde.

Heute ist Günther ein zufriedener Großvater, der sehr stolz auf seine Kinder und Enkel ist und seine Yvonne noch immer so liebt wie damals in Paris.

Als ein guter Freund Günther in Frankreich besuchte, fragte er ihn: »Wenn du noch mal leben könntest, Günther, was möchtest du dann sein – Rechtsanwalt, Lehrer, YMCA-Sekretär, Professor, vielleicht Deutscher, Jude oder Franzose?«

»Aber«, antwortete er, »wie kannst du so eine Frage stellen? Ich möchte wieder ein freier Mensch sein.«

Fritz Pawelzik

Gesucht wird Mann mit Phantasie

3. Auflage 1998

Für meinen Freund Macharia

INHALT

Karangas Großmutter

Wir müssen mit ihr anfangen, denn sonst können wir Karangas Hintergrund nicht verstehen.

Diese Großmutter mit Namen Wamboi wurde in Kenia geboren. Damals war das Land noch eine britische Kolonie. Wamboi gehörte zum Stamm der kleinen, aber zähen Kikujus und kam ganz oben, auf einem Steilhang des Aberdare-Gebirges zur Welt. Die Hütte, in der sie sich in das Leben hineinschrie, lag in einer Mulde zwischen dichtem, fast undurchdringlichem Bambusgehölz.

Wambois Mutter war die fünfte Frau eines armen Bauern und gebar ihm nun sein siebzehntes und ihr drittes Kind.

Die anderen Frauen des Kleinbauern waren in ihre Hütte gekommen und halfen der Mutter, ihr Kind zu gebären. Das war eine komplizierte Sache, denn das Kleine lag verkehrt im Bauch, und die Glieder hatten schon angefangen, sich zu verschieben.

Die Frauen schauten sich besorgt an; das sah nicht gut aus. Die Seniorfrau, die das Kind herauszog und betastete, stellte fest, daß etwas mit den Gliedern nicht stimmte. Sofort tastete sie im dämmrigen Licht der Hütte auch nach den Geschlechtsteilen und stellte enttäuscht fest: »Es ist nur ein Mädchen, da wird der Alte aber brummig sein . . .«

Auch die anderen Frauen betasteten das Kind und mußten leider feststellen, daß die fünfte Frau einen Krüppel geboren hatte, der auch noch ein Mädchen war. Alle waren sich einig, daß dieses Krüppelmädchen bald sterben würde.

Der Alte befahl seiner Seniorfrau: »Ich möchte diese Mißgeburt nicht sehen. Gott hat uns damit gewarnt. Schmeiß es in den Wald.«

Das wollte die Seniorfrau auch tun, doch die Mutter der Mißgeburt wehrte sich dagegen. Sie war sicher, daß das Kind bald sterben würde, doch die Brust gab sie ihm. Sie hielt sich mit der Kleinen zurück und zeigte sie nie auf dem Platz zwischen den Hütten. Sie war zu ihr auch nicht besonders zärtlich. Die Brust zum Saugen und die Hüfte zum Tragen – mehr bekam die kleine Wamboi nicht.

Alle warteten auf den Tod der Mißgeburt, doch das kleine

Mädchen wuchs heran, mit seinen verrenkten Gliedern, und starb nicht. Das winzige, verkrüppelte Kind war zäh und wollte leben. Es saugte sich an der Brust der Mutter fest und ließ nicht eher los, bis es richtig satt war.

Erst als das nächste Kind kam, stieß die Mutter »den Krüppel« weg. Wamboi heulte, schrie, kroch auf die Mutter zu, biß sich an ihr fest, bis die Mutter schrie und die Geschwister es von ihr wegrissen, es verprügelten und nach draußen warfen. Wamboi mußte sich langsam damit abfinden, daß sie nicht gern gesehen war, daß jeder auf ihren Tod hoffte. Sie wollte aber leben.

In diesem Dorf auf kargem Steinboden krümmte sich alles. Es gab keine geraden Linien und Menschen. Die Frauen krümmten sich unter der Last des gesammelten Holzes, das sie aus dem Wald in ihre Hütten schleppten. Sie keuchten unter den mit Wasser prall gefüllten Ziegenbeuteln, die sie vom Bach hochschleppen mußten; er floß über zwei Kilometer entfernt unterhalb ihres Dorfes vorbei. Manchmal trocknete er auch aus, und sie mußten hoch in den Urwald bis zu den Quellen steigen. Die Männer waren vom Hacken auf dem Steinacker krumm geworden. Ihre Hacken waren nicht aus Metall, sondern verdorrte und krumme Baumwurzeln.

In diesem Dorf und in den Köpfen der Menschen herrschte ein dicker, feuchter Aberglaube, undurchsichtig wie der Rauch, der aus den dunklen Hütten quoll. Nach der Geburt des Krüppelkindes verdichtete sich dieser Aberglaube noch. Die Mitfrauen waren davon überzeugt und redeten auch Wambois Mutter ein, daß diese Mißgeburt ein übles und warnendes Zeichen der Götter und Geister sei. Eigentlich sollte dieser Balg ausgestoßen und den wilden Tieren zum Fraß vorgeworfen werden, um die Wut der Götter abzuwenden. Aber das konnte die Mutter dann doch nicht übers Herz bringen.

Sie schlug einen Kompromiß vor, den die anderen Frauen, wenn auch zögernd, annahmen. Das Krüppelkind sollte nicht im Kral bleiben, sondern ausgesondert werden. Die Geschwister flochten für Wamboi eine Hütte aus Bambus und Ästen, beschmierten sie mit Lehm und trugen den Krüppel hinein. Des Nachts wurden auch die Ziegen und Hühner in diese Hütte getrieben. Hier schlüpften die Küken aus den Eiern, Ziegen warfen

Junge und Tiere starben. Vor der Hütte wurde geschlachtet. Dann klebte das Blut an dem hartgetrockneten Boden. Es stank dort immer penetrant süßlich, nach Blut, Tod und Verwesung. Kot klebte überall, auch an der Haut und den Gliedern des kleinen Mädchens. Nur mit großer Mühe konnte es sich säubern. Wamboi lernte das nicht von ihrer Mutter, sondern von den Tieren.

Laufen lernte das kleine Menschenwürmchen nie, es konnte nur kriechen, sich mit den dürren Ärmchen über den harten und rissigen Boden zerren. Jede Bewegung, jeder Ausflug war mit Schmerzen und Blut verbunden.

Sprechen lernte das Kind, indem es Menschenstimmen hörte und sie nachmachte. Keiner sprach mit ihr, aber als die anderen miteinander sprachen, fing es an, sie zu verstehen und sich auch verständlich zu machen.

Manchmal hatte die Mutter doch Sehnsucht nach ihrem ausgesetzten Kind und besuchte es heimlich in der Nacht. Sie drückte es an sich, wusch es ab und schlich wieder in ihre Hütte zurück.

Aber sie konnte es sich immer weniger leisten, ihre Tochter zu besuchen, denn die anderen Weiber beobachteten sie genau, und wenn Krankheit oder Tod in den Kral kam, wurden sie dem Krüppelmädchen angelastet. Der Alte verbot seiner Frau, das Kind zu besuchen. Er wollte sogar, daß das Vieh von dem gezeichneten Menschen getrennt wurde, doch die Tiere drängten sich in die Hütte hinein. Sie hatten sich so an das Mädchen gewöhnt.

Wenn das arme Kind auch an Armen und Beinen verwachsen war – im Kopf war es ganz klar; es nahm alles um sich herum auf, wurde sich dessen bewußt und lernte, zu reden und sich auszudrücken. Ihm stand zwar nur eine sehr einfache Sprache zur Verfügung, aber es konnte sich verständlich machen, wenn es auch nur selten eine Möglichkeit dazu hatte.

Wamboi gewöhnte sich an die Tiere, doch die gesunden Hühner und Ziegen liefen tagsüber aus der Hütte und suchten sich draußen ihr Futter. Nur die kranken und sterbenden Tiere blieben in der Hütte zurück. Die drängten sich dicht an Wamboi heran, wenn sie Schmerzen hatten oder wenn der Tod kam. Wamboi ließ sie gewähren. Sie versuchte, den Tieren zu helfen und sie zu pflegen. Viele starben in ihren Armen. Wenn ein kleines Tier starb, das sie besonders lieb gewonnen hatte, weinte sie. Wenn die gestorbenen Tiere dann anfingen zu stinken, zerrte Wamboi sie vor die Hütte, wo sie in der Nacht von Hyänen und Schakalen zerrissen wurden.

Wenn Wamboi sich aus der Hütte zog, entstanden Schleifspuren im Sand. Die wirren und dummen Frauen aus dem Kral legten diese als Hexen- und Geisterbahnen aus. Sie verlangten von der Mutter, daß »die Mißgeburt« diese Hexereien einstellen sollte. Doch die Mutter verteidigte ihre Tochter, und Wamboi blieb unbehelligt.

So wuchs das Kind heran. Eines Tages fing es dann an, unten zu bluten, und wußte nicht warum. Es zerrte sich schnell aus der Hütte und versuchte, sich mit Sand zu reinigen. Später sahen dann die dummen Weiber ihre Blutspur und fingen an, zu geifern und zu behaupten: »Sie ist doch ein wirklicher Teufel, nun beschmiert sie uns schon alle mit Blut.«

»Ihr wirren Hühner«, schalt sie die Mutter zurück. »Was wollt ihr denn? Meine Tochter ist schon ein richtiger Mensch, sie hat die Periode bekommen, wie wir alle.«

Das Mädchen dachte erst, sie würde verbluten und sterben, doch dann wurde sie von der Mutter aufgeklärt und bekam auch einige Verhaltensregeln. Aber die Frauen im Dorf bestanden darauf, daß das Kind nun noch weiter von den Hütten entfernt werden müßte. Sie fürchteten, durch den Blutfluß des Mädchens um ihre Fruchtbarkeit gebracht zu werden.

Also rief die Mutter wieder ihre anderen Kinder zusammen, und sie bauten etwa hundert Meter vom Kral entfernt im Dschungel für Wamboi eine neue Hütte.

Die Frauen des Ortes achteten darauf, daß die Tiere nicht mehr zu ihr gingen. Nun war Wamboi ganz einsam.

Aber von einer schrecklichen Sache, von der sonst alle Jungen und Mädchen dieses Stammes betroffen wurden, verschonte man sie. Sie wurde nicht beschnitten. Das war eine grausame Prozedur für heranwachsende Mädchen. Die Männer taten es, damit die Mädchen später als Frauen nicht so starke sexuelle Gefühle entwickelten. Sie wollten die Frauen für sich behalten und alle ihre Sehnsüchte nach Liebe, sexueller Befriedigung und anderen Männern ersticken. Wamboi, Karangas Großmutter, blieb das erspart. Das sollte ihr später im Leben von großem Vorteil sein. Sie nahm auch keinen Haß und Schrecken gegen Männer mit; die hatten ihr nie etwas Böses getan. Sie haßte die Frauen des Krals, die sie vertrieben hatten.

Bald sollte sich ihr einsames Leben dramatisch verändern. Nicht weit von Wambois Hütte entfernt hatten Männer und Frauen auf ihrem Weg durch den Urwald einen Pfad durch das Dickicht getreten. Über den schleppten sie das Holz und das Wasser zum Dorf hinunter oder trieben ihre Ziegen hoch. Dieser Pfad wurde nur tagsüber und mit großer Vorsicht benutzt, denn es gab direkt hinter dem letzten Kral gefährliche Büffelherden und lauernde Leoparden. Wamboi hörte die schweren Tiere fast jede Nacht um ihre Hütte stampfen und hungrige Leoparden fauchen.

Eines Abends hatten sich die Männer aus dem unteren Dorf in eine Waldlichtung gelegt, dort Schnaps gebraut und ihn getrunken. Das Zeug war so stark, daß die meisten nach ein paar Schlucken wie tot auf der Wiese lagen oder sich erbrachen. Nur einer war noch wach, hatte Mut bekommen, wußte nicht, was er tat, und torkelte über den Trampelpfad zum Berg hoch. Er wunderte sich schon, daß es auf einmal zum Dorf aufwärts ging.

Der Mann torkelte den Pfad hoch, verlor den Weg, geriet auf die kleine, freie Fläche hinter Wambois Hütte und fiel dort über die Grasbüschel. Wamboi war gerade draußen gewesen. Sie versuchte, schnell in die Hütte zurückzukommen, als dieser Fremde auf sie zugetorkelt kam. Der entdeckte sie.

Betrunken fiel er über sie her und vergewaltigte sie. Sie versuchte, sich zu wehren und zu kratzen, doch sie kam gegen diesen starken Unhold nicht an.

Erst tat es ihr weh, sie wurde von Ekel geschüttelt, doch dann gab sie es auf, sich zu wehren, und nahm es hin. Sie versuchte auch zu schreien, doch er stopfte ihr den Mund mit seiner Faust zu.

Dann ließ er sie liegen und torkelte wieder zu seinen Kumpanen zurück, schlief dort ein, konnte sich am nächsten Morgen noch bruchstückhaft an sein »Abenteuer« erinnern und prahlte damit.

Er hatte zwar eigene Frauen zu Hause, doch die kannte er alle; er suchte etwas Besonderes. In der nächsten Nacht marschierte er wieder zu Wambois Hütte hoch. Er hatte zwar auch getrunken, aber nicht soviel. Er nahm sie wieder, im Dunklen, er sah nicht, daß Wamboi ein Krüppel war. Und langsam fand sie es nicht mehr so schlimm. Immer wieder kam der Mann. Er war zwar hart, aber doch ein Mensch, der sie nicht schlug und verachtete, sondern sie haben wollte.

Es sprach sich unter den Männern herum, daß da oben eine Frau lebte, die man haben konnte, ohne zu bezahlen. Sie nahmen sie sich. Es störte sie auch nicht, daß diese Frau ein Krüppel war. Wamboi hatte sich mit den Besuchen nicht nur abgefunden, sondern sie gefielen ihr auch. Sie war nun nicht mehr allein, fast jede Nacht kam Besuch.

Dann spürte sie, daß etwas in ihrem Bauch wuchs. Sie fragte ihre Mutter und erfuhr, daß sie schwanger war. Als das die Männer erfuhren, ließen sie sich auf einmal nicht mehr sehen. Die Mutter war böse auf sie, weil sie dachte, daß ein Krüppel einen anderen Krüppel gebären mußte. Das erschien ihr wie ein Naturgesetz. Doch als die Mutter ihrer Tochter half, das Kindchen in die Welt zu ziehen, da war es ein ganz normaler, kleiner Junge mit geraden Gliedern und einem gesunden Körper.

Wamboi war glücklich; nun hatte sie einen kleinen Menschen immer bei sich, der sie brauchte. Sie gab ihm all die Liebe und die Milch, die sie besaß. Die anderen Frauen des Ortes waren neidisch auf sie; sie gönnten ihr nicht das gesunde und starke Kind. Zunächst flüsterten sie, daß Wamboi dieses Kind von einem Teufel bekommen habe, doch als es ganz normal heranwuchs, verstummte das Gerede.

So lebte Wamboi, tagsüber spielte sie mit ihrem Kind, nachts kamen die Männer. Die brachten ihr und dem Kind immer etwas zu essen mit. Das forderte sie von ihnen.

Bald kam das zweite Kind an, und Wamboi war richtig stolz darauf, wie einfach die Kinder in ihr wuchsen und wie leicht und fast ohne Schmerzen sie geboren wurden.

Wenn die anderen Frauen Kinder zur Welt brachten, hörte sie die Schreie und grinste. Sie war stolz auf sich und wünschte sich viele, viele Kinder. Die Männer aus den umliegenden Orten hatten sich an Wamboi gewöhnt. Andere Frauen zum Vergnügen konnten sie sich nicht leisten. Wamboi war billig, der brauchten sie nur etwas zu essen mitbringen. Wamboi lernte auch, wie die Männer es gerne haben wollten. Sie hatte eigentlich nichts gegen das Leben, wie sie es jetzt führte.

Die Frauen aus dem Kral und den andern Dörfern haßten den »Krüppel«. Sie wurde verflucht und beschimpft, aber Wamboi machte sich nichts daraus.

Die Männer brachten ihr nicht nur etwas zu essen mit, sondern auch Sachen zum Anziehen. Zum Beispiel ein bißchen alten Stoff, mit dem sie ihre verkrüppelten Beine bedecken konnte.

Ein Mann »lieh« ihr sogar ein Transistorradio, das er sich auch von irgendwem »geliehen« hatte, das er aber nicht in seiner Hütte behalten konnte. Wamboi ließ das Radio Tag und Nacht laufen. Sie horchte auf alles, was dort herauskam. Es tat ihr gut, sich davon berieseln zu lassen. Auf diese Weise hörte sie auch menschliche Stimmen, wenn sie keinen Besuch hatte. Mit den Batterien hatte sie keine Probleme; die mußten ihr die Männer mitbringen.

Die anderen Frauen regten sich darüber auf, daß sie soviele Männer hatte, doch darüber konnte Wamboi nur lachen: »Ihr blöden Gänse«, fuhr sie sie an. »Ihr seid ein Weib von den vielen eures Alten. Bei mir ist es genau umgekehrt, ich habe Männer, soviele wie ich will, und noch ein Radio.«

Durch das Radio erfuhr Wamboi auch, daß sie zu einem Land gehörte, das Kenia hieß und von einer Art Gott regiert wurde, welcher wirklich lebte und sich Kenyatta nannte. Der war einfach ganz wunderbar, er tat alles für das Volk, sagte das Radio, und wenn man etwas brauchte, dann sollte man sich nur an ihn wenden, er würde alles arrangieren, und zwar durch ein Gebilde, welches sich Staat, nannte. Wamboi begriff zwar nicht, was das eigentlich war, aber sie glaubte an den Präsidenten Kenyatta und hoffte, daß er ihr bald Geld schicken würde.

So wurden Wamboi viele Kinder gezeugt. Und wenn ihre Mutter sie fragte: »Wie willst du die denn ernähren?«, konnte sie nur antworten: »Jetzt tun es die Männer, die zu mir kommen, später werde ich sie alle zum Staat schicken, der wird ihnen Geld geben, davon werden sie mir etwas zurückbringen.«

Karangas Mutter

Die Krüppelfrau in der abgelegenen Hütte bekam also Kinder wie vom Fließband. Die purzelten zwar ohne Probleme in diese Welt, doch die Hälfte von ihnen erreichte noch nicht einmal das zweite Lebensjahr. Jedes zweite Kind starb ihr weg, nur die zähesten setzten sich gegen Krankheit und Hunger durch. Eines von diesen Kindern, das achte oder neunte – die Mutter wußte es nicht so genau –, war Karangas Mutter. Wer ihr Vater war, konnte die Mutter auch nicht genau sagen. Es war ein sehr kleines Wesen, das seinen Kopf in die Welt hineinsteckte. Die Mutter schätzte seine Überlebenschancen nicht sehr hoch ein: »Die wird nicht lange leben, die ist so zart und so ängstlich.« Doch das Mädchen, Vangiro, war so wie die Mutter, der man ja auch nur einige Monate gegeben hatte; Vangiro kämpfte sich durch. Es sah zwar oft so aus, als ob sie es nicht schaffen würde, sie wurde krank und schwach, die Mutter gab sie schon auf, aber dann kam sie doch durch.

Vangiro mußte auch um ihre Nahrung kämpfen, wie all die anderen Kinder. In der Hütte der Mutter gab es nie genug zu essen. Die Großen aßen schnell alles weg, wenn die Kleinen nicht geschickt und zeitig zugriffen.

Ein großer Bruder stieß Vangiro einmal ins Feuer, als sie sich von seinem Ugali – gekochtem Mais – etwas abbrechen wollte. Seitdem trug sie eine wülstige Brandnarbe quer über der Brust, die bis an den Hals reichte. Diese Verzierung erhöhte nicht gerade ihre Schönheit. Fast alle afrikanischen Kinder aus den Hütten haben solche Narben, doch die von Vangiro war ungewöhnlich breit und dick.

Sie lernte sehr schnell, daß ihre Körperkräfte nicht reichten, um gegen die älteren Brüder anzukommen. Zunächst nahm sie es wie ihre Schwestern und kleineren Brüder einfach hin, daß die Großen sie tyrannisierten und ihnen alles wegaßen. Doch dann fing es in ihr an, zu denken, und sie überlegte, wie sie sich gegen die Großen wehren konnte. Sie organisierte die Kleinen, und als ihnen wieder einmal ein Großer das Essen wegnehmen wollte, fielen sie über den Überraschten her und verprügelten ihn so, daß er sich nicht mehr traute, ihnen etwas wegzunehmen.

Das kleine Mädchen hatte sehr aufmerksame Sinne. Es sah noch stärker als die anderen, in welch einer Misere es sich befand. Es sah, wie seine Geschwister verhungerten und starben und seine älteren Schwestern von fremden, betrunkenen Männern vergewaltigt wurden. Wenn bei der Mutter schon ein Mann lag, nahm sich der Nächste eine der Töchter. Auch die älteren Brüder wurden schon gewalttätig, und einer versuchte es sogar mit einer Schwester.

Ja, und dann kam dieser schreckliche Tag, vor dem sie sich schon lange gefürchtet hatte. Alle Jungen und Mädchen der Krüppelfrau waren nach der Sitte des Stammes beschnitten worden. Das wurde mit primitiven Werkzeugen getan. Blut floß und die Mädchen schrien vor Schmerzen. Und wenn die Wunde getrocknet und verkrustet war, kamen die fremden Männer. Das wußte Vangiro, davor fürchtete sie sich.

Keiner sagte ihr, wann die Männer zur Beschneidung kommen würden. Auf einmal, in der Nacht, wurde sie von Kerlen umringt, die sie packten und ihr die Lumpen vom Körper rissen.

Vangiro schrie auf, wehrte sich, doch das waren die Männer gewohnt. Sie ließen nicht locker. Aber in einem unbewachten Augenblick riß sich Vangiro los und rannte davon.

Sie wußte nicht wohin, sie rannte einfach den Berg hinab und in das Dunkel hinein. Erst versuchten die Männer noch, sie zu fangen, doch dann gaben sie es auf.

Wamboi sagte ihnen: »Die kommt schon wieder, die ist ans Essen gewöhnt. Wenn sie wieder da ist, rufe ich euch.« Doch Vangiro rannte und rannte, die ganze Nacht und auch den folgenden Tag. Sie wußte nicht, wohin sie laufen sollte, aber sie wußte, daß sie nicht mehr nach Hause zurückwollte.

Sie erreichte die breite Straße, über die Autos fuhren und Menschen hasteten. Sie war nicht mehr allein. Viele Menschen waren unterwegs. Wenn sie Hunger hatte, betrat sie eine Hütte am Weg, bat um etwas Essen, das sie auch meistens bekam. Und auch für die Nacht wurde sie dort aufgenommen, sie durfte in einer Ecke der Hütte schlafen, doch am nächsten Morgen mußte sie wieder weitergehen.

Sie war auf den Weg zur großen Stadt Nairobi geraten. Unterwegs hörte sie sehr viel von dieser goldenen Stadt, noch viel mehr als das, was sie aus dem Radio ihrer Mutter mitbekommen hatte.

Und dann sah sie sie plötzlich, mit den hohen Häusern, die alle Bäume überragten. Sie blieb stehen und starrte das Ungewohnte an.

Das Matharetal

Karangas Mutter sah auf ihrem Weg in die große, goldene Stadt die hohen Häuser nur von weitem. Denn bald verließen die Menschenmassen die Einfallsstraße und trampelten über ausgetretene Pfade auf eine Bodensenke zu, die mit Lehm- und Papphütten vollgeklebt war wie mit Warzen.

Diese Ansiedlung von Zehntausenden von Menschen, die jeden Tag anschwoll, nahm zunächst alle Fremden auf, die vom Land in die Stadt kamen. Aufnehmen ist nicht das richtige Wort, die Menschen mußten sich dort hineindrängen, denn es gab nicht die kleinste Hütte, die nicht schon mit zehn bis zwanzig Menschen vollgestopft war.

Dieser Vorort hatte sich in einem Sumpfgebiet gebildet, das bei jeder Regenzeit durch den sonst so friedlichen Matharebach gebildet wurde. Da dieses Sumpfgebiet voll von Schlangen und Moskitos war, trauten sich weder Inder noch Europäer oder wohlhabende Afrikaner dorthin. Nur die Wohnungs- und Arbeitslosen ließen sich dort nieder, bauten sich Hütten aus dem nassen Lehm der Niederung auf die leicht ansteigenden Flanken des Tales, suchten auf den Abfallhaufen der Stadt nach verrosteten Wellblechplatten, nahmen auch weggeworfene Kartons mit und legten diese über verkrüppelte Äste und dazwischen gespannten Seile, die das Skelett einer Hütte bildeten.

Da die meisten Hütten nicht allein stehen konnten, baute man meistens beim Nachbarn an, und so entstanden ganze Zeilen von krummen und schrägen Häusern. Kein Haus überragte das andere, sie waren alle knapp einen Mann hoch. Auf den Dächern wucherte Unkraut. Wer sich ein paar Wellblechplatten aufs Dach legen konnte, galt schon als reich, und man bezeichnete seine Hütte fast als Villa.

Die meisten Hüttenbauer hatten keine Zeit, um ihre Dächer mit Steinen auf den quergespannten Ästen abzusichern. Zwar hielten die Hütten normalen Regen ganz gut aus, doch wenn es richtig herunterschüttete, tagelang, saugte sich der Lehm der Wände so voll mit Wasser, daß er sich in Matsch auflöste und das Gerüst und das Dach auf die Menschen herunterkrachten, sie verletzte oder tötete.

Pappdeckelhütten gab es auch dazwischen. Die Erbauer hatten Äste in den Boden gesteckt und Leinen dazwischen gespannt. Darüber klappten sie auseinandergefaltete Pappkartons wie Ziegel übereinander. So lief der leichte Regen ab, doch schwererer wurde aufgesaugt.

Auch Plastikhütten gab es, die aus alten Plastiktüten und Häuten bestanden, die über Äste gelegt, aber oft vom Sturm fortgeweht wurden.

Meistens aber war es trocken in Nairobi auf der Hochebene, sehr zum Verdruß der Farmer; doch die Menschen im Elendstal – so heißt Matharetal übersetzt – sehnten sich nicht nach Regen.

Es gab weder feste Häuser noch Straßen im Tal. An den Häusern schlängelten sich Pfade entlang, die sich während der Regenzeit in tosende und gefährliche Gebirgsbäche verwandelten, allen Unrat mitnahmen und in den angeschwollenen Matharebach spülten. Es gab weder Wasser noch Elektrizität noch Abfallbeseitigung. Wer mal mußte, hockte sich einfach hinter das Haus. Nachts bewegten sich nur Diebe und Betrunkene zwischen den Hütten, nicht nur wegen der Wegelagerer, sondern auch, weil man dauernd in einen Haufen trat.

Immer wieder wurde das Tal von schrecklichen Brandverwüstungen heimgesucht, in denen Hunderte von Menschen starben. Das kam durch Kerzen, die sich Familien leisten konnten, die Geld verdienten. Oder durch den Wind, der ins offene Feuer einer Hütte fuhr. Schnell brannte die ganze Behausung nieder, und dann die Reihe von Hütten, die danebenstanden.

Möbel gab es in den Hütten kaum. Die Menschen schliefen meistens auf dem nackten Boden. Wer ein Stück Pappe dort ausbreiten konnte, gehörte schon zu den Privilegierten. Einige ganz Reiche besaßen sogar eine Holzkiste, in der sie ihre Hemden und Kleider verwahrten, und die Tüte mit dem Zucker und Maismehl, damit es nicht von den Ratten gefressen wurde, die zu Tausenden das Tal beherrschten.

Kluge Tiere waren das. Nachts schlichen sie sich an die Schlafenden, besonders an Kinder und Kranke, heran. Sanft leckten sie die Stelle des Fleisches, wo sie zubeißen wollten, und dann bissen sie. Aber sofort nach dem Biß, wenn der Gebissene aufzuckte, pusteten und leckten sie sofort wieder über die Wunde, wie eine liebende Mutter. Das Opfer schlief wieder ein, und die Ratte biß wieder zu. Die Ratten fraßen auch die Kleidungsstücke auf, die herumlagen oder locker vom Körper der Schlafenden hingen.

Übel waren auch die Insekten, die aus dem Boden in die Ohren, Nasen und Augen der Schlafenden krochen und dort ihr Gift hineinstachen. Übel schillernde, schmerzende und fieberverbreitende Beulen waren die Folgen.

Es gab auch Leute, besonders Politiker, die im Tal Hütten bauten und sie teuer vermieteten. Im Parlament wetterten sie gegen die Zustände im Matharetal, doch sie selbst wurden reich daran. Aber so etwas gibt es ja nicht nur in Afrika.

Wer von den Bewohnern nicht zahlen konnte, wurde von gedungenen Banden aus der Hütte getrieben und verlor dazu noch alles, was er besaß und am Körper trug. Außerdem wurde er so geprügelt, daß er nicht nur blutete, sondern oft auch Zähne oder ein Auge verlor.

Wer Wasser brauchte, mußte zum Bach hinunterklettern. Durch die Rinne floß auch in der Trockenheit immer etwas Wasser. Das hatte aber auf dem Weg vom Gebirge schon viele Dörfer passiert. Menschen hatten sich und ihre Kleider darin gewaschen und ihre Tiere zum Tränken gebracht. Wenn das Wasser ins Elendstal gluckerte, stank es schon und war graubraun. Doch die Menschen hatten keine andere Wahl – entweder tranken sie dieses Wasser oder sie verdursteten. Auch ihre Tiere tranken davon, und man konnte nicht verhindern, daß sie ihre Bedürfnisse dort verrichteten.

In dieses Schmutzwasser hatten die Schnapsbrenner auch ihre Tonnen mit dem gärenden Sud zum Abkühlen gestellt. Wer Schnaps trinken wollte, ging zum Bach hinunter und bekam aus dem Faß eingeschenkt; Schnaps aus dem Faß galt als gut. Und wer den starken Fusel verdünnen wollte, konnte sich mit der Hand Wasser aus dem Bach schöpfen.

Der Schnaps war gefährlich. »Kill me quick« wurde er genannt, »töte mich schnell«. Viele starben an Vergiftungen oder übertriebenem Genuß.

Manchmal drang die Polizei ins Tal ein. Sie prügelte die Menschen aus den Hütten, denn das Wohnen dort war illegal. Die Hütten wurden angesteckt oder mit Bulldozern niedergewalzt. Die Schnapsfässer im Bach wurden umgestoßen, doch bald standen sie wieder da, und aus den verkohlten Resten wurden wieder Hütten gebaut. Wo sollten die Menschen sonst hin?

Aber meistens wurden die Schnapsbrenner von den Polizisten gewarnt, ehe eine Razzia stattfand. Dafür bekamen die Polizisten auch freien Schnaps, wenn sie sich in Zivil nach Dienstschluß unten an den illegalen Destillen sehen ließen.

Doch es gab im Matharetal auch Menschen, die jeden Morgen zur Arbeit gehen mußten. Sie hatten in der eigentlichen Stadt keine Wohnung gefunden oder konnten sie nicht bezahlen. Diese Menschen mußten, besonders wenn sie in einem Büro oder bei einer Behörde arbeiteten, dort sauber angezogen erscheinen. Wie sollten sie das unter diesen Umständen fertigbringen, wo doch die Wege im Tal auch in der Trockenheit nur aus Dreck bestanden?

Ich sah einmal zu, wie eine Stewardeß, die bei der staatlichen Fluglinie arbeitete, zur Asphaltstraße oberhalb des Tales gebracht wurde. Sie hatte sich in der Hütte für ihren Dienst angezogen und geschminkt. Sie war ein sehr hübsches Mädchen und lebte mit ihrer Familie – das waren einundzwanzig Personen – in einer Hütte mit nur einem Raum. Sie zog Nylonstrümpfe und ihr enges, beiges Kleid an, bemalte sich die Lippen und die Augenlider, wie es Vorschrift war und wie sie es im Kurs gelernt hatte. Sie polierte sich noch einmal ihre Fingernägel, zog sich die Handschuhe an, setzte ihr Käppchen keck auf die Haare, hing sich die Handtasche um und war fertig.

Aber sie konnte nicht durch den Schlamm waten; deshalb griff die Großfamilie ein. Die Männer faßten sich an den Armen und setzten das Mädchen darauf. So wurde sie bis auf die feste Straße hochgetragen.

Ich sah auch, wie Mütter ihre Söhne, die noch zur Schule gingen, bis zur Straße hochtrugen oder Bürolehrlinge in weißen Hemden und gebügelten Hosen. Rührende Bilder. Manche Jungen und Männer verdingten sich als Träger, aber es gab auch einige, die so taten, als ob sie jemand zur Straße hochtragen würden, ihn aber unterwegs ausraubten und ihn dann auch noch in den Schlamm warfen.

Schlimm war es auch, wenn der Wasserspiegel wieder fiel. Dann blieben die ertrunkenen Tierkadaver liegen, stanken und waren voll von Ungeziefer. Keiner brachte sie weg. Jeder warf sie nur von seiner Hütte zur nächsten. Üble Krankheiten entstanden, und der süße Gestank, widerlich und gefährlich, drang in alle Hütten.

Das Leben zwischen den Hütten wurde von rivalisierenden Banden beherrscht, denen die Armen Tribut zahlen mußten. Es herrschte das Faustrecht. Polizei half da nicht, und keiner dachte daran, sich an sie zu wenden. Raub, Mord und Prostitution waren an der Tagesordnung. Die meisten Frauen und Mädchen hatten ihre Unschuld bei Vergewaltigungen verloren. Sie waren eigentlich keine Prostituierten, sie lebten mit ihren Kindern, ohne Männer, die ihnen längst weggelaufen waren; doch wenn ein Mann kam und ihnen Geld bot, dann legten sie sich für ihn hin und nahmen das Geld. Sie brauchten es, um sich und ihre Kinder zu ernähren.

Um Nairobi herum lagen mehrere dieser Elendstäler. Sie gehören zu allen Großstädten in der sogenannten Dritten Welt.

Die Leute im Matharetal

Im Tal lebte auch Al Hassans Familie. Er war ein gläubiger Moslem aus der kargen Nordregion, mit drei Frauen und elf Kindern. Eigentlich hätte er bei seinen Kamelen bleiben sollen, doch nachdem er sich ein Transistorradio hatte aufschwätzen lassen und jedes Wort glaubte, was aus der Wunderkiste krächzte, war es um seinen Wüsten- und Kamelfrieden geschehen. Er hörte von dem goldenen Nairobi – dort mußte er hin. Er verkaufte seine Kamele, brachte Frauen und Kinder bis an die Straße, verpackte sie alle auf einen Lastwagen, der schon Rinder geladen hatte, und bezahlte die Fahrt bis nach Nairobi. Dort wurde er vom Fahrer am Matharetal abgesetzt.

Da es schon dunkel wurde, brauchte er nicht lange auf die Beantwortung seiner Fragen zu warten. Er wollte Menschen nach dem Weg und nach einer Hütte fragen, doch dazu kam er nicht. Ein paar Männer traten dicht an ihn heran, zerrissen sein langes, weißes Hemd, zerrten ihm den Brustbeutel über den Kopf und verschwanden mit allem, was er besessen hatte. Auch seine jüngste Frau und die älteste Tochter nahmen sie mit. Die sah er erst viel später wieder, als sie schwanger waren.

Er flüchtete mit seiner Familie in das grelle Licht einer Tankstelle. Dort zerstachen ihn zwar die Moskitos, aber sonst wurde er von niemand überfallen.

Am nächsten Tag hörte er das Rufen von der Moschee. Er eilte dorthin und klagte Allah sein Leid.

Doch als er wieder hinaustrat, hatte man ihm auch die Schuhe gestohlen, die er vor dem Bethaus hatte stehenlassen. Al Hassan wäre am liebsten wieder in die Wüste zurückgekehrt, aber kein Fahrer nahm ihn ohne Geld mit.

Von den Glaubensbrüdern in der Moschee erfuhr er, daß man die Wüstensöhne aus dem Norden gerne als Nachtwächter anstellte, weil sie keine Beziehungen zu den einheimischen aggressiven Kikujus hatten.

Al Hassan nahm sich vor, ein zuverlässiger Nachtwächter zu werden. Doch es gelang ihm nur bis zur zweiten Nacht seines Einsatzes. Da wurde das Haus überfallen, das er bewachen sollte. Er versuchte sich zu wehren, doch als ihm die Nase mit einem Knüppel zertrümmert wurde, gab er auf.

Es gefiel dem Hausherrn, der erst am nächsten Morgen erschien, gar nicht, daß der Nachtwächter sich für ihn total eingesetzt hatte. Für die zehn Pfennige, die er ihm stündlich zahlte, erwartete er mehr von ihm. Al Hassan wurde als unzuverlässig entlassen. Der Hausherr nahm sogar an, daß der Nachtwächter mit den Einbrechern unter einer Decke gestanden habe, denn ihm war ja bei dem Einbruch nur die Nase zertrümmert worden.

Al Hassan wußte nicht, womit er seine Familie ernähren sollte. Da lief ihm seine zweitjüngste Frau weg. Sie kam erst wieder, als sie zwei Kinder besaß und die beiden Väter von ihr weggelaufen waren.

Seine Seniorfrau verlor er auch. Die war durch das Stadtleben so verwirrt, fand sich nicht zurecht und lief in ein Auto, als sie die Asphaltstraße überqueren wollte.

Al Hassan wußte nicht mehr ein noch aus. Nun hockte er da mit seinen Kindern. Die fingen an, eigene Wege zu gehen. Die Mädchen hatten es einfacher als die Jungen, sie gaben sich einfach Männern hin und wurden so, wenigstens für einige Zeit, von ihnen ernährt. Die Jungen versuchten, Arbeit zu finden, doch als es ihnen nicht gelang, lebten sie von dem, was sie fanden und worauf in dem Augenblick keiner achtete. Da sie aber nicht sehr geschickt vorgingen, wurden sie bald zu regelmäßigen Gefängnisbesuchern. Nur ein Mädchen wurde anders, sie heiratete einen Busfahrer, gebar ihm viele Kinder und lebte glücklich mit ihm.

Allein konnte kaum ein Mensch im Matharetal existieren; dafür mußte er schon sehr stark sein. Die meisten gehörten zu einer Großfamilie oder zu einer Bande, und die Mädchen zu einem Zuhälter. Einige wenige Starke regierten das Tal.

Es gab aber auch richtige Familienidylle in der »Sex and Crime«-Atmosphäre des Tales. Zum Beispiel bei Muthoni. Das heißt, ihr Mann trank zuviel, doch sie hielt die Familie zusammen und die Hütte sauber. Der Mann war Nachtwächter, wenn er nicht gerade wegen Trunkenheit im Dienst herausgeworfen war. Er brachte zwar etwas Geld mit, doch das meiste trank er sofort weg. Zu Hause lag er dann halb bewußtlos herum und erbrach sich, aber er schlug Muthoni und die Kinder nie. Das sah Muthoni schon als sehr positiv an, wenn sie ihren Mann mit denen der Nachbarschaft verglich.

Muthoni marschierte jeden Morgen fünf Kilometer bis in das westliche, weiße Villenviertel der Stadt. Dort arbeitete sie zunächst als Gärtnerin bei einer deutschen Familie. Später brachte sie es sogar bis zum Kindermädchen, durfte das Haus betreten und die Wäsche der Familie waschen. Sie wurde ganz gut bezahlt und bekam am Ende jedes Monats Deputate in Form von Zucker, Tee und Maismehl. Damit konnte sie ihre Familie schon vierzehn Tage über Wasser halten. Und mit der Kleidung, die ihr die

Hausfrau zusteckte, konnte sie ihre Kinder ordentlich einkleiden und sich selbst auch.

Muthoni war früher ein sehr hübsches Mädchen gewesen, das sah man ihr jetzt noch an, doch dann hatte sie diesen Nachtwächter kennengelernt, und ehe sie ihn richtig kannte, war schon ein Kind unterwegs, und die anderen vier folgten im Abstand von einem Jahr. Mit der Anzahl der Kinder wuchs ihre Armut. Der Mann soff dagegen an; er hatte aufgegeben, Muthoni aber nicht. Sie ließ sich nicht gehen, sondern zog sich immer nett und sauber an. Sie fiel auf.

Alle ihre Kinder schickte sie auf die Schule. Ein Junge war gerade dabei, das Abitur zu bestehen. Weil er so gut in der Schule war, hatte er ein Stipendium bekommen.

Muthoni träumte von einer Hütte außerhalb vom Matharetal, doch sie wußte, daß sie nie eine bekommen würde. Aber vielleicht konnte sie irgendwo ein Stückchen Land erstehen, von dem sie dann ihre Familie ernähren könnte. Dieses Stück Land war immer in ihrem Sinn. Das war ihr Lebensziel.

Es gab im Matharetal auch den schönen Anthony und seine Gruppe, die sich auf Touristen spezialisiert hatten. Immer elegant, aber nie übertrieben angezogen, bewegten sie sich um jene Hotels herum, in denen Touristen abgestiegen waren. Auf Anthonys Trick fielen fast alle Fremden herein, ganz besonders allein durch die Stadt spazierende Frauen. Diese sprach er freundlich an und erkundigte sich höflich nach der Uhrzeit. Wurde ihm diese gesagt, dann seufzte er. Die verhinderten Mütter erkundigten sich sofort mitfühlend nach den tiefen Gründen seines Seufzers. Erst wollte er damit nicht herausrücken, doch auf ihr beständiges Bitten hin erzählte er dann von seinem Problem. Er sei hier in Nairobi Student der Theologie oder Mathematik, aber seine Eltern wohnten in Kisumu oder in Mombasa, am anderen Ende des Landes. Und von dort habe er heute morgen erfahren, daß seine Mutter lebensgefährlich erkrankt sei. Er wurde ersucht, sofort zu kommen, falls er sie noch einmal sehen wollte; sie müsse auch zum Arzt gebracht werden, doch das Geld fehle.

Anthony schätzte seine Zuhörerinnen sehr schnell ab, wie weit er gehen konnte, ob er sie nur um das Fahrgeld oder auch um die Arztrechnung und sogar um einen Krankenhausaufenthalt angehen konnte. Fand er ältere, schon in Mitleid zerfließende Damen, dann ließ er einfach seine Tränen kullern und wurde schon zur Beerdigung der Mutter erwartet, deren Kosten er nun, der arme Student, dessen Vater auch schon lange tot war, bezahlen mußte.

Anthony war in jedem Gedränge zu finden, in dem sich weiße Touristen bewegten. Er war ein Meister im Handtaschen-Öffnen Oder er redete sehr freundlich auf einen Touristen ein, während ein Kollege in dessen Tasche griff. Er stahl alles, was er in den Taschen fand, auch Reiseschecks, die er dann zu einem Viertelpreis indischen Kaufleuten übergab. Diese kannten Stellen in Spanien oder Portugal, wo diese Schecks ohne große Probleme eingelöst werden konnten.

Es gab auch Verbrecherbanden im Matharetal. Die meisten überfielen Fußgänger aller Rassen, die gefährlicheren brachen in Häuser ein, vergewaltigten Frauen und schlugen die Männer tot, wenn sie sich wehrten.

Die Creme der Gesellschaft bestand aus jenen, die sich auf Bankeinbrüche spezialisiert hatten. Sie besaßen Maschinenpistolen und schnelle Autos. Einige von ihnen hatten ihr Studium bei der Mafia in Italien oder Amerika absolviert. Die Maschinenpistolen hatten sie sich in Uganda von Soldaten besorgt. Ihr Geld gaben sie nicht in Kenia aus, sondern flogen nach Europa, kauften sich weiße Freundinnen und lebten wie die Fürsten in London oder an der Riviera. Wenn das Geld zu Ende war, kehrten sie wieder ins Matharetal zurück und bereiteten einen neuen »Coup« vor.

Joe zum Beispiel hatte sich auf indische Läden und Villen spezialisiert. Er wußte, daß sich die Polizei um diese Dinge nicht sehr kümmerte. Er fand heraus, wer von den afrikanischen Angestellten eines indischen Ladens oder einer indischen Villa im Matharetal wohnte. Den besuchte er nachts. Nach einigen Drohungen und wenigen Schlägen war der dann bereit, Joe alles über die Häuser zu erklären und auch einen Schlüsselabdruck in Seife zu machen. Joe war bekannt, doch er hielt sich seine Nachbarschaft mit kleinen Geschenken und Saufgelagen gewogen.

Nathanael war der größte Zuhälter des Tales. An die zwanzig Mädchen hörten auf sein Kommando. Und wenn eine auszubrechen versuchte, ließ er sie von seinen Garden zusammenschlagen und ihr Zähne aus dem Mund brechen. Davor fürchteten sich alle. Er setzte sie überall ein, vor den Touristenhotels, an den Bars, wo die arrivierten Afrikaner verkehrten, aber auch in den billigen Kneipen, wo die bedienenden Mädchen den Kunden erst das Geld abnahmen, ehe sie sie mit Bier oder ihrem Körper bedienten.

Es gab auch ordentliche und ehrliche Menschen im Matharetal, die meisten konnte man dazu rechnen. Die wohnten nur dort, weil sie anderswo keine Wohnung fanden oder bezahlen konnten. Zu den Prostituierten muß man sagen, daß sie ziemlich liederlich lebten, wenn sie allein waren. Doch sobald ein Kind kam, wurden sie ganz zu Müttern und gingen ihrem alten Beruf nur noch halbherzig und aus Not nach.

Vangiro erreicht das Matharetal

Für Vangiro war es eine neue, gefährliche Welt. Sie fürchtete sich dort zwischen den Hütten und fremden Menschen mehr als in den Bambuswäldern vor wilden Tieren. Sie wußte nicht, wohin sie wollte, nur nicht nach Hause zurück.

Als sie ihre Sprache in den Hütten hörte, ging sie zu einer Frau und fragte, wo man hier wohnen könne. »Hast du Geld?« fragte die fremde Frau sofort zurück, und als Vangiro es verneinte, zuckte sie nur mit den Achseln: »Ohne Geld kannst du hier keinen Platz finden. Hier zählt nur das Geld, Mitleid gibt es nicht.« Vangiro sprach noch andere Leute an, doch sie erhielt überall die gleiche Antwort.

In der Nacht schlief sie einfach an einer Hüttenwand. Doch sie wurde dauernd gestört, Hunde schnupperten an ihr herum, Männer erschienen, die sie unter das Lumpenkleid faßten und nach Geld suchten. Andere wollten sie vergewaltigen, wie die Männer es zu Hause mit der Mutter und den Schwestern getan hatten, doch Vangiro wehrte sich und lief weg.

Am nächsten Morgen hockte sie neben den Trümmern einer Hütte und weinte. Sie wußte nicht mehr, was sie tun sollte. Da setzte sich ein junger Mann neben sie. Sie wollte schon aufspringen und weglaufen, doch er war sehr nett zu ihr.

Er sprach ihre Sprache und hörte zu, als sie erzählte. Er war so nett zu ihr – sie konnte es kaum verstehen. Dann wurde er noch freundlicher, nahm sie mit in eine Hütte, wo er ihr eine Flasche knallroter Limonade ausgab. Und nicht nur das; als er sah, wie hungrig sie auf die anderen Menschen blickte, die dort Ugalibrei aßen, bestellte er für sie auch eine Portion.

Als es dunkel wurde, sorgte er sich sogar um ein Quartier für sie. Natürlich war sie dort nicht allein. In einer Hütte war der Boden mit Pappe ausgelegt. Dort schliefen etwa zwanzig Menschen. Sie bekam einen Platz in der Ecke. Es störte sie auch nicht, daß sich der junge Mann neben sie legte.

In der nächsten Nacht kam er noch näher an sie heran, und als er sie in der dritten Nacht an sich drückte, hatte sie auch nichts dagegen. Ganz im Gegenteil, er war der erste Mensch, der so nett und lieb zu ihr war. Sie gab sich ihm ganz hin. Und in der nächsten Nacht auch, und wann immer er es wollte. Er zahlte ihren Platz in der Hütte. Er war als Hilfsarbeiter auf dem Bau beschäftigt. Mal bekam er Arbeit und dann wieder nicht. Sie lagen nachts immer zusammen, bis sie spürte, daß sie ein Kind bekam.

Sie freute sich darüber, aber sie verheimlichte es ihm noch ein wenig. Erst als er sie so richtig begehrte und sie ihn ein bißchen zappeln ließ, fragte sie ihn: »Soll ich dir eine große Neuigkeit erzählen?«

Und als er verwundert: »Ja!« sagte, eröffnete sie ihm: »Wir kriegen ein Kind.«

Sie war überrascht, wie barsch und unfreundlich er darauf reagierte und sie fast anschrie: »Wie stellst du dir das denn vor? Wovon soll ich denn das Kind ernähren? Ich will kein Kind!« Aber sie wollte es.

Sie kam jedoch gar nicht mehr dazu, ihn zu überzeugen. Am nächsten Tag war er verschwunden und kam nicht mehr wieder.

Noch zwei Nächte durfte sie in der Hütte ohne Geld schlafen, dann warf man sie hinaus.

Arme kleine Vangiro in der großen Stadt

Der Mieteintreiber, der jeden Abend zum Kassieren in die Hütten gekommen war, trieb sie hinaus. Doch draußen vor der Tür wurde er freundlicher und schlug vor: »Also, wenn du mich einmal in der Woche kommen läßt, kannst du weiter hier schlafen.«

Zunächst wollte Vangiro nichts von diesem Angebot wissen, sie versuchte, draußen zu schlafen, doch als eine Horde von Halbwüchsigen über sie herfiel, stand sie am Abend doch vor der Hütte und ging auf den Vorschlag ein.

Sie hungerte, sie bettelte und magerte ab – keiner hatte Mitleid mit ihr, fast alle Frauen und Mädchen litten im Matharetal wie sie. Aber sie dachte an das kleine Würmchen in ihr, das durfte nicht verhungern, das mußte auf die Welt kommen und gerettet werden. Dann schlief sie auch mit anderen Männern, bekam Geld dafür und konnte sich und ihr werdendes Kind ernähren. Aber glücklich war sie nicht dabei.

Dann wurde ihr Kind geboren. Vangiro war so glücklich und stolz, als sie das kleine Würmchen sah. Sie vergaß alles – wie sie zu dem Kind gekommen war, daß sie es ernähren mußte. Sie hatte einen neuen Lebenssinn bekommen, nämlich dieses kleine Kind. So konnte sie sich nicht ausdrücken, aber so fühlte sie.

Sie suchte nach Arbeit, fand aber keine. Sie bettelte mit dem Kind auf dem Rücken. Doch nur wenige Menschen hatten Mitleid mit ihr, und die es hatten, besaßen kein Geld.

Vangiro fiel wieder auf einen jungen Mann herein, der so süß auf sie einredete, sie zu Tee und Weißbrot mit Margarine einlud, ihr sogar andeutete, daß er sie heiraten würde. Ihm gab sie sich hin, und das zweite Kind meldete sich an. Als sie es dem jungen Mann eröffnete, verschwand er. Ihr wurde ein zweites Kind geboren.

Sie weinte zwar zwischendurch oft, auch wenn andere Männer zu ihr kamen, doch sie gewöhnte sich langsam an diesen Lebensstil. Als ihr zweites Kind geboren wurde, vergaß sie wieder alles, freute sich über den kleinen Wurm und hoffte, daß Gott ihr helfen würde. Andere Leidensgenossinnen sagten auch – und sie glaubte gerne daran, obwohl sie wußte, daß es bei ihrer Mutter zu Hause nicht so war –: »Je mehr Kinder wir haben, desto besser.

Später werden sie Geld verdienen und ihre alten Mütter versorgen. Einige von ihnen werden bestimmt ganz reich.«

Vangiro bekam sechs Kinder, ziemlich dicht hintereinander. Sie ernährte sich und ihre Kleinen vom Betteln und den fremden Männern. Doch sie bekam sie selten satt, die hungrigen Kinder schlugen sich um den harten, trockenen Maisbrei. Es blieb ihr nichts anderes übrig, als sie zum Betteln auszusetzen. Wenn die Kinder etwa zwei Jahre alt geworden waren, setzte sie sie an eine Straße und sagte: »So, jetzt mußt du sehen, daß du von dem satt wirst, was die Leute dir geben. Du weißt ja, zu Hause habe ich nichts zu essen.«

Die Kinder lernten betteln und stehlen. Wenn eins krank wurde, konnte die Mutter auch nicht helfen. Vier Kinder starben ihr weg. Dann kamen noch zwei dazu. Sie wußte nicht so genau, wieviele Kinder sie eigentlich geboren hatte, und von welchen Männern.

Vangiro dachte manchmal daran, wieder nach Hause zu ziehen, doch sie wußte auch, daß es dort keine Zukunft für sie gab.

Mit dem Betteln hörte sie bald auf, das lohnte sich nicht. Es gab ja mehr Bettler und Arbeitslose als Verdienende im Tal. Sie wollte nur noch für ihre Kinder dasein. Sie hoffte auch noch immer, daß die Kinder sich eines Tages um sie kümmern würden, aber tief im Inneren wußte sie, daß sich diese Hoffnung nicht erfüllen würde. Sie wollte nicht tief nachdenken, sie lebte einfach so in den Tag, das war das Einfachste.

Die Männer und die Kinder kamen und gingen. Sie hatte nicht die Kraft, den Kindern eine Bleibe zu verschaffen. Sie wußte, daß das Leben, das sie führte, nicht gut für die Kinder war. Sie war ihnen kein Vorbild. Sie wollte nicht, daß die Töchter einmal den gleichen Weg gingen, doch was konnte sie dagegen tun?

Vangiro konnte sich dann doch eine Hütte mieten. Es war eine erbärmliche Bruchbude aus Pappe, Lehm, einigen verrosteten Wellblechplatten, Gras und Plastik. Sie wäre schon längst zusammengefallen, wenn sie nicht in einer Reihe mit anderen krummen und schiefen Hütten gestanden hätte. Bei jedem Regen weichte der Lehm auf, die Pappe wurde durchgeschlagen und die Plastikfetzen in die Rinnen zwischen den Hütten weggeschwemmt. Aber die Hütte fiel nie zusammen. Wenn der Regen aufhörte, klebte Vangiro mit den Kindern wieder Lehm auf die nackten Stellen zwischen den kahlen Ästen.

Die Kinder heulten und jammerten den ganzen Tag, schlugen sich um die Essensreste und zerbrachen die Tontöpfe, wenn sie sich darum stritten.

Vangiro hatte sich aufgegeben. Apathisch lag sie da, wenn die Männer kamen. Die Kinder kamen, lebten, starben oder verschwanden aus der Hütte. Sie freute sich noch einmal, wenn ein Kind zur Welt kam und zum erstenmal an ihrer Brust hing, aber dann wurde es ihr bald zur Plage. So litt sie durch ihr Leben.

Karanga wird geboren

Dann kam bei Vangiro wieder einmal ein Kind an. Die Mutter war verzweifelt, denn sie hatte nicht mehr genug Milch für den Kleinen, der sich bei ihr festsaugte. Er tat ihr so leid, sie drückte ihn an sich. Sie wußte, was für ein erbärmliches Leben auf ihn wartete.

Vangiro dachte: »Vielleicht ist es mein letztes Kind. Ich kann nicht mehr. Ich bin auch schon eine alte Frau, und die Männer sind enttäuscht, wenn sie mit mir schlafen. Ich kann ihnen nichts mehr geben. Sie gehen zu jüngeren. Zu meinen eigenen Töchtern gehen sie. Und kann ich es den Mädchen verdenken? Die müssen doch auch sehen, wie sie etwas zu essen bekommen.«

Es war ein kleiner Junge, ihr jüngstes Kind. Vangiro nannte ihn Karanga. Sie konnte sich um ihn ungestörter kümmern als um die anderen Kinder, denn kaum noch ein Mann kam zu ihr. Der kleine Junge war ihr einziger Trost. Sie hatte keine Zähne mehr im Mund, ihre Haare waren grau geworden, und sie hatte noch nicht einmal die wenigen Pfennige, um sich die Schmiere zu kaufen, mit der die anderen Frauen ihre Haare färbten. Sie trug Lumpen am Körper und wusch sich nur noch ganz selten unten am Fluß.

Vangiro hatte sich aufgegeben, doch als der kleine Junge kam, erwachte noch einmal Freude und Lebenswille in ihr.

Sie gab Karanga alle Liebe, die sie hatte. Sie bat ihre Töchter um Geld, bekam aber nur Pfennige und kaufte dafür dem Kleinen eine verfaulte Banane, kaute sie vor, schmierte sie sich über den Zeigefinger und fütterte ihn damit. Wenn er dann lächelte, tat es ihr gut.

Zwei Jahre in einem Paradies

Die Mutter war von ihren großen Kindern enttäuscht. Deshalb konzentrierte sie sich ganz auf Karanga. Bei ihm versagte sie auch nicht, dem konnte sie immer etwas zu essen bieten, nämlich ihre Brust. Meistens war er hautnah bei ihr, und die weiteste Entfernung von ihr war eine Armlänge. Sobald sich seine Lippen nur öffneten, gab sie ihm sofort die Brust und drückte ihn an sich.

Er schlief mit der Mutter in ihren Lumpen, und wenn sie sich tagsüber aus der Hütte bewegte, wickelte sie sich ihn auf die Hüfte und schleppte ihn mit.

Der kleine Karanga war noch immer ein Teil seiner Mutter. Die Menschheit, der gute Teil davon, war seine Mutter, und seine Welt hörte schon einen Schritt von ihr entfernt auf. Nur sehr selten sah er sich um. Wenn die Mutter mit ihm die Hütte verließ, schlief er meistens. Er wollte von der fremden Welt eigentlich nichts sehen. Und wenn er einmal aus der Hüttentür heraussah, dann kam er mit seinem Blick nur gegen die Wand der Hütte gegenüber, keine drei Erwachsenenschritte entfernt.

Die Mutter liebte den Jungen, weil er so lieb und so abhängig von ihr war. Sie mochte die Männer nicht, die hatten sie geschlagen und mißhandelt, die nahmen nur von ihr. Nun wollte sie einen anderen Mann erziehen, der später einmal ihr Beschützer und Ernährer werden sollte. Das tat sie fast unbewußt, sie reflektierte nie darüber. Sie steckte alle ihre Liebe und Gefühle bedingungslos und ohne Korrektur in den kleinen Jungen hinein.

Karanga lernte das Laufen nur zögernd und widerwillig. Er wollte nicht von seiner Mutter weg. Er ging nur, wenn sie ihn an der Hand nahm und mitkam. Fort von der Mutter herrschte nur Streit und Haß, bei der Mutter war Liebe.

Aber dann rührte sich doch ein Drang in ihm, etwas mehr als die Mutter zu sehen. Vorsichtig kroch er einmal allein an die Tür und sah nach, was sich draußen ereignete, und als die Menschen, die dort vorbeigingen, ihn nicht sofort schlugen, blieb er dort hocken und sah ihnen zu.

Von der Mutter lernte er auch sprechen. Die Worte der anderen in der Hütte nahm er einfach nicht auf. Er wollte seine Lippen eigentlich nur zum Trinken benutzen, aber dann bequemte er sich doch zum Reden. Die Mutter gab ihm keine Milch mehr, wenn er nicht darum bat. Sie machte sich Sorgen um ihn, ob er auch ein richtiger Mann werden würde, weil er viel länger als die anderen Kinder brauchte, um Gehen und Reden zu lernen.

Der Ausstoß aus dem Paradies

Aber dann ließ das Interesse der Mutter an dem Kleinen nach. Er wurde ihr zu frech, und sie kam nicht mehr gegen seine Forderungen an.

Auch waren wieder Betrunkene in ihre Hütte gekommen, hatten sie genommen, als sie die Töchter nicht fanden. Vangiro erwartete wieder ein Kind. Die Töchter wurden böse und schrien sie an: »Du bist auch dumm. Wir haben dir doch gesagt, du kannst zu einer Frau gehen, die nimmt dir das Kind weg.«

Doch davor hatte Vangiro Angst. Sie dachte daran, wie sie damals vor dem Eingriff der Männer aus der Hütte der Mutter geflohen war.

Solange sie das Kind erwartete, durfte Karanga noch nah bei ihr sein. Aber er hatte etwas gegen das Wesen, das im Bauch der Mutter wuchs. Er trat sie gegen den Bauch; da schubste die Mutter ihn weg.

Als das Kind geboren wurde, versuchte er es zu schlagen. Die größeren Geschwister packten ihn, verprügelten ihn und warfen ihn aus der Hütte hinaus. Sie schimpften auch Vangiro aus: »Du hast diesen Balg richtig verwöhnt. Wir alle mußten uns in seinem Alter schon selbst ernähren, wir mußten betteln gehen, doch der hängt bei dir herum und wird verzogen und verpäppelt.«

Vangiro sprach mit Karanga: »Ich kann mich jetzt nicht mehr so um dich kümmern wie früher. Jetzt ist dein kleiner Bruder da. Du kannst keine Milch mehr haben. Du mußt dir jetzt selber dein

Essen zusammen betteln, wie es deine Geschwister auch getan haben. Ich zeige dir, wie man das macht.«

Sie nahm ihn an der Hand und führte ihn nach draußen, den Trampelpfad zum Sumpf an den Bach hinunter. Karanga sträubte sich dagegen, er wollte bei seiner Mutter bleiben. Doch sie zerrte ihn mit sich. Sie setzte ihn unten an den Bach, wo die Frauen Nahrungsmittel reinigten und manchmal auch etwas weggeworfen wurde, auch von den Männern, die im Bach den selbstgebrannten Schnaps tranken.

Von dem Weggeworfenen und vom Betteln sollte sich Karanga ernähren. Die Mutter wußte, daß die Männer, besonders wenn sie schon etwas getrunken hatten, Mitleid mit so einem kleinen Kind bekamen, und auch die Mütter, die dort unten den Maisbrei vorbereiteten und Hühner ausnahmen. Zwar waren diese Hühner meistens sehr dürr und reichten kaum für ihre Familie aus, aber wenn sie so einen kleinen, ausgehungerten Jungen sitzen sahen, würde ihr Herz doch gerührt, und sie würden ihm etwas hinwerfen.

Karanga wollte aber nicht sitzenbleiben. Er lief der Mutter nach. Da griffen seine großen Brüder ein. Sie packten ihn, prügelten ihn noch einmal durch, trugen ihn an den Bach und warfen ihn dort hin. Sie bezogen Posten und wenn er wieder zur Hütte zurücklaufen wollte, schnappten sie ihn. Er wurde wieder verprügelt und auf seinen alten Platz gesetzt.

Die Mutter wurde nun auch gezwungen, konsequent zu sein; sie gab dem Kleinen nichts mehr ab. Sie mußte sich ganz auf ihr neues Kind konzentrieren, dem ging es nicht gut, der Junge war viel zu schwach auf die Welt gekommen, und es sah so aus, als ob er nicht lange hier bleiben würde.

Auch nachts sorgten die großen Jungen dafür, daß Karanga nicht mehr an die Mutter herankam. Sie fürchtete auch, daß er seinem kleinen Bruder etwas antun würde.

Karanga mußte sich also darauf einstellen, allein zu sein und sich selbst zu ernähren. Er heulte in den ersten Tagen und Nächten viel. Dabei lernte er aber auch etwas: Die Frauen bekamen Mitleid mit ihm und gaben ihm eher etwas zu essen, als wenn er trocken dasaß.

Wenn Karanga nun Hunger hatte, fing er an zu heulen, auf

Kommando, und die Mütter und betrunkenen Männer warfen ihm etwas zu essen hin, einen Brocken von ihrem kalten Maisbrei, dem Ugali, noch ein paar Reste an einem Hühnerknochen oder einen Knorpel Ziegenfleisch, den sie noch nicht zerkaut hatten. Karanga aß alles. Es lief aber nur in den ersten Tagen so gut, dann sagten sich die Frauen: »Der muß doch zu einer Familie gehören, warum kümmert sich die Mutter nicht besser um ihn?«

Andere Mütter sahen auch, daß Karanga sich da unten ganz gut ernähren konnte, sie brachten ihre kleinsten Kinder auch dahin und setzten sie neben Karanga zum Betteln. Er mußte sich einen anderen Platz suchen.

Karanga rückte zur Straße hoch, wo die Menschen auch etwas wegwarfen, wenn sie dort auf die Busse warteten. Er schlich um die Hütten herum, in denen etwas verkauft wurde und in denen man essen und trinken konnte. Manchmal flog etwas aus den Türen und Fenstern heraus. Auch wurden die Betrunkenen einfach auf den Pfad geworfen, und wenn die noch etwas zu essen bei sich hatten, nahm ihnen Karanga das ab.

Wenn er müde war, rollte er sich einfach zusammen, wo er gerade war, und schlief solange, bis ihn jemand weckte oder er von selbst wach wurde. Nach Hause ging er nur noch sehr selten. Seine Geschwister mochten ihn nicht, sie nahmen es ihm übel, daß die Mutter ihn früher verwöhnt hatte.

Obwohl die Mutter so heruntergekommen war und ihr auch noch das letzte Kind starb, erwartete sie wieder eins. Karanga sah, daß er von ihr nichts mehr erwarten konnte. Nur ganz selten noch, während der Regenzeit, ließ er sich in der Hütte sehen, kam sehr spät, rollte sich direkt neben der Tür zusammen und ging ganz früh am Morgen wieder weg.

Die Hütte war auch immer voll. Da waren die größeren Schwestern, die ihre Männer mitbrachten und mit ihnen dort schliefen. Einige hatten auch schon eigene Kinder bekommen. Die Brüder brachten auch ihre Frauen und Freundinnen mit. Die zogen ihre eigenen Kinder vor und schubsten Karanga weg.

Oben an der Straße in Richtung auf die Stadt gab es richtige Häuser. In jedem wohnten nur wenige Menschen. Die warfen ihm öfters etwas zu, und an den Hühnerknochen war mehr Fleisch als unten im Tal.

Karanga hatte sein eigenes Leben mit drei Jahren begonnen, er wurde immer selbständiger. Wenn es nur nicht die wilden Hunde gegeben hätte, und die größeren Jungen. Sowohl die Jungen wie die Hunde bettelten, bissen und schlugen ihn. Er verlor immer, er war schwächer als sie.

Leben aus den Abfalltonnen

Dann fand Karanga etwas Einträglicheres wie Betteln, nämlich die Abfalltonnen in den besseren Vierteln und vor den Geschäften und Gaststätten der Stadt.

Die standen einfach vor den Häusern; er brauchte nur den Deckel abzunehmen und konnte sich versorgen. Oft hatten sie auch keinen Deckel mehr und quollen über, so daß er sich aus den Abfällen neben den Tonnen ein Mahl zusammensuchen konnte.

Als Karanga an die erste Tonne geriet und dort Reste von Ugali und andere, ihm unbekannten Nahrungsmitteln wie Brot und Kartoffeln fand, war er glücklich und aß sich richtig voll.

Am nächsten Tag suchte er wieder die Tonne auf, doch kaum hatte er angefangen, darin zu wühlen, da erschien eine Bande von Jungen, die ihn überfielen. »Was willst du hier?« schrien sie ihn an. »Hast du gestern hier die Tonne schon leergefressen? Das ist hier unsere Straße, wo wir die Tonnen leermachen. Wenn wir dich hier noch einmal treffen, schlagen wir dich tot.«

Karanga versuchte sich in der Nacht an die Tonnen der Straße zu schleichen, doch die Jungen paßten auf, und er mußte sich blutend und weinend zurückziehen.

Doch er hatte nun an diesen Tonnen Geschmack gefunden. Er traute sich weiter in die Stadt hinein, suchte die Gegend nach fremden Jungen ab; wenn er keine sah, machte er sich schnell an eine Abfalltonne heran. Viele enthielten nichts Eßbares. Es waren auch nicht nur die Jungenbanden, die sich aus den Abfallkübeln ernährten, sondern ebenso Ratten und wilde Hunde. Die Hunde traten in Rudeln auf, warfen die Tonnen um, wühlten darin herum und bissen nach ihm, wenn er sich auch versorgen wollte.

Übel waren auch die Ratten. Oft schlief Karanga draußen. Da fraßen sie ihm die Lumpen ab, die er trug, und bissen ihn.

Karanga lernte sehr schnell, daß er nicht so stark war wie die Banden. Doch er war allein und konnte sich schneller bewegen. Er fand auch heraus, daß er schnell laufen und sich gut verstecken konnte. Das mußte er üben.

Da er immer auf Raten schlief, war er nachts auch bereit, Tonnen zu suchen. Er lernte schnell, wann die verschiedenen Tonnen vors Haus gestellt wurden. Das leisteste Geräusch, das dabei am Blech oder an der Plastikhülle entstand, weckte ihn, und er schlich sich geduckt, aber schnell an die Tonne heran, fuhr mit der Hand hinein, faßte, was er gerade fand, und zog sich damit in ein Versteck zurück.

Im Anfang hatte er die Tonne einfach auf den Weg geworfen und entleert, doch als der Hausboy, der alles wieder aufkehren und einsammeln mußte, ihm auflauerte und ihn zusammenschlug, ließ er das, und wenn er etwas auf den Boden warf, um an die Essenreste zu kommen, dann sammelte er es auch wieder ein. In den Kübeln lag natürlich nicht das Essen von den Abfällen getrennt, sondern alles durcheinander. Er aß alles, was er fand. Er verdarb sich auch oft den Magen dabei und krümmte sich dann vor Schmerzen. Aber allmählich lernte er, was so faul und verdorben war, daß er es nicht mehr essen konnte.

Es gab aber auch Berge von Abfällen an den Märkten und da, wo Frauen Essen vorbereiteten und verkauften. Sie saßen einfach am Straßenrand und boten auf kleinen Feuerchen Fleischknorpel, Ugali und Brot an. Was sie wegwarfen, nahm Karanga mit.

Die Berge am Markt waren aber oft voll von Verfaultem und Ratten und Würmern. Doch Karanga griff trotzdem hinein, riß ein Stück Mango von einer Ratte los, klaubte die Insekten und Würmer mit den Fingern aus dem Fruchtfleisch und aß das, was noch gut an dem Stück war.

Manchmal fand er auch Lumpen in den Tonnen, die zog er sich an. Einmal erwischte er sogar einen ausgelatschten Schuh fast ohne Sohle; den trug er ganz stolz. Er war nun fast so wie die Leute aus der Stadt, er trug einen Schuh.

Aber leicht war es trotzdem nicht, überall war die Konkurrenz, die Hunde bissen und die Jungen schlugen ihn. Sein Körper war immer voll mit blutenden und eiternden Wunden und entstellenden Narben. In den Haaren und überall kroch Ungeziefer über seinen Körper.

Eine andere Gefahr war die Polizei der Stadt, die Jungen wie ihn jagten. Die Polizisten schlugen voll zu. Karanga sah einmal, wie ein Polizist dem Jungen, der sich von ihm beißend befreien wollte, ein Ohr abriß.

Karanga wehrte sich kaum. Er wußte, daß er gegen diese Horden und Rudel und Polizisten nicht ankam. Er mußte sich durch Schnelligkeit und Klugheit vor ihnen schützen. So entwickelte er seine eigene Taktik und operierte aus Verstecken heraus, aus denen er vorher alles ganz genau beobachtet hatte.

Er hätte sich ganz gerne einer Bande angeschlossen, doch er kam nicht dazu. Sobald ihn eine sah, jagten sie ihn. Er konnte sich nie erklären, warum.

Wieder einmal war er zusammengeschlagen und gebissen worden, nachdem er vor einer Gaststätte ein paar Fleischknochen aus der Tonne, die der Küchenjunge gerade auf die Straße geschleppt hatte, abgenagt hatte. Karanga zog sich blutend zurück. Und da fiel ihm etwas ein.

Aus der Nachbarkneipe trug ein anderer Küchenjunge einen schweren Abfallkübel heraus. Der sah Karanga und rief ihm zu: »Komm, trag mir mal den Kübel zur Straße, dann kannst du was daraus essen.«

Karanga sprang sofort zu, trug den Kübel zur Straße, fischte sich schnell ein paar Knochen heraus, riß davon das Fleisch ab, und als er den Kübel auf die Straße stellte und die wilde Hundemeute herangehechelt kam, hatte er schon das Fleisch im Mund und lenkte die angreifenden Hunde mit den weggeworfenen Knochen ab.

Schon beim schnellen Durchfühlen der Tonne hatte Karanga entdeckt, daß es in dieser sehr viele Essensabfälle gab. Deshalb kehrte er am nächsten Tag zur gleichen Zeit wieder zu diesem Lokal zurück. Er wartete neben dem Haus, bis sich hinten wieder die Küchentür öffnete und der Küchenjunge die Tonne herausstellte. Sofort nahm er sie auf und trug sie zur Straße. Oft wurde er von Hunden und anderen Jungen gestört, aber manchmal kam er durch.

Es gab auch einige Küchenjungen, die den Karanga heranriefen und ihm befahlen, die verschmierten und stinkenden Tonnen zu reinigen. Manchmal fand er noch Essen an den schmierigen Wänden kleben, oder der Küchenjunge warf ihm einen Knochen oder verschimmeltes Brot aus dem Küchenfenster zu.

Karanga ging nur noch einmal zu seiner Hütte zurück, doch da sagte man ihm, daß die Mutter gestorben sei. Seine älteren Geschwister hatten die Hütte übernommen und jagten ihn fort.

Karangas Behausungen

Karanga lebte wie ein Hund, er schlief an den Außenwänden der Hütten, unter den überhängenden Dachrändern, wenn es regnete, oder in Durchgängen und Einfahrten.

Durchschlafen konnte er nie, immer wieder wurde er gestört, überfallen, wachgerüttelt, gebissen oder geschlagen. Er schlief, wo immer er konnte, kurz und sozusagen immer mit einem Auge wach.

Wenn er etwas gegessen hatte, brauchte er sich nur hinzulegen und schlief sofort ein. Karanga konnte auch direkt am Straßenrand schlafen, oder auf der Verkehrsinsel mitten in der Stadt, um die der Verkehr brandete. Der störte ihn nicht, doch wenn sich ihm schleichende Schritte näherten, dann spürte er die sofort, war nicht nur wach, sondern hetzte, noch halb im Schlaf, davon.

Karanga konnte schon im Halbschlaf und mit geschlossenen Augen fühlen und hören, ob sich ihm ein gleichgültiger oder ein gefährlicher Mensch näherte. Gute Menschen kannte er nicht, er konnte sich nicht vorstellen, daß es die gab. Das Beste, was es für ihn gab, war ein gleichgültiger Mensch; der gab ihm zwar nichts zu essen, aber der trat ihn auch nicht.

Karanga entfernte sich immer mehr vom Matharetal; dort gab es zuviele Menschen und Tiere, die ihn störten und jagten. Alle die Hungrigen und Gierigen strichen herum und fielen über jeden her, der allein war.

Karanga wollte eigentlich nicht allein sein, doch was blieb ihm übrig? Die meisten Banden wollten ihn nicht, die waren schon zu viele. In anderen Banden sollte er ganz unten als der Prügelknabe anfangen. Er hatte soviele Schläge bekommen, sein Körper war voll mit Narben, durch diese Qual wollte er nicht gehen. Er sah auch, daß er allein viel besser durchkam. Er hungerte zwar oft und mußte viel riskieren, um wenigstens den gröbsten Hunger zu stillen, doch er kam immer durch.

Karanga setzte sich in die Innenstadt ab, wo es etwas geregelter zuging. Dort gab es Polizisten, Nachtwächter und Torwächter. Die waren zwar auch nicht gerade lieb zu ihm, aber man konnte dort nicht einfach mitten auf der Straße und am hellichten Tag totgeschlagen werden wie im Matharetal.

Karanga war bald in der Innenstadt zu Hause. Er freundete sich mit einigen Nachtwächtern an und konnte neben ihren Toren schlafen, und wenn es im Juli und August kalte Nächte gab, durfte er sich auch an ihren Feuerchen wärmen. Manchmal warfen sie ihm einen Brocken Ugali zu.

Die Polizisten sahen in jedem herumstreifenden Jungen ihren persönlichen Feind. Sie fingen die Jungen wie wilde Hunde ein und prügelten sie zuerst einmal ganz erbärmlich durch. Sicher, sie wurden von diesen schnellen Jungen auch oft genug geärgert. Die stahlen ihnen ihren Mantel, wenn sie sich bei ihrer nächtlichen Runde hingesetzt hatten und eingeschlafen waren. Die stiegen zu ihren Frauen und Töchtern in die Polizeiquartiere ein, wenn die Polizisten im Dienst unterwegs waren. Die Jungen kannten ihre Freundinnen und die Nuttenbuden, in denen sie verkehrten. Sie wußten, daß die Polizisten heimlich Selbstgebrannten tranken.

Richtig kalt, in unserem Sinne, war es in Nairobi nie. Doch wenn es sich nachts von 29 auf 19 Grad abkühlte, dann empfand das jeder als Kälte. Und Karanga fror. In Hütten oder unter einem richtigen Dach hatte er schon seit Jahren nicht mehr geschlafen, auch nicht mit anderen Menschen zusammen oder in deren Nähe. Die Polizei hatte angefangen, die Innenstadt von Jugendlichen und Prostituierten zu säubern. Das gelang ihnen nicht vollständig, doch Karanga war jede Nacht gefährdet.

Karanga mußte sich aus der Innenstadt zurückziehen. Er fand eine Wohnung, die ihn warm hielt und sogar gegen Regen schützte. Er konnte diese Wohnung, beziehungsweise das Schlafzimmer, auch transportieren. Es war ein Plastikbeutel, der ihm mit einem Sturm zugeweht worden war.

Karanga konnte ihn bei sich tragen, und sogar Essenreste hineinpacken, um sie an einen sicheren Ort zu tragen, wo er sie dann ohne Störungen verzehrte. Wenn er dann den Beutel leer gegessen hatte, konnte er hineinkriechen und schlafen. Wenn er den Beutel nicht mit sich herumtragen wollte, vergrub er ihn einfach irgendwo in den Sand und brachte ein Zeichen in der Nähe an, damit er ihn wiederfand.

Eine Hecke, die eine immer geöffnete Tankstelle von der anschließenden Müllgrube trennte, schätzte er sehr. Auf der Müllgrube war manchmal noch etwas zu finden, und an der Tankstelle gab es Wasser. Er lernte die Männer und Jungen kennen, die dort arbeiteten und schliefen.

Tagsüber grub er seinen Plastikbeutel in den Sand unter der Hecke ein. Er tat das noch im Morgengrauen, so daß ihn keiner dabei beobachten konnte. Wenn er in der Nacht zurückkehrte, buddelte er ihn wieder aus und kroch hinein.

Er fühlte sich unter der Dornenhecke wie zu Hause. Er bildete sich auch ein, daß er dort sicherer war. Er meinte, die aus der Tankstelle würden ihm helfen, wenn er nachts überfallen und schreien würde, obwohl er natürlich wußte, daß sie sich wohl kaum aus der Tankstelle in die Dunkelheit heraustrauen würden. Sie wurden oft genug selbst überfallen und ihrer Kasse beraubt. Doch die Illusion, daß sie ihm vielleicht doch helfen könnten, tat ihm gut.

Karanga half manchmal an der Tankstelle, um die Menschen dort zu seinen Freunden zu machen. Er fegte ihnen mit dem Reisigbesen den Hof oder schob den Schlamm weg, wenn es stark geregnet hatte. Dann setzte er sich auch einmal zu ihnen in den Verschlag. In das kleine Abrechnungsbüro traute er sich natürlich nicht hinein. Er wußte, daß er dort nicht hingehörte.

Überhaupt war es an der Tankstelle ganz schön, wenn es regnete. Dann stiegen die großen Ameisen aus dem Boden und flogen in die grellen Neonlichter. Unter diese Lampen stellten die Arbeiter Wannen und Eimer mit Wasser auf. Darin spiegelte sich das Licht, und die fliegenden, fetten Ameisen dachten, das wäre auch ein wärmendes Licht. Sie ließen sich hineinfallen und ertranken. Die Arbeiter und Karanga brauchten dann die Tiere nur noch von oben abzuschöpfen. Karanga wartete natürlich, bis alle anderen genug gegessen hatten und fing dann an.

Die Arbeiter rösteten sich die fetten Ameisen auf einem Feuerchen, doch Karanga sparte sich diese Mühe, er war auch viel zu hungrig dazu. Er aß die Ameisen meistens roh.

Aber er wußte auch, daß er sich nicht zu oft in der Tankstelle sehen lassen durfte, er war immer auf der Flucht, auch vor der bösen Laune von Menschen. Die von der Tankstelle trieben ihn nicht weg und ließen ihn manchmal fliegende Ameisen aus ihren Wannen essen, das war schon etwas.

Karanga hatte sich aus den Resten von Autoreifen Sandalen hergestellt. Die wurden »Traktor« genannt, weil man an den Sohlen noch die Profile der früheren Reifen sehen konnte.

Aber zum Arbeiten mußte Karanga in die Stadt, obwohl es dort immer gefährlicher wurde. Wegen der ansteigenden Zahl von Einbrüchen und Überfällen veranstaltete die Polizei dauernd Razzien. Es hieß bei den Behörden und in den Zeitungen, daß die Jungen aus den Dörfern kämen und von dort ihren Familien weggelaufen seien. Das stimmte nicht. Fast alle Jungen kamen aus dem Matharetal und anderen Elendstälern. Sie hatten kein Zuhause, und die Eltern hatten sie ausgestoßen, oder sie wußten gar nicht, wer ihre Eltern waren.

Aber trotzdem hatten die Polizisten den Befehl bekommen, die Jungen zu ihren Dörfern zurückzukarren. Erst fragten sie die Jungen noch danach, doch als sie immer die gleiche Antwort erhielten, nämlich keine, fuhren sie einfach los. Sie fuhren die Jungen bis in den Norden, bis in die Wüste hoch, obwohl es dort keine Dörfer gab. Wenn sie angekommen waren, kippten sie die Jungen einfach wie eine Sand- oder Steinlast aus dem Wagen und überließen sie sich selbst.

Die Jungen machten sich wieder auf den Weg zur Stadt zurück. Sie bettelten sich durch die Dörfer am Weg. Über einsame Hütten und Felder fielen sie her wie Hunnen oder Ameisen. Sie fraßen alle Vorräte weg und die Äcker leer. Und ehe die Männer der Dörfer sich zusammengerottet und bewaffnet hatten, waren sie schon weitergelaufen. Es dauerte nicht lange, dann waren sie wieder in der Stadt.

Parking boy

Karangas neue Karriere fing mit einer Razzia an. Die Polizisten hatten einen Marktplatz abgeriegelt, weil die Marktfrauen sich beschwert hatten, die Jugendbanden würden ihnen zuviel von den Ständen stehlen.

Karanga stahl nie etwas, er ernährte sich nur aus Abfällen und Mülltonnen, doch er sah aus wie die anderen Jungen, wenn man sein Gesicht nicht genau betrachtete, und er trieb sich natürlich auch auf dem Marktplatz herum.

Ehe er und die anderen Jungen es sich versahen, war der Marktplatz umstellt, die Polizisten rückten mit Gummiknüppeln vor und trieben die Jungen auf die rückwärtssetzenden, sirenenheulenden Lastwagen zu. Die Jungen hätten sich auch ohne Gummiknüppel ergeben, doch die Polizisten schlugen trotzdem zu. Das gehörte einfach zu einer Razzia.

Karanga wollte nicht zum dritten Mal in die Wüste geschüttet werden. Doch er befand sich mitten in dem Pulk, der auf die Wagen zugetrieben wurde. Er suchte nach einer Fluchtmöglichkeit, während die anderen Jungen noch um Gnade heulten und flehten oder schon die Wagen erkletterten.

Da entdeckte Karanga seine Chance. Der Polizist, der direkt am Wagen stand, und ihn fahren sollte, wurde von einem Vorgesetzten angesprochen und nahm Haltung an.

Karanga nützte das aus. Ehe der Polizist sich wieder aus seiner Starre lösen konnte, war Karanga schon entwischt, am Wagen entlang und vorne herumgelaufen.

Dort hatten sich ein paar größere Jungen versammelt und sahen interessiert und grinsend zu, wie die kleinen Fische in die Netze getrieben wurden. Sie waren es, die die kleinen Jungen als Diebe und Parkhelfer angestellt hatten und auch bei ihnen abkassierten. Doch sie hielten sich im Hintergrund und wurden von der Polizei nur selten entdeckt.

Während der Razzia standen sie aber nicht nur als interessierte Zuschauer dabei, sondern sie waren auch auf Talentsuche. Sie wollten herausfinden, welche Kleinen am besten mit den Polizisten fertig wurden und wem es wohl gelingen würde, aus dem Treiberring auszubrechen.

Das gelang nur Karanga. Er lief einem der großen Jungen fast in die Arme. Der packte ihn sich und zerrte ihn in eine Ecke, wo die Polizei ihn nicht mehr sehen konnte. Karanga war zunächst überrascht, aber dann fing er an, sich zu wehren. Doch das war zwecklos, der Große streckte ihn mit einem leichten Faustschlag nieder und belehrte Karanga: »Stell dich nicht so an. Und wenn du noch weiterschlägst, dann tret ich dir wohin, da ist die Polizei noch gar nichts gegen. Du kommst jetzt mit mir auf den Parkplatz, wenn die weg sind. Da kassierst du ab und gibst mir das Geld. Wenn du das nicht tust, hau ich dich kaputt und alle Knochen noch extra. Kriegst auch was ab, und immer was zum Fressen. Das geben dir die doofen weißen Tanten sowieso, das kannste behalten, aber das Geld, das wird bei mir abgeliefert, jeder Pfennig. Und wenn dir ein anderer an den Hals will, komm ich sofort. Ich seh das alles, ich bin überall da. Wir sind vier Große. Wir sind überall, wo du hinlaufen willst, und dahinter sind noch unsere Verbündeten.«

Das war eine lange Rede, die mit Fußtritten gewürzt wurde. Karanga begriff, daß er ein Gefangener war, wie die vielen anderen kleinen Jungen.

Der große Junge führte ihn sofort zu seinem neuen Arbeitsplatz, mit Schraubengriff um den Arm. Er trat ihn auch zwischendurch, damit Karanga nicht vergaß, daß er nun ein Sklave war und seine Herren keinen Spaß vertrugen. Aber er reichte ihm auch ein bißchen Zuckerbrot: »Also, wenn du immer gut kassierst und ablieferst, dann brauchst du nie mehr in den Mülltonnen wühlen, dann kriegst du immer was von den Frauen aus den Autos, und wenn nicht, schicken wir dich auf den Markt zum Abgrasen, und wenn dich da einer anpackt, dann schlagen wir zu. Du bist dann unter unserem Schutz.«

Karanga wunderte sich, eine so lange Rede hatte ihm noch nie ein Mensch gehalten. Die anderen Bandenchefs redeten auch nicht soviel, doch dieser war ein Rekrutierer und mußte den neuen Sklaven klarmachen, was von ihnen erwartet wurde. Und da Treten und Schlagen auch dem Schläger mehr wehtat als Reden, benutzte er lieber seine Lippen als die Fäuste.

Sie erreichten den großen Parkplatz zwischen den Ministerien, neben dem Gericht und vor dem großen Supermarkt der

Stadt. Dort herrschte dauernd Hochbetrieb, und nachts parkten Bar- und Kinobesucher da.

Die Stadt hatte den Platz eingerichtet und mit Streifen die einzelnen Abstellplätze markiert. Der Parkplatz war riesig, es herrschte immer ein Kommen und Gehen, und wer sich nur ein wenig umsah, fand immer einen Platz. Doch das wollten die »Parking boys« nicht. Sie liefen immer sehr schnell zu einer Parklücke, stellten sich davor, und wenn ein Auto in den Parkplatz bog, winkten sie den Fahrer sofort auf den freien Platz. Es herrschte Konkurrenzkampf zwischen den Jungen, jeder wollte zuerst den Parker haben, und wenn ihn ein anderer bekam, warfen die Jungen ihm das Stück Brot an den Kopf, das sie von der vorigen Autofahrerin erhalten hatten. Karanga sagte sich sofort, daß die Parkjungen dort nicht hungerten, wenn sie mit Brot werfen konnten. Das schien ihr Lieblingsspiel zu sein. Wenn man Brot an den Kopf kriegt, tut es nicht so weh wie ein Stein, freute sich Karanga, und er nahm sich vor, das verschleuderte Brot aufzusammeln.

Wenn die Jungen einen Fahrer in die Parklücke gewiesen hatten, auch wenn er gar nicht wollte, fiel er dort einem anderen Parking boy in die Hände; mehrere Jungen winkten ihn ganz genau in das Rechteck ein. Dann standen sie blitzschnell am Wagenschlag, und ehe der Fahrer die Scheibe heruntergekurbelt hatte, war schon eine Hand ausgestreckt, und eine kleine, wimmernde Kinderstimme bat ihn: »Bitte einen Pfennig.«

Wer konnte sich dieser Bitte entziehen. Doch wer diesen »lieben Kleinen« nur einen Pfennig gab, also einen Penny, der erlebte etwas! Die Burschen wurden auf einmal böse und zogen ihm mit einem Stein eine Macke durch den Lack. Wenn sie guter Laune waren, ließen sie ihm nur die Luft aus den Reifen. Sonst stachen sie mit Messer und krummen Nägeln tiefe Löcher durch den Gummi.

Wer parkte, der stellte sich lieber mit den Jungen gut. Die meisten Autofahrer versuchten es so. Sie gaben dem Kleinen einen Shilling, also ungefähr fünfzig Pfennig, und versprachen ihm: »Paß mal schön auf mein Auto auf. Wenn ich zurückkomme, gebe ich dir noch einen Shilling, oder zwei.«

Sie wußten, daß die Jungen nicht auf das Auto achteten, aber sie machten auch nichts kaputt, wenn sie eine Anzahlung bekommen hatten und noch mehr erwarten konnten.

Hatten sie kassiert, achteten die Jungen nicht mehr auf das Auto. Sobald ein neues eingerollt kam, liefen sie sofort hin und veranstalteten das gleiche Theater. Sonst hockten sie herum und ärgerten sich gegenseitig. Wenn dann wieder ein Autobesitzer zu Fuß erschien, beobachteten sie ihn ganz genau, schätzten aus seiner Kleidung und seinem Gehabe, ob er zu einem Volkswagen oder zu einem Peugeot oder gar zu einem »Benz« gehen würde und fingen an, seinen Weg zu seinem Auto zu berechnen. Sie liefen dann im großen Kreis um die Autos herum, unter denen sich seines vermutlich befand.

Ein paar Schritte vor dem Besitzer erreichten die Jungen immer seinen Wagen, fingen schnell noch an, mit einem alten Lumpen die Leisten zu polieren. Das taten sie aber mit der Linken, während die Rechte sich schon für die milde Gabe hinstreckte, und kaum lag das Geldstück darauf, da rannten sie schon wieder zum nächsten Auto.

Karanga lernte diese Tricks sehr schnell. Im Denken und Sehen war er viel schneller als die meisten Jungen und so erreichte er nicht nur die meisten anvisierten Parklücken schneller, sondern war auch beim Abkassieren meistens der erste. Er meinte schon am Schritt erkennen zu können, welchen Wagen ein Mann fuhr. Und zu welchem Auto eine Frau gehörte, war für ihn noch einfacher auszumachen. Jeder Wagen, der krumm und schief geparkt war, meinte Karanga, gehörte zu einer Frau. Oft hatte sie dann auch noch vergessen, das Blinklicht auszuschalten oder den Verschlußknopf herunterzudrücken. Er machte die Dame dann darauf aufmerksam, daß er den unverriegelten Wagen vor Dieben beschützt habe, und konnte noch einen Shilling mehr kassieren.

Er öffnete auch die Wagentüren und schloß sie sanft wieder. Er spezialisierte sich mehr auf Frauen, die waren mitleidiger. Englisch lernte er auch sehr schnell, es waren nur wenige Worte und Sätze, die er für seinen Beruf brauchte.

Natürlich waren die Parking boys illegal tätig. Jeder Wageneinbruch, jeder Diebstahl wurde ihnen angelastet, und der Supermarkt-Besitzer war auch böse, daß die Kunden auf seinem

Parkplatz noch abkassiert wurden, obwohl er die Parkgebühren schon in seiner Gewinnspanne einkalkuliert hatte.

Die Polizei wurde auch auf die Jungen gehetzt und veranstaltete regelmäßig Razzien. Doch die Bande, zu der Karanga gehörte, war darauf eingestellt. Die stellte Wachen an den Zufahrtsstraßen auf, die ihre Kollegen mit grellen Pfiffen warnten. Später bildeten sie sogar eine Stafette von der Polizeigarage bis zum Parkplatz. Da die Polizei wegen der Einbahnstraße Umwege fahren mußte, waren die Jungen viel früher da. Wenn einer schon seinen Kollegen von weitem angerast kommen sah, wußte er, was los war, und lief los. Diese Stafetten konnten nicht jeden Tag eingesetzt werden, doch die Jungen wußten bald, an welchen Tagen und zu welchen Stunden die Polizisten meistens kamen.

Trotzdem erwischten die Polizisten immer wieder Jungen, oder die Autofahrer hielten sie fest, bis die Polizisten kamen. Den Geschnappten ging es ganz furchtbar. Sie wurden für die Entflohenen mit geschlagen, getreten und auf den Wagen geworfen. Immer floß Blut. Die Kleinen schrien oder wehrten sich, die Großen standen im Hintergrund und amüsierten sich.

Karanga spezialisierte sich also auf weiße Frauen. Er winkte ihnen schon zu, wenn sie kamen. Das hatte er von einem Jungen gelernt, der nun zum Aufseher avanciert war. Er öffnete ihnen den Schlag und bat gar nicht um den Pfennig; den gaben ihm die Damen sowieso. Sie hatten Mitleid mit dem kleinen, halbnackten Jungen in Lumpen, der so liebe, treue braune Augen hatte, wie sie meinten.

Er trug ihnen auch die Tasche bis zum Supermarkt oder den Korb. Wie ein Hündchen lief er hinter ihnen her. Wenn sie zurückkamen, brachten sie ihm auch etwas als Überraschung mit, ein Brot und auch eine Handvoll Süßigkeiten, die Karanga nicht besonders gern mochte. Viele von den kleinen Jungen wurden von den Damen richtig verwöhnt. Die kriegten soviel Brot, daß es ihnen schon zuviel wurde. Wenn es hart war, bewarfen sie sich damit; allerdings erst, wenn die Spenderin abgefahren war.

Die Aufseher beobachteten ihre kleinen Jungen ganz genau. Brot und sonstige Lebensmittel durften sie behalten, doch das Geld mußten sie abliefern, und zwar jeden Penny, und sofort. Wer nicht sofort die Großen ansteuerte, wurde ganz erbärmlich geprügelt. Wegzulaufen versuchte kaum einer. Und wenn er es schaffte, wurde er gleich wieder eingefangen. Alle Banden halfen sich dabei untereinander. Wenn einem Kleinen eine kurze Flucht gelang, zogen die Großen die Notbremse. Sie brauchten nur »Dieb, Dieb« zu rufen, und sofort beteiligten sich alle Passanten an der Jagd. Die Großen brauchten ihn dann gar nicht zusammenzuschlagen, das taten schon andere Männer in ihrer Wut, und bedauerten den Großen, dem der Kleine angeblich das Geld gestohlen hatte. Die Menschen in Nairobi wurden so oft bestohlen und konnten dagegen kaum etwas unternehmen; um so mehr rächten sie sich an denen, die gefangen wurden.

Auch die Kippen, die die Kunden wegwarfen, ehe sie den Supermarkt betraten, mußten die Kleinen auflesen und den Großen bringen. Hatten diese den Tabak bis an den Filter geraucht, warfen sie die Kippen den Kleinen hin, die dann auch noch einen Zug nehmen konnten, wobei sie sich die Lippen verbrannten.

Wenn die Damen aus dem Supermarkt kamen, trugen Packer ihnen die Waren in Kartons vor oder hinterher. Meistens vor ihnen, weil den Damen sonst oft etwas fehlte, wenn sie nach Hause kamen und nicht genau auf die Träger geachtet hatten. Karanga entdeckte aber, daß man ganz gut in die Kartons und Beutel greifen konnte, während sie in den Wagen verladen wurden. Dabei fiel er nicht so auf. Doch die Großen verboten das. Es brachte nicht viel, verärgerte die Damen nur und lockte noch mehr Polizei herbei.

Mittags nach zwölf, wenn der Hauptverkehr nachließ, ehe er ab drei Uhr am Nachmittag wieder anschwoll, legten die Banden für die meisten Jungen eine Pause ein. Man begab sich zur katholischen Kirche am Rand der Innenstadt. Wer sie betrat, bekam von dem weißen Priester an der Tür eine Essensmarke, die er nach der Messe gegen eine Mahlzeit einlösen konnte.

In der Kirche wurde aber nicht zugehört, sondern dort fanden Tauschgeschäfte statt. Geld wurde gewechselt, Zigaretten und Adressen getauscht; es wurde gegähnt und gestritten, während der Priester vorne zelebrierte, begleitet von Meßdienern, die während der übrigen Stunden des Tages nicht so frommen Geschäften nachgingen.

Bei der Predigt versuchte der Priester, oben auf der Kanzel wie ein zürnender Gott zu reden. Dann mußten die Jungen so tun, als ob sie reumütig zuhörten. Das konnten sie ganz gut, denn sie waren im Verziehen ihres Gesichtes trainiert. Das hatten sie schon geübt, wenn sie die weißen Damen und Herren um eine milde Gabe baten.

Der Priester war immer so angetan von der Reue der Knäblein, daß er zwischen Predigt und Ende der Messe dem Koch befahl: »Tu doch noch das Fleisch für morgen in das heutige Essen rein.«

Der Afrikaner versuchte ihn vor den Verstellungen der Jungen zu warnen, doch der Priester glaubte an das Gute im Menschen.

Gegessen wurde laut und schnell, nachdem man hinter dem langen Gebet des Priesters noch »Amen« geschrien hatte, so laut wie »Tor« auf dem Fußballplatz. Das gefiel dem geistlichen Herrn; er war überzeugt, daß seine Predigt Wunder gewirkt hatte.

In seinem Wohlbehagen fiel es ihm nicht auf, daß alle Kleinen aufstanden und den großen Jungen ihr Fleisch brachten. Sie waren gewohnt, daß sie abliefern mußten. Nur Knorpel, quellendes Fett und Knochen durften sie behalten.

Während des gemütlichen Beisammenseins in der Sozialhalle spielten die Großen auch Glücksspiele; sie warfen Geld hoch. Gewonnen hatte der, der auf die Zahlseite oder Präsidentenkopfseite des Geldstückes gesetzt hatte, je nachdem, wie die Regeln vereinbart worden waren.

Ugali gab es reichlich, hartgekochte Maispampe. Damit stopften sich die Kleinen voll; die Großen aßen das Fleisch. Ugali erzeugte ein momentanes Sättegefühl, doch das hielt nicht lange vor.

In ihrer »freien Zeit«, nämlich in den Pausen und nachts, vergnügten sich die Großen. Sie kauften sich Bier, Zigaretten und kleine Mädchen, während die Kleinen für sie das Geld verdienen mußten. Karanga gefiel es gar nicht, wenn sie kleine Mädchen vergewaltigten; er mußte dann an seine Mutter und die Schwestern denken.

Auch ließen die Großen, wenn sie zuviel getrunken hatten und nicht so gut verdienten, wie sie erwartet hatten, ihre Wut an den Kleinen aus und machten sie für den Mißerfolg und die miese Lage verantwortlich.

Als Karanga größer wurde, wollte er sich das nicht mehr länger gefallen lassen. Er setzte sich langsam von der Bande ab, was nicht ganz leicht war. Er suchte nach einem eigenen Parkplatz und fand ihn am Rande einer Baustelle, die gerade entstand. Dieser Platz wurde durch Bauzäune und Materialberge verdeckt und war so nur Ortskundigen zugänglich. Karanga ließ sich dort als »Solo Parking boy« nieder.

Aber er suchte auch sofort nach Fluchtwegen, denn er mußte immer mit den Spähern und Schlägern seiner verlassenen und anderer Banden rechnen.

Lange konnte Karanga allerdings seinen Privatparkplatz mit individueller Bedienung nicht halten, Konkurrenz fand ihn bald, und gegen eine Bande von einem Dutzend Jungen kam er allein nicht an. Er schlug sich auch nicht gerne, wie wir wissen.

Er traute sich nicht zu seinem alten Parkplatz zurück. Dort hätte man ihn mit einer saftigen Prügelei empfangen. Er fing wieder mit den Mülltonnen an, aber auch dort war die Konkurrenz gewachsen; immer mehr Jungen strömten in die Stadt, die Hunde vermehrten sich wie Kaninchen, und es gab nun auch Mädchen, die suchten.

Karanga fand dann doch wieder einen Parkplatz, der gerade neu aufgemacht und von einer Bande bedient wurde, die noch nach erfahrenen Aufsehern suchte. Karanga wurde sofort genommen, als die Großen sahen, daß er älter war und gut und höflich mit den weißen Frauen umgehen konnte. Er richtete eine Schule für die Jungen ein. Die lernten bei ihm, wie man höflich an Geld kam. Er korrigierte sie auch ohne Schläge. Das schätzten die Kleinen sehr.

Karanga fand, daß die weißen Frauen wie Männer waren. Für ihn waren sie Wesen aus einer anderen Welt, von der er nichts wußte, an die er auch nicht herankam. Doch wer ihn mehr interessierte, das waren die schwarzen Dienerinnen, die diese weißen Herrinnen um sich hatten. Die mußten auf die Kinder der weißen Herren aufpassen. Karanga musterte diese schwarzen Frauen genau. Was ihm zuerst und immer wieder auffiel, war die einfach unübersehbare Tatsache, daß sie alle sehr gut genährt waren. Jede hatte stramme Waden, einen ausladenden Hintern und gewaltige Brüste. Auch überall im Gesicht lag Fleisch über den Knochen. Ihre Haut glänzte, als ob sie sie mit Speck bestrichen hätten, und auch die Haare hatten einen geradezu leuchtenden Glanz. Das waren gesunde Frauen.

Und was sie trugen, das war nicht nur gerade gewaschen, sondern auch noch gebügelt. Karanga wußte nicht, daß die stabilen Frauen ihre Wäsche mit der »Lokomotive« bearbeiteten, einen eisernen, angerosteten Ungetüm von heißem Bügeleisen, in dem glühende Holzkohlen Hitze erzeugten. Die blauen oder rosa Kleider saßen prall um den Körper, gestärkt und geplättet, unten etwas wie eine Rüstung abstehend. Meistens trugen die Aryas, so hießen die schwarzen Kindermädchen, noch eine grüne oder an Festtagen eine weiße Schürze über dem Kleid und auch ein gebügeltes Kopftuch in den gleichen Farben. Auch die Plastiksandalen oder die schwarzen Halbschuhe ohne Strümpfe waren poliert.

Die Aryas traten immer mit den Weißen auf und wollten von den Straßenjungen nichts wissen. Doch die großen Jungen taten so, als ob sie unter den Frauen Freundinnen hätten. Sie redeten von ihnen, als ob sie mit ihnen schon auf ihren richtigen Betten geschlafen hätten.

Mit den Betten gaben die Jungen ganz besonders an, als ob sie jede Nacht darauf schlafen würden. Sie schilderten die gewaltigen Bettgestelle, die Stahlspiralen unter dicken Matratzen, die knallweißen, vor Stärke krachenden Bezüge. Manchmal puderten sie sich auch mit den Resten von Babypuder, das sie in einer Mülltonne fanden, und behaupteten, das sei der Duft der Arya, aus deren Schlafzimmer sie gerade gekommen seien.

Karanga tat es weh, wenn diese Burschen so rüpelhaft über die Dienstmädchen und Kindermädchen sprachen. Sicher, die waren arrogant zu ihm, sie würdigten ihn keines Blickes. Aber trotzdem fand er sie so ganz anders als die Frauen und Mädchen, die er kannte. Die waren alle dürr oder aufgeschwollen vom Schnaps und ungesundem Leben.

Die Aryas waren so sauber und gestärkt in ihren Kleidern, sie dufteten nach Seife und Babypuder und ihre Haut glänzte vor Sauberkeit und Sonne. Er konnte sich an ihnen nicht satt sehen.

Karanga richtete sich wieder einen kleinen Parkplatz mit kleineren Jungen ein, denn mittlerweile war er an die siebzehn Jahre alt geworden. Er konnte nicht mehr um einen Pfennig betteln, er hätte keinen bekommen.

Mit seinen Parkjungen hatte er keine Probleme, die liefen ihm nicht weg. Ganz im Gegenteil, es kamen immer mehr hinzu, denn er behandelte sie anständig. Er schlug sie nicht, er teilte das verdiente Geld auf, was sie sonst gar nicht kannten. Sicher nahm er eine größere Summe für sich, aber sonst hätten ihn die Jungen auch für verrückt erklärt, wenn er nicht wenigstens das getan hätte.

Wenn einer sein Geld nicht bei Karanga ablieferte, wurde er ausgestoßen, und das wollte keiner. Heulend und bettelnd kamen sie dann wieder zu ihm zurück und versprachen, es nie wieder zu tun.

Karanga verteidigte seine Arbeiter aber auch, wenn die Großen sie angriffen. Er brauchte sich nicht allein mit den Banden einzulassen, denn er organisierte seine Kleinen. Jeder von ihnen mußte Steine in der Tasche tragen. Wenn die Eindringlinge erschienen, wurden sie mit einem Steinhagel und Kampfgeschrei begrüßt. Die zogen sich schnell wieder zurück. Sie hatten Angst, getroffen zu werden, aber auch, daß das Geschrei die Polizei, die nicht weit weg stationiert war, heranlocken würde.

Seine Kleinen sahen erstaunt, daß Karanga weder rauchte noch trank noch ihr Geld zu den frechen Mädchen trug. Sie wunderten sich über ihren »Bossman«, den »Bwana Mkuba«, den großen Herrn. Später nannten sie ihn fast zärtlich »Mwalimu Mkuba«, den großen Lehrer. Dieser Titel gefiel Karanga sehr. Er hatte so etwas wie eine Familie gegründet und fühlte sich wohl darin.

Karanga hatte keinen Expansionsdrang, und wenn eine stärkere Bande gekommen wäre, hätte er seinen Parkplatz auch kampflos übergeben. Es fanden sich immer noch Möglichkeiten, meinte er. Karanga verhandelte lieber, als sich von stärkeren Fäusten vertrimmen zu lassen. Er hatte schon zuviel davon abbekommen. Er war lieber ein Lehrer als ein Schläger.

Karanga schärfte seinen Jungen ein, jeden Kunden mit einem freundlichen Gesicht zu begrüßen. Gebettelt werden durfte nicht, jeder Autofahrer in Nairobi wußte, daß er zu zahlen hatte.

Das Geld wurde in strammer Haltung und mit militärischem Gruß entgegengenommen. Auch wurden die Autofahrer nicht in die Lücken hineinbefohlen, sondern mit freundlichen Gesten hineingebeten. Sie machten es ganz anders als die brummigen und eckigen Polizisten, die an den Kreuzungen den Verkehr regelten.

Die Parkenden drängten sich auf diesen Platz. Sie zahlten gerne, vor diesen Jungen fühlten sie sich sicher. Es gab nur sehr wenige, die die Freundlichkeit als Feigheit und Angst auslegten und darum nicht zahlen wollten. Doch Karanga und seine Truppe brachten es diesen Geizhälsen schnell bei. Wenn so ein arroganter Herr, der nicht zahlen wollte, zu seinem Wagen zurückkam, mußte er feststellen, daß seine Reifen platt auf dem Lehm standen. Doch sofort halfen ihm kleine Jungen, die so taten, als ob sie von nichts wüßten, die Reifen abzumontieren, rollten sie zur nächsten Tankstelle, füllten sie mit Luft, kamen schnell wieder zurück und bauten sie wieder ein. Der Mann, der zunächst toben wollte, wunderte sich noch mehr, als er für den Dienst nur die Parkgebühren zu zahlen hatte, die er vorher nicht ausgeben wollte. Er verstand die Warnung, lächelte sogar ein wenig, als er abfuhr, und ließ es beim nächsten Mal nicht mehr darauf ankommen.

Die Jungen hätten solchen Kerlen am liebsten in die Reifen gestochen, doch Karanga belehrte sie: »Dann würden die das der Polizei melden, und unser Parkplatz wäre futsch.«

Doch Karangas Idylle währte leider nicht sehr lange. Stärkere Banden suchten neue Arbeitsplätze und drangen bei ihm ein. Er hatte sich schon vorher nach anderen Möglichkeiten umgesehen. Als er sich absetzen mußte, wußte er schon, wohin. Er zog auf den nächsten Parkplatz um, wo eine Vorhut schon langsam tätiggeworden war und die freiparkenden Autos organisierte.

Karanga lernte schnell, daß seine Stärke die Mobilität war. Sicher drückte er sich so nicht aus, aber so reagierte er. Während andere Banden sich auch um mickerige Parkplätze und um Prestige schlugen, dabei bluteten und die Polizei anzogen, war Karanga zu friedlicheren Weidegründen unterwegs.

Er und seine Leute erschienen sofort, wenn sich vorübergehend Parkplätze zu bestimmten Anlässen bildeten. Ehe die schweren und langsamen Schlägertruppen erschienen, waren sie schon wieder im Aufbruch begriffen und hatten längst abkassiert.

So erschienen Karanga und seine freundlichen Helfer bei Hochzeiten, Diplomatencocktails und indischen religiösen Festen. Minister und Botschafter mußten sie leider von ihrem »Service« ausschließen, weil bei diesen Herren die Polizei den Parkverkehr regelte. Doch gab es auch dort noch Nebenstraßen, in denen für die Jungen bei Nachzüglern und unteren Chargen etwas zu verdienen war.

Die Feste der »High society« und ihr Sport brachten aber auch gewisse Nachteile für die Parkwächter. Meistens wurden die Luxuslimousinen von Herrenfahrern chauffiert, die im Wagen schliefen, während die Herrschaften sich amüsierten oder ausruhten. Diese Fahrzeuge wurden von den Parkgebühren ausgespart, während man bei den Selbstfahrern doch auf einem Obulus bestand. Allerdings gaben die Fahrer schon einmal eine kleine Summe her, damit sie in Ruhe gelassen wurden und nicht dauernd einer damit anfing, den auf Hochglanz polierten Wagen mit einem Fett- oder Matschlappen zu beschmieren – natürlich unter dem Vorwand, ihn noch stärker auf Hochglanz bringen zu wollen.

Noch einen Trick brachte Karanga seinen Lernbeflissenen bei. Er ließ sie unter die Wagen kriechen und dort den Dreck beseitigen. Alle Herrenfahrer hatten Dienstpersonal, das ihnen die Wagen polierte, doch alle mockierten sich darüber, daß die es nur an den augengefälligen Stellen taten, wo man es sehen konnte. Karangas Jungen, die unter ihre Wagen krochen, bescherten sie gerne mit einem freigebigen Trinkgeld.

Die Mobilität zwang Karanga dazu, weise vorauszudenken und zu planen. Mehrere Jungen waren immer unterwegs, um neue Parkplätze zu suchen. Leider wurden diese Jungen manchmal auch abgefangen, denn es hatte sich im Gewerbe herumgesprochen, daß Karanga eine neue Masche entwickelt hatte. Man nahm ihm auch einige dieser Parkplätze ab, doch Karanga schlug immer wieder neue, ungewohnte Haken. Zum Beispiel richtete er mit seinen Jungen Nachtparkplätze ein. Er bewachte die Wagen von arrivierten Afrikanern, die in Neubauvierteln ihre gerade erworbenen Augäpfel draußen parken mußten. Diese Wagen liefen alle noch auf Wechsel. Eigentlich hätte sich keiner ihrer Besitzer ein Auto leisten können. Die Familie litt unter der Anschaffung, hungerte, mußte sich mit einer Kleinstwohnung begnügen und sie mit Verwandten teilen. Die Familie darbte, doch der Vater fuhr stolz seine Kollegen und die Freundin spazieren.

Eine Garage konnte er sich auf keinen Fall leisten, also mußte das Prunkstück draußen stehenbleiben. Am liebsten hätte der Besitzer es mit in sein Schlafzimmer genommen, neben das Ehebett, aber dort paßte auch der kleinste Wagen wirklich nicht hinein. Dabei hätte er ihn so gerne in der Wohnung aufgestellt, wie den Fernseher und den Kühlschrank, wenn er einen besaß, mitten ins Wohnzimmer, unter sein Porträt, und auf einen Sockel gesetzt.

Draußen stand der Wagen nicht nur im Regen, sondern dort waren jede Nacht Einsatztruppen unterwegs, »Bushfitter«, die freiberuflichen Autobastlern Ersatzteile, Reifen und auch Motoren zu Vorzugspreisen lieferten.

Die geplagten Wagenbesitzer sagten sofort zu, wenn der vertrauenserweckende Karanga seine Dienste gegen geringe Gebühren anbot. Seine Jungen schliefen unter den Wagen und auf den Sitzen, da die Türen und Fenster bei den Fünfte- oder Sechstehandwagen nicht mehr zu schließen waren.

Karangas neue Geschäfte florierten, doch es geschah sehr oft, daß die Wagenbesitzer nicht im Stande waren, die Gebühren für den Wachdienst zu bezahlen. Die Wagenschulden fraßen ihr ganzes Einkommen auf. Karanga dachte schon wieder an andere Verdienstmöglichkeiten, denn er war nun für über ein Dutzend Jungen verantwortlich. Er hätte eine größere Bande haben können, doch dann hätte seine Übersicht und auch die Qualität seines Angebotes gelitten.

Grundschüler Karanga

Karanga war ein neugieriger Mensch. Er wollte alles wissen und hörte immer zu, wenn andere sich unterhielten. Er versuchte auch Zeitungen und sonstiges bedrucktes Papier zu lesen, doch es ging nicht. Das ärgerte ihn. Er wollte es unbedingt lernen.

Zunächst versuchte er, es sich selbst beizubringen, doch das war zu schwierig. Seine Untergebenen verstanden ihn nicht, die fühlten sich, auch ohne Lesen und Schreiben zu können, ganz wohl, doch Karanga ärgerte es, daß kleinere Jungen als er jeden Tag zur Schule gingen und es konnten.

Er schämte sich vor den Dötzen. Aber lange trug er diese Gedanken nicht mit sich herum. Eines Tages haute er einen Jungen auf der Straße an, wo Karanga und sein »Team« die Wagen bewachten.

»Hör mal«, sagte er zu ihm, »willst du Geld verdienen?« Das wollte der.

»Dann bring mir das bei, was du in der Schule lernst, und ich bezahle dich dafür«, schlug Karanga vor. Der Junge war einverstanden.

Wenn der Junge von der Schule kam, wartete Karanga neben einem abgewrackten Auto schon auf ihn. Sie setzten sich in den Wagen, und der Junge erklärte Karanga das, was er in der Schule gelernt hatte. Zunächst hatte der Junge etwas Angst vor Karanga, doch die nahm er ihm. Karanga überließ dem Jungen alle Autorität und machte sich selbst zu einem Musterschüler. Er hatte ja viel Zeit zum Lernen. Nachts setzte er sich unter eine Straßenlaterne und paukte dort weiter.

Manchmal gingen die beiden auch zu der Schule, wo der Junge unterrichtet wurde. Das war ein offener Bau mit einer Mauer, die nur bis zur halben Höhe reichte. Das Dach lag auf Pfählen. So konnten sie auch nach Schulschluß die Klasse betreten und die Tafel benutzen. Karanga ermunterte den Jungen, einen richtigen Lehrer an der Tafel zu spielen. Er stand sogar auf, wenn der »Lehrer« ihm eine Frage stellte. Karanga kaufte sich Schreibhefte und trug dort alles ein, was er lernte. Zuerst fühlte sich der Junge gar nicht wohl in seiner Rolle, doch dann gewöhnte er sich daran. Als er aber arrogant werden wollte, hatte ihn Karanga schon eingeholt.

Karanga achtete darauf, daß seine Jungen ihn nicht bei der Schule beobachteten; das hätte dort seine Autorität untergraben.

Oft hockten Lehrer und Schüler noch im Dunkeln in der Schule. Licht fiel von den Schutzlampen einer Fabrik ins Klassenzimmer und erleuchtete die Tafel. Der Junge hatte Angst, alleine durch die gefährlichen Straßen nach Hause zu gehen, doch wenn Karanga ihn begleitete, fühlte er sich ganz sicher. Es lungerten immer Banden und Wegelagerer herum und warteten auf Beute, doch die sahen es Karanga sofort an, daß er zu ihnen gehörte, an der Art, wie er ging und sicherte, an seiner dauernden Bereitschaft, sich zu wehren. Wenn sie ihn angreifen wollten, hatte er den Jungen schon längst an die Hand genommen und einen Haken geschlagen. Er konnte sich auch wehren, obwohl er es nicht gerne tat. Sein Trick war ganz einfach. Wenn sie ihn angriffen, tat er so, als ob er Angst hätte und schon aufgeben wollte. Kamen seine Angreifer dann deckungslos heran, trat er sie an empfindliche Stellen und wetzte los. Das sprach sich bald herum; alle ließen ihn nun passieren.

Als Karanga anfing, seinen Leuten Lesen, Schreiben und Rechnen beizubringen, merkte er, daß es auch für ihn gut war. Im Weitergeben wurde ihm der Stoff noch vertrauter, und auch für die Disziplin in seiner Gruppe war es förderlich.

Karanga las alles, was er an bedrucktem Papier fand. Auf dem Markt und an den Straßenständen wurde fast alles in Zeitungspapier eingepackt; wenn die Leute ihre Ware gegessen hatten, warfen sie das Papier weg.

Karanga sammelte es und las. Bald brauchte er den Lehrer nicht mehr, denn er las sich nun sein Wissen allein zusammen.

Karanga schult sich für einen neuen Beruf um

Trotz der beiden verschiedenen Berufe, die Karanga gleichzeitig ausübte – Bandenchef und Schüler – wurde er keine gespaltene Persönlichkeit. Er wußte ganz genau, wann er was sein wollte und mußte. Als Chef seiner Bande war er ein zielbewußter, vorausdenkender Manager, und auch eine Art Vater, wie der eben sein muß, mal streng, mal verständnisvoll, aber meistens und von seinem Naturell her das letztere.

Dann wieder war er Schüler, der seinem Lehrer gehorchte, obwohl er ihn schon fast überholt hatte.

So war er mittlerweile etwa achtzehn Jahre alt geworden. Ungefähr, denn wann er geboren war, Jahr, Monat, Tag und Stunde, das wußte er nicht, und seine Mutter konnte er auch nicht mehr fragen, denn sie lebte nicht mehr. Die Hütte gab es auch nicht mehr, und seine Geschwister hatte er jahrelang nicht mehr gesehen. Er hatte keine Sehnsucht dahin, er mußte selbst für sein Leben sorgen, das wußte er.

Im Moment ging es ihm nicht zu schlecht, er hatte fast ein geregeltes Einkommen. Doch das änderte sich plötzlich und über Nacht.

In einer Parallelstraße zu der, die Karangas Truppe bewachte, waren Wagen gestohlen und in Wohnungen eingebrochen, Frauen geschändet und Männer schwer verletzt worden. Da man die Täter nicht fand, hetzten aufgebrachte Anwohner die Polizei auf Karangas unschuldige und friedliche Bewachertruppe. An einem Morgen, als sie sich noch müde in der mickrigen Nebelsonne räkelten, hatte ein Polizeihaufen die ganze Nachbarschaft umstellt und fing Karanga und seine Jungen ein. Die ausgestellten Posten waren eingeschlafen und hatten den Überfall erst bemerkt, als sie wachgeprügelt wurden. Karanga, der tiefer geschlafen hatte als gewöhnlich, kam zwar noch ungeschoren hoch, wäre auch fast noch entkommen, wenn nicht eine Frau aus dem Fenster geschrien hätte: »Das ist er, der übelste Kerl von allen, der Verführer.«

Die Frauen hatten etwas gegen Karangas Jungen, obwohl sie ihnen nichts getan hatten. Aber die waren die Angestellten ihrer Männer, bewachten die Wagen, die die Frauen haßten, weil sie ihren Kindern das Essen und ihnen die Kleider wegnahmen.

Die Polizisten suchten immer nach dem Hauptübeltäter, fanden ihn aber nie. Deshalb glaubten sie den Frauen um so lieber und hatten sofort Zeugen, als sie Karanga fingen. Der wurde gleich aussortiert. Während die kleineren Jungen wie gehabt auf einen Laster geladen und in die Wüste gekippt wurden, trieb man Karanga in den Mannschaftswagen der Polizisten. Die spielten mit ihm Fußball bis zur Polizeistation. Irgendwann wurde Karanga auch verurteilt, ohne daß er es merkte, und fand sich im übelsten Gefängnis am Rande der Stadt wieder.

Dort gab es keine Zellen, sondern nur riesige Hallen, die schon mit Menschen überfüllt waren. Man nahm Karanga seine Lumpen ab und steckte ihn in kurze weiße Hosen und in einen Kasack. Diese Uniform war vor ihm schon von Menschen verschiedener Größe getragen worden. Keiner hatte sie gründlich gewaschen. Sie stank und war mit allem möglichen beschmiert.

Seine Haare wurde ihm geschoren. Er fing schon mitten in der Prozedur an, zu bluten. Die Scherer waren keine Friseure, sondern Sadisten. Sie rissen ihm die Haare aus, und als er sich beschweren wollte, lachten sie nur und traten ihn.

Nur ganz oben in der Halle gab es Fenster. Bis auf den Boden, wo die Gefangenen schliefen, drang die Brise nicht, die manchmal gegen den Betonbau wehte. Während des Tages war es dort brüllend heiß. Und nachts brach die Kälte ein wie mit Brechstangen; dann froren die Gefangenen erbärmlich und kuschelten sich aneinander. Das war aber verboten. Sofort waren Mitgefangene da, die die Frierenden schlugen und schrien: »Auseinander, es ist nicht erlaubt, das hier Kerle mit Kerlen schlafen!« Dabei hatten diese Scheusale sich schon jüngere Gefangene als Ersatzfrauen zugelegt.

Der rissige, angeschimmelte und dreckige Betonboden des Gefängnisses war bis an die Wände besetzt. Für Karanga gab es nur noch einen schmalen Platz neben der Rinne, die als Toilette diente.

Die Gewaltverbrecher hatten sich zusammengerottet und tyrannisierten die anderen Gefangenen. Obwohl das Essen schon schlecht genug war, aßen sie es noch weg. Wieder erlebte Karanga die Brutalität der Stärkeren und verabscheute sie. Für die anderen Gefangenen blieb nur noch die Brühe, alles andere stopften die Starken in sich hinein. Karanga wurde mehr von den Gefangenen geschlagen als von den Wärtern.

Wenn die Gewaltverbrecher einmal guter Laune waren, prahlten sie mit ihren Einbrüchen, Morden und den Frauen, die sie vergewaltigt hatten. Karanga wurde bei diesen Geschichten noch übler als von dem Gestank in den Rinnen. Und vor der Brutalität der Burschen hatte er Angst. Die redeten nicht nur. Oft wurden morgens Verwundete und Ermordete im Gefängnis gefunden, und keiner wollte etwas gesehen haben.

So etwas Übles hatte Karanga noch nicht erlebt. Und er konnte sich nicht absetzen. Er nahm sich vor, nie wieder in ein Gefängnis zu kommen, doch er sah keine Schuld ein; er war einfach hineingeraten, wie man in etwas hineingerät, wenn man Pech hat. Er wurde immer gejagt, das wußte er. Nun war er gefangen worden.

Am höchsten waren jene angesehen, die in weiße Villen eingebrochen und dort europäische Frauen vergewaltigt hatten. Davon mußten sie immer wieder alle Einzelheiten erzählen. Jedesmal schmückten sie ihre Geschichten weiter aus.

Karanga widerte es an. Es gefiel ihm nicht, wenn Schwächere gequält wurden, besonders nicht Mütter mit Kindern. Er hörte lieber zu, wenn die Kerle zu den Sachen kamen, die sie mitgenommen oder in den Villen gesehen hatten.

Das waren für ihn Erzählungen sozusagen aus dem Schlaraffenland. Was es dort alles zu essen gab! Und das Silber und Gold, besonders bei den Indern, Geld mit »Safe« und in dicken Papierscheinbündeln. Auch über die Elektrizität bekam er viel mit.

Obwohl Karanga diese Halle verabscheute, wurde sie doch zu einer weiterführenden Schule für ihn, sozusagen zu einer Universität. Er konnte interessante Fächer belegen, die von Experten gelesen wurden. Karanga belegte Einbruchskunde, Vorbereitung, Überfallstrategie, Verkauf – wie man die Ware verhökerte, ohne der Polizei und ihren Spitzeln in die Hände zu fallen.

Karanga erfuhr bei diesen Vorlesungen, daß es am leichtesten war, in afrikanische Häuser einzubrechen, doch dort war nicht viel zu holen. Die indischen Häuser waren vergitterte Festungen mit Hunden und Nachtwächtern. Die Nachtwächter wehrten sich kaum. Wer einmal die Gitter und Hunde passiert hatte, fand in den indischen Häusern einen richtigen Basar vor, in dem es fast alles gab – Schmuck, Kleider, Geld.

Das risikoreichste Abenteuer war der Einbruch in ein Haus von Weißen. Die Bewohner wehrten sich meistens, und die Männer besaßen oft eine Waffe und schossen. Auch halfen die Nachbarn. Die Weißen hatten nicht viel Geld und kaum Schmuck im Haus, aber dafür reizten die Radios, Fernseher und sonstigen Apparate, und vor allem natürlich die hellen Frauen.

Karanga überlegte, wie er aus diesem Pfuhl herauskommen konnte. Aber was sollte er anschließend tun? Zum »Parking boy« war er zu alt. Wovon sollte er leben? War das Verbrechen die einzige Lösung für ihn? Dabei dachte er nie an das Wort »Verbrechen«. Er war nur gegen die Gewalt. (Moralische Bedenken hatte er nicht; er wußte nicht einmal, was das war.) Er wollte sich nur das nehmen, was andere zuviel hatten. Karanga fragte immer wieder, ob man nicht ohne Gewalt einbrechen könnte. Da wurde er jedoch ausgelacht.

Entlassung und erster Erkundungsgang

Sie warfen ihn heraus, als neue Gefangene eingeliefert wurden und der Platz nicht mehr reichte. Ein Bewacher brüllte ihn an: »Komm ja nicht mehr wieder, sonst kommst du nie mehr raus!«

Das nahm Karanga sich vor. Da seine Lumpen nicht mehr zu finden waren, warf man ihm die eines anderen Gefangenen hin. Karanga rannte hinaus, doch als er endlich draußen in der Freiheit stand, wußte er nicht, wohin er gehen sollte.

Schließlich schlug er aber doch neugierig den Weg nach Muthaiga ein, dem weißen Villenviertel, von dem die Einbrecher nicht nur erzählt, sondern auch geschwärmt hatten. Karanga bewegte sich langsam und vorsichtig durch die Straßen und staunte die Autos, Villen und Parkanlagen an. Er wunderte sich, wie selbstverständlich die Weißen darin wohnten.

Jede Villa war aber zu einer Festung gemacht worden. Denn in den Nächten wurde dort eingebrochen, geraubt und gemordet. Karanga hatte im Gefängnis genug davon gehört. Das Matharetal lag nicht sehr weit von dieser Villengegend entfernt, höchstens einen Kilometer. Vom Tal aus wurden die meisten Raubzüge organisiert. Zwischen diesen beiden Vororten lagen ein Asyl für Nervenkranke und eine Polizeistation. Die Polizisten patroullierten regelmäßig durch die Straßen Muthaigas, vertrieben Fremde und nahmen Verdächtige fest. Neben der Polizei gab es auch Wach- und Schließgesellschaften, die die Villen bewachten, und private Nachtwächter, die von den Villenbewohnern rekrutiert und bezahlt wurden. Die meisten Häuser waren Tag und Nacht bewacht, und die Wachgesellschaften, von weißen und indischen ehemaligen Polizeibeamten organisiert, machten gute Geschäfte.

Karanga wunderte sich. Kenia war doch ein freies und schwarzes Land, aber die Masse der schwarzen Bevölkerung war bitter arm, während die Weißen noch immer ein privilegiertes Leben führten.

Im Gefängnis hatten sie vom Versprechen der schwarzen Politiker geredet, ehe »Uhuru«, die Unabhängigkeit, kam: »Wenn wir an die Macht kommen, dann nehmen wir den Weißen alles weg und geben es euch: die Häuser, die Autos, das Geld und die Frauen.« So kam es, daß einige einfältige und von den Weißen geschundene Bedienstete untereinander schon die Aufteilung des Hausrats beschlossen und der älteste Diener, meistens der Koch, seinen Anspruch auf die weiße Frau anmeldete. Er hatte zwar schon mehrere Frauen, doch er wollte die Weiße zu seiner Seniorfrau machen und sie über die anderen setzen. Seine schwarzen Frauen fingen schon an zu keifen.

Es war aber nicht so gekommen. Die schwarzen Politiker kamen zwar an die Macht, machten sich schnell reich, aber auf Kosten der armen Schwarzen, und die Weißen blieben genauso reich wie vorher. Auf das politische Sagen konnten die schwarzen Politiker ganz gut verzichten, solange ihre Kasse stimmte.

Einiges Soziologische und Psychologische über die weißen Villenbewohner in Muthaiga

Früher, während der Kolonialzeit, war Nairobi in drei nach Rassen getrennte Gebiete aufgeteilt. Die Masse der Afrikaner wohnte unten in der Ebene, in den Sümpfen oder im Sand, oder hielt sich in den dichten Wäldern über den Villenvierteln verborgen.

Die Inder richteten am Rand der Innenstadt ihre Geschäfte und Basare ein und wohnten in dem Häusergürtel, der sich dort anschloß. Sie hatten sich Häuser im indischen Stil gebaut, verschnörkelt, luftig, bunt bemalt und stark vergittert.

Auf den sanften, grünen Hügeln, die aus der Ebene aufstiegen, hatten sich die Europäer mit ihren Bungalows und Parkanlagen niedergelassen. Es war genau vorgeschrieben, wieviel Quadratmeter Park und Wiesenlandschaft zu einer Villa gehören mußten. Jeder sollte dort bequem und weiträumig wohnen. Der Parkcharakter der Landschaft sollte nicht beeinträchtigt werden.

Nach der Unabhängigkeit zogen auch reiche Inder und Afrikaner in die Parklandschaft ein, allerdings nur vereinzelt.

Das vornehmste Wohnviertel Nairobis war ohne Zweifel Muthaiga. Dort wohnten die Botschafter, die schwarzen Minister und die weißen Geschäftsleute. Wer etwas auf sich hielt, bemühte sich darum, eine Muthaiga-Adresse vorweisen zu können. Da man sich dies viel kosten ließ, stiegen die Preise für Villen ständig.

So reichlich wie die Wohn- und Parkflächen war auch der Stamm von schwarzem Personal, das billig zu haben war. Diese Arbeiter wohnten in kleinen Hütten, sogenannten »Boys quarters«, meistens ohne Licht, hinter den Palästen. Die Toilette, einfach ein Loch im Boden, diente auch als Waschraum für das Personal. Über dem Loch war oben in der Wand eine Dusche angebracht.

Muthaiga war auch für die Empfänge bekannt. Es verging kaum ein Abend, ohne daß ein solcher Empfang in Muthaiga stattfand. Meistens waren es mehrere, Nationalfeiertage der Heimatländer von Diplomaten, Geburtstage der Minister, Verkaufsabschlüsse der Geschäftsleute.

Dann fuhren schwere Limousinen vor und parkten auf den Kieswegen der Villen oder auf der Straße entlang der Hecken und Mauern. Während sich ihre weißen, indischen und schwarzen Herrschaften in den Parks und Villen mit Essen und Trinken die Zeit vertrieben, lehnten ihre schwarzen Fahrer an den Limousinen, gähnten und rauchten.

Drinnen, bei den Cocktailparties und großen Essen, gab es eigentlich nur zwei Themen. Die Herren unterhielten sich über die Jagd, zu der es in Kenia reichlich Gelegenheit gab, während die Damen das Thema »dummes schwarzes Personal« eigentlich nie ausschöpfen konnten. Es gab immer etwas zu berichten, und man konnte bei diesem Thema so gut einer Meinung sein und sich gegenseitig mit Erlebnissen ergänzen. Eigentlich war es die Meinung aller Damen, daß das Personal unfähig war, nur unterschied man in der Klassifizierung dumm bis frech. Man konnte über diese Dienstboten nur seufzen oder irritiert lachen.

Während die weißen Herrschaften also herumstanden und

versuchten, sich zu amüsieren – unter ihnen nur zur Dekoration oder weil es aus politischen Gründen sein mußte, ein schwarzes oder braunes Gesicht –, wurden sie von schwarzem Personal, ganz in Weiß gekleidet, bedient. Auch wenn die Lakaien Christen waren, gehörte es zum Stil der Herrschaften, ihr Personal in lange, weiße Hemden und einen roten Fez zu stecken, als ob sie Moslems wären. Das ärgerte die Christen, doch sie mußten es tun, sonst hätten sie ihren »Job« verloren. Weil Karen Blixten, die lange in Kenia lebende dänische Schriftstellerin, von ihrem moslemischen Diener und seiner Kleidung erzählt hatte, galt es als schick, das eigene Personal auch so einzukleiden.

Während die Herrschaften in Palästen residierten, hockte das Personal in verlausten, schimmeligen Hütten hinter den Garagen, Hundehütten und Abfallhaufen. Wenn die hungernden Diener den Herrschaften Appetithappen mit Lachs und Kaviar servierten, träumten sie von einem Ballen Maisbrei. Da sie aber weniger hungerten als ihre Brüder und Schwestern, die keine Arbeit hatten, waren sie froh, diese Arbeit zu haben. Manchmal konnten sie auch zufassen, wenn die Herrin gerade nicht zusah, und sich einen Happen in den Mund stecken. Das war aber gefährlich, denn wenn man dabei erwischt wurde, verlor man nicht nur sofort die Arbeit, sondern konnte auch im Gefängnis landen. Und wie es dort zuging, habe ich ja schon berichtet.

Das Personal war also gewissermaßen zufrieden und ernährte sich von den Resten der Mahlzeiten und Cocktailparties. Es hatte sich an diese Lebensform gewöhnt und nahm sie als Schicksal hin.

Was den älteren Dienern sehr weh tat, war, daß sie als »boys« oder mit ihren Vornamen angeredet wurden, auch von den Kindern der Weißen. Sie wurden von allen herumkommandiert und mußten das hinnehmen. Sie wurden wie Kinder behandelt und von den Kindern wie kleinere, dumme Geschwister. Es war zwar von der Regierung verboten worden, Afrikaner als »boys« zu bezeichnen, aber es wurde doch getan.

Die Kinder der weißen Herrschaften wurden schon früh zu Vertretern der Herrenrasse erzogen. Eine »Arya« – ein afrikanisches Kindermädchen – zog sie an, räumte das Zimmer auf, begleitete sie die ganze Zeit, wenn sie noch klein waren, und räumte hinter ihnen auf, wenn sie größer wurden. Der Fahrer des Vaters und der Familie fuhr sie morgens zum Kindergarten und zur Schule und holte sie von dort auch ab. Die Frauen hatten im Haus kaum etwas zu tun, das Personal tat alles. Sie hatten sehr viel Zeit zum Einkaufen, wo ihnen die Waren hinterhergetragen wurden, und zu ausgiebigem Kaffeeklatsch.

Während die Kinder das Personal mit Vornamen und Schimpfworten titulierten, mußten die Diener die Jungen »Master« und die Mädchen »Miss« nennen. Es gab natürlich auch Ausnahmen, aber das oben Beschriebene war die Regel.

An den Wochenenden, Feiertagen und in den Ferien wurden die Wildreservate abgefahren. Man wohnte in den eleganten Luxushotels an Elefantenteichen. Um Weihnachten herum oder zu Ostern fuhr man zur Küste und ließ sich dort bräunen.

Die Männer mußten ziemlich viel arbeiten, wenn sie Geschäftsleute waren. Diplomaten und Experten konnten es langsamer gehen lassen. Die Experten verdienten am besten, hatten die wenigste Verantwortung, schrieben lange Berichte und Vorschläge und seufzten und schimpften darüber, daß sich die Lage und die Afrikaner nicht so entwickelten, wie sie es sich gedacht hatten.

Karanga wußte natürlich nichts von diesen Menschen und ihren Lebensgewohnheiten, sondern staunte sie nur an, als er durch Muthaiga schlenderte. Er gab auch nicht auf, als die Polizei ihn vertrieb. Er fand Pfade am Matharebach entlang, die nach Muthaiga führten und auf denen er wegen des dichten Gestrüpps nicht entdeckt werden konnte. Diese Pfade wurden von Leuten benutzt, die wie er eigentlich nicht nach Muthaiga hineindurften. Karanga staunte durch die Hecken die Hinterhöfe und Garagen der Villen an. Er lag oft stundenlang im Gras, hinter dem Gestrüpp verborgen, und beobachtete. Nur trieben ihn die Hunde häufig mit ihrem Gebell weg. Einer brach sogar durch die Hecke, riß ihm die Lumpen vom Körper und biß ihm tiefe, blutende Wunden.

Der große Empfang

Jeden Abend zogen Kolonnen von Nachtwächtern aus den Slums von Nairobi nach Muthaiga.

Die Männer waren schon müde und ausgelaugt, wenn sie sich zu ihrer Arbeit begaben. Einige waren bereits tagsüber einer Arbeit nachgegangen, die meisten schliefen in Hütten mit Dutzenden von Kindern um sich herum, Menschenmassen auf den Pfaden draußen und Werkstätten in den Nachbarbehausungen. Blechschläger gab es überall, die aus alten Büchsen und Kanistern wieder Neues zusammenklopften, zum Beispiel Holzkohlenöfchen. Der Lärm zerschnitt jedes Trommelfell. Da konnten die Nachtwächter nur einschlafen, wenn sie einer Betäubung nahe waren, die aus tage- und nächtelanger Schlafentbehrung resultierte.

Müde schlurften also die meist älteren Männer nach Muthaiga. Sie gehörten fast alle zu Wachfirmen, die sie uniformiert hatten. Sie trugen Hemden und Hosen, meist aus blauem Drillich. An den Hosennähten entlang, über den Taschen und am Kragen waren oft aus einem andersfarbigen Stoff bunte Streifen genäht worden. Die bunte Uniform stand im grellen Gegensatz zu den müden Gesichtern und dem schlurfenden Schritt. Auf die Köpfe hatten sie sich farbige Plastikhelme gedrückt, die gegen Schläge von Einbrechern schützen sollten. Ihre Füße staken in viel zu großen und schon von mehreren Personen ausgetretenen Unfallverhütungsschuhen. Dicke, lange Wachmäntel gehörten ebenfalls zu der Montur; die Abwehrkeule aus Holz diente den meisten auch als Spazierstock. Die Schuhe waren so schwer, daß sie sie nur hinter sich herschleifen konnten.

Bei Anbruch der Dunkelheit mußten sie ihre zu bewachende Villa erreicht haben. Dort konnten sie sich noch gerade wachhalten, bis die Familie ins Bett ging. Sie waren so müde, daß sie oft im Stehen einschliefen und dann zusammensackten. Um das Haus herum brannten Lichter, Hunde umkreisten die Türen, und die Nachtwächter hofften, vom Gebell der Hunde geweckt zu werden, falls Einbrecher erschienen.

In der Nacht wurden sie aber auch von ihrer Firma kontrolliert. Ein Auto oder ein Motorrad kam vorbeigefahren, blieb am

Tor stehen, hupte und wartete, bis der Kontrolleur den Nachtwächter sah, und fuhr dann weiter.

Gefährlich war es für die Nachtwächter, wenn die Herrschaften abends noch ausfuhren und erst spät in der Nacht wiederkamen. Die hupten nicht, und auch die Hunde schlugen bei dem bekannten Auto nicht an. Da wurden sie oft schlafend erwischt, bei der Wachgesellschaft gemeldet und hinausgeworfen.

Morgens, beim ersten Tagesgrauen, taumelten die Männer aus ihrem Halbschlaf und versuchten so schnell wie möglich, in ihren schweren Uniformen nach Hause in die Hütte zu kommen, um dort noch vor dem ersten Morgenkrach einzuschlafen.

Wenn die Nachtwächter morgens aus Muthaiga heraustaumelten, kamen die »Garden boys« auf ihren nackten Sohlen herein. Sie mußten schon vor der Morgensonne den Rasen und die Blumen der Villen gewässert haben.

Wenn »Madam« sich erhob, mußte der Park bereits wie vom Tau glänzen. Und wenn der Herr zum Wagen herauskam, mußte der gewaschen sein und in der Sonne glitzern.

Den »Garden boys«, Durchschnittsalter ungefähr vierzig, wurde keine Uniform gestellt. Sie trugen die Lumpen der Kochuniform auf oder was vom Haus als Abfall in die Mülltonne geworfen worden war.

Nach der Früharbeit fingen sie an, den Garten zu hacken und Sträucher zu schneiden. Die Dame des Hauses kam dann zur Inspektion heraus, zeigte ihren Kaffeeklatschgästen den Garten, seufzte über die Trägheit und Dummheit des Gärtners und schrieb die schönen, blühenden Blumen der eigenen Arbeit zu. Der »Garden boy« arbeitete den ganzen Tag in der sengenden Sonne, die ihn aushöhlte.

Zum Haus gehörten auch die »Arya« und natürlich der Koch, ganz in weiß gekleidet und zum Auftragen des Essens im langen Hemd mit Fez. Arya und Koch waren das höchste Personal im Haus.

Wenn Karanga Muthaiga besuchte, schlich er sich entweder von hinten an die Hecken heran, oder er tat so, als ob er ein »Garden boy« sei. Er hatte noch keine Arbeit gefunden und ernährte sich im Moment aus den Abfalltonnen der Stadt, wo die Konkurrenz aber immer größer und gefährlicher wurde. Eines Abends kam er auf seinen nackten Sohlen an einer Villa vorbei, vor der ein fetter Afrikaner stand und rauchte. Es war ein Koch. Karanga erkannte ihn sofort an der weißen Kleidung, dem vorgewölbten Bauch und der grünen Schürze, die er zusammengeknubbelt unterm Arm trug. Er haßte wahrscheinlich diese Schürze, wie alle Köche, doch Madam bestand darauf und wurde bissig wie ein Schäferhund, wenn sie ihn ohne dieses Zeichen der Hygiene und Unterordnung traf. An den Füßen trug er ausgelatschte Turnschuhe, und zwischen seinen Lippen hing eine von Madams Zigaretten, leicht, lang und mit Goldrand.

Beide, Karanga und der Koch, musterten sich, nicht gerade wohlwollend. Die anderen »Garden boys« übersah der Koch, die waren unter seiner Würde. Aber Karanga fiel ihm auf, weil dessen Blick nicht demütig über den rissigen Asphalt schlurfte, sondern ihn neugierig bis frech ansah. Da fiel ihm etwas ein.

»He du«, rief er Karanga an und winkte ihn mit einer deutlichen Kinnbewegung heran.

Karanga hörte sonst nicht auf solche Kommandos, doch weil er ziemlich Hunger hatte und der Fettwanst ihm eventuell Topfauskratzen oder Abfallkübeltragen verhieß, bewegte er sich, wenn auch zögernd, auf ihn zu.

»Willst du dir heute die Wampe vollschlagen?« fragte der Koch ihn, »und dich mit Pullenresten hinterher so richtig volllaufen lassen?«

Karanga zuckte mit den Achseln. Auf Essen stand er, aber nicht auf Alkohol. Den fand er widerlich.

Der Koch erklärte: »Heute abend hat der Bwana Mkuba hier eine Party mit Barbeque. Da suchen wir noch einen, der das Scheißhaus immer saubermacht und die Wände abspritzt. Zwischendurch kannst du dir von den Resten den Bauch vollhauen. Machst du das?«

Karanga nickte. Er nahm den »Job« an. Er wollte schon immer einmal so einen Palast von innen sehen. Nun hatte er die Möglichkeit dazu und konnte sich dabei noch satt essen.

Der Koch nahm ihn mit, aber nicht über den Hauptweg, sondern über einen Trampelpfad hinter den Büschen des Parks, der zu den Garagen und den »Boys quaters« führte.

Karanga wurde für den Abend eingekleidet, denn seine Lumpen waren nicht gesellschaftsfähig. Er bekam eine kurze Hose und ein Hemd ohne Knöpfe und Ärmel verpaßt. In der zu großen Montur ertrank er fast. Er wurde sofort bei den Vorbereitungen zu der Party eingesetzt und mußte die schwersten und unhandlichsten Kästen und Geräte schleppen. Doch nicht nur diese schweren Stücke quälten ihn, sondern ganz besonders die fünf Hunde des Hauses, die seinen Geruch nicht kannten, ihn dauernd ansprangen und bissen. Karanga versuchte, sich zu wehren, doch er hatte seine Hände nicht frei. Er versuchte auf sie einzureden, aber das half auch nichts.

Als er einen Tisch neben dem Buffet abstellte, wurde er wieder von einer Meute angegriffen. Da sah er vor sich eine Schale mit Würfelzucker stehen, griff hinein und warf den Hunden den Zucker hin. Karanga war erstaunt, wie schnell das half. Die Hunde kamen zwar wieder zu ihm zurück, bissen aber nicht, sondern wedelten mit dem Schwanz, beschnupperten ihn freundlich und baten um mehr Zucker. Er gab ihnen noch welchen.

Karanga wurde die Hunde nicht mehr los. Sie schnupperten und suchten ihn überall, winselten um ihn herum und baten um mehr Zucker.

Da Karanga sie aus Angst immer wieder fütterte, war er dauernd von den Hunden umgeben, die ihm überallhin folgten. Er war richtig stolz darauf, wie schnell er die Hunde gezähmt hatte.

Als die erste Ladung von Lebensmitteln und Alkohol auf die weißgedeckten Tische geschleppt wurden, fielen ihm fast die Augen aus dem Kopf. Doch das war nur der Beginn eines Berges von Essen und Getränken.

Der Gastgeber ließ sich dieses Fest etwas kosten. Zu Hause war er als Sozialist bekannt und kämpfte für die Belange der Arbeiterklasse, doch hier war er ein Kapitalist. Er lebte wie ein Fürst, bekam eine ungeheure Aufwandsentschädigung, zahlte keine Steuern und nur eine Nominalmiete für seinen Palast. Sein Personal ahnte nicht, daß dieser Herr Direktor in seinem Land ein Arbeitervertreter war.

Die Feste gehörten zu seinem Prestigeaufwand und waren berühmt. Bei ihm gab es kein Flaschenbier, sondern nur solches aus dem Faß, das er sich extra von der Lufthansa aus Deutschland einfliegen ließ. Dänischer Aquavit wurde aus eisgekühlten Flaschen serviert. Zwei Spanferkel brieten überm Holzkohlengrill. Kartoffelsalat wurde in großen Holzzubern serviert. Von Mombasa hatte er sich Krabbenschwänze und Langusten herfliegen lassen.

Karanga wurde nach dem Aufbruch des Essens an die Mauer der Garage und des »Boys quarters« befohlen. Dort hatte er zu warten und die Toilette und die Wände zu inspizieren. Alle Hunde waren ihm gefolgt. Er hatte sich die Taschen mit Zucker vollgepackt und fütterte sie.

Erst fraßen sich die Gäste an den Tischen voll. Karanga konnte es nur von der Seite beobachten, er staunte, was nicht nur die Männer mit Bauch, sondern auch die eleganten Damen in sich hineinstopfen konnten. Er rechnete damit, daß sie jeden Augenblick platzen würden, doch sie machten noch weiter. Zwischendurch tranken sie Schnaps und Bier, als ob es Wasser wäre. So etwas hatte Karanga noch nicht erlebt.

Nachdem sie alle voll waren, besuchten sie die beiden Toiletten, so daß sich dort Schlangen bildeten und die Spülung es nicht mehr schaffte. Karanga wurde gerufen und mußte zwischendurch die Toiletten entleeren und den Inhalt in den septischen Tank hinter dem Haus werfen.

Da die Frauen den Vortritt hatten und die Männer es nicht mehr aushalten konnten, weil sie soviel getrunken hatten, gingen sie einfach hinter das Haus. Auch dort wurde Karanga zum Saubermachen eingesetzt.

Gegen Mitternacht fingen die ersten an zu brechen. Karanga wurde auch dorthin beordert, reinigte aber nicht nur die Gartenanlagen und Zufahrtswege, sondern auch die Schnapsleichen, die nun erschöpft und wie tot eingeschlafen waren.

Es wurde wild getanzt. Karanga wunderte sich, wie die Weißen ihre Frauen wechselten und wie ungeniert sie sich küßten.

Später kriegte Karanga Kalk vom Koch und bewarf damit die Wände der Hütten, damit sie nicht so erbärmlich stanken. Hinter den Wänden wimmerten die Kinder der Köche und Aryas und konnten nicht einschlafen. In ein Zimmer war ein weißes Paar eingebrochen und schlief zusammen auf dem Bett einer Arya, die erschüttert vor ihrem besudelten Zimmer stand und zu Gott betete.

Als einer auch im Salon gebrochen hatte, wurde Karanga hineinkommandiert. Er hatte beim Wischen Zeit, um sich diesen großen Raum anzusehen, in dem es von Gold und Licht nur so glitzerte. Karanga sah alles wie im Traum. Aber ganz besonders faszinierte ihn der Stoff, der so einfach von den Decken und an den Fenstern herabhing. Das waren schwere, teure Stoffe, und dahinter gab es noch weiße, durchsichtige. Karanga wußte nicht, daß es Vorhänge und Gardinen waren. Er dachte, die Menschen seien so reich und wüßten nicht, wohin mit ihrem Geld und ihren Waren, daß sie die Stoffe einfach von den Wänden herabhängen ließen. Immer wieder kehrte er in den Salon zurück und starrte die Gardinen an. Zwischendurch ging er auch mal am kalten Buffet vorbei und stopfte sich noch etwas hinein, obwohl er längst satt war und der Bauch ihm weh tat.

Gegen Morgen verschwanden dann die letzten. Karanga wischte noch einmal die Wände, reinigte die Toiletten, legte sich hinter die Hütten und dachte an die Stoffe, die bei den Reichen einfach von den Wänden hingen.

Bei Karanga entwickelt sich eine Idee

Am Morgen nach der Party wurde Karanga nicht gerade zart geweckt. Vorher begab sich das Personal des Hauses aber zu den Gästen, die betrunken im Park und in den Fluren lagen. Diese wurden sehr freundlich geweckt und zu Bad und Katerfrühstück eingeladen. Doch Karanga prügelten und traten sie wie einen Hund wach. An ihm ließen sie ihre Wut darüber aus, daß sie nun alles aufräumen und die Weißen auch noch freundlich begrüßen mußten.

Da Karanga eingeschlafen war, hatte er noch nicht alles gereinigt, und das nahm man ihm übel. Die Bediensteten waren in der Überzahl, und er ließ sich sowieso nicht gerne auf Schlägereien ein. Deshalb zog er sich schnell zurück.

Die Diener versuchten sogar, die Hunde auf Karanga zu hetzen, doch die weigerten sich, ihn zu beißen, und sprangen schwanzwedelnd an ihm hoch; sie hatten nicht vergessen, daß er sie mit Würfelzucker gefüttert hatte.

Die Treiber verstanden das nicht, doch Karanga wußte, warum sie ihn mochten. Ihm kam noch mehr in den Sinn, als er den Palast des weißen Herrn im Laufschritt verließ und die Hunde ihn bettelnd begleiteten.

Ich komme in diesen Herrschaftssitz spielend hinein, wenn ich die Hunde vorher mit Zucker füttere, schloß Karanga aus seinen soeben gemachten Erfahrungen. Und er wollte in dieses weiße Paradies zurückkehren. Diese Weißen besaßen von allem zuviel, da konnte man soviel essen, wie man wollte, trinken, bis man halbtot umfiel, und was das Tollste für ihn war: Da hing einfach Stoff von den Wänden herunter, weil man zuviel davon hatte, und die Afrikaner aus dem Matharetal und den anderen Elendsvierteln liefen in Lumpen und halbnackt herum.

Karanga sah sich auch seine Lumpen an. Er brauchte dringend ein Hemd und eine Hose. Die konnte er aus dem Stoff herstellen, der bei den Reichen von der Wand herunterhing. War etwas übrig, konnte er es dem Schneider unter dem Baum an der Straße als Lohn geben.

Es wäre ja besser, wenn die Reichen, die nicht wußten, was sie mit dem hängenden Stoff machen sollten, den Armen etwas abgeben würden, dachte er. Aber er wußte auch, daß die Reichen nie etwas abgaben, außer ein paar Stückchen Brot und Kleingeld für die »Parking boys«. Man mußte es sich dort holen. Die protzten lieber mit Zuviel, als daß sie an die Armen etwas abgaben.

Karanga nahm sich also vor, den Stoff zu holen. Er fand das eine gute Idee, vielleicht war es sogar ein neuer Arbeitszweig. Allein mußte er es tun, denn sonst fiel es auf.

Tagsüber war nichts zu machen, das war Karanga klar. Er mußte sich nachts heranschleichen. Dann gab es dort zwar Nachtwächter, doch die schliefen und verließen sich ganz auf das Wachen und Bellen der Hunde. Erst, wenn die Hunde bellten, würden sie wach werden und noch halb schlafend eine Runde drehen.

Er konnte den ganzen Tag ungestört nachdenken. Sein Bauch war noch voll vom Fest. Er war so satt wie noch nie in seinem Leben. Er wanderte nur langsam eine kurze Strecke und legte sich dann noch einmal hin, schlief und dachte nach. Besonders lange schlief er im Schatten eines Baumes im Jeevanjeepark. Von dort aus konnte er auch die Männer und Frauen in schönen Hemden und Kleidern bewundern. Aber die meisten Leute konnten sich keinen teuren Stoff leisten und bewegten sich müde und in Lumpen über die Straße.

Karanga nahm sich vor, das zu ändern und auch für sich etwas herauszuholen. Er träumte auch. Im Traum sah er den langen, warmen, teuren Stoff der Vorhänge. Er freute sich an den bunten Blumen darauf und an der dunklen Eleganz. Auch die weißen, durchsichtigen und gestickten Vorhänge hatten es ihm angetan, die sogenannten »Stores«. Er hatte die Stoffe im Vorbeigehen auch befühlt. Sie hatten sich in seinen Händen sanft und schmeichelnd angefühlt.

Doch wie kam er an diese Vorhänge heran? Er spielte alle Möglichkeiten durch. Also, nachts mußte es sein, und er wußte, wie er die Hunde für sich gewinnen konnte. Tagsüber mußte er sie füttern, damit sie ihn beim nächtlichen Einsatz schon kannten. Die Nachtwächter schliefen dann. Aber da gab es Gitter vor den Fenstern. Er hatte jedoch auch gesehen, daß er mit seinen Händen ganz gut durchgreifen konnte. Er mußte das Glas einschlagen. War kein Problem. Er hatte auf seiner »Universität« im Gefängnis gelernt, daß man den Stein, mit dem man es tun wollte, vorher mit einem Lumpen einwickeln mußte. Er hatte auch gesehen, daß in den Salons Teppiche lagen. Wenn das Glas darauf fiel, wurde keiner von dem dumpfen Klang wach, und der Lumpen würde auch das Geräusch des Einschlagens dämpfen. Er suchte nach einem handlichen Stein. Mit ihm wollte er anfangen, und zwar sofort, in der folgenden Nacht.

Erster Versuch

Karanga begab sich mit den »Garden boys« nach Muthaiga hinein, so fiel er nicht auf. Durch die Hecken aller anderen Villen wurde er von den Hunden angebellt, doch als er sich der Villa näherte, in der er die letzte Nacht gearbeitet hatte, erinnerten sich die Hunde an ihn. Zuerst sprangen sie zwar die Hecke an und rißen schon das Maul zum Bellen auf; doch als sie den freundlichen Geber rochen, verwandelte sich ihre Aggression in Schwanzwedeln. Sie hatten Karanga richtig eingeschätzt. Der hatte für jeden von ihnen zwei oder drei Stücke Würfelzucker mitgebracht. Freudig winselnd tanzten sie an der Hecke entlang, bis er hinter dem Nachbargrundstück verschwand.

Karanga hatte gelernt, daß ihm in der Nacht von den Hunden keine Gefahr drohen würde. Nun mußte er noch nach einem Fluchtweg forschen, denn mit dem Stoff konnte er auf keinen Fall über die Hauptstraße gehen. Die war grell beleuchtet. Bestimmt standen auch einige Nachtwächter an den Toren herum, und die Polizisten patroullierten in kurzer Folge auf und ab. Vor den Botschaften und Ministerresidenzen standen auch Polizisten mit Maschinenpistolen Wache, die zwar zwischendurch auch einschliefen, aber meistens wach waren.

In der Nacht kehrte Karanga wieder zu »seiner« Villa zurück. Die Hunde schienen schon auf ihn gewartet zu haben. Kaum stand er an der Hecke, da kamen sie schon auf ihn zugerannt, hechelten, winselten, bettelten und wedelten mit dem Schwanz. Karanga fütterte sie und bedeutete ihnen, daß es noch mehr geben würde, wenn sie ihn ohne Schwierigkeiten über die Hecke lassen würden. Er erkletterte zwischen der Mauer des Nachbargrundstücks und der Hecke das Hindernis und sprang sehr vorsichtig, um die Hunde nicht aufzuregen, in den Park. Sofort wurden die Hunde wieder gefüttert.

Um das Haus herum brannten vergitterte Sicherheitslampen, in deren Schein Moskitos tanzten. Karanga bewegte sich im Schatten der Bäume voran, erst einmal hinter das Haus, um dort den Fluchtweg zu erkunden. Er bereitete ihn schon vor, indem er eine Leiter gegen die Mauer stellte. Die Leiter fand er hinten an ein »Boys quarter« gelehnt.

Nun zurück zur Villa. Vorne neben der Haustür schlief der Nachtwächter auf einer Holzliege. Er schlief sehr tief. Gegen die Kühle der Nacht hatte er sich in seinen Wachmantel verkrochen; um seinen Kopf hatte er sich Lumpen gewickelt. Man mußte ihn schon ganz aus der Nähe anschreien, sonst hörte er bestimmt nichts. Karanga roch auch, daß der Mann am Abend vorher kräftig Selbstgebrannten getrunken hatte. Dabei kam ihm eine neue Idee. Besonders günstig mußte die Nacht nach dem Lohnempfang der Nachtwächter sein. Da schliefen sie ihren Rausch aus.

Oder nach einer Party in der Villa, wo die Nachtwächter die Reste aus den Gläsern tranken und die halbe Nacht nicht zum Schlafen kamen.

Doch Karanga wischte diese Gedanken schnell wieder weg und begab sich an die Arbeit.

Er musterte die riesigen Fenster und die Glastür, durch die man in den Salon gelangen konnte, den er kannte. Alles war vergittert. Doch zwischen den Eisenstäben gab es reichlich Platz zum Durchgreifen, nur nicht zum Durchklettern.

Es fiel Karanga schwer, das teure, vornehme Glas einzuschlagen. Das sah so sauber und ordentlich aus. Noch immer umtanzten ihn die Hunde, bettelten und erinnerten ihn daran, daß er sich beeilen mußte, denn bald war sein Würfelzuckervorrat zu Ende. Karanga stellte fest, daß sich direkt unter den Vorhängen ein Teppich befand. Das Glas würde also fast geräuschlos den Boden berühren.

Ja, und dann diese herrlichen Vorhänge, erst die weißen, durchsichtigen, mit Muster gehäkelten, und dahinter die schweren, in seiner Lieblingsfarbe grün. Karanga war ein Ästhet, ohne daß er wußte, was das bedeutete.

Er befaßte sich zunächst mit dem Eckfenster, kletterte schnell auf den Sims und schlug mit dem Lumpenstein das Glas ein. Bei dem Geräusch zuckte er zusammen. Die Hunde erstarrten sogar, doch Karanga gab ihnen schnell einige Zuckerwürfel, und sie hatten das Geräusch vergessen.

Er faßte mit der Hand durch die Lücke, zog den Stoff zu sich heran und schnitt ihn mit der Schere ab. Das ging schneller, als er gedacht hatte. Er zerrte den schweren Stoff nach draußen, ließ ihn fallen und begab sich ans nächste Fenster. Eigentlich wollte er nur einen Vorhang mitnehmen, doch er überzeugte sich schnell, daß er soviel wie möglich mitnehmen müßte, wenn er schon einmal da sei. Stoff für ihn allein sei nicht genug, und behalten konnte er ihn auch nicht, sonst würde man ihn sofort als den Gardinenabschneider identifizieren. Er mußte den Stoff verkaufen und vom Erlös ein Hemd und eine Hose aus normalem Stoff erstehen. Er hatte auch mehr Ausgaben, als er gedacht hatte. Er hatte sich einkleiden und viel Würfelzucker kaufen müssen. Seine von einem Schneider unter den Bäumen mitgenommene

Schere war ziemlich stumpf. Es ärgerte ihn, daß er einen armen Mann bestehlen mußte, doch er hatte dringend eine Schere gebraucht und wollte sie ihm nach dem Verkauf des Stoffes wieder zurückbringen.

Karanga begab sich einmal um das Haus herum. Er nahm auch die Vorhänge von der Flügeltür mit. Die Herrschaften und ihre Kinder schliefen oben; sie wurden durch Karangas Aktivitäten nicht gestört.

Es lief immer besser, Karanga kannte sich nun aus. Er schnitt die Gardinen oben unter den Rollen ab, dabei ging nicht soviel Stoff verloren. Als er seine Runde um das Haus geschnitten hatte, wunderte er sich über die Menge Stoff, die auf ihn wartete. Er sammelte ihn ein, konnte ihn kaum tragen, soviel war es. Er bewunderte den Reichtum der weißen Herrschaften, verfütterte schnell noch die Reste seines Würfelzuckers, kraulte die Hunde hinter den Ohren, erkletterte die Leiter und warf den Stoff hinüber. Aber dann kletterte er doch wieder in den Park zurück, trug die Leiter dorthin, wo er sie hergeholt hatte, damit sie nicht auffiel, und bestieg ohne Probleme die Hecke, da er nun beide Hände und Füße gebrauchen konnte.

Durch die Schleichwege am Bach entlang, zwischen Hecken und Büschen, erreichte er den Beginn vom Matharetal, wo immer ein Markt stattfand. Dort lagen die Marktfrauen und ihre Kinder schon auf ihren Waren und warteten auf den Morgen.

Karangas erster Verkauf

Mit dem Verkaufen kannte sich Karanga überhaupt nicht aus. Da lag er nun auf seinen Stoffen und dachte nach. Er sah sich immer wieder um, überflog mit den Augen den Markt und dachte manchmal schon, daß die Polizei seine Spur aufgenommen hätte. Aber wenn er die anderen Warenberge ansah, mußte er sich sagen, daß er doch nicht auffiel.

Doch er hatte sich umsonst Sorgen gemacht. Kaum graute der Morgen, da erschienen schon die ersten Kunden auf dem Markt. Es waren die Strichmädchen, die aus dem »Star Light Club« kamen, der gerade erst geschlossen hatte. Eine stieß einen Schrei des Entzückens aus und kaufte Karanga sofort eine Bahn Vorhangstoff und einen Store als Unterrock ab. Als er ihr seinen Preis nannte, wollte sie sofort noch eine Bahn haben. Karanga hatte keine Ahnung vom Wert seiner Ware, doch als sie den Preis sofort zahlte und noch mehr haben wollte, verdoppelte er ihn bei der Nächsten sofort und lag damit noch unter der Hälfte des durchschnittlichen Preises für Stoffe, die auf dem Markt verkauft wurden.

Das war nicht gut, fand Karanga, das fiel auf. Er glich seinen Preis an, auch um den anderen Verkäuferinnen nicht zu schaden, blieb aber doch noch deutlich darunter.

Die Strichdame hatte ihre Kolleginnen sofort animiert, indem sie mit ihrem Stoff angab. Die kamen angelaufen und hätten Karanga alles abgekauft, obwohl er den Preis heraufgesetzt hatte; doch er hielt noch ein paar Vorhänge zurück. Eigentlich wollte er den Stoff doch an die armen Mütter mit vielen Kindern verkaufen. Die Kinder taten ihm immer so leid, wenn er sie in Lumpen und halb verhungert herumlaufen sah. Die erinnerten ihn an seine Kindheit.

Die Mütter kamen dann auch, und da er mit den Strichdamen schon gute Geschäfte gemacht hatte, verkaufte er den Müttern die Waren weit unter dem Preis, den er von anderen hätte nehmen können.

Karanga hörte, wie die Damen sich über seine Ware unterhielten, und was sie damit machen wollten. »Also, der grüne Stoff eignet sich für ein elegantes Abendkleid, ganz lang. Das wird die Sensation im Club sein. Und aus dem Store mach ich mir ein Nachthemd, dann kippen die Kerle sofort um, schon ehe sie meine Matratze erreichen.«

Es war noch nicht die offizielle Zeit der Marktöffnung, da hatte Karanga seine Waren schon verkauft. Soviel Geld hatte er noch nie gesehen, geschweige denn besessen. Was sollte er damit tun?

Er hatte Hunger. An der Mauer und am Rand des Marktes hatten sich Frauen niedergelassen, die dort auf Holzkohlenfeuerchen kochten und Weißbrotschnitten mit Margarine bestrichen und mit Zucker bestreuten.

Karanga hockte sich zu ihnen und aß sich satt. Eine ehemalige

Margarinenbüchse voll Tee kaufte er sich auch. Obwohl der Tee schon süß und ganz gelb von der Milch war, ließ er die Frau noch drei Löffel Zucker und zwei Tomatenmarkbüchsen mit Milch nachfüllen, nachdem er einige Schluck Tee getrunken hatte. Nun war der Tee so richtig süß, und er schmeckte die sahnige Milch.

Und noch eine Büchse Milchzuckertee! Mit der zweiten Büchse aß er auch einen Klumpen wattiges, weißes Brot. Die Brotfrau hatte gesehen, wie er nebenan beim Tee noch Extras wollte, sie fragte ihn sofort: »Drei Portionen Margarine auf das Brot und zweimal Zucker?«

Karanga nickte. Und so klatschte sie ihm einen Berg Margarine auf das Brot und legte mehrere Zuckerlagen darauf. Karanga drückte das Brot mit der Margarine und dem Zucker zu einem Ballen zusammen und stopfte sich soviel in den Mund, wie gerade noch hineinging.

Nebenan gab es sogar frischgegrilltes Ziegenfleisch. Karanga kaufte sich ein Rippenstück und riß das Fleisch von den Knochen. Dann aber fing er an, sich zu bezähmen, denn er dachte: »Das fällt sonst auf. Erst verkaufe ich die Berge Stoffe, und nun fresse ich mich so voll. Da müssen die sich doch denken, daß etwas mit mir nicht stimmt. Die Leute werden ja nichts sagen, aber es sind doch immer Polizisten in Zivil auf dem Markt.«

Er aß nun langsamer und wechselte die Szene. Auf allen Märkten der Umgebung aß er, bis er nicht mehr konnte. Er war so voll wie in der Nacht nach der Party.

Dann legte er sich hinter die Mauer eines Marktes und schlief dort ein.

Schon beim zweiten Mal war es Routine

Nach einem langen Schlaf bis in den Nachmittag hinein bewegte sich Karanga wieder in Richtung Muthaiga. Aber diesmal begab er sich in den Teil, wo die Villen noch größer und die Hecken noch höher waren. Hier wohnten die Botschafter, Minister und Generaldirektoren.

Er half einem »Garden boy«, einen Sack mit Kuhmist zu tragen, und passierte so ungehindert die Polizeistation und die sich langweilenden Polizisten vor den Ministerresidenzen. Der »Garden boy« wunderte sich sehr über den Mitträger. So etwas war ihm noch nicht passiert.

Dann suchte sich Karanga eine Villa weit weg von der des Gärtners aus, sonst erinnerte sich der noch an ihn, wenn sich das mit den fehlenden Gardinen am nächsten Morgen herumsprach. Das riesige Schild vor einer Villa mit der Aufschrift: »Vorsicht, bissiger Hund!« und einer danebengemalten Bestie mit fletschenden Zähnen erregte seine Aufmerksamkeit. Er umschlich das Gelände und entdeckte den Hund. Es war ein armseliges, verwöhntes, fettes Fiffichen, das kaum laufen konnte. Er sah aber auch die Dame des Hauses: die erinnerte ihn schon eher an einen bissigen Hund, denn sie schrie die beiden »Garden boys« an, vor denen sie durch den Garten eilte, und hatte mit heiserer Stimme und einer brennenden Zigarette in der Hand an allem etwas auszusetzen.

Karanga bekam auch die Vorhänge zu sehen; sie waren knallrot und ließen sein Herz hüpfen.

Das Fettchen von einem Hund war verwöhnt, aber den Zukker nahm er doch. Später erschien auch noch eine Promenadenmischung, die sicher für draußen bestimmt war, während der Fette wohl im Zimmer der Dame schlief. Die Promenadenmischung wurde nicht verwöhnt und war um so dankbarer, als Karanga ihr Zucker gab.

Das Rückzugsgelände wurde auch erkundet. Es gab da eine lange Strecke über den Golfplatz, aber der wurde nachts nicht bespielt. Und die hintere Mauer des Nervenkrankenasyls hatte bestimmt keine Bewachung. Von dort aus kannte er schon den Pfad bis zum großen Markt. Er wollte die Märkte auch wechseln, das fand Karanga sicherer.

In der Nacht geschah dann alles so, wie Karanga es geplant hatte. Der Hund freute sich rührend über seine Wiederkehr. Der Nachtwächter schnarchte wie ein Sägewerk und stank nach dem Fusel aus dem Matharetal. Ein Fenster stand hinter dem Gitter sogar auf. Riesige rote Gardinen und weiße, teure Stores konnte Karanga abschleppen.

Er brauchte damit noch nicht einmal bis zum Markt zu gehen. Frauen und Männer legten schon vor Morgengrauen ihre Waren vor dem Schlachthof aus, wo die Nachtschicht am Morgen ihren Lohn ausbezahlt bekam. Karanga schlief noch ein wenig, und schon waren die ersten Kunden da. Wieder die Mädchen von den Bars. Eine kaufte ihm alle weißen Gardinen ab.

Viele Frauen warteten vor dem Schlachthof auf ihre Männer und den Lohn, ehe die Herren in einer Kneipe verschwinden konnten. Die suchten sich von den Vorhängen schon vorher aus, was sie brauchten. Karanga war mit seinem Verkauf bereits fertig, ehe die anderen richtig begonnen hatten.

Nach seiner dritten »Bescherung« wäre er fast in eine Falle getappt. Eine Marktfrau war von der Qualität und dem Preis seiner Waren so beeindruckt, daß sie ihn bat, nur sie zu beliefern; sie würde ihm den Preis geben, den er verlangte. Aber noch rechtzeitig fiel ihm ein, daß er damit eine Mitwisserin hätte und für die Polizei einen Anhaltspunkt schaffen würde. Deshalb äußerte er sich nur vage zu ihrem Angebot.

Karanga ließ auch Tage und Nächte ohne Aktionen verstreichen. Er spürte, wie es in ihm zog; er wollte mehr Geld verdienen. Je mehr er besaß, desto mehr wollte er haben. Doch er kämpfte dagegen an und gewann.

Er vermied es, nach einem bestimmten System vorzugehen, und ließ sich zu der Villa treiben, die er besuchen wollte. Manchmal drehte er sich auch mit geschlossenen Augen im Kreis herum, blieb stehen und ging dann in der Richtung weiter, in der er stand. Manchmal nahm er auch die Villa direkt nebenan, nachdem er sich kurz vorher beim Nachbarn bedient hatte. Dort wurde er dann auf keinen Fall erwartet.

Er sah zu, daß er keine Spuren hinterließ. Da der Rasen bei allen Villen bis an die Hecken und Zäune reichte, machte es ihm keine Schwierigkeiten, spurlos zu erscheinen und wieder zu verschwinden.

Ehe er bei einer Villa anfing, erkundete er verschiedene Fluchtwege. Auch fütterte er die Hunde so, daß ihn keiner dabei sah.

Auch seine Märkte wechselte Karanga, und trat dort immer so kurz auf, daß sich keiner an ihn erinnern konnte. Er trug Lumpen wie alle anderen auch, so fiel er nicht auf. Es gelang auch keiner Käuferin, ihm direkt ins Gesicht zu sehen; er redete mit jeder nur von der Seite, über seine Schulter oder im Bücken, mit dem Abmessen des Stoffes beschäftigt.

Er sprach nur Swahili, damit keiner seinen Stamm herausbekam, obwohl man ihm schon ansehen konnte, daß er ein Kikuju war.

Bald ließ er sich auch kaum noch auf den Verkauf von abgemessener Ware ein. Er ging lieber mit dem Preis herunter, wenn eine Mutter ihn sehr darum bat, als sich mit dem Abmessen aufzuhalten. Dann hätte er auch seine große, scharfe Schere zeigen müssen, und die war auffällig.

Auch mit dem Ort seiner Mahlzeiten war Karanga vorsichtig. Er aß nicht zuviel an einer Stelle, sondern wechselte während der Mahlzeit die Feuerchen und Buden. Er war auch nicht wählerisch, sondern aß so, wie es seinem Lumpenaussehen entsprach. Vom Fleisch nahm er das zähe und das am Knochen. Er aß sowieso lieber das Fleisch vom Knochen. Er war es von den Abfalltonnen so gewohnt und konnte es sowieso noch nicht fassen, daß es ihm nun so gutging und er nicht mehr zu hungern brauchte. Er war ganz sicher, daß dieser Zustand nicht sehr lange andauern würde; so genoß er jeden Becher Tee, und jeder Knochen mit Fleisch war für ihn ein Fest.

Er wollte sich irgendwo dafür bedanken, aber er wußte nicht, wo.

Wenn dann aber die Autos mit den reichen Frauen vorbeifuhren, grüßte er sie manchmal ganz ergeben. Die ahnten nicht, daß sie gerade dem Gardinenabschneider begegnet waren.

Auch mit dem erworbenen Geld ging Karanga sehr vorsichtig um. Er wechselte seine Kleidung, doch die neue sah auch nach Lumpen aus. Er war stolz, als er die erste Jacke und lange Hose seines Lebens trug. Aber er hatte darauf geachtet, daß die Nähte der Jacke schon geplatzt und das Futter zu sehen war. Auch hatte man die Hose bereits mit ein paar Flicken verziert. Die Absätze der Schuhe waren schon schräggelaufen. Karanga mußte sich erst daran gewöhnen, wie ein junges Mädchen an hohe Absätze, und auch daran, überhaupt in Schuhen zu laufen, doch er war ganz stolz darauf, nun Schuhe zu besitzen. Erst wollte er sich einen Hut kaufen, aber dann tat er es doch nicht. Zum Hemd nahm er zwar einen Schlips, aber den ließ er sich nur einmal von dem Fotografen an der Marktmauer umbinden, damit er ein Bild von ihm machte.

Das gefiel Karanga sehr. Er fand auch, daß der Schlips zu dem Hintergrund paßte, den der Fotograf mit einer Leinwand entrollte. Darauf war ein Schloß zu sehen, sogar die hohen Fenster mit Gardinen; davor ließ sich Karanga in einem Sessel fotografieren. Der Sessel war wackelig, doch das sah man auf dem Bild nicht.

Karanga lehnte auch seine Hand auf ein Fahrrad, als ob es ihm gehören würde. Der Fotograf steckte ihm ein langes Stück Kreide in die Hand, das sollte eine elegante Zigarette darstellen. Er fragte, ob Karanga auch eine Brille ohne Gläser haben wolle, um anzudeuten, daß er auch Lesen könne, doch das lehnte er ab. Auch das Mädchen, mit dem er als seiner Braut angeben konnte.

Später war Karanga seine Kleidung bei seiner Arbeit doch ziemlich hinderlich. Er schaffte sich eine zweite »Garnitur« an. Die erste versteckte er tagsüber unter einer Hecke. Für seine Arbeit kaufte er sich eine Nachtwächtermontur aus blauem Drillich, wie ihn die meisten Nachtwächter trugen; hinzu kamen noch schwere Unfallverhütungsschuhe, die in ein Bergwerk gepaßt hätten, ein Paar Socken, ein Schlagstock und ein Plastikhelm. Damit er nachts nicht auffiel, kaufte Karanga einen in dunklem Blau.

Karanga geriet zwar in Versuchung, aber er sammelte sein Geld nie. Was er zuviel hatte, verteilte er an die Bettler. Er gab auch kleinen Jungen davon ab. Wenn der Abend kam, besaß er keinen Pfennig mehr, oder gerade das, was er für morgen brauchte, wenn er nachts nicht seinem Beruf nachging. Wenn er, als Nachtwächter verkleidet, in die Villenviertel schlenderte, fiel er nicht auf.

Karanga übertrieb die Gardinenschneiderei auch nicht. Er tat es nur, wenn er wieder essen mußte. Sehr sorgfältig beobachtete er seine nächste Einsatzstelle und auch die Gewohnheiten der Herrschaften und Bediensteten.

Manchmal trat er auch nach großen Empfängen auf, wenn Herrschaften und Bedienstete wie bewußtlos schliefen. Dann gelang es ihm sogar, in die offene Wohnung einzudringen und die Gardinen einfach abzunehmen, nicht zu schneiden. Er aß sich an den Resten satt, doch Alkohol rührte er nie an. Er hatte reichlich

Betrunkene in seinem Leben gesehen; so wollte er nie aussehen, und er wußte auch, daß es dann mit seiner Karriere bergab gehen würde.

Kung Fu im Kino

Dann kam etwas ganz Neues in Karangas Leben, nämlich das Kino und der große und hehre Held Kung Fu. Schon während seiner »Universitätszeit« im Gefängnis hatte er von ihm schwärmen gehört. Die schweren Jungens im Knast machten Kung Fu nach, und Karanga mußte sich dann mit Handkanten und Tritten bearbeiten lassen. Damals wollte er von diesem Kung Fu nichts wissen, weil er darunter litt.

Aber dann fingen sie in den Teebuden auch davon an. Die schlugen glücklicherweise nicht, sondern erzählten nur.

Einer behauptete: »Das ist die schönste Sache im Leben, dieser Kung Fu. Der gewinnt immer, und der ist trotzdem so gut. Da bringe ich mein ganzes Geld hin, auch wenn der Magen knurrt.«

Auch die Strichmädchen redeten davon, wenn sie den Tee schlürften. Sie waren in ihn ganz verliebt.

Erst dachte Karanga, dieser Kung Fu würde richtig leben und auf der Straße auftreten. Was Kino war, verstand er erst viel später, und auch, daß dieser Kung Fu von einem Bruce Lee dargestellt wurde, der aber schon eine Weile tot war. Der wurde genauso geliebt und verehrt wie der amerikanische Sänger Jimmy Ree, den man überall aus den Plattenbuden hörte.

Karanga wurde immer neugieriger auf diesen Kung Fu und die Sache, die Kino hieß.

Er fand auch heraus, wo das Kino lag, in dem meistens Bruce Lee-Filme gezeigt wurden. Er brauchte nur die River Road entlangzugehen, wo die Afrikaner einkauften, und dann an dem großen Parkplatz abbiegen, wo er auch schon einmal »Parking boy« gewesen war, und schon stand er vor dem unverputzten Schuppen, hinter dem sofort die Müllkippe begann.

Zunächst traute er sich nicht hinein. An den groben, schmierigen Wänden, von denen noch Plakatreste flatterten, klebten große, bunte Poster, die Kung Fu, Kriminalfilme und indische Produkte mit Liebe und Mond anzeigten. Für die Afrikaner war die Gewalt gedacht.

Zwischendurch wurden für die Inder Liebesfilme mit juwelenbehangenen indischen Schönheiten gezeigt.

Karanga traute sich dichter an den Schuppen heran, als er sah, daß Afrikaner wie er herauskamen und hineingingen.

Aber dann wich er doch noch einmal in die River Road aus, schlenderte an den indischen Läden vorbei, hinter deren Theken die Besitzer saßen und Tee schlürften, während ihre afrikanischen Untergebenen den Boden fegten oder die Waren anbringen mußten, die der Besitzer seinen Kunden verkaufen wollte. Durch Regierungserlaß waren die Inder gezwungen worden, auch Afrikaner einzustellen. Sie verkehrten mit ihnen wie mit Hunden, nur im Kommandoton, in dem immer Resignation lag, weil man schon im voraus annahm, daß der Afrikaner es wieder nicht kapierte und die falsche Ware brachte. Darum erklärte man es ihm auch gar nicht genau; der mußte sowieso zwei- oder dreimal laufen, mit einem Mal schaffte er es nie.

Schließlich ging Karanga dann doch an die Pforte heran, als zwei Afrikaner sich dort anstellten und von einer Inderin aus einem Kabüffchen heraus bedient wurden. Sie bekamen ein paar kleine Papierstückchen, aber erst mußten sie Geld dafür hinlegen. Es war aber nicht soviel, wie Karanga erwartet hatte. Hinter ihm standen nun auch welche, die drängelten Karanga in einen dunklen Gang hinein. Er sah kaum etwas. Innen dröhnte und röhrte etwas, und er sah bunte Bilder über die Leinwand flitzen. Er wurde überholt und blieb zurück. Unter sich fühlte er Beton, seine Hände strichen an unverputzten Wänden entlang. Er ahnte mehr, als er sah, wie die anderen in den Stuhlreihen verschwanden.

Karanga wollte nicht als blöd erscheinen und einfach an der Wand stehenbleiben, so nahm er seinen Mut zusammen und rannte fast in eine Sitzreihe. Er wußte nicht, daß er sich den Sitz herunterklappen mußte, er wollte sich einfach hinsetzen und fand sich dann unten auf dem Boden wieder, und der Nächste fiel fast über ihn.

Geschrei und großes Gelächter, als sich herumsprach, was Karanga passiert war. Aber er lernte schnell, sah, wie der Nachbar den Sitz herunterklappte, ihn festhielt und sich dann erst setzte. Das tat er auch.

Daß ihm der Sitz später, als er aufstand, fast die Hand einklemmte, war nicht mehr so schlimm. Er kannte sich jetzt aus damit. Unter ihm raschelte und knisterte es, wenn er seine Füße bewegte. Dort hatten seine Vorsitzer ihre Essensreste, Tüten, Fischgräten und Hühnerknochen hingeworfen. Es roch auch danach, fast so wie aus den Müllkübeln, fand Karanga.

Das Licht ging wieder an. Karanga dachte schon, nun sei das Kino zu Ende, doch es war nur die Reklame gewesen. Die wurde kurz unterbrochen, weil sich wohl ein Bild verklemmt hatte, aber bald darauf rutschten die Bilder wieder weiter über die graue Leinwand. Es waren alte Bilder, die schon in den vornehmeren Kinos der Stadt gezeigt worden waren. Sie waren ausgebleicht und zerknittert, doch für Karanga waren sie etwas Wunderbares.

Dann gab es Werbefilme, in denen es regnete, obwohl fast nur Sommersonnenlandschaften und Menschen gezeigt wurden. Doch die Filme waren alt. Es störte Karanga gar nicht, ganz im Gegenteil. Er sah alles mit offenem Mund an, die schnellen Autos, die eleganten, weißen Damen, die sich fast nackt duschten, die jungen Amerikaner, die alle Coca-Cola trinken wollten, die billigen Flüge nach London und um die ganze Welt. Karanga erlebte auch junge Afrikaner, die alle eine bestimmte Zigarette rauchen wollten. Karanga wunderte sich, daß es auch Afrikaner gab, die diese Sportwagen fuhren, aus Flugzeugen stiegen, und Frauen und Mädchen, die wie Weiße rauchten.

Aber dann kam eine Reklame, die Karanga ganz tief beeindruckte. Eine Milchpulverfabrik belehrte die Zuschauer, daß ihr Produkt besser als die Muttermilch sei. Eine wunderbar junge und glänzende afrikanische Mutter mit glattem Haar auf eleganten Schuhen wurde in einem Bungalow vorgestellt, in dem normalerweise nur Weiße wohnten. Sie hatte ein ganz starkes und gesundes Baby. Und warum? Weil sie dem Kind nur dieses Milchpulver gab, das aus Europa kam. Karanga würde schon wegen dieses Films wiederkommen, nahm er sich vor, die Frau war so hübsch, und das kleine Kind sah so ganz anders aus als die Kinder, die er kannte.

Er dachte schon vergnügt, so würde es mit dem Kino weitergehen, und diesen berühmten Kung Fu, der dort eigentlich erscheinen sollte, vermißte er nicht mehr. Da ging plötzlich das Licht wieder an. Er wollte schon aufstehen, doch da alle anderen sitzenblieben, tat er es auch.

Ambulante Händler, offizielle vom Kino, aber auch illegale, boten Getränke, Eis, Erdnüsse und eine Art Schaschlik aus Kuheutern und Innereien an.

Dann flackerte das Licht und ging aus, das Publikum klatschte, erwartete Kung Fu, doch zunächst kamen noch Ausschnitte aus den Filmen, die in Zukunft gezeigt werden würden. Erst war das Publikum enttäuscht, sie pfiffen die Werbung für indische Liebesfilme aus, sie interessierten sich nicht für rollende Augen, Frauen, die vom Mond herabstiegen, und schmachtende Liebhaber.

Doch bei der Vorschau auf die nächsten Kung Fu- und sonstigen Aktionsfilme waren alle dabei und teilten von den Sitzen Hiebe und Tritte aus, daß sogar Holz splitterte.

Aus den wildesten Aktionsfilmen wurden die wüstesten Szenen herausgeschnitten und über die Wand gezerrt. Das Publikum ging sofort mit, die meisten sprangen auf, drohten den Feinden, beklatschten die Sieger und einer rannte sogar auf die Bühne herauf, trat gegen die Leinwand und versuchte, den Verräter zu erwischen. Karanga war ganz bei der Sache.

Er zuckte bei jedem Schuß und Schlag zusammen. Er zog seinen Kopf ein, weil er dachte, er würde davon getroffen. Wiederum dachte er, das Kino sei vorbei, als das Licht wieder aufflackerte. Er hatte sich schon reichlich vergnügt, fand er, doch nun fing es erst richtig an, mit Kung Fu.

Kaum hatte der eigentliche Film begonnen, da trat Kung Fu schon auf. Er eilte einem Mädchen zu Hilfe, als die von vier Banditen überfallen wurde. Das hätte Karanga auch getan. Doch dieser junge Mann war zwar sympathisch und hilfsbereit, aber nicht stark genug gegen diese trainierten Banditen. Die schlugen den jungen Mann ganz erbärmlich zusammen. Unmut und Wut brüllte und fluchte durchs Kino. Auch die dort sitzenden Damen erregten sich und viele weinten. Die wütenden Männer sprangen schon auf und wollten zur Leinwand eilen, doch die Banditen hatten sich schon längst wieder verzogen, und Kung Fu humpelte auf das nächste Haus zu, mit dem überfallenen Mädchen in den Armen, wo ein Greis ihn einließ.

Erst wurde das Mädchen versorgt, doch dann hatte der Greis mit Kung Fu ein ernstes Wort zu reden, und das hieß: Mit Güte allein kann man in dieser Welt nichts gewinnen.

Dazu nickten alle im Kino, und Karanga wußte es auch. Der alte Herr, der ein Meister in der Selbstverteidigung war, bereitete nun Kung Fu für diese Welt vor. Er machte ihn hart. So hart, daß die Zuschauer wieder von den Sitzen aufspringen mußten. Kung Fu lernte mit Blut und Schmerzen, aber dann konnte er doch Ziegelsteine mit seinen Handkanten kaputtschlagen, und seine Fäuste zerschlugen Felsbrocken, die der Meister in einer Eisentonne lagerte. Aber Kraft war dem Meister noch nicht genug. Kung Fu mußte laufen, springen und fast fliegen lernen, denn sonst kam er gegen die schnellen, harten Banditen nicht an. Aber kaum war Kung Fu in Kung Fu ausgebildet, da mußte er schon die erste Kraftprobe bestehen. Er wollte eigentlich nur seinen Kopf aus dem Haus stecken, um zu sehen, wie sich das Mädchen, das er retten wollte, erholt hatte, da überfielen ihn schon zwei wilde Burschen.

Das war etwas ganz anderes als Training mit Steinen und einem Trainer. Doch Kung Fu gewann. Er fühlte sich stark, aber der Meister warnte ihn. Schlimmere Schlachten standen ihm noch bevor; er war nur an Amateure geraten, bald würden die Profis kommen.

Und sie kamen. Kung Fu konnte kaum das Haus verlassen, und schon wurde er wieder überfallen. Er mischte sich auch in alles ein, versuchte immer wieder, Menschen in Not zu retten. Das Publikum riet ihm ab, Karanga auch, doch er hörte nicht darauf. Er hatte ein zu gutes Herz. Die Zuschauerinnen waren alle in ihn verliebt, beteten und weinten für ihn.

Bald waren alle »Gangster« der näheren und weiteren Umgebung hinter ihm her. Die Anzahl der schlechten Leute, die ihn töten wollten, wuchs immer mehr. Gut war allerdings, daß es in dem Land keine Pistolen oder Gewehre zu geben schien. Alles mußte mit der Hand oder höchstens mit einem Messer oder Schwert verbrochen werden.

Kung Fu schlug sich im wahrsten Sinne des Wortes durch. Mit ihm verbreitete sich aber nicht nur die Schlagkraft, sondern auch die Güte.

Ganz besonders gut fand Karanga die Kämpfe, die in Zeitlupe gezeigt wurden. Er wußte nicht, daß es so etwas gab. Er begriff nicht, wie die Leute sich so abbremsen konnten, und wußte nicht, warum sie es taten. Er beeilte sich immer.

»Ich muß das auch mal so versuchen«, dachte er. »Aber wenn ich den Stoff abschneide, bin ich sowieso langsamer.«

Dann kam es zur letzten Schlacht. Sogar aus Japan hatte man einen Kämpfer eingeflogen.

Karanga dachte: »In dem Land da müssen ja Zustände herrschen wie bei uns im Gefängnis.«

Als die letzte Schlacht begann, sprang alles auf, auch Karanga. Nun trat alles gegen Kung Fu an, und seine Lage sah hoffnungslos aus. All die Burschen, die schon vorher aufgetreten und im Kino beim Publikum bekannt waren, rückten an. Überall waren die Bösen, nicht nur da, wo Kung Fu sie sofort sah, sondern hinter jeder Ecke, unter jedem Stück Holz, und nicht nur von den Bergen, sondern auch aus der Luft kamen sie. Die Zuschauer schrien sich heiser. Es war für Kung Fu so, als ob er gegen die griechische Hydra ankämpfen würde, der immer wieder neue Köpfe wuchsen, sobald man ihr einen abschlug.

Doch Kung Fu wehrte sich. Die Schlacht war so schwer, daß sogar das schreiende, heulende und drohende Publikum mitgenommen wurde.

Aber zum Schluß siegte Kung Fu doch. Das Publikum fiel sich in die Arme. Leute riefen: »Das habe ich doch von Anfang an gewußt, daß er gewinnen würde.« Sie waren ganz stolz auf dieses Wissen und strahlten. Nicht nur Kung Fu, sondern auch sie hatten gewonnen.

Karanga verließ das Kino ganz benommen, aber glücklich. Er hatte etwas ganz Wunderbares erlebt. Er war beim Film dabeigewesen, er hatte in einer anderen Welt gelebt. Er hatte gewonnen, er hatte mitgekämpft, er hatte Schläge eingesteckt, doch die hatten ihm nur in den Augen wehgetan, nicht am Körper. Das war ein gutes Gefühl, fand er. Er hatte mitgemacht, doch es hatte ihm nicht wehgetan, und zum Schluß hatte er gewonnen.

Karanga hatte nun einen neuen Lebenssinn bekommen. Er schnitt die Gardinen nicht nur wegen des Essens ab, sondern auch, damit er vom Erlös seinen Kinoeintritt bezahlen konnte. Früher hatte er nie ein Vergnügen gehabt, nun konnte er es sich kaufen. Nun lebte er im Viertakt: Gardinenabschneiden, Verkaufen, Essen und Kinogucken.

Seine Nachmittage und Abende verbrachte er im Kino. Zwei Filme sah er sich an, während des dritten schlief er. Nur wenn es ganz spannend wurde und alles um ihn herum aufsprang, wurde er wach und sah zu, wie Kung Fu, der immer wieder anders aussah, gewann.

Eigentlich hieß ja die Kampfart Kung Fu, aber Karanga nannte den Helden immer so. Wenn er nicht im Kino war, konnte er von Kung Fu träumen. Das tat er überall, nur nicht bei seiner Arbeit, da konzentrierte er sich ganz und versuchte auch nicht, zu fliegen, wie es Kung Fu schon fast konnte.

Damals war auch die Schallplatte mit der Kung Fu-Filmmelodie ganz populär. Karanga blieb an jeder Plattenbude stehen, wo sie lief, und freute sich. Er war ja einer von Kung Fus Männern, er war nicht mehr allein, sondern gehörte dazu.

Im Kino traf Karanga, der sich manchmal auch ganz gerne Kung Fu nannte, seinesgleichen. Dort waren sie alle Kung Fu. Man lernte sich kennen, man grüßte sich im Kino und wenn man sich auf der Straße traf.

Karanga konnte jetzt auch mit den Klappsitzen umgehen, doch später wechselte er seinen Platz. Er begab sich hinauf zu den Logensesseln. Dort saßen die gereiften Kung Fu-Anhänger. Erst wurde er mit mißbilligenden Blicken empfangen, doch als er nicht wie wild um sich schlug, sondern den Film in seinem Sessel, aber trotzdem mit großer Anteilnahme genoß, da nahm man ihn in die Logensitzer auf.

Dort oben roch es nicht nach Schweiß, sondern nach Parfüm und Pomade. Es gab einige Inder dort, Afrikaner im Anzug und mit Schlips und jene Aryas, die Karanga schon von weitem bewundert hatte, mit ihrer glänzenden Haut, den gestärkten, einfarbigen Kleidern und mit Liebe in den Augen. Dort oben saßen jene, die keinen Hunger mehr hatten. Sie waren nicht so sehr am Film beteiligt, doch sie genossen ihn, wie das Eis in den Pausen und die Zigaretten. Karanga lernte dort oben, etwas zu genießen, nicht nur aufzuessen.

Bald, wenn auch noch zögernd, wurde Karanga dort oben mit Kopfnicken begrüßt. Er hatte sich auch extra noch ein Kinohemd gekauft, das er nur zu diesen Anlässen trug. Das war Karangas schöne, heile, neue Welt, Kung Fu im Kino.

In der Nacht mußte Karanga arbeiten

Wobei das »muß« schon zu negativ ausgedrückt ist, denn Karanga arbeitete gern, und er wußte wofür: für Ugali und Kino. Er ging seiner Arbeit mit Gelassenheit, allerdings auch mit Spannung und oft auch mit Freude nach. Er mußte auch geduldig sein, denn sonst hätte er die Hunde nervös gemacht, die ihn dann angebellt und die Nachtwächter geweckt hätten. Das konnte er sich nicht erlauben.

So sah Karangas Tag nun aus: Morgens verkaufte er und dann aß er kräftig, wie gesagt, und aus Sicherheitsgründen an mehreren Stellen. Nach dem reichlichen, aber nicht übertriebenen Mahl bezog er noch kurz eine Beobachtungsstation. Er sah seinen ehemaligen Parking boy-Kollegen zu und freute sich darüber, daß er es nicht mehr zu tun brauchte. Er hielt dabei einen Sicherheitsabstand, denn die Polizei konnte jeden unbedachten Augenblick erscheinen. Dieses Zusehen in der Sonne und der volle Magen machten ihn müde. Es war auch ein bißchen wie das Anschauen eines Films, den man schon mehrere Male gesehen hatte. Wenn Karanga anfing zu gähnen, zog er sich in sein Schlafgemach zurück. Mittlerweile kannte er sich mit den Schleich- und Heckenwegen der Stadt so gut aus, daß er dort immer einen ruhigen Platz fand, auf dem er sich zusammenrollen beziehungsweise ausstrecken konnte, je nach Seelen- oder Wetterlage.

Er schlief nun auch tief ein, denn dort scheuchte ihn keiner auf. Wenn er wieder wach wurde, reckte er sich langsam, kaufte ein Paket Würfelzucker und begab sich nach Muthaiga oder in einen anderen Villenvorort. Dort trug er immer seine Nachtwächtermontur, denn diese Herren ließen zum Teil die Villen auch tagsüber bewachen. Langsam schlenderte Karanga hinter den Villenhecken entlang und fütterte die Hunde von zwei, drei Villen, denn er wußte noch nicht, für welche er sich in der Nacht nach gegebenen Umständen entscheiden mußte. Karanga hatte sein Hundemenü auch weiterentwickelt. Es gab nicht nur Zukker, sondern auch Brot und Fleisch. Aber Fleisch in Maßen, da er die Hunde nicht noch aggressiver machen wollte. Er hatte es auch einmal mit Knochen versucht, doch die machten einen solchen Krach, wenn die Hunde sie zerbrachen, daß das Personal der Villa aufmerksam wurde.

Beim Füttern betrachtete Karanga die Einstiegsmöglichkeiten. Mittlerweile hatte er sich zu einem geschickten Kletterer entwickelt. Er bestieg seine Hindernisse nicht mit Gewalt, sondern so sanft, daß er keine Spuren hinterließ. Er hatte in seiner »Universität« auch etwas von Fingerabdrücken gehört. Die verdeckte er später mit Handschuhen, die er auf einem der Märkte für Kleider dritter und vierter Wahl erstand. Daß er seinen Rückweg schon beim Einstieg sicherte, verstand sich. Auch die Glassplitter auf den Mauerkronen waren keine Gefahren mehr für ihn. Wenn sie gar zu dicht gesät waren, legte er Lumpen auf.

Karanga hatte erfahren, warum der Stoff von den Decken vor den Fenstern hing. Doch er wollte es nicht wahrhaben und verdrängte dieses Wissen. Und wenn es auch so war, es war doch wirklich nicht nötig, die Fenster zu verdecken, wenn so schöne Sachen in den Zimmern standen, die Fenster mit Gittern geschützt wurden und zwischen ihnen und dem nächsten Haus der Park lag.

Zu Karangas Werkzeugen gehörten schon lange ein Glasschneider bester Qualität und ein Seil mit Karabinerhaken an beiden Enden. So nahm er jede Mauer und auch die Simse unter den Fenstern. Er hakte sich in das Fenstergitter, kletterte hoch und ging seiner Arbeit nach.

Es gab auch Villen, wo die Nachtwächter vor dem Fenster und eine Arya im Haus unter den Vorhängen schlief. Karanga gab meistens auf, wenn er drinnen eine Arya entdeckte. Er hatte keinen falschen Ehrgeiz, und sein Angebot blieb auch weiterhin reichhaltig.

Zu seiner Ausrüstung gehörten nun auch Gummistiefel. Damit konnte er durch Bäche waten und hinterließ keine Spur. Er kletterte damit aber nie in einen Park, weil die Profile dort eine um so tiefere Spur hinterlassen würden. Er ließ die Gummistiefel immer am Bach stehen und schlüpfte hinein, ehe er ins Wasser watete.

Wenn Karanga nachts Menschen auf seinen Pfaden begegnete, erkannten sie sich als ihresgleichen. Jeder hatte etwas zu verbergen. So sagte keiner ein Wort, und man schlich aneinander vorbei. Hatte man allerdings Polizei auf dem Weg entdeckt, dann genügte eine kurze Bemerkung: »Hapa«, die sind da.

Karangas Stoffe waren sehr populär geworden. Jeder wollte sie haben. Die Märkte und Straßenecken Nairobis, wo sie angeboten wurden, waren nicht alle zu kontrollieren. Und da die Waren so schnell weggingen, kam die Polizei nicht nach. Und wenn sie einmal einen Umschlagplatz im nachhinein entdeckte, dann war der längst geräumt, wenn sie eintrafen.

Während die Mütter Karangas soliden Vorhangstoff zu erstehen suchten, rissen sich die jungen Damen um die Stores. Die waren von der Polizei noch schlechter auszumachen, denn die trugen sie unter ihren Röcken und zeigten sie nur ihren neidischen Kolleginnen oder ihrer männlichen Kundschaft.

Karanga machte nicht nur gute Geschäfte, sondern hatte auch eine neue Mode kreiert.

Die Damen schätzten ihren Gardinenbesuch gar nicht

Die weißen Damen fanden den Witz nicht komisch, mit dem sie auf Festen und Cocktailpartys begrüßt wurden: »Na, hat man Sie auch zu einer Beschnittenen gemacht?«

Natürlich kann man den Ärger, die Wut und Irritiertheit der Hausfrauen verstehen. Ihr ganzer Stolz waren doch die Vorhänge und Gardinen ihres Hauses, vor allem, wenn es nicht die üblichen waren, sondern welche aus Europa. Die hingen ja nicht so einfach von der Wand herunter, wie es sich Karanga am Anfang gedacht hatte, die hatten auch nicht nur die Funktion der Abschirmung und einen ästhetischen Sinn, sondern sie wollten der

Familie das Gefühl der Abgeschirmtheit, mütterlicher Fürsorge und gediegenem Wohlstand geben. Gardinen und Vorhänge gehörten einfach zu einem Haus, das eine sorgende und liebende Mutter hatte.

Die Damen wurden nicht nur in ihrer Ehre, sondern auch in ihrer Mutterwürde getroffen. Sie empörten sich und hetzten ihren Gatten solange auf, bis die immer wieder bei der Polizei und ihren hochgestellten, afrikanischen Bekannten vorstellig wurden.

Wir müssen einmal versuchen, uns in die Lage einer solchen beschnittenen Dame zu versetzen. So früh am Morgen steht sie natürlich nicht auf. Das Personal hält sich zunächst nur in der Küche und im Kinderzimmer auf, oder draußen. Der Fahrer wäscht, wie jeden Morgen, das Auto, der Koch bereitet für den »Master« und die Kinder das Frühstück vor. Die Arya kleidet die Kleinen für die Schule an.

Der »houseboy« müßte eigentlich den Salon schnell auskehren und die Vorhänge öffnen, doch als er sieht, daß die fehlen, zieht er sich schnell zurück und fängt am anderen Ende des Hauses an. Er hat schon von Kollegen gehört, wie wild die Madams werden, wenn man ihnen eine solche Botschaft am Morgen überbringt. Er will nichts gesehen haben und nimmt lieber die Schuld dafür auf sich, daß er noch nicht mit dem Salon fertig ist, wenn die Dame auftritt. Die wird das auch beim Anblick der fehlenden Vorhänge vergessen.

Wenn sie ihn erwischt, wird sie ihm sofort Schuld und Komplizenschaft zuschieben, und die Polizei wird ihn verhören und ganz erbärmlich zusammenschlagen, weil die sowieso eine Wut auf diesen Gardinenabschneider haben und noch mehr auf diese impertinenten Damen.

Also, keiner vom Personal traut sich in den Salon und die Nebenzimmer hinein. Man hat soviel gehört. Man konzentriert sich ganz auf Chromleisten, Toast und Schuheschnüren. Dem Hausherrn fallen fehlende Vorhänge sowieso nicht auf, der liest die Zeitung und ärgert sich schon im voraus übers Büro und die Arroganz der Regierung, die er aus der Zeitung erfährt. Auch irritiert ihn noch ein leichter Kopfschmerz von den erheblichen Whiskys am vergangenen Abend.

Der Herr wird zum Büro gefahren, dann die Kinder, oder umgekehrt. Als alles aus dem Haus ist und nur noch der Kaffeeduft durch die Etagen zieht, räumt die Arya hinter den Kindern auf, und der Koch spült die erste Ladung Frühstückgeschirr und deckt den Tisch für die Dame. Er seufzt, er weiß, die wird bestimmt wieder etwas zum Meckern haben. Sie ist am Morgen immer schlechter Laune. Aber er nimmt das hin, so ist es eben im Leben, und hier wird er wenigstens bezahlt und braucht nicht zu hungern und zu darben wie seine Brüder.

Die Dame des Hauses erwacht langsam, trotz der zugezogenen Vorhänge. Es dringt Licht herein. Sie ärgert sich schon darüber, weil sie immer wieder dem Personal sagt, daß die Vorhänge so zugezogen werden müssen, daß am Morgen kein Strahl durchdringt.

Sie hat auch leichte Kopfschmerzen, die sie Migräne nennt. Sie weiß, warum: Wein und Zigaretten. Sie nimmt sich vor, das einzuschränken. Das ist nicht gut für ihren Teint und das Gewicht.

Eigentlich möchte sie noch länger schlafen, doch der Kaffeeduft lockt sie. Nach leichten Schönheitsreparaturen und Frischmachungsbemühungen im Bad hängt sie sich ihren großgeblümten Morgenmantel über, schlüpft in ihre hochhackigen Pumps und denkt schadenfroh: »Wenn mich so meine Klassenkameradinnen sehen würden! Ich die Dame hier in einer Villa, während die zu Hause ihre Hausarbeit alleine machen müssen. Und das Geld, das mein Mann verdient . . .«

Wie eine Königin schreitet sie, trotz Krampfadern, die Treppe hinab.

Nein, sie will nicht in der Küche den Kaffee einnehmen, sie begibt sich in den Salon. Licht flutet herein. Die Gardinen sind also schon weggezogen.

»Nein«, schreit es plötzlich aus ihr heraus. Die Gardinen fehlen!

Sie möchte am liebsten zusammenbrechen, ohnmächtig werden, heulen, aber das geht nicht, wegen des Personals. Sie nimmt sich zusammen, sie schreit. Sie droht allen mit Herausschmiß. Sie jagt das Personal um das Haus herum, um nach dem dreisten Dieb zu suchen. Sie ruft ihren Mann im Büro an, doch der ist in einer Sitzung, aus der er nicht herausgerufen werden darf. Aber sie läßt ihn trotzdem herausrufen, und es ist ihr egal, ob er diesen Auftrag verliert oder nicht.

Er muß sofort die Polizei anrufen, und sie tut es auch. Sie traut ihm nicht. Die Polizei gibt vor, das Protokoll fernmündlich aufzunehmen, doch sie traut ihnen nicht. Sie verlangt, daß der Inspektor selbst hier vorbeikommt. Der drückt sich und behauptet, ihm stünde kein Fahrzeug zur Verfügung. Da der Fahrer nicht aufzutreiben ist, unterwegs ist, nimmt sie ihren eigenen Wagen, fährt zum Polizeirevier, zieht dort eine Schau ab und zerrt einen Polizisten mit, der nicht nur ein Protokoll aufnehmen, sondern Fingerabdrücke vom Personal nehmen muß.

Die Dame gibt sich aber nicht mit der Polizei zufrieden. Sie kündigt der Nachtwächtergesellschaft sofort und auf der Stelle und besorgt sich eine neue, obwohl diese viel Geld kostet.

Natürlich ruft sie auch die Botschaft ihres Landes an und will den Herrn Botschafter, den sie von etlichen Partys her kennt, persönlich sprechen. Sie fühlt sich in ihrer Ehre und Kulturrepräsentation gekränkt. Sie führt dem Herrn Botschafter die Nacktheit ihrer jetzigen Existenz und die Bedrohung vor.

Der Botschafter verspricht sofortige Vorstellung beim Außenminister. Was soll er sonst tun? Kurz danach läutet bei ihm auch noch seine Frau an, die auch informiert wurde, erbost ist und mit einer gleichen Attacke rechnet.

Der Hausherr ist wieder aufgefunden worden und muß sofort den Rechtsanwalt der Firma informieren, der anfängt, Vergleichsfälle in seiner Bibliothek zu suchen.

Daß die Versicherung sofort zahlen muß, versteht sich, aber die herrlichen Vorhänge sind nicht durch Geld zu ersetzen, behauptet die Dame. Es wird ihr nahegelegt, Privatdetektive aus England einzufliegen, Sherlock Holmes-Schüler von Scotland Yard, um endlich einmal diesem Gardinenabschneider auf die Spur zu kommen.

Es brach ein Aufstand der weißen Beschnittenen auf. Erst grinsten die Polizisten und machten ihre Witze, die Versicherungsgesellschaften zahlten diese kleinen Fische ohne große Probleme. Sie freuten sich darüber, wie Hausratsversicherungen immer mehr gefragt waren, und hoben die Gebühren an.

Die Polizei wurde aber unsanft aufgeweckt, als man der weißen Freundin des schwarzen Polizeipräsidenten die Gardinen abschnitt. Der tobte und setzte Sonderkommandos ein, setzte den Muthaiga-Reviervorsteher ab und seinen besten Mann ein.

Es kam aber noch schlimmer. Nun verloren auch Minister- und Diplomatenresidenzen ihre Vorhänge. Minister und Diplomaten bezweifelten den polizeilichen Schutz, denn auch mit diesem fielen die Gardinen. Eliteeinheiten vom Militär, also Fallschirmjäger, buddelten sich in Villenparks ein und warteten mit Maschinenpistolen auf den Gardinenabschneider.

Auf den Cocktailpartys gab es jetzt nur noch ein Gesprächsthema, der Gardinenabschneider, wie er getauft worden war. Es kam zu diplomatischen Notenwechseln wegen der fehlenden Gardinen. Der Innenminister wurde gestürzt.

Die Diplomaten kamen gegen ihre Damen nicht mehr an. Als einzelne Noten nichts mehr nützten, erschienen sie in Klumpen im Außenministerium und baten um Abhilfe. Man wollte zwar, aber man wußte nicht, wie. Hubschrauber und Scheinwerfer wurden in Stellung gebracht, doch die Gardinen fielen noch immer. Man dachte schon daran, mit dem Panzerregiment Muthaiga abzuriegeln, doch das Straßenbauministerium drohte mit einem verdoppelten Posten für Straßenreparaturen nach diesem Raupeneinsatz, also gab man diese Idee auf.

Nur die Redakteure der Zeitungen freuten sich über diesen Dauerbrenner mit dem Gardinenabschneider, falls sie nicht selbst betroffen waren. Fast jeden Tag konnten sie Spalten und Schlagzeilen damit füllen, mit der aktuellen Meldung, mit Nachbetrachtungen und Prognosen, wie beim Fußball.

Riesige Balkenüberschriften schreckten das Publikum auf oder erheiterten es. So hieß es in den Zeitungen: »Schon wieder hat der Gardinenabschneider zugeschnitten.« Man schrieb »zugeschnitten«, nicht »zugeschlagen«.

Ganze Polizeieinheiten wurden in die gefährdeten Gebiete befohlen und in den Parkanlagen mit Hunden auf Lauer gelegt. Sie warteten, und wenn sie nach einigen Nächten gegen Morgen doch einschliefen, konnten sie mit dem Morgengrauen in die Salons der Beschnittenen hineinsehen.

Kriminalbeamte schlenderten durch die nächtlichen Straßen,

fingen Herumlungernde und kleine Taschendiebe, doch den Gardinenabschneider faßten sie nicht.

Als auch dem Oberbefehlshaber der Armee die Gardinen entfernt wurden und seine Gattin mit einem Nervenzusammenbruch in die Klinik eingeliefert werden mußte, buddelte sich seine Hauptquartiers-Garde in den Park ein. Am nächsten Morgen war der Park zerstört, zwei Hausmädchen vergewaltigt, doch der Auslöser der ganzen Aktion wurde nicht gefaßt. Der Oberbefehlshaber schrie: »Ihr habt meinen herrlichen Park in einen Friedhof mit offenen Gräbern verwandelt!«

Die Soldaten mußten alles wieder zuschaufeln, doch zu Partys eignete sich der Park in diesem Jahr nicht mehr; dabei stand noch die am Tag der Streitkräfte und die zu Weihnachten aus.

Der Herr General war so erbost, daß er diese Einheit samt ihrem befehlenden Oberst zum Strafexerzieren über den Sturzakker und die Gräber jagte.

In seiner Wut befahl er den Soldaten, die Gräber mit ihren Händen zuzuschaufeln und mit den Füßen festzutrampeln. Aber die trampelten dann mit ihren riesigen Schuhen nicht nur über den Lehm, sondern auch durch die Rosenbeete. Und wenn der hohe Herr: »Panzer von rechts«, befahl, warfen sie sich am liebsten direkt in die Blumenbeete hinein.

Als der Lastwagen dann endlich kam, um die Soldaten abzuholen, legte er beim Zurücksetzen auch noch einen Torpfeiler um.

Dann wurde fast nationaler Notstand gegen den Gardinenabschneider ausgerufen.

Doch nur die Wohlhabenden und die sie Beschützenden ärgerten sich über den Gardinenabschneider, die Masse der Bevölkerung, die weder Gardinen noch Fenster besaß, trug seine Stoffe mit Stolz und flüsterte sich immer neue und dreiste Geschichten vom Gardinenabschneider zu. Karanga wurde so etwas wie eine Sagengestalt, die man mit Till Eulenspiegel, dem Schinderhannes oder Robin Hood vergleichen konnte.

Bis zum Präsidenten des Landes drangen diese Geschichten. Denn wenn er beim Essen eine Tischdame aus diplomatischen Kreisen bekam, hatte sie kein anderes Thema als das des Gardinenabschneiders.

Der Präsident war über den Mann erbost, der seine Polizei und sein Militär zum Narren hielt und blamierte. Sein Vertreter behauptete, daß er auf keinen Fall ein Einheimischer sein könne. Privat behauptete er, die hätten auf keinen Fall einen solchen Grips im Kopf, und öffentlich hielt er den kapitalistischen Westen oder Untergrundkräfte aus dem Osten dafür verantwortlich, oder die Nachbarn aus Uganda. Seine Beschuldigungen wechselten mit dem neutralen Regierungskurs, der sich mal an den Westen, mal an den Osten anlehnte.

Straßenbarrieren wurden errichtet, jeder Wagen durchsucht. Kleinere Staatsaktionen fanden statt, während Karanga im Kino saß und sich mit Kung Fu vergnügte. Er erfuhr von dem Trubel nur am Rande, da er sich nie eine Zeitung kaufte und nur das las, was er an losen und fettigen Blättern am Markt und auf den Straßen fand. Er lebte in einer anderen Welt. Die Truppenbewegungen fielen ihm allerdings auch auf. Er richtete sich danach und erschien meistens dort, wo die Truppen gerade nach vielen durchwachten Nächten wieder abgezogen wurden. Aber auch so ließ er keine Routine entstehen. Er schnitt auch dort Gardinen ab, wo sich Truppen massierten. Gegen Morgen wurden alle schläfrig, das wußte er.

Keiner war bisher auf ihn gekommen. Immer mehr setzte sich die Meinung durch, daß ein Mann das nicht alleine schaffen konnte. Man ging von einer hochorganisierten Bande aus, mit Verbindungen ins Ausland, vielleicht zur Mafia.

Das Mädchen mit den lieben, braunen Augen

Wie ich schon schrieb, saß Karanga im Kino und sah sich Kung Fu an, während die Beschnittenen und die Polizisten noch krampfhaft die Gardinenabschneider suchten und die Elitefallschirmjäger noch immer mit ihrem Oberbefehlshaber schmollten, daß er sie gegen diese Bande eingesetzt hatte. Mittlerweile redeten auch Presse und Radio nicht mehr von einem Gardinenabschneider, sondern von einer Bande.

Wenn Karanga sich zwei oder drei Kung Fu-Filme angesehen hatte, wobei der letzte schlafend »eingenommen« wurde, begab er sich ausgeschlafen und entspannt an die eigentliche Stätte seines Wirkens.

Er sah, daß das Feld überall reif zur Ernte war. An Vorhängen wurde nirgendwo gespart; die hingen dick und bunt herunter und warteten nur auf ihn. Stellen, wo sich Polizei massierte und irritierte Hausfrauen nicht einschlafen konnten, dauernd vors Haus traten und die Nachtwächter kontrollierten, oder ihren Mann herausschickten, umging Karanga.

Ruhig vor sich hin schlendernd, erreichte er auch einmal die Polizeistation. Grell brannte die Neonröhre darin. Alle Polizisten waren hinter ihm her, bis auf einen. Der war von den vergangenen vergeblichen Nächten so müde geworden, daß er eingeschlafen war und mit seinem Kopf auf dem Tisch ruhte.

Karanga betrat die Polizeistation, grüßte freundlich, doch als der Polizist sich noch immer nicht rührte, nahm Karanga die blauen Vorhänge aus den Klammern und verkaufte sie am nächsten Morgen auf dem Markt. Die Polizei wollte diesen Diebstahl geheimhalten, doch noch in der Nacht kam ein Hausherr vorgefahren, um den Abschnitt der Gardinen seiner Frau zu melden, und sah, daß es auch in der Station keine Vorhänge mehr gab. Da konnte er nicht anders, ein wildes Gelächter brach aus ihm heraus, denn zu Hause hatte ihm die Frau vorgehalten, daß er Schuld habe, wegen seiner Schlaferei. Nun konnte er ihr beweisen, daß man sogar die Polizei bestahl.

Wieherndes Gelächter auch beim Volk, als es erfuhr, daß auch die Polizei ihre Vorhänge verlor. Der schlafende Polizist wurde zunächst eingesperrt, verprügelt und dann in den Norden versetzt.

Karanga war mittlerweile zu einem jungen Mann herangewachsen. Er begann nach einer Frau zu suchen. Bisher hatte er ganz gut alleine gelebt und sich nur ab und zu mal mit einem anderen Jungen oder Mann unterhalten. Doch nun fing er an, sich auch das andere Geschlecht anzusehen. Eigentlich hatte er ja nicht viel für Frauen übrig. Der rohe »Geschlechtsverkehr« der Kerle, die seine Mutter und Schwestern heimgesucht hatten, hatte für ihn nichts Anziehendes. Ganz im Gegenteil, er ekelte sich davor.

Doch die sauber angezogenen, glänzenden und gestärkten

Aryas im Kino waren ganz anders, die wollten von den Männern im Kino, auch wenn die ihnen nahetreten wollten, nichts wissen. Sie waren im wahrsten Sinne des Wortes bis obenhin zugeknöpft.

Die Mädchen, die er erreichen konnte, mit denen es die älteren Parking boys trieben, wollte er nicht; die waren so wie seine Schwestern, die taten es, weil sie Hunger hatten. Doch die Aryas, die waren rund und dick, die liebten Männer, weil sie es selbst wollten, oder überhaupt nicht. Sie waren sehr stolz, das sah Karanga auch. Sie ließen sich mit dem Lumpenpack nicht ein.

Sie hatten starke Brüste, die mindestens ein Dutzend Kinder ohne Probleme hätten ernähren können. Die standen mit stabilen Beinen und in ihren echten Plastikschuhen auf dem Boden. Doch Karanga sah sich hauptsächlich ihre Gesichter an. Die waren hochmütig, wenn sie mit Schwarzen zusammen waren. Aber er hatte sie auch mit den Kindern der Weißen beobachtet, da waren sie wie kleine Mamas, die die Kleinen verwöhnten. Den weißen Herrinnen gegenüber waren sie unterwürfig. Karanga kannte diese Unterwürfigkeit nicht. Wenn sie in ihm aufkam, sagte er sich: »Und ich schneide euch die Gardinen ab«, und sofort war dieses Gefühl weg. Er hatte auch die schwarzen Schülerinnen seines Alters gesehen, die in die oberen Klassen des Gymnasiums gingen. Doch die waren nur zum Ansehen aus der Ferne da, viel zu hoch für ihn, wie die Bilder im Kino.

Aber auch mit dem Ansehen mußte Karanga vorsichtig sein, das hatte er einmal vor dem Kino gelernt. Er hatte sich wieder einmal Kung Fu angesehen und kam noch ganz aufgeregt heraus. Er war noch ganz im Film drin, obwohl er schon auf das schiefe, krumme Pflaster des Gehwegs trat. Da traute er seinen Augen kaum. Vor ihm her stolzierte eine Dame, die ihn an die gefährlichen Flittchen im Kino erinnerte, nur war diese nicht gelb, sondern schwarz.

Das war so ein ganz teures Flittchen vom Strich. Sie war sehr schlank und hatte sich die Haut mit teurer Salbe aufgehellt. Ihr knallrotes Kleid lag ganz eng und kurz um den Körper und erreichte nicht die Knie. Es wirkte wie angeschweißt, jede Form des Körpers war zu erkennen. Zu dem Kleid paßte auch der Nagellack. Ihre langen, dunklen Beine, die sehr schlank waren, standen auf weißen Riemchensandalen mit sehr hohem Absatz. Sie hielt eine Zigarette in den Fingern. Überall an ihren Fingern und um den Hals glitzerte es von Gold, wahrscheinlich von echtem.

Karanga starrte alles an. Sie war ein Gesamtkunstwerk, ein ganzer Film, eine gute Stunde Kino in einer Person. Sie stellte sich vor, sie stellte sich dar. Sie war ganz nach außen gekehrt. Wenn ein Mann sie nur ansah, konnte er sich sofort eine ganze Nacht mit ihr vorstellen. Sie war wie eine Ouvertüre, von der Karanga natürlich nichts wußte. Sie deutete schon alles an, was sie war und zog jeden Mann nicht nur an, sondern auch in ihr Nervensystem hinein. Wie eine Spinne. Wer sie nur ansah, zappelte schon wie in einem Netz.

Das wußte sie natürlich, das war ihr Trick. Sie wollte aber nicht die Männer hier vom Kino, die waren ihr nicht reich genug. Sie war nur hierher gegangen, weil sie Kung Fu mochte. Das war noch ein echter Mann. Von ihrer männlichen Kundschaft war sie eigentlich enttäuscht, die gaben immer viel zu früh auf. Wenn sie erst einmal richtig wollte, konnten sie nicht mehr. Aber Kung Fu war da ganz anders. Karanga hatte so eine wie sie bisher nur im Film gesehen. Er starrte sie also fassungslos an. Er war schon in ihrem Netz vernervt. Sie konnte sofort ihre Anstarrer in zwei Kategorien aufteilen. Da gab es jene, die sie nicht nur haben wollten, sondern auch zahlen konnten. Aber in dieser Gegend am Kino gab es die Starrer, die nichts zu bieten hatten. Sie fuhr herum und sah sofort, daß Karanga zu den letzteren gehörte.

»Was starrst du mich so an?« rief sie so laut, daß alle es hörten und stehenblieben. »Angucken kostet auch Geld! Was meinst du, wie teuer meine Garderobe ist? Ist wie im Kino, da mußt du auch für das Gucken zahlen. Kostet fünf Schillinge.«

Karanga war so verdutzt, daß er ihr das verlangte Geld gab, ehe die Gesellschaft um ihn herum in ein Gelächter ausbrach.

Kaum hatte die sogenannte Dame das Geld, da tat sie Karanga schon ab: »Aber sonst hau ab, du Erwerbsloser. Ich nehme nur Leute mit Jacke und Auto.«

Karanga trollte sich. Er hätte ihr am liebsten eine geknallt, doch er war gegen Gewalt, wie wir wissen.

Aber Karanga lernte im und am Kino auch nettere Wesen vom anderen Geschlecht kennen. Oft saß eine ältere Frau neben ihm oben auf der Empore in den Polstersitzen. Nicht direkt neben ihm, aber so, daß man sich doch bemerkte. Auch sie mußte eine Arya sein, dachte Karanga. Sie war so gut genährt, hatte fast europäische Manieren und war freundlich zu Menschen, sicher daher, weil sie es gewohnt war, mit kleinen Kindern umzugehen.

Diese Dame war auch zu Karanga freundlich. Wenn er sie grüßte, grüßte sie zurück und später lächelte sie sogar erkennend, wenn sie ihm begegnete.

Karanga war, wie gesagt, jetzt gerade sehr am anderen Geschlecht interessiert. Er dachte: Ich komme ja an die Guten nicht ran, an die Kindermädchen, obwohl ich ja nicht der Ärmste bin. Sie ist schon älter, könnte fast meine Mutter sein, vielleicht kann sie mir da einiges von den jüngeren Frauen erzählen. Er versuchte sich ihr zu nähern, doch sie nahm sofort Abstand.

Da saß aber des öfteren auch eine Dame, die etwas aufdringlicher aussah, aber doch nicht so wie jene, bei der er für das Ansehen gezahlt hatte.

Karanga musterte sie; die war auch mindestens zehn Jahre älter als er. Er hatte den Eindruck, daß sie sein Mustern wahrnahm, aber sie unternahm nichts dagegen. Sie lächelte sogar befriedigt, fand er.

Sie hatte sich geschminkt, und beim nächsten Mal noch mehr. Er wollte sie in Ruhe und aus einiger Entfernung beobachten und sie später nach den jüngeren Mädchen ausfragen, doch auf einmal saß sie direkt neben ihm, und er wußte nicht, ob er sein Bein zufällig dicht neben ihres gestellt hatte.

In der Getränkepause wollte Karanga ein leichtes Gespräch beginnen, um etwas mehr über andere Mädchen zu hören. Doch sie mißverstand ihn total. Sie fiel ihm sofort mit der Tür in die Hütte.

»Komm mit«, begann sie sofort. »Bei mir kostet es nur zehn Schillinge, weil ich dich aus dem Kino kenne, und so oft du willst, beim ersten Mal. Wir können das unten am Bach machen, in den alten Autowracks, da kenne ich mich aus.«

Karanga flüchtete. Er stotterte, redete was von der Toilette und verschwand.

Nach diesem Mißverständnis hielt er sich noch mehr zurück. Die Frauen konnten doch nicht alle so sein, hoffte er, obwohl ihm noch keine begegnet war, die sich anders benahm. Er zog sich ins Kino und in seine Phantasie zurück. Besonders in seiner Phantasie konnte sich Karanga die Frauen so gut ausmalen, wie er sie eigentlich haben wollte. Ihn interessierten an ihnen nicht der Körper, davon hatte er genug gesehen. Er hoffte auf die Augen. Er erinnerte sich an die braunen Augen seiner Mutter. Die waren doch gut gewesen, obwohl sie ihn auf die Straße setzen mußte. Die waren gut und für ihn geblieben, obwohl die fremden Männer sich ihren Körper nahmen.

Karanga versuchte, sich Frauen und Mädchen auszudenken, die solche Augen haben sollten wie seine Mutter, aber das gelang ihm nicht. Er konnte sie ankleiden, er konnte ihnen eine glänzende Haut geben und fleischige Arme und Beine, wie er es schätzte und bewunderte, aber die Augen kriegte er nicht hin.

An einem Nachmittag hatte Karanga vom Kino genug. Er fürchtete auch, dieser Tante zu begegnen, die mit ihm in die Autowracks gehen wollte. Er schlenderte durch Westlands, ein anderes Villenviertel Nairobis. Unterwegs fütterte er die Hunde und schlug dann den Weg in eine Nebenstraße ein. Hier waren die Villen nicht so vornehm wie in Muthaiga, doch sah Karanga, daß es auch hier Vorhänge gab.

Als er an einer Villa vorbeikam, an der ein ausländischer Name stand, fand er das Tor zum Park offen, und ein Mädchen war gerade dabei, den Dreck der betonierten Einfahrt auf die Straße zu fegen. Karanga blieb stehen. Das Mädchen fegte noch eine Weile. Sie trug ein hellblaues Kleid, eine grüne Schürze und ein Tuch aus dem Kleiderstoff um den Kopf. Sie war noch jung, vielleicht sogar jünger als er. Sie war ganz eifrig bei der Arbeit, doch als sie ihre Staubwolke in Karangas Schatten fegte, sah sie erschrocken auf.

Sie sah genau in Karangas Augen, und er sah, daß die ihren genau so braun und lieb und auch ein bißchen einsam und wehmütig waren, wie die von der Mutter.

Sie sahen sich an. Karanga kam von ihr nicht mehr los. Er liebte sie. Das fühlte er sofort. Er wußte aber nicht, was er sagen sollte, er traute sich auch nicht; aber er fühlte seine Liebe ganz stark.

Das Mädchen sah ihn zunächst erschrocken an, dann milderte sich ihr Blick. Es sah sogar so aus, als ob sie ihn auch mögen wollte, aber dann schreckte sie wieder zurück. Sie sah, daß er ein Fremder war.

Karanga wollte etwas sehr Nettes sagen, doch er bekam nur den förmlichen Gruß heraus: »Jambo«. Aber er hatte sich zu sehr damit abgemüht. Der Gruß knallte heraus wie ein Schuß und ein Einschlag.

Das Mädchen wurde von dem Gruß aufgeschreckt. Sie starrte Karanga wieder angsterfüllt an und dann lief sie weg. Karanga begriff nicht, er hatte ihr doch nichts Böses getan. Er wußte nicht, daß dieses Mädchen schon zweimal auf dem Weg in der Dunkelheit vergewaltigt worden war. Sie rannte zur Diensthütte zurück. Sie alarmierte Koch und Gärtner, meinte in Karanga einen ihrer Vergewaltiger erkannt zu haben. Die Burschen kamen sofort mit ihren Pangas (Hackmessern) angelaufen und alarmierten auch noch das Dienstpersonal von nebenan. Karanga flüchtete.

Es tat ihm so leid, daß sie ihn mißverstanden hatte. Er konnte in der Nacht nicht arbeiten, das Mädchen kam ihm nicht aus dem Sinn. Auch in den nächsten Tagen und Nächten mußte er immer an sie denken. Wie konnte er sie überzeugen, daß er nichts Böses mit ihr vorgehabt hatte, daß er sie mochte? Sie hatte eine solche Angst vor ihm bekommen, er hatte doch noch keinem Menschen etwas Böses getan.

Karanga sah immer wieder ihre Augen vor sich. Das waren so liebe Augen, warum konnten sie ihm nicht trauen? Sahen seine denn so böse aus?

Er überlegte, wie das Mädchen ihre Meinung über ihn ändern könnte. Wie konnte er ihr zeigen, daß er nichts Böses mit ihr vorhatte?

Er brauchte nicht zu lange nachzudenken. Etwas fiel ihm ein, und er schüttelte den Kopf über sich selbst, warum er nicht schon früher auf diesen Gedanken gekommen war. Natürlich, seine Gardinen, er konnte ihr seine Gardinen schenken! Vielleicht verstand sie dann, auch ohne Worte, daß er nichts Böses mit ihr vorhatte. Karanga machte sich an die Arbeit.

Doch die ersten Gardinen, die er abschnitt, waren ihm nicht gut genug. Er verkaufte sie auf dem Markt. Auch die der zweiten Nacht waren nichts Besonderes.

Er brauchte mehrere Nächte, ehe er etwas fand, was gut genug für sie war. Seine Arbeit wurde gefährlicher. Immer mehr Polizei war nun auf die Gardinenschneiderbande angesetzt, die nun fast jede Nacht zuschnitt.

Aber dann fand Karanga, was er wollte, roten Vorhangstoff, und dazu weiße, gehäkelte Stores.

Damit ging er zu einem Schneider und befahl dem: »Mach das schönste Kleid daraus, das du kannst, und aus dem Weißen das, was die Frauen immer darunter tragen.«

Der Schneider befühlte den Stoff: »Ist gut«, meinte er. Aber dann fragte er Karanga: »Und die Maße?«

Karanga wurde verlegen.

»Aber ich muß doch wissen, wie die Frau ist oder das Mädchen. Die mußt du mal herschicken, sonst kann ich das nicht.«

Karanga wurde noch verlegener.

»Wie sieht sie denn aus?« fragte der Schneider.

»Braun«, antwortete Karanga. Er hatte an sie gedacht, nur ihre Augen gesehen und entsprechend geantwortet.

»Wir sind doch alle braun«, meinte der Schneider, der nun anfing anzunehmen, einen Verrückten vor sich zu haben. Auch wegen der Stoffmenge. Der Kerl wollte ein Kleid und ein Unterkleid davon haben, obwohl der Schneider sofort sah, daß er mindestens fünf von der Sorte daraus schneidern konnte. Aber er ließ sich nichts anmerken. Er wollte diese Möglichkeit nicht verlieren.

»Ist sie dick oder dünn?« versuchte er seinem potentiellen Kunden auf die Sprünge zu helfen.

»Jung«, antwortete Karanga geistesabwesend, denn er sah immer nur ihre Augen vor sich.

»Sieh dich mal um«, schlug der Schneider vor. »Hier kommen doch immer welche vorbei. Welcher ähnelt sie denn?«

Karanga sah sich um. Keiner ähnelte sie. Ihre Augen waren ganz anders, sie war ganz anders.

Der Schneider antwortete: »O.k.« Er dachte an seinen Gewinn.

»Wann soll es denn fertig sein?« fragte er Karanga.

»Gleich«, antwortete der.

Der Schneider war eigentlich nur ein Lumpenflicker. Er besaß eine Handnähmaschine aus vierter oder fünfter Hand. Die stand auf seinen Knien und damit nähte er. Er hatte noch nie ein Kleid genäht, aber schon oft eins aus Lumpen geflickt.

»Ich warte«, sagte Karanga zu dem Schneider. Er fürchtete, daß der Schneider eventuell die Polizei holen konnte. Der Schneider fing an zu nähen. Karanga schlief zwischendurch ein, holte sich dann etwas zu essen, und in der Zwischenzeit brachte der Schneider den Stoff weg, den er nicht zu verarbeiten brauchte. Das fiel Karanga nicht auf.

Am späten Nachmittag waren Kleid und Unterkleid fertig. Karanga zahlte sogar noch dafür und rannte damit zu der Villa, wo er das Mädchen getroffen hatte.

Sie fegte nicht den Hof, obwohl er das erwartet hatte, doch er sah sie hinten im Garten, an der Hecke, wo sie gerade dabei war, die Wäsche ihrer Herrschaft von der Leine zu nehmen.

Karanga wußte, daß sie nicht zur Hecke kommen würde. Er rief: »Jambo.« Es kam diesen Mal etwas freundlicher heraus. »Das ist für dich«, und warf Kleid und Unterkleid über die Hecke.

Das Mädchen hatte sich erschrocken umgedreht und den Fremden wieder erkannt. Karanga wußte nicht, was er tun sollte. Er rannte einfach weg.

»Blödmann«, schimpfte er sich unterwegs. Doch dann beruhigte er sich und dachte: »Warte, ich werde ihr noch was bringen, noch etwas Besseres. Sie wird schon merken, daß ich nicht böse bin!«

Die Gardinen des Präsidentenpalastes

Karanga suchte nach den besten Gardinen, die es gab. Fast jede Nacht schnitt er und jede Nacht suchte er, aber das, was er für das Mädchen mit den lieben, braunen Augen suchte, fand er nicht.

Aber dann sah er sie plötzlich, und zwar im Kino. Die Feierlichkeiten zum Unabhängigkeitstag wurden in einer Vorschau zu Kung Fu gezeigt. Neben den großen Paraden und Reden gaben sich der Präsident des Landes und die First Lady die Ehre, die Spitzen der Nation und die Diplomaten zu einem Empfang in ihrem Palast einzuladen.

Und da sah Karanga sie, die besten, schönsten und teuersten Vorhänge seines Lebens. Die rissen ihn von seinem Sitz hoch. Alle anderen saßen noch, wunderten sich, warum da einer aufsprang, wo doch auf der Leinwand nach ihrer Meinung noch überhaupt nichts los war.

Karanga starrte die Vorhänge an, dunkelgrün waren sie. Sie glänzten und das Wappen des Landes war mit Gold hineingewebt. Das waren die Gardinen! Ein Kleid aus diesem Material trug noch keine Frau im Land. Das wußte Karanga ganz genau.

Kung Fu war für ihn gelaufen, er verließ das Kino schon vor der Hauptattraktion und marschierte sofort zum Präsidentenpalast. Der stand mitten in einem großen Park und war von der Straße aus nur im Hintergrund am Ende einer langen Zufahrtsstraße auszumachen. Überall Maschen- und Stacheldrahtzäune und die Leibgarde mit Maschinenpistolen und Hunden. Die Maschinenpistolen fürchtete er nicht. Er hatte mit ihnen schon viele Soldaten und Polizisten schlafend erlebt, und dann waren diese Waffen ja harmlos. Und mit Hunden kam er sowieso gut aus, obwohl diese nicht frei herumliefen, sondern von Soldaten geführt wurden. Auch waren sie dressiert, doch Karanga kannte ihre Vorliebe für Zucker, und wie sie dafür auch auf ihre Erziehung verzichteten.

Karanga war aber nicht der ruhige Operateur wie vorher. Er beobachtete den Präsidentenpalast und seine Sicherheitsvorkehrungen nur oberflächlich. Die Gardinen konnte er von der Straße her nicht sehen. Doch er wollte sie haben, das war sein höchstes Ziel; er wollte sie dem Mädchen mit den lieben, braunen Augen zu Füßen legen.

Von vorne war da nichts zu machen, das sah Karanga sofort. Da gab es zunächst die Häuser der Minister und hohen Beamten, alle von Polizisten bewacht, ehe er überhaupt an das präsidiale Grundstück herankam. Und beim Haupteingang standen immer Wachen in Klumpen herum. Auch war dort nachts alles ausgeleuchtet, und er mußte mehrere hundert Meter laufen, ehe er überhaupt an den Palast herankam.

Also untersuchte Karanga die Sache von hinten. Dort sah es schon besser aus. Da wohnten die Gardisten und das Personal mit ihren Familien. Es gab einen hohen Zaun, Stacheldraht und Lichter und eine sehr breite Fläche mit kurzem Gras, die überwunden werden mußte, ehe er im Schatten der Parkbäume untertauchen konnte. Und dahinter wieder die freie Fläche, über die Soldaten patroullierten; erst dann standen die Mauern des Palastes vor ihm.

Allerdings wußte Karanga, daß der Präsident hier nicht wohnte, sondern nur empfing und Staatsaktionen abhielt. Es war der ehemalige Sitz des britischen Gouverneurs, und der Präsident meinte, da würde noch der Geist der alten Kolonialzeit drin »spuken«. Darum ließ er sich nur selten dort sehen und fuhr nach jedem Staatsakt zu seinem Landsitz, der auch respektabel war. Aber trotzdem wurde der Palast scharf bewacht, denn dort waren die Schätze des Landes gelagert. Der Präsident konnte auch jeden Tag erscheinen – und die Minister residierten nebenan.

Karanga wäre am liebsten schon in der gleichen Nacht über den Zaun geklettert, aber dann siegte doch noch einmal seine Vernunft.

Füttern konnte er die Hunde nicht so wie früher. Sie gingen an der Leine der Gardisten spazieren und schnüffelten nach fremden Gerüchen. Aber er fand bald heraus, daß die Hunde einen Stall hinten beim Personal hatten. Dort wurden sie tagsüber gehalten. Am Tage ging nur sehr selten ein Gardist mit ihnen auf Patrouille.

Am nächsten Tag schon fand Karanga eine Lücke im Zaun, durch die die Kinder des Personals zur Schule liefen. Sie sollten nicht vorne am Palast vorbeigehen, und der Weg zum Personaleingang war ihnen auch zu weit. Also hatten sie sich sehr geschickt ein Loch in den Maschendraht geknipst.

Karanga wagte es einfach. Es gab reichlich Personal und Soldaten, so kannte nicht jeder jeden. Als Karanga sah, wie der Hundemeister zu seiner Hütte herüberschlenderte, ging er schnell ans Werk. Er fütterte die wilden Hunde reichlich, hielt ihnen seinen Arm hin, und sie nahmen den Geruch des Freundes auf. Das tat er zwei Tage lang. Aber dann hielt er es nicht mehr aus, er mußte die Gardinen für das Mädchen holen.

Karanga erschien also nach Mitternacht. Die Soldaten patroullierten zwar noch, aber er sah an ihren Schritten, daß sie müde geworden waren. Einige lehnten sich schon ans Tor. Dort hatten sich sowieso die meisten zusammengefunden; sie redeten und rauchten.

Karanga lief um das Gelände herum, ein ziemlich weiter Weg, und schlüpfte durch das Loch. Als er am Hundezwinger vorbeikam, sahen die Hunde zwar auf, die dort zurückgelassen worden waren, aber als sie Karangas Geruch schnupperten, bellten sie nicht, sondern wedelten bettelnd mit den Schwänzen, bekamen auch ein paar Stückchen Zucker und ließen ihn passieren.

Er ging über die weite, im dünnen Licht liegende Wiese und tat so, als ob er zum Personal gehörte. Keiner sah ihn. Als er die Bäume erreichte, ging es noch besser. Er nutzte ihre Schatten aus.

Die Gardisten standen noch immer ganz vorne am Tor und lachten. Er sah in einem Torbogen drei von ihnen auf dem Asphalt tief schlafen. Das war gut. Er hatte auch entdeckt, daß im Bach hinter dem Präsidentenpalast illegal Schnaps gegoren wurde. Da standen die Fässer, die stark nach Fusel stanken. Karanga nickte, dieser Fusel half ihm immer sehr.

Nun sah er den Palast, die Fenster und die Gardinen dahinter. Er wunderte sich sehr – nur wenige Fenster waren vergittert. Die trauten den Gardisten sehr viel zu.

Die Gardinen waren noch länger, als er sie sich gedacht und im Kino angenommen hatte. Und noch schöner. Das Grün war ganz vornehm, und die goldenen Wappen glitzerten im Licht der Scheinwerfer. Doch Karangas Betrachtung konnte nur sehr kurz dauern. Als er gerade zur Arbeit ansetzen wollte, kamen die Soldaten vom Tor hoch. Sie gähnten, das sah er, bogen aber vor ihm ab, ehe ihre Hunde ihn riechen konnten. Sie verschwanden hinter dem Haus, dort war es dunkel, dort konnten sie ungestörter duseln.

Als die Gardisten um die Ecke verschwanden, machte sich Karanga an die Arbeit. Er kletterte auf den breiten Fenstersims und brauchte noch nicht einmal seine Haken an der Leine zum Festbinden, so breit waren die Simse.

Das Glas schnitt sich wie Butter, fiel zwar hoch in den großen Saal, doch da die Eukalyptusbäume schwer im Wind sangen und sirrten, konnte nur einer das Klirren hören, der sich im Saal befand, oder doch so dicht daneben wie Karanga.

Aber dann machte er es sich noch einfacher. Daß er vorher nicht darauf gekommen war! Er schnitt das Glas vor der Klinge ein, öffnete sie und stieg in den großen Empfangssalon. Dort nahm er sich Tisch und Stuhl, schob beide von Fenster zu Fenster und schnitt die Gardinen ab.

Als Karanga schon vier Gardinenbahnen auf den Parkettfußboden hatte segeln lassen, kamen draußen zwei Gardisten vorbei. Die stolperten an der Fassade entlang und sahen natürlich nicht, daß innen Gardinen fehlten. Sie waren ja keine Hausfrauen und achteten auf so etwas nicht.

Karanga wollte immer mehr abschneiden, eine richtige Wollust erfaßte ihn, aber bald sah er, daß er die Stoffmenge gar nicht tragen konnte. Er hörte also auf. Was er tragen konnte, schleppte er zum Fenster.

Dort kamen Schritte über den Asphalt auf ihn zu. Mehrere Soldaten schlenderten mit ihren schweren, lauten Nagelschuhen an der Paradefront des Palastes vorbei. Gut, daß die so einen Krach machen, freute sich Karanga, der in Deckung blieb. Dort wartete er, bis die Schritte verklangen. Dann warf er das Gardinenbündel aus dem Fenster heraus und kletterte hinterher. Er wußte nicht, daß sein Verhängnis schon an der Ecke wartete. Dort war ein Gardist stehengeblieben, um zu pinkeln. Die anderen waren um die Ecke verschwunden. Ein ziviler Anblick, dieser maschinenpistolenbewehrte Gardist, der gegen die Palastwand seines Präsidenten pinkelte! Der Soldat war schon halb im Schlaf, er hätte auch nichts bemerkt, wenn er nicht den dumpfen Aufschlag der Gardinen gehört hätte. Er sah erstaunt herüber. Er begriff nichts. Bis dann auch noch ein Mann aus dem Fenster sprang. Das drückte ihm zwar zunächst die Kehle zu, aber dann kam doch ein Schrei heraus.

Sofort kamen die anderen Gardisten zu ihm gelaufen, und dann hatten sie auch den Mann mit den Gardinenballen entdeckt. Karanga war wie an den Boden geschweißt, mit den Gardinen überall um sich herum, die er gerade aufgenommen hatte. Er war noch nie entdeckt worden, er wußte nicht, wie er sich verhalten sollte.

Der Unteroffizier fand zuerst seine Fassung wieder. Er leitete sofort eine Staatsaktion ein. Er pfiff auf seiner Trillerpfeife, und dieser Pfiff löste beim Wachhabenden unten am Tor eine Sirene aus und Rotlicht und Gehupe im Mannschaftsquartier. Maschinenpistolenschüsse peitschten durch die Nacht. Da die Truppe auch noch keine Erfahrung mit einem Einbrecher im Präsidentenpalast hatte, schossen sie überall hin, nur nicht auf Karanga. Nach dem Feuerüberfall mußten fast alle Fenster neu eingesetzt werden, und die ganze Fassade des Palastes war mit Einschußstellen übersät.

Die Offiziere kamen herangefahren, der General wurde geweckt. Karanga ergab sich sofort. Man nahm an, daß er den Präsidenten töten oder einen Staatsstreich veranstalten wollte. Er wurde mit Kolben niedergeschlagen und nach Waffen untersucht.

Vorsichtig entnahm man ihm die einzigen Waffen, die er besaß, nämlich Schere und Glasschneider. Diese Werkzeuge wurden ihm mit Handschuhen entnommen, da man seine Fingerabdrücke bewahren wollte. Die Soldaten wurden wütend, weil sie keine anderen Waffen bei ihm fanden. Sie schlugen und traten ihn. Das ganze Haus und das Gelände wurde nach seinen Komplizen durchsucht, obwohl Karanga beteuerte, ganz alleine zu sein.

An Füßen und Händen mit Handschellen gefesselt, mit zwei Maschinenpistolen an seinen Schläfen, wurde er in einem Panzerwagen zum sichersten Gefängnis des Landes gefahren und dort in die Mörderzelle gesperrt, mit zwei Gardisten davor, die ihn dauernd bewachten.

Noch die ganze Nacht durch und am nächsten Tage suchten die Gardisten nach den anderen Mitgliedern des Staatsstreiches. Doch sie fanden keine.

Karanga wurde verhört, von Offizieren, Kommissaren und sogar vom Innenminister. Keiner wollte ihm glauben, daß er nur auf die Gardinen ausgewesen war.

In der Stadt und übers Land krochen Gerüchte. Man hatte die Schüsse in der Nacht gehört. Ein Staatsstreich, wurde gemunkelt; das Gerücht nahm schnell gefährliche Formen an.

Verhörende Richter und Kommissare fingen langsam an, Karanga die Geschichte zu glauben, währen die Politiker noch zweifelten und die Gardisten schon anfingen zu grinsen.

Man wollte dem Volk eigentlich nicht erzählen, was passiert war, aber als die Gerüchte über den Versuch eines Staatsstreiches immer wildere Formen annahmen, rang man sich endlich durch, und die Presse durfte berichten, daß man im Präsidentenpalast endlich den Gardinenabschneider erwischt habe.

Wieder im Gefängnis

Die Gemüter der Menschen reagierten verschieden, als bekannt wurde, daß es keine Gardinenabschneiderbande gab, sondern nur einen einzelnen Mann, und daß man den erwischt hatte, als er die Gardinen des Präsidenten abtransportieren wollte.

Dröhnendes Gelächter bei den Gegnern des Regimes. Kichern, aber auch Seufzen bei den Müttern, die von Karangas Gardinen die Garderobe ihrer Familien hergestellt hatten. Ärger bei den jungen Damen, die um ihre neuen Unterkleider fürchteten. Aufatmen bei den Hausfrauen der Villen und ihren Männern.

Die Polizei schämte sich ein bißchen, und das Militär fühlte sich blamiert. Im Parlament gab es eine große Anfrage und Debatte, in der man sich doch sehr wunderte, wie dieser Gardinenabschneider, trotz Garde und Schäferhunden und Zäunen, in den Präsidentenpalast kommen konnte.

Das Mädchen mit den lieben, braunen Augen hörte auch vom Gardinenabschneider und seiner Verhaftung, denn das war nun auch das Thema auf den Hinterhöfen des Dienstpersonals der Villen. Sie hatte noch immer den Stoff in ihrem Zimmerchen. Sie ahnte aber nicht, warum Karanga in den Präsidentenpalast eingestiegen war. Schade, daß sie es weder ahnte noch wußte. So ging sie weiter ihrer Arbeit nach, dachte aber noch an den Fremden, den einzigen, der ihr in ihrem Leben etwas geschenkt hatte. Doch sie redete mit keinem Menschen darüber.

Man wollte Karanga zunächst einen politischen Prozeß machen, ging jedoch davon ab, weil das den Gerüchten über einen Staatsstreich mehr Gewicht gegeben hätte. So wurde er also noch einmal von der politischen Polizei und Garde durchgeprügelt und dann von der Todeszelle in das normale Gefängnis für Verbrecher, Gauner und Sonstige geworfen.

Als Karanga den Saal betrat, hatte es sich schon herumgesprochen, wer da auftreten würde. Er wurde mit Beifall empfangen. Ein ganz anderes Auftreten als damals, als er noch ein Parking boy war.

Er wurde sofort umringt und mußte erzählen. So lange hatte sich noch keiner von den Insassen einer Festnahme entziehen können, und im Präsidentenpalast war auch noch niemand gewesen.

Die Zuhörer und Fragenden interessierten sich aber kaum für die Vorhänge, konnten sich auch nicht vorstellen, daß Karanga nur ihretwegen eingestiegen war. Sie wollten von ihm wissen, wo der Tresor und der Schmuck waren und wo die elektrischen Apparate standen. Darauf hatte er aber gar nicht geachtet. Als das bekannt wurde, erlosch das Interesse an ihm.

Trotzdem gehörte er nun zur Aristokratie des Gefängnisses, und man holte seinen Rat ein, wie man am günstigsten an diese reichen Häuser herankam. Karanga sagte aber so wenig wie möglich. Er traute diesen Burschen nicht, die wollten nicht nur rauben, sondern würden sich auch an Menschen vergreifen, und dagegen war er.

Bald brach der Alltag des Gefängnisses wieder über ihn herein. Die Stärkeren schlugen ihn, nahmen ihm das Essen weg und versuchten ihn wie eine Frau zu gebrauchen. Es war nicht schön im Gefängnis. Manchmal dachte er an das Mädchen mit den braunen Augen, dann ging es ihm besser.

Vor dem Richter

Die Richter drängten sich nicht gerade, den Fall Karanga zu übernehmen. Sie wußten nicht, ob die Regierung den Fall nicht doch politisch sah, und man wollte sich nicht durch ein mildes Urteil den Unmut der Villendamen zuziehen, oder durch ein zu hartes die Wut der Liberalen.

Man schob Karanga einem englischen Richter zu, der die kenianische Staatsangehörigkeit angenommen hatte. Er war ein guter und gerechter Mensch mit großem Einfühlungsvermögen.

Er befaßte sich gründlich mit dem Fall, las noch einmal die Protokolle, die vorlagen, ließ die politische Stinkluft aus dem Fall heraus und ordnete ihn als leichten Einbruch mit kleiner Sachbeschädigung, aber ohne Gewalt, ein. Darauf legte der Richter Wert, auf diesen Zusatz: ohne Gewalt. Das gefiel ihm; er spielte Kricket in seiner Freizeit und war somit für »Fair play«.

Er bestellte den jungen Mann zu sich und fragte ihn aus. Ihn interessierte immer das Leben der Menschen, die vor ihn kamen. Da er ein rechtlich denkender Mensch war und sich immer damit abmühte, wie man Menschen, die sich vergangen hatten, den Sinn des Rechts erklären konnte, suchte er auch in Karanga nach einer Stelle, von der aus er ihm klarmachen konnte, daß das Gardinenabschneiden eine verwerfliche Tat sei. Aber gleichzeitig hatte dieser Mann auch Humor und mußte immer wieder innerlich lachen, wenn er daran dachte, mit welch einem Aufwand man den Täter gesucht hatte. Und er wurde gerührt, als er erfuhr, warum Karanga eigentlich die Gardinen aus dem Präsidentenpalast haben wollte. Karanga wollte es ihm eigentlich nicht sagen, doch der Richter konnte so gut zuhören, daß man in seiner Gegenwart einfach reden mußte; er brauchte nur ganz kleine Fragen zu stellen, und schon bekam er heraus, was und warum einer etwas Schlechtes getan hatte.

Je mehr der Richter von Karanga erfuhr, desto schwerer fiel es ihm, ihn zu verurteilen. Der Richter kannte die Atmosphäre im Matharetal und das Leben der Parking boys.

Er fand, daß die normalen juristischen Maßstäbe, die noch immer am angelsächsischen Recht und Lebensstil orientiert waren, hier nicht angelegt werden konnten. Dieser Junge hatte nie von anderen Menschen oder der Gesellschaft profitiert. Ihm war nie etwas Gutes getan worden. Ganz im Gegenteil, man hatte ihm immer nur weggenommen, bis er gelernt hatte, sich selbst etwas zu nehmen. Er verstand Karangas Erstaunen, als er ihm klarmachen wollte, daß es nicht gut sei, etwas abzuschneiden, was da einfach von der Wand herunterhing.

Aber der Richter mußte ihn doch verurteilen. Er versuchte, Karanga noch einmal zu erklären, daß Gardinenabschneiden auch ein Vergehen sei, jedes Nehmen vom Besitztum eines anderen. Karanga fragte schüchtern, was denn mit denen passieren würde, die ihm immer etwas abgenommen hätten. Oder daß diejenigen, die zuviel hatten, es sich ja auch irgendwoher genommen haben müßten und nun nicht teilen wollten.

Die letzte Frage bewegte den Richter. Er versuchte, sie zu beantworten, und sagte auch, daß man längst nicht alle Rechtsbrecher fassen würde. Aber er spürte, daß Karanga ihn nicht verstand und schon gar nicht seine Begründung für sein persönliches Urteil.

Der Richter mußte seine Erklärungen abbrechen. Die Polizisten und der Staatsanwalt sahen ihn schon verwundert an. Dann verurteilte er Karanga zur Mindeststrafe, sechs Monate Gefängnis. Auch das gefiel dem Staatsanwalt gar nicht, er wollte Berufung einlegen. Die Polizisten fühlten sich tief in ihrer Berufsehre getroffen. Sie hätten bei dem Urteil am liebsten aufgeschrien, doch der Richter beschwichtigte beide und verurteilte Karanga zu sechs Monaten Gefängnis. Als er dann noch die Strafe für zwei Jahre aussetzte, Empörung beim Staatsanwalt.

Der Richter versuchte das wieder zu glätten und wandte sich an Karanga: »Ich werde einen Bewährungshelfer für dich bestimmen, der dich begleitet. Wenn du dir in den nächsten zwei Jahren nichts zuschulden kommen läßt, wird dir die Strafe erlassen. Aber sobald die kleinste Kleinigkeit passiert und auch nur der winzigste Vorhang fällt, wirst du sofort wieder eingesperrt.«

Karanga verstand das alles nicht so ganz, aber er nahm das Urteil an. Was sollte er sonst tun?

Für den Richter war der Fall damit aber noch nicht abgeschlossen. Er wollte einen guten Bewährungshelfer für den Jungen suchen, doch jene, die er als qualifiziert kannte, winkten ab; sie hatten schon genug »Fälle am Hals«, wie sie sich ausdrückten.

Als der Richter beinahe schon aufgeben wollte, rief ihn ein Journalist an. Der war an dem Gardinenabschneider interessiert, wollte über ihn einen Artikel schreiben und daran das ganze Problem der Slumvorstädte in der sogenannten Dritten Welt aufhängen.

Der Richter konterte sofort: »Also für diesen jungen Mann suche ich einen Bewährungshelfer; können sie das nicht machen? Dann bekommen Sie die richtigen Einsichten in das Leben eines solchen Menschen und in die Umstände.«

Der Journalist überlegte nicht lange. Das war der richtige Einstieg für seinen Artikel. Das las sich gut, das gab Autorität, über diese Probleme zu schreiben: »Ich schreibe hier nicht nur als Journalist, sondern als einer, der als Bewährungshelfer einen sehr engen, fast väterlichen Kontakt zu diesem Jungen hat.«

Nein, nicht so, aber ähnlich. Auf jeden Fall sagte er zu und wurde als Bewährungshelfer für Karanga eingesetzt.

Während der Journalist den Richter und das zuständige Amt aufsuchte, um in seinen Fall eingewiesen zu werden, sammelte er schon kräftig und innerlich händereibend sein Material zu der »Story«. Er sah die Geschichte schon in mehreren Fortsetzungen in den Zeitungen seines Landes erscheinen, mit seinem Namen in großen Lettern darüber.

Vielleicht muß ich noch ergänzen, daß der Journalist Europäer war und also als Fremder im Land berichtete.

Als er seiner Frau von seinem neuen Trick erzählte, war sie nicht so angetan. Sie blickte auf ihre Gardinen und dachte an die Nachbarin, der sie weggeschnitten worden waren. Doch die Kinder bestürmten den Vater: »Lade ihn doch bitte bald zu uns ein. Der ist ja hier so bekannt, wie bei uns daheim der Rummenigge.«

Der Journalist lud Karanga ein. Die Kinder staunten ihn an. Der Journalist fragte ihn für seine Serie aus und bot diese schon im voraus auch Zeitungen in der Schweiz und in Österreich an. Auch an Übersetzungen dachte er bereits. Doch seine Frau blieb ziemlich irritiert. Immer wieder streifte ihr Blick mißtrauisch erst den Abschneider und dann ihre Gardinen.

Karanga fühlte sich in dem fremden Haus nicht wohl. Er hatte noch nie an einem Tisch gegessen. Er sah zwar zu, wie die andern es machten, aber er schaffte es nicht. Später erlaubte ihm der Hausherr, daß er seinen Teller mit den Fingern leerte. Er war froh, als der Journalist ihn wieder laufenließ.

Aber wohin sollte Karanga gehen? Wovon sollte er sich ernähren? Sollte er wieder das mit den Abfalltonnen anfangen? Der Journalist hatte ihm einige Schillinge gegeben, gleichsam als eine Art Vorschuß für den Zeitungsartikel, aber die reichten nicht lange.

Karanga schlief hinter einer Hecke. Am nächsten Tag suchte er das Mädchen mit den lieben, braunen Augen. Doch die war nicht mehr zu finden. Die weiße Familie hatte Kenia verlassen, und das Personal mußte irgendwo sonst Arbeit finden. Nur der

Koch war noch dageblieben, doch der war im Moment auf Urlaub.

Karanga wußte nicht, was er tun sollte. Er suchte noch einmal den Richter auf und fragte ihn. Der Richter wußte es auch nicht. Er rief den Journalisten an.

Das fromme Zentrum

Der Richter und der Journalist trafen sich, der letztere sehr irritiert. Seine geplante Serie war zu einem Artikel zusammengestrichen worden. Über seinen Humor darin hatte keiner gelacht, behauptete der Redakteur in Deutschland, und Schweizer und Österreicher seien überhaupt nicht interessiert gewesen.

Der Journalist wußte nicht, was er mit diesem ehemaligen Gardinenabschneider tun sollte. Enttäuscht saß er dem Richter auf der Veranda des Norfolk Hotels gegenüber; das Bier schmeckte ihm auch nicht. Er hätte es auch gar nicht trinken sollen, wegen seines Bauches.

Der Richter konnte sich auch nicht intensiv um den Jungen kümmern, das durfte er von Berufs wegen nicht. Was sollten sie tun? Der Journalist wollte aufgeben. Das hätte für den Jungen Gefängnis bedeutet, und das wollte der Richter nicht. Also überlegten sie zusammen. Dem Journalisten fiel das Erziehungsheim ein, aber dafür war Karanga schon zu alt.

Doch da kam dem Richter ein Gedanke. Es gab mitten in den Elendsvierteln so etwas wie die Heilsarmee, dort hatten fromme Leute aus Europa eine Berufsschule für Körperbehinderte und ganz arme Jungen und Mädchen gebaut. Dazu gehörte auch ein Wohnheim. Vielleicht nahmen die Karanga auf, wenn der Journalist und er, der Richter, etwas zahlen würden? Darauf einigten sich beide, und der Journalist fuhr mit Karanga dorthin.

Von frommen Dingen hatte der Journalist keine Ahnung und fühlte sich unbehaglich bei den Leuten, doch in diesem Falle mußte er mit ihnen verhandeln. Er atmete schon auf, als man ihn nicht sofort fragte, ob er bekehrt sei.

Als ihm die Berufsschule vorgeführt wurde, die er besser als angenommen fand und in der nicht nur gebetet, sondern auch gehobelt und gesägt wurde, sah er, daß es dort auch noch ein Wohnheim und Sportplätze gab. Das wunderte ihn noch mehr.

Aber mit Geld hatte diese Organisation Probleme, das erfuhr der Journalist sehr schnell. Als er sagte, seine Freunde und er würden für Karanga einiges zahlen, waren die Leiter sofort von seinem Vorschlag angetan.

Ehe der Leiter des Sozialzentrums überhaupt begriff, was er eigentlich mit Karanga tun sollte, war der Journalist schon verschwunden. Er hatte zwar einen Scheck hinterlassen, doch seine Adresse vergessen.

Der Journalist fürchtete die Gegend, aus der er wieder herausfahren mußte. Sie war der übelste Teil Nairobis. Dort wurden immer wieder Leute überfallen, Autos angehalten und ausgeraubt. Nachts traute sich überhaupt keiner hinein.

Deshalb wurde auch das fromme Zentrum verriegelt und verbarrikadiert, aber trotzdem brachen jede Nacht rüde Burschen ein, stahlen alles weg, was sie in den Werkstätten fanden, schlugen die Nachtwächter halb tot und auch die Jungen, die sich aus ihren Zimmern heraustrauten.

Man hatte dieses Zentrum schon lange afrikanischen frommen Brüdern übergeben, die damit nicht fertig wurden. Von außen wurden sie überfallen, drinnen hungerten die Jungen und Mädchen. Das Personal wechselte ununterbrochen. Obwohl es draußen kaum Arbeit gab, liefen die Sozialarbeiter und Prediger aus diesem Zentrum weg. Es war ihnen zu gefährlich.

Der Leiter war überfordert, er hatte gar nicht richtig hingehört, nur den Scheck gesehen, als der Weiße zu ihm gekommen war. Karanga war stehengeblieben. Der Leiter sah mißtrauisch und furchtsam zu ihm hoch. Er schnappte auch kurz mit seinem Blick an den Fenstern entlang. Doch wegen der Gardinen brauchte er sich keinen Kummer zu machen. Die waren ihm schon längst gestohlen worden, als ein paar Burschen einmal versuchten, die berühmte Gardinenabschneiderbande nachzumachen.

Der Leiter war ganz verwirrt. Seine Verwirrung wurde noch dadurch gesteigert, daß dieser ehemalige Gardinenabschneider auch noch die Reste seiner »Nachtwächterphantasieuniform« trug, die man ihm nach der Entlassung aus dem Gefängnis wieder ausgehändigt hatte.

Der Leiter fragte Karanga erstaunt: »Bist du schon mal Nachtwächter gewesen? Wir brauchen nämlich immer wieder welche.«

Er hatte gar nicht darüber nachgedacht, wen er da fragte. Doch es fanden sich kaum noch Leute, die diese Überfallbude im Einschußwinkel bewachen wollten, und er fürchtete nicht nur um das Inventar, von dem es bald sowieso nichts mehr geben würde, sondern auch um das Leben seiner Familie und sein eigenes. Er hatte Angst vor den Nächten, er würde jeden als Nachtwächter nehmen.

Karanga sah den Leiter überrascht an. Ihn zum Nachtwächter machen? Aber er hatte gelernt, auch in den unmöglichsten Situationen immer schnell zu reagieren, ehe die anderen nachdenken konnten. »Oh«, antwortete er schnell, »ich werde Nachtwächter.« Der Leiter wollte gar nicht nachdenken, das war ihm viel zu gefährlich und risikoreich. »O.k.«, sagte er, »dann bist du jetzt unser Nachtwächter.«

Vom Gardinenabschneider zum Nachtwächter

Karanga bekam vom Leiter des frommen Hauses einen Winkel unter der Treppe zur oberen Etage als Schlaf- und Wohnstätte zugewiesen. Es war die erste eigene Wohnung in Karangas Leben. Er war stolz darauf und fing sofort an, sie einzurichten. Was er dazu brauchte, fand er schnell im Müll des Marktes nebenan: Ein paar Stücke Pappe. Sie waren zwar noch naß und klebrig, trockneten aber an der Sonne schnell. Nur einige dunkle Flecken blieben zurück. Auch etwas Plastik von einer Tüte nahm er mit, obwohl er eigentlich nicht wußte, wofür. Durch seine Betontreppe konnte es nicht durchregnen. Es war die Macht der Gewohnheit.

Karanga konnte seinen offenen Winkel nur liegend oder gebückt stehend benutzen. »Später«, nahm er sich vor, »werde ich mir dort einen richtigen Verschlag bauen, mit Brettern davor, dann kommt keiner rein.«

Als nächstes suchte er sich einen kräftigen Knüppel. Er fand ihn unter Feuerholz auf dem Markt und mußte etwas dafür zahlen. Doch der Knüppel war den Preis wert.

Als Karanga hinter der Heimküche im Schutt noch einen Kochtopf fand, zwar mit einem Loch, aber sonst gut erhalten, besaß er auch einen Kopfschutz für seine nächtliche Arbeit.

Seine Vorbereitungen auf den neuen Arbeitseinsatz wurden durch das Läuten einer Glocke unterbrochen. Alle Arbeiter und Angestellten eilten in einen Raum. Karanga wurde auch herangewinkt.

Es fand eine Andacht statt. Er hörte aufmerksam zu. Der Leiter erzählte von einem Gott, der Verbote gemacht hatte und darauf achtete, daß die gehalten wurden, und wer die nicht hielt, der würde später, nach seinem Tod, in einen brennenden Teich geworfen und auch noch anders gequält. Der Leiter war ganz ernst, und alle Zuhörer hatten Angst vor diesem Gott. Karanga auch. Er fühlte sich, als ob der Redner mit allem, was er da sagte, ihn meinte.

Der Prediger winkte Karanga auch nach dem Sermon zu sich heran und ermahnte ihn: »Du hast gehört, was ich gerade erzählt habe. Das weiß ich nicht von mir aus, sondern das steht in der Bibel. Das ist das Buch, das Gott uns gegeben hat. Du bist jetzt hier in einer Art Gotteshaus. Hier leben wir nicht für uns, sondern für seine Ehre. Wenn du klaust, wird es dir übel ergehen. Erst einmal werden wir dich sofort zur Polizei bringen, und dann dich auch noch da oben zur Bestrafung melden. Wir reden jeden Tag mit dem da oben, wir sind seine Leute. Verstehst du das?«

»Ja Herr«, antwortete Karanga.

Er hatte noch nie in einer solchen Situation gearbeitet; in den letzten Jahren war er immer ein freier Mann gewesen, ein sehr freier Mann.

Sicher, er glaubte an die Götter. Er hatte auch immer Furcht vor ihnen gehabt, weil die ja überall sein konnten, doch dieser Mann hier hatte eine ganz enge Beziehung zu einem Gott. Er mußte so eine Art Zauberpriester sein. Das gefiel Karanga gar nicht. Er wäre am liebsten abgehauen, das kam ihm hier, trotz Arbeit und Verschlag zum Schlafen, wie ein Gefängnis vor. Er wurde nicht nur von Mitgefangenen und Wärtern beobachtet, sondern auch von Wesen, die ihn immer sahen, er sie aber nie.

Aber das war im Moment nur äußerlich, fand er, und tat nicht weh. Im Gefängnis wurde er geschlagen, das war übler. Er lief also nicht weg. Und daß er den Leiter nicht mochte, nun ja, damit mußte er eben leben.

Karanga hockte sich in seinen Winkel und überlegte, was er für die Nacht noch vorbereiten mußte. In seinen Überlegungen wurde er von herumstreunenden Hunden gestört. Die brachten ihn jedoch auf eine neue Idee.

Diese Hunde brauchte er für seine neue Aufgabe. Hunde in Afrika, besonders in den Großstädten, werden nicht so behandelt wie bei uns. Die haben kein Schildchen am Halsband, in dem Namen, Nummer und Impfungen eingetragen sind und keine Plaketten, auf denen der Beleg für die einbezahlte Hundesteuer steht. Sie gehören auch niemand, sondern laufen halbwild herum und ernähren sich so wie Karanga früher. Sie sind auch dauernd auf der Suche nach einem Herrn und nach Sicherheit.

Karanga stand sofort auf und begab sich zum Leiter, der ihn natürlich unwirsch ansah, als er ihn bei der Zeitungslektüre störte. Karanga erbat sich einen Vorschuß von ihm.

»Was willst du damit?« wurde er angefahren.

»Würfelzucker kaufen«, antwortete er.

Der Leiter starrte ihn an.

Karanga versuchte zu erklären, aber der Mann verstand nichts und wollte nichts verstehen.

Karanga mußte also die Familie des Journalisten aufsuchen. Die Frau ließ ihn nicht in die Wohnung hinein. Er wollte ihr die Sache mit dem Würfelzucker erklären. Sie verstand ihn aber nicht, sie gab ihm auch nicht die Büroadresse ihres Mannes und bedeutete ihm, daß sie ihn vor ihrer Wohnung nicht mehr sehen wollte.

Karanga dachte schon daran, auf dem Markt eine Packung mit Würfelzucker mitgehen zu lassen, aber dann tat er es doch nicht. Die Frauen, die den Zucker verkauften, hatten selbst nicht viel. Dann ging er zum Richter, und der verstand ihn. Der konnte zuhören, lächelte und gab ihm soviel Geld, daß Karanga mehrere Packungen Würfelzucker kaufen konnte.

Das tat er auch. Außerdem fand er hinter der Küche des Zentrums noch Essensreste und fütterte die Hunde der Umgebung damit. Die waren zunächst mißtrauisch, doch als sie sahen, daß Karanga nicht schlug, trauten sie sich an ihn heran.

Karanga war aber nicht zu freundlich zu den Hunden. Er kraulte sie nicht, er fütterte sie nur. Sie sollten sofort wissen, daß er nun der Herr und Meister war.

Er blieb auch nicht sitzen, sondern zog um das Viertel herum, kreuz und quer über das Gelände, und die Hunde folgten ihm. Wenn er stehenblieb, taten sie es auch. Und wehe, wenn einer an Karanga heranwollte! Einen, der von Karanga nur ein Stück Brot haben wollte, sprangen sie an.

Karanga brauchte die Hunde nicht abzurichten, die waren gegen jeden, der sich ihm näherte. Der Leiter stellte es von weitem fest und traute sich auch nicht mehr heran.

Die erste Nacht kam. Karanga hatte sich den ganzen Nachmittag über mit den Hunden gezeigt, und die hatten einige Fremde angesprungen. Er wußte, daß die Einbrüche am Nachmittag vorbereitet wurden; auf jeden Fall kam man noch einmal zur letzten Prüfung vorbei. Die potentiellen Einbrecher hatten festgestellt, daß es dort einen neuen Nachtwächter mit vielen Hunden gab. Sie wollten erst einmal abwarten, wie sich die Lage weiter entwickeln würde.

In der nächsten Nacht hatte Karanga die Hunde schon für die Dunkelheit dressiert. Die griffen jeden an, der auf die Häuser zukam. Einige wenige hatten es gewagt. Blutend und mit zerrissenen Lumpen mußten sie sich zurückziehen. Karanga brauchte gar nicht mit dem Knüppel eingreifen. Er warnte die Eindringlinge von weitem: »Wenn ihr nicht sofort verschwindet, werde ich euch noch schärfere Hunde aufs Fell hetzen!«

So war es wirklich. Er hatte die vier schärfsten Hunde noch schärfer gemacht und mußte sie an einem Strick ganz dicht bei sich halten. Tagsüber sperrte er sie in den Verschlag ein, den er sich unter der Treppe aus Abfallholz der Schreinerei, die auch zum Zentrum gehörte, gebastelt hatte. Der Leiter und alle Bewohner und Mitarbeiter des Zentrums wunderten sich über den neuen Nachtwächter. So etwas hatten sie dort noch nicht erlebt, zwei Nächte ohne Einbrüche. In der dritten Nacht kamen die Einbrecher auch nicht, denn nun hatte es sich herumgesprochen, daß der berühmte Gardinenabschneider Nachtwächter bei dem frommen Zentrum sei. Man versuchte ihn zu beobachten. Tagsüber konnte ja jeder das Zentrum betreten; dort gab es nicht nur mehrere Lehrwerkstätten und ein Wohnheim, sondern auch Bibelstunden und Evangelisationen, zu denen auf der Straße eingeladen wurde.

Wer aber in den Saal hineinwollte, mußte an dem Verschlag mit den Hunden vorbei und wurde ganz wütend von ihnen angebellt.

Dann wurde es den professionellen Einbrechern aber doch zu bunt. Es war gegen ihre Ehre, sich einfach von einem Nachtwächter verscheuchen zu lassen, auch wenn er der berühmte Gardinenabschneider gewesen war. Sie nahmen an, daß er fromm und zahm geworden war.

Die Männer griffen frontal an, von drei Seiten. Doch die Hunde hatten ihre Fährte schon aufgenommen, ehe die Fremden den Zaun erreicht hatten. Karanga brauchte gar nicht zu hetzen, jeder Hund packte sich einen, und die Hunde, die keinen eigenen Mann hatten, bissen noch bei denen zu, die sich schon gegen einen Hund wehren mußten.

Der Kern der Bande griff erst an, als alle Hunde beschäftigt waren. Die Männer wollten sich Karanga schnappen, wußten aber nicht, daß er durch die vier wildesten Hunde beschützt wurde. Als sie an ihn herankamen, ließ Karanga diese Hunde los.

Später mußte er mit dem Knüppel auf die Hunde einschlagen, damit er sie von ihren Opfern losbekam.

Aus dem Wohnheim sah man zu, wie die Schlacht lief, und jubelte und klatschte für Karanga und sein Heer.

Seit jener Nacht kam keine Bande mehr. Es gab noch einige Einzelversuche, doch denen wurden die Lumpen am Körper zerrissen, und sie konnten sich hinterher noch lange verbinden und pflegen.

Zunächst ging Karanga nie aus, weil er bei den Hunden bleiben mußte. Später aber sperrte er sie in seinen Verschlag, wenn er sich am Nachmittag mal Kung Fu ansehen wollte. Doch die Filme schmeckten ihm nicht mehr so sehr. Es fehlte etwas dazu, nämlich die nächtlichen Abenteuer bei den Villen.

Manchmal sehnte sich Karanga nach seinem früheren Leben, doch es war zu riskant. Er suchte nach etwas anderem, das Nachtwächterleben befriedigte ihn nicht ganz.

Karanga sucht nach einem anderen Leben

Das war auf die Dauer doch ein Hundeleben für ihn. Nur mit den Hunden allein zu sein, behagte Karanga nicht. Er versuchte, andere Menschen anzusprechen, doch die hielten Abstand zu ihm. Die hatten schon etwas gegen seinen Hundegeruch. Es blieb ja nicht aus, daß er danach stank, wenn er Tag und Nacht mit den Hunden zusammen war. Die Menschen der Umgebung rochen zwar nach dem Rauch ihrer Hüttenfeuer und dem Schweiß ihrer ausgelaugten, ausgehungerten Körper, doch das war etwas anderes, etwas Menschliches.

Auch die Frommen im Heim hielten Abstand von dem Sünder, der sich noch nicht bekehrt hatte und ein Heide war. Karanga dachte manchmal an das Mädchen mit den lieben, braunen Augen, aber die war verschwunden.

Einmal suchte er sogar wieder seine alte Hütte auf, doch die neuen Leute dort ließen ihn nicht herein und wußten nichts von seinen Brüdern und Schwestern.

Den Leiter des Zentrums sah er nur, wenn er sich am Monatsende das wenige Geld, das er bekam, abholte. Dann hielt der Leiter ihm einen Vortrag. Karanga stand dort mit allen, die jämmerlich bezahlt wurden, und mußte sich erst einmal eine Predigt anhören, ehe er das Geld bekam. Und wenn er es in der Hand hielt, mußte er auch noch etwas für die Mission spenden, die irgendwo in der Wüste Menschen retten wollte.

Karanga suchte nach einem anderen Mädchen mit braunen Augen, doch die rümpften alle die Nase über ihn. Sie wollten ihn nicht. Außer jenen, die sich für ihre kurze Liebe bezahlen ließen. Doch vor denen ekelte er sich. Die kannte er von zu Hause. Er wollte auch keinen Menschen zur Ausbeutung oder zum Kauf, sondern einen, mit dem oder mit der er einfach zusammensein konnte.

In dem frommen Zentrum gab es auch Abendkurse in Lesen und Schreiben. Karanga machte die Kurse vom Fenster aus mit. Richtige Fenster aus Glas gab es dort nicht, sondern nur Löcher in der Wand. Karanga lernte von dort aus. Man wollte ihn wegen des Gestanks und der Hunde nicht in der Klasse haben; doch vom Fenster aus wurde er vom Lehrer akzeptiert, wohl darum, weil der Lehrer Karangas Hunde fürchtete und dachte, Karanga würde sie auf ihn hetzen, falls er ihm die Ausbildung verweigerte.

Es gab keine Schulstunde, die ohne eine Andacht vonstatten ging. In jeder Andacht erfuhr Karanga, daß er ein übler, böser Sünder sei; die anderen zwar auch, aber er besonders. Er erfuhr auch, wie Gott sich darüber ärgerte und allen Menschen zürnte.

Dabei blieb es aber nicht, alle Zuhörer wurden zur Reue und Buße aufgefordert, zum Beitritt zu dieser Kirche, erst dann könne Jesus sie erretten.

Karanga begriff nie so richtig, was Jesus damit zutun hatte. Der schien nicht so wütend zu sein, wie der Gott im Himmel. Den hatte man geschlagen und ans Kreuz genagelt. Karanga dachte: »Der müßte mich doch eigentlich verstehen.« Allerdings hörte er immer wieder, daß das nicht so einfach sei und daß man eigenartige Worte gebrauchen mußte, ehe der einen verstand.

Sonntags fand in der großen Halle immer Kirche statt. Karanga hörte auch zu, allerdings von draußen. Die redeten dort das gleiche wie in den Andachten. Sie machten alle Menschen schlecht. Karanga hatte auch keine besonders gute Meinung über die Menschen im allgemeinen, aber einige waren doch ganz gut, fand er.

In die Nähe des Zentrums rückten auch manchmal Wanderprediger, die ihre Gemeinde auf der Straße sammelten und zu ihr redeten. Auch ihnen hörte Karanga zu, wenn er seine Hunde in den Verschlag eingesperrt hatte.

Dort gefiel ihm besonders einer, der immer wieder rief: »Gott hat euch lieb, Gott hat euch lieb.« Aber der mußte von einem anderen Gott reden, fand Karanga, und dann sah der auch nicht so aus, als ob er es besser wissen könnte. Er trug nur noch Lumpen und war ausgehungert. Doch wenn Karanga die Augen dieses Mannes ansah, dann erinnerten sie ihn an das Mädchen von damals. Nur waren die bei einem Mann nicht so interessant.

Aber Karanga sprach ihn doch an und fragte ihn: »Bist du ganz sicher, daß dein Gott die Menschen liebhat und nicht verachtet und böse auf uns ist?«

»Ganz sicher«, antwortete der.

»Warum bist du so sicher?« fragte Karanga weiter.

»Weil der seinen eigenen Sohn für uns geopfert hat.«

»Was?« fragte Karanga erstaunt, »das kann doch nicht wahr sein.«

Der Mann in Lumpen hockte sich mit Karanga an den Rand des mit Müll gefüllten Straßengrabens und erzählte ihm die Geschichte von Christus.

Karanga konnte es nicht fassen.

»Aber die bei uns reden immer von Sünde und von dem wütenden Gott, der uns alle in das Feuer schmeißen will«, warf er ein. »Ist das ein anderer Gott?«

»Nein, nein«, versuchte der Lumpenprediger Karanga zu erklären. »Nur die Leute bei euch spielen sich als Richter auf und wollen so wie Gott reden. Gott ist wie ein Vater; er hat uns alle lieb, aber er muß uns auch mal hart anfassen und strafen, weil wir so wie Kinder sind, auch wenn wir erwachsen werden.«

Karanga dachte darüber nach.

Er wartete auf den Lumpenprediger, er suchte ihn, doch der kam nicht mehr in seine Nähe. Karanga ging weiter zu allen Andachten im Haus, aber dort hörte er ganz etwas anderes. Er fing an, an dem Lumpenprediger zu zweifeln. Wenn Gott den lieb hatte, warum schenkte er ihm dann nicht bessere Kleider und mehr zu essen?

Karanga fand eine Bibel und fing an, sie zu lesen. Überall im Zentrum lagen Bibeln herum. Der Leiter hatte nichts dagegen, als Karanga ihn fragte, ob er eine Bibel haben dürfe. Er strich ihm aber vorher noch die Stellen an, die Karanga lesen sollte. Doch die waren ihm zu schwierig. Er fand daneben Geschichten von diesem Jesus, die viel leichter zu lesen waren.

In diese Geschichten vertiefte er sich. Er hatte eine blühende Phantasie, er konnte sich so richtig vorstellen, wie es damals gewesen war.

Das wurde nun seine neue Beschäftigung anstelle von Kino, er las die Geschichten der Bibel. Die waren noch spannender als Kung Fu und noch besser. Es waren genau die Geschichten für Karanga, mit viel Liebe und Menschen, die sich bemühten, gut zu werden, auch wenn sie böse waren.

Das war seine Welt; die von Kung Fu war ja auch nicht so gut gewesen. Dieser Kung Fu gewann zwar am Ende immer, aber dabei mußte er auch Menschen schwer verletzen und sogar töten.

Das war nicht schön, auch wenn es Gauner waren. Zum Schluß taten sie Karanga doch leid.

Karanga las, so oft er konnte, in diesem Buch, am Tage in seinem Verschlag, nachts unter den Lampen, die zur Sicherheit an den Häusern brannten. Die Hunde paßten dabei auf, daß kein Fremder seinem Arbeitsgebiet zu nahe kam.

Karangas Damaskuserlebnis

Karanga las meistens das Neue Testament und hörte, was die frommen Leute dazu sagten. Aber er brachte beides nicht zusammen. Er fand, daß in der Bibel etwas ganz anderes stand, als was die Leute sagten. Hätte er die Worte gekannt, hätte er gesagt: In der Bibel steht die Praxis, doch die Leute haben daraus eine Theorie gemacht.

Er versuchte die Lehrer in den Bibelstunden darauf hinzuweisen, wie Jesus gelebt hatte: in Lumpen, in der Wüste, in den Städten, immer unterwegs, und immer war er für andere da.

Doch seine Zuhörer schüttelten den Kopf und beschossen ihn mit Bibelsprüchen, die er nicht verstand. Er konnte nicht so denken und formulieren wie sie. Für ihn war Jesus Christus kein Professor, sondern ein ganz anderer Mensch. Ein solcher Mensch, wie alle eigentlich sein sollten.

Karanga war sich aber nicht sicher. Keiner ging auf das ein, was er sagte, und den Prediger von der Straße sah er nicht mehr wieder. Er besuchte auch die großen Kirchen in der Stadt, doch dort paßte er nicht herein. Die Menschen sahen sich nach ihm um und rümpften die Nase.

Karanga fühlte sich allein, so furchtbar allein wie nie zuvor in seinem Leben. »Was hat mein Leben eigentlich für einen Sinn?« fragte er sich. »Soll ich wieder als Gardinenabschneider anfangen?« Aber das wollte er auch nicht.

Eines nachts war er wieder unterwegs. »Warum mag mich denn kein Mensch?« fragte er sich. »Warum finde ich das Mädchen mit den braunen Augen nicht? Aber wenn ich sie finde, will sie mich nicht. Ich habe es ja schon erlebt, damals.«

Es war eine dunkle Nacht, und als Karanga gerade am Haus

entlangging und darauf achtete, daß er nicht in die betonierte scharfkantige Abflußrinne geriet, stand er plötzlich in hellem Licht. Er war geblendet. Erst dachte er, es sei ein Auto. Er kniff die Augen zusammen und öffnete sie wieder. Das Licht tat seinen Augen nicht weh. Er fühlte sich so losgelöst, so frei und zärtlich umgeben.

Karanga wartete. Es waren nur wenige Sekunden, doch die kamen ihm wie Stunden oder Tage vor, wie ein neues Leben in einer ganz anderen Welt.

Dann sprach ihn eine gute Stimme an, in Kikuju, seiner Muttersprache, nicht in dem harten Nairobi-Swahili, das er nun gewohnt war.

Die gute Stimme sagte: »Karanga, ich hab dich lieb.«

Karanga lächelte und zeigte seine leeren Hände vor. Er wartete, und dann verschwand das Licht. Ganz langsam, nicht so, wie es gekommen war. Dann war alles wieder dunkel.

Karanga wußte, daß er es nicht geträumt hatte. Er jubelte; Jesus hatte zu ihm gesprochen, der Herr Jesus hatte ihn lieb! Er begann zu hüpfen wie ein kleiner Junge. Er sprang die Treppe zur Wohnung des Leiters hoch und klopfte ihn aus dem Bett. Der dachte erst, man hätte doch sein Zentrum überfallen und ausgeräumt. Als Karanga ihm sagte, was im passiert sei, knurrte er nur. »Du mußt das geträumt haben«, behauptete er und dachte: »Das ist ja fast eine Blasphemie. Erstens zeigt sich der Herr nicht mehr so und zweitens würde er sich nie einem ehemaligen Gardinenabschneider zeigen.« Er wimmelte Karanga ab und fragte, ob er wüßte, wie spät es sei; er müsse schlafen.

Karanga war ganz sicher, daß er den Herrn gesehen und gehört hatte. Als es hell wurde, sperrte er seine Hunde in den Verschlag und lief zu dem Journalisten; der sollte es auch wissen. Der wollte ja immer einen Artikel schreiben, hier war eine Gelegenheit. Aber der Journalist verstand ihn noch weniger. Dem war es richtig peinlich, als Karanga alles erzählte. Er dachte, Karanga wolle Geld von ihm, doch der lehnte ab. Karanga wollte nur seine Geschichte erzählen.

Der sonst so zurückhaltende und ruhige Karanga fing an, seine Geschichte jedem zu erzählen, auch wenn die Zuhörer ihn dabei mißtrauisch ansahen. Nur wenige glaubten sie ihm.

Doch Karanga wußte: »Jesus hat mich lieb.«

»Ziemlich primitiv ist das«, meinte man im Vorstand des frommen Zentrums. »Wenn der weiterhin so etwas erzählt, müssen wir ihn entlassen.«

Aber dagegen war der Leiter, der um seine Familie und sein eigenes Leben, aber auch um das Zentrum besorgt war. Er behielt Karanga, ermahnte ihn aber: »Hör endlich auf, davon zu erzählen, das glaubt dir sowieso kein Mensch.«

Arbeitswechsel

Während Karanga sich von einem verschlossenen Mann zu einem mitteilsamen entwickelte und überall seine »Bekehrungsgeschichte« erzählte, reagierten die von ihm angegangenen Leute verschieden. Die meisten sagten: »Der spinnt.« Der Journalist rief den Richter an und meinte: »Vielleicht müssen wir ihn in eine Nervenheilanstalt überweisen.« Doch der Richter fand die religiösen Wahnsinnigen noch am ungefährlichsten.

Der Leiter des Zentrums war am stärksten irritiert. Er versuchte immer wieder, Karanga zu sagen, daß er mehr an seinen nachtwächterlichen Initiativen interessiert sei als an seinen religiösen.

Als Karanga einer Gruppe, die sich am Markt um einen Prediger sammelte, seine Geschichte erzählte, waren die Zuhörer ganz begeistert. Der Prediger schrieb die Bekehrung schon sich zu und wollte sie überall erzählen. Er kam sich als eine Art von Johannes dem Täufer vor und fragte Karanga: »Was hindert dich, wenn ich dich jetzt taufe?«

Karanga verstand ihn erst nicht, aber als der Prediger es ihm erklärt hatte, begab er sich mit ihm zu einem Tümpel. Karanga mußte sich ausziehen und wurde in der Lehm- und Abfallbrühe getauft.

Ehe der Mann ihn aber richtig taufte, wollte er von Karanga seinen neuen, christlichen Namen wissen. Dem fiel der Vorname des Richters ein, der soviel Verständnis für ihn hatte. Er ließ sich auf dessen Vornamen Fred taufen.

»Nun bist du ein richtiger Christ«, erklärte der Prediger.

Karanga begriff zunächst nicht, warum dieses Eintauchen in den Tümpel so wichtig war. Aber als er die zuständige Stelle in der Bibel las, nickte er. Nun verstand er es. Er las viel in der Bibel. Ihn interessierte das Leben Jesu. Er wollte den kennenlernen, der ihm gesagt hatte, daß er ihn mochte.

Was ihm ganz besonders gefiel, war, daß Jesus so oft mit den Armen zusammen war und die mochte. In den Häusern blieb er nie lange, und aus der großen Kirche warfen sie ihn heraus. Karanga las, daß Jesus manchmal auch in die Wüste ging, weit weg von den Städten mit ihren vielen Menschen.

Karanga verstand ihn, so etwas wollte er auch tun. Er wollte in die Wüste ziehen und den Menschen dort helfen und ihnen von Gott erzählen, so wie es Jesus auch getan hatte. Er war auch sicher, daß Gott ihm dabei helfen würde. Er überlegte schon, wie und wann er in die Wüste ziehen sollte. Er deutete auch dem Leiter seine Idee an, aber der wollte davon nichts wissen. Er brauchte Karanga als Nachtwächter.

Doch dann geschah etwas, was Karangas Chancen, in die Wüste zu ziehen, mit einem Schlag vergrößerte. Direkt neben dem Zentrum wurde eine Polizeistation gebaut. Nun war eigentlich kein Nachtwächter mehr nötig.

Als Karanga sich abmeldete und dem Leiter erklärte, daß er in die Wüste wollte, schüttelte der den Kopf und rief den Richter und den Journalisten an, denn Karanga stand ja immer noch unter Bewährung. Die drei besprachen sich; sie wußten eigentlich nicht, was sie tun sollten. Aber dann meinte der Richter: »Wir können es ja mit ihm versuchen; in der Wüste kann er jedenfalls keine Gardinen abschneiden. Die Menschen dort haben weder Gardinen, noch Fenster und nicht einmal Hütten.«

Sie hielten Karanga für verrückt, religiös verrückt, aber ließen ihn trotzdem ziehen.

Kenia hat ja keinen Mangel an Wüste; die größten Teile des Landes sind versandet, und man kann dort keinen oder nur sehr kargen Ackerbau betreiben. Und die Wüste breitet sich immer mehr aus. Große Teile der Wüste und Savannen, die noch nicht total versandet sind, gehören einigen wenigen Großgrundbesitzern, die ihre Herden darüber treiben, aber nicht die Mittel haben, die Wüste zu bewässern und fruchtbar zu machen. Früher waren diese Großgrundbesitzer Europäer, doch nun haben sich auch einige afrikanische Politiker dort eingekauft.

Die andern Menschen in diesen Wüsten- und Savannengebieten ziehen hin und her. Es sind Leute, die in den Dörfern auf den besseren Äckern kein Land mehr bekamen. Die Familien wachsen zu schnell, das Land reicht für die Kinder nicht mehr aus. Wir haben ja bei Karangas Familie gesehen, was mit den Kindern geschieht, für die das Land nicht mehr reicht; sie werden einfach ausgestoßen. Einige von ihnen versuchen es in der Stadt, andere, die sich dort nicht hineintrauen oder gescheitert sind, gehen in die Wüste.

Dort fragen sie bei den Großgrundbesitzern nach Arbeit. Manchmal bekommen sie welche, zum Beispiel während der Ernte oder wenn auf der Farm gerade gebaut oder ein Zaun gezogen wird. Nach getaner Arbeit werden sie dann wieder entlassen.

»Squatters« nennt man diese Menschen, »Hockende«. Sie hokken einfach auf dem Sand in der Wüste und besitzen nur die wenigen Lumpen, die sie am Körper tragen. Sie schlafen auf dem Sand, weil sie keine Mittel haben, sich eine Hütte zu bauen. Meistens hungern sie. Wovon ernähren sie sich? Von den Wurzeln der wenigen Sträucher und Bäume, die es dort gibt, und von deren Rinde. Doch die ist sehr hart, und die meisten Bäume sind Dornenbäume, deren Äste und Stämme mit Dornen bedeckt sind.

Auch Insekten fangen sie oder graben sie aus dem Boden. Wenn möglich, stehlen sie auch einmal ein Rind oder eine Ziege aus den Herden der Großgrundbesitzer, doch diese sind meistens stark von Massai mit Speeren bewacht. Auch versuchen sie in die Scheunen und Vorratslager der Reichen einzudringen, aber auch die haben eine Wachmannschaft und scharfe Hunde.

Die Hockenden lebten und leben fast wie Tiere. Nur die Stärksten kommen durch. Die Mütter stillen ihre Kinder, solange sie Milch haben, aber dann setzen sie sie einfach aus und hoffen, daß sie sich selbst ernähren können. Auch die älteren Menschen überläßt man in der Wüste sich selbst; sie bleiben liegen und verhungern. Doch wer wird dort schon alt? Kaum einer erreicht die Dreißig und wenn, dann sieht er oder sie aus wie in Europa ein Greis.

Sie ziehen durch die Wüste, sie wissen nicht wohin und warum. Es gibt für sie keinen anderen Platz. Sie wandern ihrem Tod entgegen.

Karanga hörte von diesen Menschen, obwohl die Regierung kein Wort über sie verlor. Aber es gab einen Mann im Zentrum, der aus der Wüste kam. Er war an einer Straße von einem Prediger getauft und hierher gebracht worden und erzählte Karanga von dem Leben in der Wüste.

Karanga las gerade eine Geschichte von der Speisung der Fünftausend. Da wurde ihm deutlich: »So wie Jesus damals durch das Land gezogen ist und den Menschen geholfen hat, so muß ich es auch tun. Hier braucht mich keiner, dort könnte ich helfen. Das ist auch besser, als anderen Leuten etwas wegzunehmen.«

Bei den Wüstenhockern

Von dem Geld, daß er besaß, bezahlte er den Platz auf einem Lastwagen, der die Straße nach Westen durch die Wüste fuhr. Unterwegs, als die Wüste begann, ließ Karanga sich absetzen. Er hatte nicht viel mitgenommen; er besaß nur eine Hose und eine Jacke, weder Hemd noch Schuhe. In der einen Jackentasche steckte ein Klumpen Ugali und in der anderen eine Flasche mit Kranwasser. Unter dem Arm trug er eine Bibel. Er wollte den Menschen die frohe Botschaft bringen, daß Gott sie auch liebhatte.

Von der Straße ging er einfach in die Wüste hinein. Die Leute vom Laster schüttelten den Kopf und sagten sich: »Auch so ein armer Hocker, er wird bald in der Wüste verdursten; denn die Großgrundbesitzer sind hinter ihnen her. Die dürfen sich nicht mehr an den Wasserlöchern für das Vieh sehen lassen.«

Karanga hatte gedacht, er könnte so leicht durch die Wüste gehen wie Jesus. Das las sich so einfach auf dem Papier, doch er war erst wenige Schritte von der Asphaltstraße entfernt, als er schon in den Sand einsackte. Jeder Schritt fiel ihm schwer, und die Sonne brannte. Er war kaum einen Kilometer von der Straße entfernt, als er schon Durst bekam und die Flasche halbleer trank.

Er dachte auch, er würde sofort Menschen in der Wüste treffen, doch er sah niemand. Er wußte nicht, wohin er laufen sollte, deshalb ging er einfach geradeaus.

Bis in den Abend lief er und war noch immer keinem Menschen begegnet. Langsam wuchs sein Unbehagen. Als es dunkel wurde, kniete er nieder, wie er es von dem Prediger an der Straße gesehen hatte, und betete zu Gott: »Lieber Gott, jetzt bin ich hier. Ich möchte den Menschen in der Wüste helfen, so wie du es getan hast. Hilf mir doch, laß mich nicht allein.«

Um ihn herum gab es keine Menschen, wohl aber Tiere. Vor den Giraffen und Zebras fürchtete er sich nicht, die machten beim Grasen einen friedlichen Eindruck. Doch er ahnte die gefährlicheren Löwen dahinter. Er rollte sich dicht zusammen, damit sie ihn nicht so leicht sehen und wittern konnten.

In der Nacht passierte ihm nichts, obwohl er in der Nähe gefährliches Fauchen hörte. Am nächsten Morgen marschierte er weiter, auf die Berge zu, auf denen man, zumindest in den Falten der Abhänge, Grün und Wasser ahnen konnte. Dort mußten auch Menschen sein.

Karanga mußte bis zum Abend laufen, ehe er die Berge erreichte. Er hatte nichts mehr zu essen und zu trinken. Er wollte schon aufgeben, zurückgehen, aber wohin? Ins Gefängnis wollte er nicht, obwohl er anfing zu denken, daß es ihm dort besser ergangen war als hier; dort gab es zwar nicht viel zu essen, doch keiner verhungerte, und Wasser war reichlich vorhanden. Aber als er die Berge erreichte, sah er Menschen. Zunächst dachte er, er hätte sich getäuscht. Die Menschen kauerten im Schatten eines Berges. Sie hatten die Farbe der Wüste angenommen, schmutziggrau. Nur noch wenige Lumpenfetzen trugen sie am Körper, oder Felle von Ziegen; die Kinder nichts. Er sah, wie ihre hungrigen Augen aus den Köpfen heraustraten, und in den offenen, ausgehungerten Mündern gab es kaum noch Zähne. Über und über waren sie mit Fliegen übersät, die ihnen das Blut aussaugen wollten.

Sie konnten sich nicht mehr dagegen wehren, sie waren zu schlapp. Voll von Ungeziefer waren sie, auch von Maden und Würmern. Einige Leute hatten dickgeschwollene Beine, mit denen sie kaum noch auftreten konnten. Einer Frau traten Würmer aus dem Körper heraus. Es sah schrecklich aus. Solche Menschen hatte Karanga noch nicht gesehen. Er blieb stehen und wollte sie freundlich begrüßen. Er hatte an ihrer Sprache gehört, daß sie aus seinem Stamm kamen.

Doch die Menschen blickten ihn mißtrauisch und zornig an. Sie sahen in ihm einen Feind. Einige Männer, die noch etwas Kraft besaßen, bückten sich und warfen Steine nach ihm. Aber in den Würfen war keine Kraft mehr, und die Steine fielen weit vor Karanga auf den Boden. Er blieb stehen.

Er sah auch die Hyänen und Schakale, die um diesen Elendshaufen von Menschen herumschlichen und auf ihr Ende warteten. Wer von ihnen in der Wüste zurückblieb, wurde von diesen Tieren zerrissen und gefressen. Denn die Menschen konnten die nicht mehr mitschleppen, die zusammenbrachen. Die Hyänen und Schakale zogen mit ihnen. Auf dem Weg waren die Tiere mit Menschenfleisch reichlich versorgt worden. Und über ihnen kreisten die Aasgeier.

Karanga versuchte, den Menschen zu zeigen, daß er ihnen nichts Böses wollte. Seinen Worten würden sie aber bestimmt nicht glauben. Deshalb versuchte er die Hyänen und Schakale wegzutreiben, doch die wichen nur wenige Schritte in die Wüste aus. Die sahen wohl auch, daß Karanga sie nicht mehr verfolgen konnte.

Karanga sah auch die alten Leute an. Die konnten weder stehen noch gehen. Die saßen oder bewegten sich im Sitzen voran. Sie trauten sich nicht, sich hinzulegen, denn dann wären sie nicht mehr hochgekommen. Ihre Haut hing herunter wie ein Sack. Die Brüste der Frauen waren leere Säcke, die bis fast an die Beine reichten. Die Haut war verrunzelt und voll mit Narben und eiternden Geschwüren.

Er sah Jugendliche, die sich noch etwas besser bewegen konnten, um die Alten herumstreichen und sie belauern. Wenn die Alten etwas zu essen fänden, würden die Jugendlichen, die in Banden auftraten, ihnen das sofort entreißen. Karanga wußte etwas über die Gefährlichkeit dieser Banden.

Er blieb in der grellen Sonne stehen, wartete, bis sie milder wurde und vielleicht auch die Menschen vor ihm milderte. Da raffte sich ein Greis mit ausgemergeltem Körper auf und fragte:

»Was willst du hier bei uns? Hau ab. Wir haben selbst nichts zu essen.«

Er wollte Karanga noch beschimpfen, ihn bedrohen, hatte jedoch keine Kraft mehr dazu und brach seine Rede ab.

Karanga versuchte, den Menschen mit gesenktem Kopf und leeren Händen zu zeigen, daß er nichts Böses von ihnen wollte. Wie er so dastand, dachte er an sein Leben in der Stadt. Dort wäre er nicht verhungert, dort hätte er bestimmt etwas zu essen gefunden. Die Stadt war sein Element, aber die Wüste?

Er wollte sich schon absetzen, doch dann dachte er an sein Erlebnis mit dem Licht, und die Geschichten aus dem Buch fielen ihm ein. Er setzte sich hin und fing an, in der Bibel zu lesen. Er wollte herausfinden, was Jesus ihm zu dieser Situation sagen würde. Er fand es nicht gleich, doch es half ihm, dieses gute Buch zu lesen. Er kannte schon einige Stellen, die ihm gut taten, auch jene, wo Jesus den Teufel abwies, als der ihm in der Wüste Brot geben wollte, und sagte: »Der Mensch lebt nicht vom Brot allein.«

Die Menschen starben, das sah Karanga. Einer streckte sich und war tot.

Da fragte ihn ein Mann, noch mit ein wenig Hoffnung: »Oder hast du für uns etwas zu essen? Bitte gib es uns.«

Karanga entschuldigte sich, er hatte nichts mehr. Er hungerte auch. Da beachteten ihn die Sterbenden nicht mehr. Er konnte ihnen nicht helfen. Er würde mit ihnen sterben, auf einen mehr oder weniger kam es nicht mehr an. Einer zeigte sogar Schadenfreude. Nun war einer von draußen zu ihnen gekommen, aus der Stadt, aber der mußte auch sterben. Karanga sah die Kinder. Die drehten ihm das Herz um. Er hatte auch nicht gerade eine goldene Kindheit erlebt, aber diesen ging es noch übler. Da gab es nirgendwo einen Menschen, den sie anbetteln konnten. Natürlich standen auch keine Mülltonnen herum.

Es gab zwei Charaktere von Kindern, die Karanga auch kannte. Da gab es jene, die die Mutter nicht losließen, sich an ihre Brüste krallten und saugten, und wenn die leer waren, an die jeder greifbaren Frau. Dann gab es die Kleinen, die aufgegeben hatten, die schon ihre Köpfchen hängenließen und auf den Tod warteten.

Fast alle Kinder, die Karanga sah, hatten schon aufgegeben und lagen ermattet und nur noch aus Knochen und Haut bestehend in den Knochenarmen der Mutter.

Karanga sah auch, wie eine Mutter noch ihr totes Kind in den Armen hielt und zu weinen versuchte. Es kamen aber keine Tränen mehr. Sie hielt das kalte, steife Kind fest und gab es auch nicht her, als ihr Mann es draußen in die Wüste legen wollte, zum Fraß für die Tiere.

Sie sagte ihm: »Warte doch bis zur Nacht, bis ich es nicht mehr sehe.«

Die Nacht kam. Karanga hockte sich zu den Menschen, die nun ganz eng aneinanderrückten, um sich vor den wilden Tieren zu schützen. Er sah die glühenden Augen und hörte das gierige, halbverhungerte Hecheln.

In der Nacht fiel ein Alter aus dem Menschenknäuel. Sofort erfaßte ihn eine Hyäne und zerrte ihn weg. Karanga sprang auf, und versuchte, ihn den wilden Tieren zu entreißen. Doch sie ließen den armen Mann nicht los. Der schrie unter ihren Bissen. Karanga versuchte zu treten und zu schlagen, doch die Tiere bissen ihm in die nackten Füße und Arme. Er rannte zu seiner Bibel zurück und schlug damit zu. Endlich rafften sich auch einige Männer auf und fingen an, mit Steinen zu werfen. Da ließen die Tiere los und Karanga konnte den blutenden Menschen wieder an die Gruppe ziehen. Gierig verfolgten die Bestien die Blutspur bis an die Gruppe heran und versuchten zuzuschnappen, doch nun wehrten sich alle mit Steinen.

Der Hungermarsch

Karanga schlief bei ihnen die kühle Nacht durch, ins Knäuel gedrückt, dicht an den Felsen. Immer wieder wachte er auf, die widerlichen Tiere kamen dicht heran. Er versuchte sie mit Sand und Schimpfen zu verscheuchen. Ein Feuer hätten sie gegen die Bestien anmachen sollen, doch wovon? In der Ferne brüllte heiser ein Löwe. Kinder keuchten, schrien im Schlaf auf, röchelten. Männer husteten trocken und schon halbtot. Eine Mutter wimmerte um ihr sterbendes Kind. Jugendliche flüsterten sich etwas Böses zu.

Dann kam der Tag mit der Sonne über den Bergen, auf einmal stand sie am Himmel und brannte die Wüste aus. Eigentlich wollten sie weitersuchen, doch dann trauten sie sich nicht mehr. Keiner kam hoch, auch Karanga hatte Schwierigkeiten. Sie warteten den heißen Tag durch – worauf eigentlich?

Sie mußten weiter, denn hier gab es noch nicht einmal Baumwurzeln, und Insekten waren auch rar. Karanga lag da, in den Schatten gedrückt, der immer knapper wurde. Er dachte an seine Abfalltonne, an die Margarinestullen am Rand des Marktes, an den süßen Milchtee. Und wie herrlich war das Wasser, auch das aus den Tümpeln!

Die Wüste war doch anders. Aber am nächsten Tag rafften sie sich auf, nur die Alten blieben zurück. Denen konnte keiner mehr helfen. Die Jungen hetzten die Hunde voraus. Irgendwo im Dunst gab es einen See, dort gab es wenigstens etwas mehr zu trinken als den Morgentau von den Felsen. Vielleicht gab es dort auch Arbeit und Essen auf den großen Farmen. Dort lebten Menschen, die sollten doch nicht mit ansehen können, wie andere verhungerten.

Sie machten sich auf. Karanga war immer ein paar Schritte voraus. Ein Mann war nüchtern und sagte voraus: »Wenn wir zu den Farmen kommen, hetzen sie die Hunde und die Massai auf uns. Die schleudern Speere. Auch der See ist so schwer zu erreichen, da kommt erst Sumpf mit Schlangen und Moskitos, und ehe wir am Wasser sind, sind manche schon im Sumpf versackt. Aber wohin sollen wir sonst gehen?«

Karanga sah die Speisung der Fünftausend vor sich, aber er konnte nicht mehr klar denken. Die Sonne, der Hunger, der Durst höhlten ihn aus. Er sah schon die Menschen am See sitzen und wie sie alle soviel Fisch und Brot bekamen, daß sie es nicht mehr aufessen konnten. Fische waren für ihn Ölsardinen, genauer gesagt, die Reste davon in weggeworfenen Büchsen, die er ausgelutscht hatte. Einen anderen Fisch kannte er nicht.

Karanga taumelte voran. Er wollte weglaufen, von den Menschen, von ihrem und seinem Tod. Aber dann konnte er es doch nicht. Nun war er an sie gekettet und wollte bei ihnen bleiben.

Sie erreichten Dornenbäume in der Savanne, gruben mit ihren Händen an den Wurzeln herunter und fanden dort feuchten Sand. Aus dem saugten sie die Flüssigkeit heraus.

Mit ihren Zähnen rissen sie die harte, borkige Rinde vom Stamm. Sie fingen die Ameisen, die im Stamm hoch und herab kletterten und auch einige Flüssigkeit in sich hatten. Die meisten Menschen hatten aufgeschwollene Zungen und Lippen, und die Stiche der Insekten taten ihnen im Hals weh, doch sie hatten etwas zu essen und zu trinken gefunden.

Sie schliefen unter den Bäumen. In der Nacht ging es, doch am nächsten Morgen hielten sie es in der grellen Sonne nicht mehr aus. Die dürren Äste gaben mit ihren Dornen kaum Schatten ab.

Sie torkelten weiter und erreichten den See, besser gesagt den Morast. Dort tranken sie das faulige Wasser aus den Sumpflöchern, dort lagen sie und tranken wie Tiere. Sie aßen das Gras, das dort wuchs. Es war hart und schnitt in die Lippen. Kinder erbrachen sich.

Karanga sah ein Haus in der Ferne. Doch die Männer warnten ihn, dorthin zu gehen: »Die haben scharfe Hunde und hetzen sie auf dich. Du kommst da nicht heran. Sie schlagen dich tot.«

Aber Karanga ging doch. Er sagte: »Ich komme wieder, auf jeden Fall komme ich wieder. Auch mit leeren Händen. Aber ich hoffe nicht. Ich lasse euch nicht alleine verhungern, Gott ist mit uns, ich weiß es. Er hat seinen Sohn auch zu den Menschen in der Wüste geschickt. Er ist bei uns. Ich hole ihn. Ich hole etwas von den anderen Menschen. Die dürfen euch nicht sterben lassen.«

Die Menschen lagen am Boden, die meisten hörten ihn kaum noch. Sie hatten aufgegeben.

Karangas Rettungsmarsch

Karanga sah das Haus in der Ferne, die Bäume und Rinder drum herum. Das mußte eine Farm sein, dort wollte er hin. Er raffte sich auf. Doch er mußte stehenbleiben, als er endlich aufrecht stand. Schwäche überfiel ihn, Dunkelheit überschattete ihn. Er wartete mit geschlossenen Augen, dann sah er wieder. Er versuchte zu gehen, ganz langsam. Erst wollten seine Beine nicht, aber dann gewöhnten sie sich daran. Unterwegs gab es nur einen Baum in der fast leeren Savanne, daran lehnte er sich.

Aber dann wieder weiter. Er kam an einen Zaun. Er wollte herüber, schaffte es aber nicht. Er kroch unten durch und riß sich einen Winkel in die alte Jacke, doch das störte ihn nicht. Die Bibel wurde ihm zu schwer, aber die wollte er nicht aufgeben. Das war sein Leben geworden. Er bedeckte seinen Kopf damit, gegen die brennende Sonne.

Dann Ställe, Scheunen, gepflegte Wege und Rasen, ein großes Farmhaus. Hunde fauchten Karanga an, doch er kannte sich mit ihnen aus; sie bissen ihn nicht. Knechte sahen ihn verwundert an. »Wo willst du hin?« fragten sie den Schwankenden. Sie sahen, daß er nicht betrunken war, sondern ausgehungert und halb verdurstet. Einer bot ihm einen Eimer mit Wasser, den er gerade den Schweinen hinstellen wollte. Karanga trank, und der Knecht sagte: »Schütte den Rest ruhig über dich.« Karanga tat es.

Er sah zu dem Herrenhaus hin.

»Da kannst du nicht rein, da wohnt der Herr«, sagte der Mann mit dem Eimer. »Der Herr ist kali, gefährlich.« Man sagte das sonst von Hunden oder auch von ganz gefährlichen Menschen. Karanga schwankte auf das Herrenhaus zu, nur der Herr dort konnte ihnen helfen.

Er dachte an das Gleichnis vom verlorenen Sohn, das war ein wenig anders, aber er hoffte: »Vielleicht ist der im Haus doch noch ein Mensch unter dem Herren, wie der Vater in der Bibel.« Er zog sich das Treppengeländer hoch und stolperte über die Türschwelle. Eine böse, irritierte Stimme rief von der Veranda her: »Was ist das für ein Idiot? Bleib draußen!«

Doch Karanga torkelte hinein.

Der weiße Herr mit grauen Haaren saß in einem Korbsessel, hatte die Füße hochgelegt, las die Zeitung von vorgestern oder letzter Woche aus England und trank einen doppelten Whisky mit Eis und eiskaltem Wasser vor dem Essen, das ein Koch in der Küche mit viel Fleisch vorbereitete.

Karanga begab sich vor ihn und blieb stehen. Der Herr sah auf. »Raus hier!« befahl er.

Doch Karanga blieb stehen.

»Soll ich dich rausschmeißen lassen?« rief der Mann.

»Ein Mann hatte zwei Söhne«, fing Karanga an zu erzählen.

Der Herr faßte sich ans Ohrläppchen, um zu prüfen, ob er träumte.

Karanga fuhr fort: »Der eine besaß eine große Farm mit Land und Rindern und mit vielen Knechten. Der andere aber besaß nur die Lumpen am Körper, und er verhungerte in der Wüste. Aber als er dann mit seinen Brüdern und Schwestern ganz am Ende war, und viele von ihnen schon verhungert und verdurstet waren, da stemmte er sich doch noch hoch und sagte zu sich: Ich will mal zu meinem Bruder gehen. Der hat soviel Land und Wasser und Ugali, vielleicht gibt er mir etwas ab.«

Der Herr kannte die eigentliche Geschichte vom verlorenen Sohn aus der Bibel. Der Fremde erzählte sie etwas anders, aber er verstand schon. »Gehörst du zu den Hockern?« fragte er, nicht mehr so scharf.

»Ja«, antwortete der. »Aber ich bin eigentlich keiner. Ich bin der Gardinenabschneider aus der Stadt.«

Der Herr sah auf, vom Gardinenabschneider hatte er gehört.

»Ich bin jetzt hier, um den Menschen zu helfen«, erklärte Karanga.

»Aber ich kann euch doch nicht ernähren«, wehrte sich der Herr.

»Ich weiß«, sagte Karanga. »Aber wir sind doch deine Brüder, auch wenn wir schwarz sind. Vielleicht kannst du uns ein bißchen Land geben, unten am See. Da könnten wir Wasser holen und den Sand fruchtbar machen. Ich würde die da ansiedeln. Das wäre schon eine große Hilfe.«

»Aber euch so dicht an der Farm, das ist ein großes Risiko«, wandte der Herr ein.

»Ich garantiere für sie«, sagte Karanga.

»Und meine Gardinen?« fragte der Herr. Karanga sah, daß er schon etwas verschmitzt lächelte.

»Darum bin ich ja in die Wüste gegangen, Herr, weil es hier keine Gardinen gibt«, erklärte er.

Da lachte der Herr.

Karanga mußte an die Sterbenden draußen denken und wurde wieder ernst.

Der Herr fragte: »Haben sie dich damals nicht eingesperrt?«

Karanga erklärte ihm das mit der Bewährung und die Geschichte mit dem Licht in der Nacht, mit der Stimme und was die gesagt hatte.

Der Herr sah ihn ungläubig an und meinte: »Aber Religion ist ganz gut für euch, die gibt euch Moral.«

»Aber wir brauchen Land«, bat Karanga.

»Und was wollt ihr damit tun?« fragte er.

»Was du damit tust, Herr, Ackerbau«, antwortete Karanga.

»Aber in den Sand müßt ihr was rein tun«, belehrte ihn der Herr. »Woher wirst du das nehmen?«

»Es gibt bestimmt Menschen, die uns das geben«, hoffte Karanga.

Der Herr schüttelte über soviel »Gottvertrauen«, wie er sich ausdrückte, den Kopf.

»Kann ich dir die Menschen zeigen, Herr?« fragte Karanga.

»Allright«, antwortete der. Er stand auf und rief in die Küche: »Ich esse später. Und gib ein Stück Brot mit Fleisch für diesen Kerl hier.«

Karanga bekam Fleisch und Brot, er folgte dem Herrn zu seinem Wagen und setzte sich hinten hinein.

Der Herr fuhr ihn zu den Hockern. Da lagen sie im Sumpf. Das rührte den Herrn tief.

»Allright«, sagte er. »Ich gebe euch dieses Stück Land als Pacht, und auch Saatgut, aber das müßt ihr mir später wiedergeben. Und wenn einer in meine Scheunen einbricht oder Vieh klaut, dann seid ihr das Land wieder los.«

So kamen die Hocker an das Land und an Saatgut. Auch ein Paar Säcke mit Maismehl ließ der Herr ihnen vorfahren, und andere Herren beteiligten sich daran.

Die Menschen erholten sich langsam und fingen an, ihr Land zu bestellen. Sie wollten eigentlich weiterziehen, sie waren arbeiten nicht gewohnt, doch Karanga hielt sie fest. Er holte jeden ein, der sich wegstehlen wollte, faßte ihn hart an den Lumpen und die Kehle und zerrte ihn wieder zurück. »Hier ist unsere einzige Hoffnung. Gott will uns retten. Er hat diesen fremden Herrn überzeugt. Der hilft uns.«

Der fremde Herr aber hielt Abstand, der wollte nicht zuviel mit diesen Hockern zu tun haben. Karanga verstand ihn. Er sagte: »Wir zahlen alles wieder zurück, auch die Pacht und das Saatgut, aber es wird noch etwas dauern.«

Der Herr winkte ab, er mochte Karanga, auch weil der nicht dauernd bei ihm erschien. Wenn seine Kollegen den Großgrundbesitzer fragten, warum er das mit der Landschenkung getan habe, dann antwortete er: »Also, ich wollte nicht. Ihr kennt mich doch. Jedes Stückchen Boden ist für mich ein Stück von mir. Ich habe gegen die Mau-Mau gekämpft. Die haben meine Frau und die Tochter ermordet. Ich hasse diese Schwarzen. Aber als der dastand, kam ich mir vor wie in der Bibel, wie der Vater des verlorenen Sohnes. Und wie der ältere Bruder von ihm. Man muß mal vergeben und vergessen können, und die haben ja auch ein Recht auf Land.«

Das war so ziemlich die längste Rede, die der Farmer je gehalten hatte.

Eines Tages las er in der Zeitung, daß Karanga wieder von der Polizei gesucht wurde. In der Stadt wußte niemand, wo er geblieben war. Sogar im Radio hatte man Suchmeldungen nach ihm durchgegeben, und die Hausfrauen fingen wieder an, nervös auf ihre Gardinen zu sehen.

Der Farmer fuhr in die Stadt. Karanga hatte ihm von dem Richter erzählt; den suchte er auf und berichtete ihm alles, was er von Karanga wußte. Zum Schluß bot er dem Richter an: »Wenn Sie nichts dagegen haben, möchte ich sein Bewährungshelfer werden.«

Der Richter hatte nichts dagegen. So ließ man Karanga und seine Leute in Ruhe.

Die Kollegen sagten zu dem Farmer: »Du bist ein anderer Mensch geworden, du kannst wieder lachen.«

Da wurde der ganz ernst, wollte es erst wegwischen, aber dann sagte er doch: »Dieser Gardinenabschneider hat mich da in eine Rolle hineingezwungen ... aber die ist nicht schlecht.«

Ackerbau

Der Farmer hatte also die Vaterrolle übernommen, zwar nicht mit Freuden, eher mürrisch, aber er half und hoffte, die Hocker auf diese Weise von seinen Scheunen und Herden abzuhalten. Er hatte keine besondere Sympathie für Afrikaner, aber er wurde doch vom Mitleid gerührt, wenn er sah, wie die Hockenden lebten. Er schimpfte auf die Regierung und die reichen Afrikaner, die nach seiner Meinung überhaupt nichts taten und unfähig waren, das Land zu regieren, doch er half, und Karanga nahm die Hilfe gerne an. Er wußte, daß er dem Mann nicht zu sehr auf den Pelz rücken durfte, und so suchte er ihn nur auf, wenn es dringend notwendig war, und fing seine Bitte immer mit einem Erfolgsbericht an.

Der Farmer hatte seine Nachbarn auch dazu bekommen, die Hocker zu unterstützen. Sie sandten ihnen Maismehl.

Aber diese Spenden waren auch gefährlich. Das merkte Karanga sofort an sich und an den anderen. Sie nahmen alles so hin, wie es kam. »Shauri ya Mungu«, nannten sie es, »Gottes Sache«. Gott nimmt, Gott gibt. Meistens nimmt er, aber er gibt auch.

Das war die große afrikanische Lethargie, zu der die Harmonie mit der Natur, mit Gott und dem Leben wird. Aggressionen hatten diese Menschen nur, wenn sie jung waren, aber auch nicht so stark wie in Europa. Sie schlafften schnell ab, das lag an der Wärme und an den Krankheiten, die in ihnen saßen und an ihren Kräften zehrten.

Karanga spürte auch, wie er sich hängenließ und nicht mehr auf dem Acker arbeitete, wenn sein Bauch voll war und die Sonne brannte. Er wußte, daß der Farmer sie nicht ewig versorgen konnte; die Arbeiter von seinem Gut murrten schon dagegen. Die benahmen sich wie der ältere Sohn im Gleichnis der Bibel: »Mir hast du nie ein Kalb geschlachtet, und ich habe dabei immer für dich gearbeitet. Doch diese kommen dahergelaufen und du gibst ihnen von dem Mais, den wir mit viel Schweiß gesät und geerntet haben.«

Das sagten sie nicht, sie trauten sich nicht, aber der Farmer merkte, wie ungern sie seinen Befehl befolgten, wieder ein paar Säcke Maismehl zu den Hockern zu schaffen.

Karanga begab sich zum Farmer. Der dachte erst, er würde um mehr bitten, doch Karanga sagte: »Bitte, schicken Sie uns keinen Mais mehr. Der wächst schon bei uns. Wir können bald ernten.

Oder wenn Sie etwas schicken, dann nur soviel, daß wir nicht verhungern.«

»Warum?« fragte der Farmer.

Karanga erklärte es ihm. Der Farmer war verwundert. Er bot ihm sofort eine Stelle bei sich auf der Farm an: »So einen Mann wie dich brauche ich!«

Das war eine große Versuchung für Karanga, so wie für Jesus in der Bibel, als er auf dem Berg stand und die ganze Welt haben konnte. Es fiel Karanga sehr schwer, nein zu sagen.

Er kehrte wieder zu seinen Leuten zurück, die schon gemurrt hatten: »Der ist so oft bei diesem Farmer. Er macht sich bei ihm lieb Kind. Eines Tages ist er weg und kommt nie mehr wieder. Dann kriegen wir keine Handvoll Maismehl mehr.«

Doch Karanga kam wieder zurück. Er war immer der erste, der sich am Morgen aufrappelte und die anderen weckte. Sie beackerten den Sandboden mit Hacken, die sie aus den Wurzeln der Bäume und Sträucher gemacht hatten. Karanga wies auch die alten eisernen Hacken vom Farmer zurück. Die hätten nur für wenige gereicht, und Neid und Streit wären ausgebrochen. Er kannte die Menschen sehr gut und wußte, daß man sie nicht verwöhnen durfte. Die Starken im Gefängnis und die Chefs der Parking boys wurden sonst zu Hyänen. Auch wollten die Leute immer das Saatgut aufessen, doch Karanga bewachte es. Er schlief darauf, und in den ersten Nächten nach der Saat schlief er auf dem Acker und paßte auf, daß keiner den Samen und die Kartoffeln aus dem Boden grub. Die meisten Leute wußten nicht, was sie anbauten, doch Karanga kannte es von seinen Mülltonnen und erklärte es ihnen.

Er hatte zuerst auch einen Gemeinschaftsacker angelegt, war jedoch bald davon abgegangen. Es gab immer welche, die sich drückten und dann noch das meiste haben wollten. Deshalb teilte Karanga jeder Familie einen Streifen Land zu, einundfünfzig insgesamt. Der Streifen fing am See schmal an, weil der Farmer ihnen nur einen schmalen Zugang gelassen hatte. Zu gut wollte er auch nicht mit ihnen sein, und seine Herden brauchten einen breiten Zugang zum Wasser und zum Sumpf. Aber in die Wüste hinaus war er mit seiner Pacht großzügig gewesen. Da war das Land fast endlos breit und weit, denn dort war es nicht viel wert, und ihm fehlten die Mittel, es zu bewässern und zu bearbeiten.

Karanga bat ihn um Ziegenfelle, aus denen er Wasserbeutel herstellen wollte, wie er es auf dem Land gesehen hatte, wenn ihn die Polizei dorthin transportiert hatte.

Aber der Farmer wußte etwas Besseres. Bei ihm lagen alte Plastikeimer herum, und bei seinen Bekannten auch. Die sammelte er für Karanga und seine Leute ein.

Die Farmer fragten: »Bist du unter die Müllkutscher gegangen?«

Aber ihr Spott störte ihn nicht. Er hatte keinen Ärger mehr mit den Hockern, und er fand es schön, etwas Gutes zu tun.

Das Wasser konnten sie nur für den Acker gebrauchen, zum Trinken war es zu schlecht. Doch wenn sie es kochten, wurde es besser. Aber es gab nur wenig Holz. Da sammelten die Frauen die Kuhfladen von den Weiden, trockneten sie und benutzten sie als Brennmaterial. Über diesen Feuern konnten sie ihren Maisbrei, Ugali, kochen.

Es dauerte drei Monate, ehe die Hocker zum ersten Mal ernten konnten. Karanga feierte mit ihnen ein Erntedankfest und pries und lobte Gott. Sie pilgerten auch zu dem Farmer, der ihnen so geholfen hatte, und gaben ihm etwas von ihrer Ernte, sangen ihm ein Lied und beteten für ihn. Der Mann war gerührt. Sie zogen auch zu den anderen Farmern. Die wollten die zerlumpten Gestalten erst von ihren Höfen jagen lassen, doch als sie anfingen, Kirchenlieder zu singen, pfiffen die Farmer Hunde und Knechte zurück, hörten zu und schämten sich ein bißchen. Das waren sie nicht gewohnt, daß sich einer bei ihnen bedankte.

Karanga hatte es aus der Bibel gelernt, daß man sich bedanken sollte.

Nach weiteren Monaten ernteten sie soviel, daß sie einen kleinen Überschuß an der Straße verkaufen konnten. Diese Straße war zwanzig Kilometer von ihnen entfernt, führte nach Nairobi und wurde viel befahren.

Von dem Geld kaufte Karanga Medikamente in dem vierzig Kilometer entfernten Dorf. Denn die Menschen waren oft krank, und viele Kinder starben einfach weg. Der Apotheker wußte, was man den Kindern und Erwachsenen geben mußte. Aber nicht jedem war zu helfen.

Karanga ließ keinen Menschen mehr einfach in die Wüste werfen, wenn er tot war. Er ließ ein Grab für ihn buddeln, legte ihn hinein, betete für ihn und bedeckte ihn mit Erde. So blieben auch die Toten immer bei ihnen.

Tagsüber ackerten die Menschen auf dem Sandboden, nachts mußten sie die Saat und die keimende Erde bewachen, da die wilden Tiere sonst alles abfraßen.

Die meisten Menschen schliefen auch neben ihren Äckern und ließen ihre Feuer dort glühen. Die waren gut gegen die wilden Tiere und Insekten. Leider passierte es immer wieder, daß ein kleines Kind ins Feuer rollte und sich verbrannte. Karanga schlug deshalb vor, um die Feuer kleine Wälle aus Steinen zu setzen.

Ein neues Dorf entsteht

Karanga begriff noch immer nicht, wie alles gekommen war. Er war auch nicht der Typ, der sich hinhockte und lange nachdachte. Für ihn war alles ein Wunder – daß er die Hocker getroffen hatte, und dann diesen Farmer, und daß sie sich nun fast sattessen konnten. Es war wie die Speisung der Fünftausend, nur dauerte es etwas länger.

»Danke, Herr«, sagte Karanga oft und sah in die Bläue des Himmels. Der Himmel war nicht mehr fremd und feindlich für ihn, sondern voll von Gott.

Die Hocker glaubten an die Götter und auch an einen besonderen Gott, doch der war anders als Karangas Gott. Er sagte den Menschen nicht, daß er sie liebhatte; er wollte etwas von ihnen. Karanga grübelte nicht lange nach.

Er wollte die Menschen vom Hunger wegbringen, vom Elend, vom Unwissen, von den falschen Göttern. In der ersten Zeit redete er nicht viel von Gott, nur dann, wenn die Leute ihn danach fragten. Dann erzählte er ihnen, daß Gott mit jedem Menschen einen Plan habe, und daß der gut sei, obwohl die Menschen es eigentlich nicht verdient hätten.

Für die Hocker war es auch ein Wunder, daß sie nun Land hatten, und daß dort etwas wuchs. Sie konnte es noch gar nicht fassen. Sie warteten darauf, daß einer kommen und ihnen alles wegnehmen würde. Die meisten brachten ihre erste Ernte noch unreif und in der Nacht ein, weil sie Angst hatten. Karanga versuchte sie zu beruhigen, doch sie trauten ihm noch nicht ganz, und diesem Europäer noch weniger. Die Fremden hatten ihnen früher das Land weggenommen, hatten sie gehört, und nun soll der ihnen auf einmal helfen wollen? Das verstanden sie nicht.

Karanga versuchte ihnen zu erklären, daß der Farmer nicht so wunderbar großzügig sei: »Erstens ist dieser Boden hier so schlecht, daß es ihm viel zu teuer würde, den zu beackern, und zweitens hat er uns ja von den Herden und Scheunen weg, aber drittens ist er doch ein sehr netter Mensch. Man muß die Leute nur freundlich behandeln, dann werden sie fast alle so. Fast alle.«

Das war Karangas Philosophie und Theologie. Man muß die Menschen so gütig ansprechen, wie Jesus es getan hat, dann kann aus ihnen noch etwas Gutes werden.

Die Hocker waren also nun Ackerbauern geworden. Erst schliefen sie einfach auf dem Boden neben ihrem Acker. Einige versuchten, sich Löcher in den Sand zu graben, doch der gab immer wieder nach. Manchmal wurden auch Menschen in einem Erdloch verschüttet. Aber die Nachbarn gruben sie wieder heraus.

Karanga verbot es ihnen, Erdlöcher zu buddeln, aber da muckten einige auf: »Wir können doch nicht einfach so auf dem Sand schlafen. Es wird nachts zu kalt, dann kommen auch die wilden Tiere, und wenn es regnet, werden unsere Kinder auf jeden Fall krank, und wir auch.«

Karanga sah das ein.

Sie fingen an, etwas gegen ihn zu murren. Es ärgerte sie zum Beispiel, daß er sich manchmal Fred nennen ließ. »Warum hast du diesen fremden Namen genommen?«

»Weil ich ein neuer Mensch geworden bin«, antwortete Karanga. »Das wollte ich auch mit dem neuen Namen zeigen. Jeder soll wissen, das ich so sein möchte, wie Jesus war. Aber ihr habt recht mit dem Übernachten, das geht nicht mehr so weiter, wir müssen etwas tun.«

Die alten Hütten von zu Hause fielen ihnen wieder ein. Die Frauen zogen zu den Bäumen und sammelten dort größere Äste. Sie mußten sehr weit laufen, denn Karanga hatte ihnen verboten, im Park des Farmers nach Holz zu suchen. »Der hat uns schon das Land geliehen, da wollen wir ihm und seinen Leuten nicht auch noch das Brennholz wegnehmen. Seine Arbeiter sind sowieso nicht gut auf uns zu sprechen.«

Die Frauen mußten einen Tagesmarsch bis zum nächsten Wald machen, und dann wieder einen zurück, mit den gesammelten Ästen auf dem Rücken.

Die Äste wurden in den Boden gesteckt und mit kleineren Reisern verflochten. Darüber wurden Grasbüschel gepackt oder Ziegenfelle, wenn man alte, vertrocknete fand.

Aber Karanga fand noch etwas Besseres. Im nächsten Ort gab es einen Inder mit einem Laden. Seine Ware kam in Kartons verpackt bei ihm an.

Karanga fragte ihn, ob er die leeren Kartons haben könne. Doch der Inder wollte Geld dafür. Karanga bot Mais an, und darauf einigten sie sich: Mais gegen Pappkartons und zerrissene Plastiktüten, die Karangas Leute noch ganz gut zum Hüttenbau verwenden konnten.

Karanga sprach auch mit dem Farmer und fragte ihn, ob die anderen Farmer nicht Pappe, alte Plastiktüten und Ziegenfelle übrighätten.

Sonntags nach dem Gottesdienst der Weißen sprach der Farmer die anderen an, und so kamen Pappkartons, Plastiktüten und anderes zusammen. Der Farmer belehrte seine Landsleute: »Seht doch mal, das ist doch besser, als wenn sie uns um Geld anbetteln würden, oder um Lebensmittel. Die wollen sich Hütten bauen, und von uns wollen sie nur Abfälle.«

Wieder sprach ihn ein Bekannter an: »Jim, wir verstehen gar nicht, daß du dich gerade um diese Burschen kümmerst. Die sind doch übel mit deiner Familie umgegangen.«

»Ich weiß auch nicht«, antwortete er. »Dieser Karanga hat mich überzeugt. Er hat einfach geglaubt und darauf vertraut, daß ich ihm helfe. Was konnte ich da tun? Ich wollte es erst auch nicht, aber nun bin ich mittendrin, und sie geben sich auch wirklich Mühe.«

Es war wieder eine lange Rede gewesen, doch die Farmer und ihre Frauen fingen an, den Hockern zu helfen. Wenn sie in die Hauptstadt fuhren, nahmen sie mehrere von den Pappkartons mit, die dort an den Supermärkten herumlagen. Auch warfen sie die Plastiktüten nicht weg, die sie bekamen.

Karanga entwickelte einen Baustil, wie er ihn schon im Matharetal gesehen hatte. Seine eigene Hütte baute er so und viele bauten sie ihm nach. Er steckte stärkere Äste so in den Boden, daß eine viereckige Form sichtbar wurde. Diese Äste verband er mit Reisern und mit alten Wäscheleinen. Darüber hängte er die zunächst aufgefalteten und dann wieder geknickten Pappkartons. Er fing in der untersten Reihe an und hängte dann die nächsten Kartons darüber. So entstand so etwas wie ein »Ziegeldach«. Die einzelnen, über die Leinen gefaltenen Pappkartons lagen so übereinander, daß der Regen ablief und auch der Sand mit dem Wind nicht so leicht eindringen konnte. Karanga baute sogar Fenster in die Hütte ein. Zwischen die Pappkartons spannte er einfach Plastiktüten, das waren seine Fenster.

Später konnte man auch Lehmhütten bauen, doch erst einmal reichten diese Hütten.

So entstand ein Dorf aus Pappkarton und Plastik, mitten in der Wüste. Von weitem sah es für ein ungeübtes Auge aus wie eine Müllkippe, aber wer näherkam, entdeckte, daß dort Menschen wohnten.

Karanga achtete auf Sauberkeit, keiner durfte seinen Schmutz vor die Hütte werfen. Und Toiletten wurden auch gebaut. Jede Familie sollte eine haben. Das fand Karanga wichtig.

Karangas Hütte hatte sogar Tapeten. Er sammelte von den Farmern alte Zeitungen und klebte sie an die Wand. Da wurde es ihm nie langweilig, und wenn er nicht auf dem Acker war oder seine Bibel las, dann lag er auf seinen Pappdeckeln, die auch sein Bett darstellten, und studierte die Bilder und die Artikel seiner »Tapete«.

Er hatte von einem Farmer auch ein paar alte Gummistiefel mit Löchern bekommen. Auf die war er sehr stolz. Das war das Zeichen seiner Würde. Nur nachts zog er sie aus, sonst lief er immer in diesen Gummistiefeln herum. Erst rieb er sich die Füße wund, doch später gewöhnten sie sich daran.

In jeder Hütte wurde ein Feuer angezündet, aus feuchten Reisern, damit es nicht so schnell herunterbrannte. Jede Frau besaß nun auch drei Steine, wie eine richtige Frau mit Aussteuer aus dem Dorf. Karanga hatte den Männern gesagt: »Ihr müßt euren Frauen die traditionellen drei Steine besorgen, dann fühlen sie sich als Hausfrauen und Mütter.« Und das taten die Männer auch. So war es in der Tradition: Jedes Mädchen bekam von ihrer Familie drei Steine als Aussteuer mit. Die stellten sie mitten in der Hütte so auf, daß dazwischen ein Feuerchen brennen und sie den Topf zum Kochen auf die Steine setzen konnten. Das Feuer vertrieb auch die Insekten aus der Luft und dem Boden.

Die Luft in den Hütten war oft stickig und schwer, doch die Menschen ertrugen sie lieber als die lebensgefährlichen Bisse der Malaria-Moskitos und anderer Insekten.

So entstand langsam ein Dorf, in dem Kinder geboren wurden und friedliche Rauchwolken aufstiegen.

Die Schule

Mit den Älteren und Erwachsenen ging es voran, doch die Kinder taten Karanga leid. Er dachte an seine eigene Kindheit; sie sollten es einmal besser haben. Die gleichen Gedanken versuchte er in die Köpfe seiner Mitbürger wie selbstbrütende Eier zu legen.

Alle sollten Lesen und Schreiben lernen, meinte er, aber ganz besonders die Kinder. Er dachte daran, wie viele schöne Stunden ihm das Lesen bereitet hatte, und erst durch das Lesen hatte er Gott richtig kennengelernt. Und was für ein Buch das war, die Bibel, auch wenn er manches nicht verstand! Das sollten die Kinder auch lesen lernen und es ihren Eltern erzählen können.

Karanga wußte schon, wie er die Eltern dazu kriegte, ihren Kindern beim Lesen und Schreiben zu helfen. Er las ihnen einfach vor. Abends, wenn sie von der Arbeit und der Hitze auf dem Feld müde waren und ihren Maisbrei gegessen hatten, rief er sie zu sich unter einen Dornenbaum und las ihnen vor, oder er erzählte ihnen Geschichten, die er vorher in alten Zeitungen und in der Bibel gelesen hatte. Die Menschen hörten zu; das war eine andere Welt für sie.

Auch den Kindern erzählte Karanga Geschichten. Sie wollten immer mehr hören und lebten ganz darin. Bald fielen ihm keine Geschichten mehr ein. Da ging er wieder einmal zu seinem Farmer und fragte ihn, ob er ihm wohl Bücher leihen könne.

Der Farmer war wieder überrascht. Er kam bei diesem Wüstenfred, wie er ihn nannte, aus dem Staunen nicht heraus. Er lieh ihm die Bücher, die er besaß, und Karanga erzählte den Kindern daraus. Dabei tat er auch viel von sich hinein. Meistens fand er dort auch eine Rolle für sich, und wenn er sie nicht fand, dann erfand er sie eben.

So erzeugte er in den Kindern einen richtigen Appetit auf das Lesen. Das wollten sie lernen, sie wollten selbst die Bücher lesen, aus denen Karanga ihnen vorlas oder erzählte.

Eines Tages erzählte ihnen Karanga eine Geschichte von einem Mann, der seinen Acker bebauen wollte, und da kam ein Nilpferd aus dem See heraus und wollte ihm alles wegfressen. Die Kinder waren ganz bei der Sache. Sie mußten die Geschichte nacherzählen, jeder so, wie er oder sie es sich vorstellte. Dann malten sie die Geschichte in den Sand, und dann zeigte er ihnen, wie aus dem Malen Worte und Sätze werden konnten.

Schreibgelegenheiten gab es in Hülle und Fülle. Jeder, der auf dem Boden saß, strich vor sich ein Stückchen Sand glatt und schrieb darauf. Die meisten mit dem Zeigefinger. Wer ein Stück Holz fand, war noch besser dran.

Aber dann merkte Karanga, daß sich die Kinder draußen nicht gut konzentrieren konnten. Sie sahen immer zu den Eltern auf den Acker herüber oder auf die Zebras und Gazellen und andere Tiere, die in der Nähe oder weiter weg grasten.

So bauten sie sich eine Schule. Karanga wollte damit noch einen neuen Baustil einführen. Sie stellten dünne Baumstämmchen um das zukünftige Klassenzimmer herum und rammten sie in den Boden. Bis in die Höhe von Kinderköpfen zogen sie eine Mauer aus Reisig, mit Lehm und Sand gefüllt. Das Dachgerüst bestand aus kleineren Ästen, auf die Schilf vom See gelegt wurde.

Wenn die Kinder auf dem Boden saßen, wurden sie nicht durch das Leben draußen abgelenkt, aber gleichzeitig wehte doch ein leichtes Lüftchen durch den Raum.

Karanga zimmerte sich aus Brettern, die beim Farmer auf dem Hof verfaulten, eine Tafel, besorgte von den Arbeitern, die die Straße durch die Wüste reparierten, Teer, strich die Tafel damit an und schrieb mit Kreide darauf, die er im Dorf von den Erträgen seines Landes gekauft hatte.

Das erzählt sich hier alles so schnell, doch dieser Prozeß des Schulbaus dauerte mehrere Monate. Zeit spielte für die Menschen dort keine Rolle. Keiner besaß eine Uhr. Es genügte ihnen, Morgen, Mittag und Abend festzustellen.

So saßen die Kinder also auf dem Boden und schrieben mit ihren Zeigefingern und Holzstückchen in den Sand, was Karanga ihnen an der Tafel vorschrieb. Sie wischten nicht nur ein Stück Erde zum Schreiben glatt, sondern umgrenzten es auch mit in den Sand gezogenen Linien. Und wehe, wenn einer dieses Territorium übernehmen wollte! Dann gab es Ärger. Die meisten schrieben ihren Namen über die kleine Fläche und setzten sich jeden Morgen, wenn sie zur Schule kamen, dahinter.

Früher hatte es in der Wand als Tür einfach ein Loch gegeben. Doch nachdem wilde Tiere und die Kühe des Nachbarn die schönen Schreibflächen zertrampelt hatten, verbarrikadierten die Jungen jeden Abend die einklassige Schule mit einem Dornenverhau.

Erst viel später, als einige Touristen in ihren Geländewagen, auf der Jagd nach Bildern von wilden Tieren, in dieses »eigenartige« Dorf verschlagen wurden und erstaunt zusahen, wie die Menschen dort lebten, sich von Karanga die Adresse des Farmers geben ließen und ihm dann für die Kinder Hefte und Bleistifte schickten, wechselten die Kleinen vom Sand ins Heft. Aber jedes Kind bekam nur ein Heft und einen Bleistift, den sie hüteten wie ihren Augapfel. Das Heft behielten sie auch nachts bei sich, denn die Ratten, die in jede Hütte eindringen konnten, fraßen auch Papier. Und die Bleistifte trugen sie immer im Kräuselhaar, damit keiner sie ihnen wegnahm oder sie »zufällig fand«.

Ganz früh am Morgen, wenn der Tau noch auf dem Sand und den dürren Gräsern lag, kamen die Kinder langsam zur Schule – laufen konnten sie nicht, dazu waren sie zu schwach – und drängten sich hinein. Die Kleinen saßen vorne, die größeren hinten. Karanga begann jeden Morgen mit einem Gebet. Er redete zu Gott wie zu einem Vater. So lernten es die Kinder von ihm. Karanga erzählte Gott alles, die guten und die bösen Dinge. Er bedankte sich bei ihm und bat um Hilfe. Danach hatten sie Lesen, Schreiben und Rechnen. Karanga hatte ja nie eine Schule besucht, sondern von dem Schüler in Nairobi gelernt. So persönlich unterrichtete er auch die Kinder. Wenn sie müde waren oder hinaus mußten, machte er eine Pause.

Gegen Mittag, wenn alle müde waren, erzählte Karanga ihnen Geschichten von Kung Fu. Die waren so spannend, daß die meisten deshalb gerne zur Schule gingen. Sie wußten, wenn sie sich dort nicht anstrengten, konnte Karanga sie von der Geschichte ausschließen, und das war das Schlimmste, was sie sich denken konnten. Allerdings hatte Karanga diese Drohung noch nie wahrgemacht.

Wenn er von Kung Fu erzählte, ließ er natürlich die Weibergeschichten heraus, und auch die Schlechtigkeiten, wenn sie zu schlimm waren. Auch stilisierte er Kung Fu immer mehr zu einem guten Menschen, der Jesus doch etwas ähnelte. Er versuchte, die harten Schläge zu mildern und wegzulassen, doch das wollten die Kinder nicht; dagegen protestierten sie, und sie waren auch enttäuscht, wenn Kung Fu predigte und nicht mehr zuschlug.

Karanga bemerkte, daß es oft kein böser Wille war, wenn die Kinder sich nicht konzentrieren konnten; sie waren einfach zu schlapp, das Essen der Familien reichte nicht. Er überlegte, wie er den Kindern helfen konnte. Zu dem Farmer oder seinen Nachbarn wollte er nicht wieder gehen. Vielleicht war in der Stadt etwas zu finden.

Als der Fahrer des Farmers wieder einmal Rinder zum Schlachthof fuhr, ließ sich Karanga mitnehmen und sagte, er wolle für die Kinder etwas zu essen besorgen. Er hatte sich schon vorher überlegt, wen er ansprechen wollte. Aus seiner Abfallkübelzeit wußte er, daß es besonders vor den Hotels viel Essensabfall gab. Darum schlugen sich die Banden. Vielleicht konnte er den Hoteldirektor überreden, dem Rinderfahrer die Abfälle für seine Schüler mitzugeben.

Karanga wußte, daß es eine schwierige Unterredung sein würde, aber allmählich glaubte er daran, daß vieles machbar war, wenn man Menschen helfen wollte und wenn man Liebe hatte.

Er sprang am Schlachthof ab und marschierte zum größten und vornehmsten Hotel. Auf das livrierte Personal machte er den

Eindruck eines Mannes, der dort eine verstopfte Toilette reinigen wollte. Er trug ja seine Gummistiefel, die Hose sah nach Landarbeit aus, und die Jacke hing ihm in Fetzen herab.

Auch als er sich zu den Büros begab, fiel er nicht auf. Die Dame im Vorzimmer des Herrn Direktor konnte sich nicht vorstellen, daß ein so abgetakelter Mensch die Frechheit besitzen würde, ohne Grund bis ins Allerheiligste vorzudringen. Aber Karanga tat das. Wie schon so oft, kam er auch diesmal genau richtig. Bei dem Direktor saßen zwei Herren mit Schlips und sahen unwirsch auf, als der Lumpenmann erschien. Sie waren erfolgreiche Geschäftsleute und gerade dabei, über ein Projekt nachzudenken, das sie finanzieren wollten. Ich muß hier noch ergänzen, daß es sich um zwei Herren aus dem Vorstand des Rotary Club handelte. Das ist ein sogenannter Dienstclub, in dem sich aus jedem angesehenen Stand ein Vertreter einmal im Monat zu einem Essen begibt, wo man nicht nur gut ißt und sich unterhält, sondern bei dem man sich auch überlegt, was man für ärmere Menschen tun kann. Für diese Projekte sammelten die Herren dann Geld und fühlten sich ganz gut dabei, was ja nicht schlecht ist.

Aber als der Lumpenkerl plötzlich im Chefzimmer stand, waren sie nicht erbaut. Der Chef drückte schon auf das Sprechgerät und wollte die Vorzimmerdame und die Rezeption fragen, wie dieser Mann hier hereingekommen sei.

Doch Karanga war schneller. Er stellte sich rasch vor: »Ich bin der Gardinenabschneider.«

Sofort erregte er Aufmerksamkeit.

»Entschuldigen Sie bitte, daß ich hier so eingebrochen bin, ich wollte nur kurz stören. Aber wenn ich mich da unten erst vorzustellen versuche, komme ich nie rein. Ich habe in der Wüste eine Schule gemacht, die Kinder kommen auch, aber die können sich nicht konzentrieren, weil sie nicht genug zu essen haben, obwohl die Eltern ja alles versuchen, um noch mehr aus dem Boden herauszuholen. Ich wollte mal fragen, ob Sie mir einige von den Abfällen Ihres Hotels geben können. Ich weiß, die sind noch sehr gut, ich habe früher davon gelebt.«

Die vier Herren starrten sich an. Karanga mußte mehr erklären, und da sie sowieso nach einem Projekt suchten, beschlossen sie schnell: »Nein, die Abfälle wollen wir dir nicht geben, aber wir richten eine Schulspeisung ein, wenn wir uns das Projekt mal angesehen haben.«

Und so geschah es. Die Herren ließen sich von ihren Fahrern in die Wüste fahren, sahen sich Karangas Arbeit verwundert an, nickten, aßen im eleganten Seehotel, am gegenüberliegenden Ufer, genüßlich zu Abend, wie sie es immer taten, und beschlossen dabei, im nächsten Jahr eine Schulspeisung im Dorf einzuführen.

Dabei waren sie natürliche nüchterne Geschäftsleute. Karanga sollten keine Barmittel zur Verfügung gestellt werden, und das Maismehl würde in wöchentlichen Rationen vom Geschäft im nächsten Ort geliefert werden.

Im nächsten Jahr bekamen also alle Kinder am Morgen in der Schule eine warme Mahlzeit aus gekochtem Maismehl auf die ausgebreiteten Hände serviert. Das brannte zwar, aber wem tut schon so ein kleiner Schmerz weh, wenn der Körper dauernd vor Hunger schreit?

Ein Jahr später merkte Karanga, daß er den Kindern nicht mehr viel beibringen konnte. Zum Beispiel wußte er nicht, wie man teilte und malnahm. Deshalb ging er zur zuständigen Schulbehörde. Aber dort wurde er abgewiesen. Die gaben an, nur für ordentliche Schulen zuständig zu sein. Aber von einer Putzfrau, die Mitleid mit ihm hatte, erfuhr er, daß in einem nicht so weit entfernten Ort eine Lehrerin sei, die sich sehr viel Mühe mit den Kindern gebe. Zu ihr marschierte Karanga.

Sie hieß Mary und hörte interessiert zu, als er vom Dorf und von seiner Bekehrung erzählte. Die Bekehrungsgeschichte war immer dabei, ob die Leute sie hören wollten oder nicht.

Seine Moral am Schluß war immer: »Gott hat uns lieb, darum müssen wir uns auch lieb haben, alle Menschen.«

Die Lehrerin redete für Karanga und sein Dorf solange auf ihre Behörde ein, bis ihm zwei Lehrerinnen geschickt wurden. Die Dorfleute mußten aber vorher noch für die beiden eine richtige Lehmhütte bauen. Das war eine lange Angelegenheit, ehe Karanga die Eltern überredet hatte, das zu tun, weil es für ihre Kinder so wichtig sei. Die Eltern wandten ein: »Wir können auch nicht lesen und schreiben und sind nicht verhungert.«

»Aber fast«, unterbrach sie Karanga, und die Hütte für die

Lehrerinnen wurde gebaut. Als die beiden eingezogen waren, wurden sie regelmäßig mit den Produkten der Felder beschenkt, so daß sie ihr Gehalt nicht fürs Essen ausgeben mußten. So strengten sie sich beim Unterrichten der Kinder ganz besonders an.

Als die Lehrerinnen von ihrer Schulbehörde erfuhren, daß ihre Schule einen Vorstand haben müßte, wurde natürlich Karanga gewählt, obwohl er noch keine Kinder dort hatte.

Allmählich kamen am Abend immer mehr Erwachsene zu ihm, um Lesen, Schreiben und Rechnen zu lernen. Karanga versuchte sie an die Lehrerinnen zu verweisen, doch das wollten sie nicht. Sie schämten sich ein bißchen, von diesen »jungen Gänsen« wie kleine Kinder unterrichtet zu werden.

Auch die Kinder liefen noch immer zu Karanga, und er mußte ihnen Geschichten erzählen. Er brachte ihnen auch bei, mit einem selbstgemachten Ball aus zusammengerollten Maisblättern Fußball zu spielen. Das hatte er als Parking boy gelernt.

Die Einkleidung der Schulkinder

Die Männer vom Rotary Club waren sehr hinter der Publikation ihrer guten Werke her. Sie waren nicht so wie Jesus, der sagte, die linke Hand solle nicht wissen, was die rechte tut. Ganz im Gegenteil, sie zeigten mit der Rechten vor, was die Linke tat. Aber das störte Karanga und die Kinder nicht; jeden Morgen, wenn sie zur Schule kamen, konnten sie sich sattessen und damit auch die Familie entlasten.

Die Kinder kamen nicht mehr zur Schule gegangen, sondern gelaufen. Früher fing die Schule immer an, wenn der Tau von den Gräsern getrocknet war. Wenn die Kinder ihre Hütten verließen und kaum noch Nässe an ihren nackten Sohlen spürten, wußten sie: »Oh, ich bin spät dran. Jeden Augenblick kann die Schule anfangen, und wenn ich zu spät bin, dann schimpft Karanga und schließt mich vielleicht noch von seiner Geschichte aus.«

Aber nun liefen die Kinder durch das nasse Gras zur Schule und saßen dort schon, wenn Karanga die kleine Küche betrat, wo das Essen dampfte und duftete.

Wenn die Kinder gegessen hatten, paßten sie auch besser auf und hatten am Nachmittag noch Kraft, ihren Eltern auf den Feldern zu helfen.

Nachdem dieses Problem mehr oder weniger gelöst war, fiel es Karanga erst so richtig auf, wie erbärmlich die Kinder gekleidet waren. Halbnackt oder nur dürftig bedeckt erschienen sie in der Schule. Nur wenige trugen Lumpen, keiner ein Kleidungsstück ohne Löcher, und die meisten nur einen dürftigen Lendenschurz. Sicher, tagsüber ging das ganz gut, weil es warm war. Doch nachts, wenn sie die gleiche Kleidung zum Schlafen trugen, froren sie. Und Karanga meinte auch, daß Menschen etwas besser angezogen sein sollten. Das gab doch Selbstbewußtsein, Abstand von den Tieren, und das brauchten die Kinder. Er erinnerte sich noch an seine Jugendzeit und wußte, wie wohl es ihm getan hatte, als er das erste Hemd trug, das keine Löcher hatte und sauber war.

Wie wir wissen, war Karanga vorher schon im Tuchgewerbe beschäftigt gewesen. Manchmal, wenn er nachts allein in seiner Hütte lag und ungestört seinen Gedanken nachhängen konnte, dachte er doch an die vielen Gardinen und Vorhänge, die seiner Meinung nach völlig nutzlos in den Villen hingen. Sollte er nicht noch einmal in die Stadt zurückkehren, einige Gardinen holen und sie einfach an seine Kinder verschenken?

Aber er gab diese Gedanken sehr schnell wieder auf. Man würde sofort seine Spur aufnehmen und ihn wieder einsperren. Und dann war es auch nicht gut, Menschen etwas abzunehmen. Wenn man die Menschen liebte, dann durfte man das nicht. Und Jesus hätte es bestimmt auch nicht getan. Das wußte er.

Karanga bat Jesus also, ihm diese Gedanken zu vergeben. Aber wie sollte er an den Stoff kommen? Er ließ sich mal wieder in die Stadt mitnehmen. Dort gab es immer wieder etwas zu holen, was man in der Wüste nicht bekam. Er ließ sich beim Hotelmanager und Vorsitzenden des Rotary Clubs melden und wurde vorgelassen, trotz Gummistiefeln und schlecht gestopfter Jacke.

Karanga ging sehr höflich mit dem »Bwana Mkuba«, dem großen Mann, um. Obwohl der nicht viel Zeit hatte und das Karanga auch merken ließ, erkundigte sich Karanga ganz umständlich und im einzelnen nach ihm, nach seiner Familie und seiner Gesundheit. Als überall Auskunft gegeben worden war, so knapp wie möglich, fing Karanga an, sich für die Hilfe der Schulspeisung zu bedanken. Der Vorsitzende versicherte ihm, daß es damit weitergehen würde.

Erst, als der Herr Direktor wegen Karangas afrikanischer Höflichkeit schon sehr nervös wurde, rückte Karanga mit seiner neuen Idee, nämlich der Einkleidung der Schüler und Schülerinnen heraus. Der Herr Direktor reagierte zunächst unwirsch. Sein Club tat doch schon einiges für diese Leute. Aber herauswerfen wollte er den Kerl auch nicht, weil das nicht gut war für das Image. Da fiel ihm etwas ein. Er hatte in der Zeitung von Patenschaften gelesen, die von Europa aus für Kinder in Not übernommen wurden. Doch wie kam er an die Adresse heran? Aber auch diese Frage beantwortete er sich schnell. Es gab doch Waisenhäuser in der Stadt, wo bestimmt Kinder von diesen Patenschaften unterstützt wurden. Er rief dort an und stellte sich vor. Nach einigem Mißtrauen und Zögern wurde ihm die Adresse einer Patenschaftsorganisation in Deutschland genannt. Er gab sie Karanga weiter. Und weil der unbeholfen dasaß und auf die fremde Adresse sah, gab der Direktor ihm auch einen Briefumschlag, Papierbögen und einen Kugelschreiber. Als Karanga sich noch immer nicht sicher war, ließ er seine Sekretärin die Adresse tippen und die notwendigen Briefmarken aufkleben. »Den Brief muß du schon selbst schreiben«, ermunterte er Karanga.

Karanga schrieb. Den ersten Brief seines Lebens. Ganz langsam setzte er an, bei jedem Wort mußte er extra überlegen, aber dann war der englische Brief da, in dem es darum ging, Kinder in der Wüste einzukleiden. Er gab den Brief beim Direktor ab, der ihm versprach, seinen Absender aufzusetzen und ihm Bescheid zu geben, sobald eine Antwort kam.

Es dauerte nicht lange, nur ein paar Wochen, keine Zeitspanne für Karanga, bis der Direktor ihm den Antwortbrief durch den Fahrer der Farm schickte. Im Brief versprach diese Patenorganisation Hilfe für die Einkleidung, und ein Scheck lag schon bei.

Karanga fuhr sofort mit dem nächsten Fahrer in die Stadt zurück. Dort kaufte er zunächst für die Jungen Stoff ein. Damit kannte er sich aus. Den schwersten und robustesten Khakistoff suchte und fand er. Der sah zwar noch grünlich aus, würde sich aber bald vom roten und grauen Staub der Savanne und Wüste färben. Karanga kaufte einen Ballen. Die Schneider, die an der Mauer dieses Marktes saßen, kannte er ganz gut. Jeder hatte vor sich auf einem Stuhl, einem Tischchen oder den Knien eine kleine Handnähmaschine stehen, mit dem er arbeitete. Mit der linken Hand schob der Schneider den Stoff unter der Nadel durch, während er mit der rechten das Schwungrad drehte.

Karanga nahm einen Schneider mit und setzte ihn zu dem Stoffballen auf den Farmlaster, der schon mit anderen Waren und Geräten hochbeladen war.

Der Schneider schlief bei Karanga in der Hütte, und am nächsten Morgen marschierten zunächst einmal die Jungen zum Abmessen vor.

Karanga sagte zu dem Schneider: »Also, für jeden Jungen nur eine Uniform. Die muß er während der ganzen Schulzeit tragen. Also sieben Jahre lang. Da darf er nicht herauswachsen. Und du darfst auch nicht vergessen, daß die Jungen sonst kein anderes Kleidungsstück besitzen.«

Was von ihm gefordert wurde, begriff der Schneider sehr schnell. Er verpaßte den Sechsjährigen eine Hose, die später einmal kurz sein würde, aber ihnen jetzt bis an die Zehen reichte; ihr kleiner Po verlor sich in einem Faltengebirge von Stoff. Auch mußte der Bund mit einem Strick um das Bäuchlein zusammengezogen werden, denn sonst verlor der Kleine sein Bekleidungsstück. Auch im Hemd verlor sich der Schuljunge. Es erinnerte eher an eine Kombination von Bratenrock und Cape. Bis in die Kniekehlen reichte das Hemd, das einmal kurz sein würde. Tagsüber waren die Jungen nicht sehr davon angetan, weil das sogenannte Hemd überall störte, besonders beim Rennen, aber nachts konnten sie sich darin wie in einen Bettbezug einwickeln. Und wenn es kalt war, konnten sie ihre Arme in die sogenannten kurzen Ärmel einziehen.

Die Mütter freuten sich auch, daß bei dieser Größe die Knöpfe geschont wurden. Die konnten die Jungen eigentlich gar nicht abreißen und verlieren, aber es passierte trotzdem.

Im Laufe der Jahre wuchsen die Jungen in ihre Kleidung hinein und darüber hinaus. Zum Schluß waren aus den langen Hosen kurze geworden, die prall am Körper saßen. Keinen Knopf gab es mehr am Stoff, und Knöpfe hätten das viel zu klein gewordene Hemd auch nicht mehr zusammenhalten können. Auch die Farbe hatte sich verändert. Zunächst war sie durch den Wüstensand gerötet worden, aber dann hatten die starke Sonnenbestrahlung und das ruppige Waschen auf Steinen den Stoff gebleicht und stellenweise durchgescheuert.

Die Jungen nahmen ihre Uniform nur selten vom Körper. Sie waren stolz darauf, richtige Schulkinder zu sein, wie die anderen im Land, die auch solche Khakiuniformen trugen, wenn auch etwas individueller abgemessen.

Die Mädchen trugen in Kenia ebenfalls eine Schuluniform. Am Anfang hatte Karanga daran gedacht, auch sie in Khaki zu stecken, doch dann fiel ihm das Mädchen mit den lieben, braunen Augen ein und er wollte es ihr doch nicht antun, ihre Geschlechtsgenossinnen zu Jungen zu machen. Die waren doch anders und sollten es auch sein. Wenn er schon sein Mädchen nicht mit den besten Stoffen aus dem Präsidentenpalast kleiden konnte, dann mußten diese Mädchen wenigstens etwas Besseres als die Jungen bekommen.

Karanga holte sich Rat bei den Müttern. Die wollten ein robustes Material. Er fragte aber auch die Mädchen, und besonders die älteren waren da ganz anderer Meinung. Eine hatte Karangas Tapeten, also die aufgeklebten Zeitungsseiten, intensiv studiert und darauf Mädchen in den üblichen Schuluniformen entdeckt. Sie bat, ihnen doch richtige Kleider aus anderem, farbigen Stoff zu schneidern. Der Schneider war auch dieser Meinung. Der hatte gesehen, wie seine Nachbarn Schuluniformen für Mädchen nähten, er hatte also eine Vorstellung davon, obwohl er selbst noch nie so ein Kleidungsstück genäht hatte. Aber er traute es sich zu, weil er bei Karanga ganz gut wohnte und wie ein Schulkind mit reichlich Ugali verpflegt wurde. Er wollte gerne noch länger in der Wüste bei geregeltem Einkommen bleiben.

Karanga ließ sich gerne bereden. Die Mädchen durften sich sogar eine Farbe auswählen. Für Giftgrün entschieden sie sich. Eine ganz Naseweise brachte das vor, was sie auf einer bunten Zeitungsseite zu den Unabhängigkeitsfeierlichkeiten in der Hauptstadt gesehen hatte: Dort waren einige Schulmädchen abgebildet, die nicht einfach Kleider trugen, sondern Kleider mit kurzen Ärmeln und Kragen. Kragen waren hier in der Wüste noch nie gesehen worden.

Karanga erklärte sich einverstanden, die Kleidchen durften auch kurze Ärmel und Kragen haben, und zwar in verschiedenen Farben.

Die Mädchen durften zum ersten Mal einen Wunsch äußern und sich entscheiden. Sie genossen es; sonst wurden nämlich immer die Jungen vorgezogen. Sie entschieden sich also für giftgrüne Kleidchen mit knallgelbem Kragen und Aufschlägen an den Ärmeln.

Aber leider mußten die sechsjährigen Mädchen mit ihrem Kleidchen genausolange auskommen wie die Jungen. Sie bekamen also ein wallendes Abendkleid aus giftgrünem Stoff verpaßt. Wie Königinnen ihre Schleppe, schleiften sie den Saum durch den Wüstensand. Doch als sie in dem Gewand dreizehn Jahre alt wurden, war es ihnen wie ein modernes, freches Minikleid hochgerutscht. Dann mußten sie sich schleunigst umziehen, damit sich da nicht zu früh mütterliche Probleme einstellten.

Die Mädchen gingen mit ihren Kleidern vorsichtiger um als die Jungen und schliefen nachts nicht darin. Sie hingen sie an einem dünnen Band unter dem Dach, über dem Rauch des offenen Feuers, auf, damit die Ratten sie nicht abnagten. Stolz liefen sie in den ersten Wochen mit ihrer Schuluniform zwischen den Hütten herum und zur Straße hinüber. Sie wollten jedem zeigen, daß sie nun zur Schule gingen, und wie gut ihnen das Kleid stand.

In den Kindern entdeckte Karanga Hoffnung, wie sie in ihm selbst war. Die Alten waren noch immer mißtrauisch. Sie sagten: »Uns geht es nun so gut wie nie zuvor. Das ist doch nicht normal. So wird es doch nicht weitergehen.« Karanga kämpfte gegen dieses Mißtrauen auch mit der Schule und den Uniformen.

Die Gemeinde am See

Mittlerweile war am See ein richtiges Dorf entstanden, mit Landwirtschaft, Hütten und einer Schule, und sonntags hielt Karanga in einer Kirche, auch aus Pappdeckeln, Gottesdienst. Alle Menschen beteiligten sich an allen Aktivitäten. So entstand eine Kirchen- und eine Bürgergemeinde, die identisch waren.

Bestimmt war der Gottesdienst nicht so, wie ihn sich ein Mitteleuropäer vorstellt. Karanga, der Prediger, kannte sich nicht mit der Liturgie aus, aber singen konnte jeder, oder er lernte es. Die Lieder wurden nicht schön, aber mit Inbrunst gesungen. Die Texte kannte Karanga nur von den ersten Strophen, die der anderen machte er selbst. Und wo die Worte nicht reichten, da paßte immer ein Halleluja.

Karanga war alles in einer Person, obwohl er die Ämter eigentlich verteilen wollte: Er war Prediger, Liturg, Küster und Bürgermeister. Auch für das Verkehrsamt und die Genossenschaft war er verantwortlich. Er versuchte Männer und Frauen für diese Posten heranzubilden, doch das ging nicht so schnell. Sie hatten ja gerade erst ihren tiefsten Stand und den Hunger überwunden. Sie trauten sich auch nichts zu. Karanga mußte immer wieder an ihrem Selbstbewußtsein arbeiten. Immer wieder hörte er Resignation und: »Wir schaffen es doch nie, wir sind Schlappschwänze. Wenn du nicht gekommen wärest, dann wären wir verhungert.«

Die Frauen waren besser zu motivieren, fand Karanga. Die dachten viel stärker an ihre Kinder als an sich selbst. Wegen der Kinder wollten sie überleben und nach oben kommen.

Obwohl die Männer sonst alles taten, was Karanga ihnen vorschlug, waren sie einmal ganz anderer Meinung und sagten es auch: Als Karanga vorschlug, den Frauen auch das volle Stimmrecht zu geben. Das wollten sie auf keinen Fall. Erst als Karanga mit seinem Rücktritt drohte, ließen sie sich, wenn auch murrend, überreden.

Mittwochs war Gemeindeversammlung, sonntags Kirche. Zu welcher Kirche sie gehörten, wußte keiner, auch Karanga nicht, aber die frohe Botschaft wurde jeden Sonntag verkündigt und jeder hatte mindestens zehnmal Karangas Bekehrungsgeschichte gehört. Er machte den Leuten Mut, sich auch erlösen zu lassen.

»Aber bei uns ist das so nie gewesen«, beschwerten sich alle.

»Gott muß nicht so kommen«, ermunterte Karanga sie. »Er kommt zu jedem in seiner eigenen Art.«

»Du tust ja auch was«, meinten die Leute.

»Aber erlösen kann ich euch nicht«, schränkte Karanga seine Möglichkeiten ein. »Ich kann euch ein bißchen fröhlicher machen, aber mehr kann ich doch nicht. Wenn ich euch auch helfen kann, erlösen kann uns nur Gott.«

Dazu nickten die Männer.

Einer fragte ihn: »Warum hat uns Gott eigentlich gemacht, warum gibt es eigentlich Menschen, und was sollen die tun?«

»Auf diese beiden ersten Fragen kann ich nicht antworten«, gab Karanga zu, »die sind zu schwierig. Aber auf die letzte kann ich wohl antworten. Denn der Herr Jesus hat darauf eine Antwort gegeben. Den hat jemand so ähnlich gefragt, und der Herr hat geantwortet: Du sollst Gott lieben, du sollst den Nächsten lieben und du sollst dich selbst lieben. In dieser Reihenfolge, aber mit dem gleichen Gewicht.

Unser Gott ist nicht einer, der da oben bleibt, sondern er teilt seine Liebe und sich selbst mit anderen. Er will, daß wir die anderen Menschen und sogar uns selbst genauso lieben wie ihn.

Der sagt nicht, liebe mich und hasse die anderen oder dich selbst. Nein, der sagt, liebe dich auch selbst.

Darum dürfen wir hier auch nicht aufgeben und uns hängenlassen. Gott hat uns lieb, dann können wir uns doch nicht hassen und unser Leben aufgeben.«

Einige riefen dazwischen: »Das verstehen wir nicht!«

Aber andere hatten ihn schon verstanden, und es tat ihnen sehr gut, es zu hören, und damit lebten sie.

Karanga lud auch einmal zwei Pastoren aus den nächsten größeren Ortschaften ein; einer war katholisch, der andere evangelisch. Doch den Zuhörern gefielen die »Gastspiele« nicht besonders. Sie sagten zu Karanga: »Die brauchst du nicht mehr zu holen. Wenn die reden, dann ist Gott immer so weit weg, und die tun so, als ob ihnen Gott gehören würde, wie dem Farmer das ganze Land hier. Über diesen Gott wissen sie alles besser. Vor ihm kriegt man ja Angst. Mach du mal hier weiter, hier bei uns, da spüren wir so richtig, daß es unser Gott ist und daß er uns mag.«

Es war keine Idealgemeinde, die dort wuchs. Neid kam auf, wenn einer auf seinem Acker mehr erntete als der andere. Immer mehr Leute drückten sich vor den allgemeinen Arbeiten und gaben vor, sie hätten soviel auf ihren eigenen Äckern zu schaffen.

Der Neid war ein schlimmer Feind, das wußte Karanga schon von früher. Er merkte, daß er nicht dagegen ankam. Der Neid war so ziemlich die stärkste Kraft, die es im Menschen gab, gegen sie kam man nur mit der Liebe an, die von Gott kam, das wußte er auch.

Die Gemeindeveranstaltungen wurden immer länger, und es gab immer mehr Mißverständnisse und Reibereien, deren Wurzeln Neid und Mißtrauen waren. Man warf Karanga vor, er bevorzuge einige und setze andere zurück. Es wurde ihm übel genommen, wenn er den Schwächeren auf dem Acker half. Und die Mütter beobachteten ganz genau, mit welchem Mädchen er etwas länger sprach. Einige versuchten ihm ihre Tochter anzudrehen, andere gönnten es ihren Nachbarinnen schon gar nicht, daß Karanga eventuell ein Auge auf eine ihrer Töchter warf.

Karanga hielt sich sehr von den Mädchen zurück, als er merkte, mit welchem Mißtrauen er beobachtet wurde. Doch er spürte, daß er dringend eine Frau brauchte. Er sehnte sich nach einer, er wollte nicht allein bleiben, er wollte eine richtige Familie mit Kindern haben.

Karanga geht auf Brautschau

Er sah, wie sich um ihn herum Liebe ereignete, Blicke sich trafen und Hände sich faßten, wenn die Liebenden meinten, keiner würde es sehen. Wenn er abends allein in seiner Pappkarton-Hütte lag, hörte er nebenan kleine Kinder schreien und lachen. Er hörte die Mutter mahnen und den Vater grunzen. Wenn er sich in die Hütten hineinbückte, schlug ihm der warme Mief einer glücklichen Familie entgegen. Tagsüber war Karanga immer beschäftigt, doch nachts fühlte er sich sehr allein.

Sicher wußte er, daß es in den Familien auch Streit gab und daß die Frauen oft nicht mehr mit ihren Männern redeten und umgekehrt. Typisch für Kikuju, seinen Stamm; die schmollten sehr schnell und lange. Das war nicht gut. Sie konnten so schlecht vergessen. Aber vielleicht geht es allen Menschen so, die in sich gekehrt leben. Karanga wurde als der einzige erwachsene Junggeselle und Neutraler im Ort oft als Schlichter in Familienangelegenheiten herangezogen, oder er drängte sich hinein, wenn keiner mehr den »Kniest« übersehen konnte.

Ganz besonders hart griff er durch, wenn es darum ging, daß ein Mann sich eine Freundin oder eine zweite Frau zulegen wollte. Karanga war ganz und gar dagegen. Das verstanden die Männer gar nicht, denn so war es Sitte; doch alle Frauen waren auf Karangas Seite.

Karanga schrie auf, wenn die Männer ihn nicht begreifen wollten, und zwar so, wie man ihn sonst nicht erlebte: »Das habe ich doch schon als Kind erlebt, wie sich fremde Kerle meine Mutter und meine kleinen Schwestern nahmen, die kaum wußten, was sie waren, und schon waren sie schwanger! Das ist doch eine Sauerei, was wir mit den Frauen machen! Eine Frau ist genauso ein Mensch wie wir. Die sollten wir lieben und nicht vergewaltigen. Leid teilen wir mit ihnen oder schieben es auf sie ab, aber Liebe wollen wir mit anderen machen. Das ist noch übler als der Neid, den wir auf den Mais vom Nachbarn haben.«

Die Männer schüttelten den Kopf und fragten sich, ob Karanga denn wohl ein richtiger Mann war. Aber die Frauen liebten ihn, und die kleinen Mädchen drängten sich danach, seine Hand zu halten.

Einige Männer versuchten Karanga zu fangen. Sie schoben ihm die hübschesten Mädchen des Dorfes zu. Sie wollten ihn zu einem Häuptling machen, zu einem Privilegierten. Karanga fiel es nicht leicht, nicht in diese Falle hineinzutappen. Er war ja doch ein Mann. Aber er mußte daran denken, wie man Jesus mit dem Brot, dem höchsten Berg und aller Macht dieser Welt versucht hatte, und er nahm die Stellung als Kaiser nicht an. Karanga blieb bei seinem Vorsatz. Er wollte kein Mädchen besitzen, er wollte es lieben, das war besser.

Er ging dann aber intensiv auf Brautschau. Zunächst fand sie in seinem Kopf statt, in Gedanken. Er begab sich in die nähere Umgebung und besah sich die Mädchen. Sicher, im Dorf gab es sehr nette Mädchen. Die waren hübsch angezogen und standen ganz gut im Fleisch. Ihre Haut fing sogar an zu glänzen. Doch für diese Mädchen hatte er zuviel Autorität, die würden immer zu ihm hochsehen, wie zu einem Häuptling. Sie würden ihn nie so richtig lieben können. Wenn er ein Europäer gewesen wäre, hätte Karanga gedacht, die Mädchen würden ihn ansehen wie einen Weihnachtsmann. Das wollte er auf keinen Fall sein.

Karanga sah sich auch im Kreisort und auf dem Markt um. Da gab es Frauen in seinem Alter und etwas älter, die Kartoffeln, Hühner und grob gestrickte, bunte Pullover verkauften. Die waren stark und wären gut auf dem Acker und zum Kinderkriegen gewesen. Sie waren aber viel zu nüchtern für die Liebe, dachte er. Sie wollten von einem Mann nur Kinder haben, das war alles. Ihre Augen waren gut im Beobachten und Abschätzen, aber da war keine Sehnsucht drin. Sie erwarteten von der Welt und vom Leben nur Arbeit und Plagerei, sonst nichts. Alles andere würde sie nur irritieren, und sie würden dann auch vor dem Mann Zuflucht auf dem Acker suchen.

Karanga sah auch die klugen Frauen an, die Lehrerinnen, die mit ihren Rädern und Handtaschen zum Markt kamen. Die sprachen aber Englisch miteinander, so daß er Schwierigkeiten hatte, sie zu verstehen. Er wunderte sich auch immer über ihre sehr glänzenden Beine, bis er herausbekam, daß sie auch bei der größten Hitze immer Strümpfe trugen. Karanga war sicher, daß sie nicht mit ihm in die Pappkarton-Hütte ziehen würden. Das waren richtige Lehrerinnen, vom Seminar. Jene in seinem Dorf waren nur so angelernte, die hatten sieben Jahre Grundschule hinter sich und machten dann noch Kurse. Eine richtige Lehrerin schickten sie nicht zu ihm.

Er bewunderte diese Lehrerinnen, die sogar Radfahren konnten, und er nicht. Die würden ihn ja auslachen, wenn er ihnen anbieten würde, seine Frau zu werden. Die dufteten nach Parfüm und nicht nach dem Holzfeuer in der Hütte. Sicher hatten sie kein Feuer, sondern einen Ofen wie der Farmer.

Karanga merkte in der kleinen Stadt auch, daß das Dorfleben auf ihn abgefärbt hatte. Man konnte nicht nur an seinen Lumpen sehen, daß er aus dem Dorf kam, sondern er roch auch nach dem Rauch des Reisigfeuers. Er hatte sich auf die Menschen um ihn herum eingestellt, redete und dachte langsamer und bewegte sich auch so.

Auf die Leute vom Marktort wirkte er wie so ein Dummer vom Land. Die dicken Marktweiber, die von Männern ein Kind oder mehrere angedreht bekommen hatten und dann sitzengelassen worden waren, suchten nach einem festen Mann. Karanga mochten sie ganz gern, den fanden sie dumm genug, auf sie hereinzufallen, aber doch noch nicht so ganz Dorf und Papphütte. An ihn drängten sie sich heran, boten sich an, schoben aber nicht nur ihre Zentner zu ihm vor, das wußte Karanga, sondern brachten auch sofort oder hinterher ihre Blagen mit. Diese Frauen lagen ihm nicht, die waren ihm zu vulgär. Er stellte sich unter seiner Frau etwas ganz anderes vor. Er sagte seinen Leuten, daß er für eine längere Zeit wegbleiben würde, und begab sich in die Stadt, um dort zu suchen. Dazu hatte er sich besser angezogen. Er trug zwar noch die Gummistiefel, doch die hatte er im See gewaschen. Aus den Resten des Khakistoffes für die Schuluniformen hatte er sich Hose und Jacke schneidern lassen. Er wollte eigentlich nicht, doch die Dorfbewohner bestanden darauf: »Du bist unser Sprecher, unser Pastor, das müssen die Leute draußen auch sehen; wir sind nicht nur ein Lumpenpack.«

So sah Karanga nun aus wie einer von der städtischen Müllabfuhr, die trugen die gleiche Uniform. Kaum war er in der Stadt, da wußte er schon, wen er eigentlich suchte – das Mädchen mit den lieben, braunen Augen.

Er ließ sich am Rande des Villenviertels absetzen, wo er damals das Mädchen getroffen hatte. Er fand das Haus. Eindringen wollte er nicht, die Bediensteten hätten bestimmt die Hunde auf ihn gehetzt und mit ihren Pangas' zugeschlagen. Karanga hatte ja Zeit, er wartete. Schräg gegenüber, auf der anderen Seite der Straße, gab es ein kleines Bambusdickicht mit viel Schatten, dort ließ er sich nieder. Dort schliefen schon einige Nachtwächter, da fiel er nicht auf.

Er wartete bis zum nächsten Nachmittag, da verließ eine Arya mit dem weißen Baby die Villa. Sie schob einen Kinderwagen und hob alles auf, was das ungezogene Kind aus dem Wagen warf. Sie mußte alles mit ihrer weißen Schürze abputzen, ehe sie es dem schreienden und quengelnden Kind wieder in den Wagen legte.

Karanga sah sofort, daß es nicht die Arya von damals war. Das Kindermädchen ließ sich viel Zeit und bewegte sich mit seiner Last auf einen Mangobaum zu, unter dem schon einige andere

Aryas mit weißen Kindern hockten. Dort konnten sie nicht von den Villen aus gesehen werden.

Karanga ging sehr langsam und wie zufällig auf sie zu. Unter den Aryas gab es auch ältere, die sich bestimmt an die Arya von damals in jenem Haus erinnern konnten.

Er blieb dann wie zufällig stehen, grüßte alle sehr freundlich, fragte die mißtrauisch Gewordenen, wie es ihnen gehe und betonte sofort, daß er eine Arya suche, die nicht hier bei ihnen stehe.

Das beruhigte sie und machte sie auch neugierig, hinter wem wohl dieser Straßenreiniger her sei.

Karanga erklärte. Die aus dem Haus hatte von dem Mädchen schon gehört, doch die sei damals entlassen worden, weil die Madam teuren Stoff bei ihr gefunden hätte. Die älteren Aryas konnten sich noch gut an sie erinnern und bestätigten, daß sie sehr schüchtern, aber auch fleißig gewesen sei, und nicht häßlich. Sie wußten auch, aus welchem Dorf sie kam und wie sie geheißen hatte: Mercy. Sie war also getauft, denn sie hatte einen europäischen Namen, schloß Karanga. Ja, was aus ihr wohl geworden war? Sie konnten es sich fast denken: Wenn sie keine Stelle mehr bekommen hatte, war sie bestimmt im Matharetal gelandet. Sie waren ganz sicher, und Karanga leider auch.

Er rannte fast los. Die Aryas grinsten hinter ihm her. Eine sagte: »Große Liebe, aber der wird schwer enttäuscht sein. Die ist bestimmt nicht mehr so jung und knusprig wie früher. Viele Blagen wird sie haben, aber keinen Mann. Die wird sich freuen, wenn er kommt, aber ich bezweifle, ob er sie dann noch haben will.«

Karanga betrat nach vielen Jahren wieder das Matharetal. Noch mehr Hütten waren hinzugekommen, noch mehr Elend. Er wurde dauernd angebettelt, von heulenden, halbverhungerten Kindern. Die größeren rissen schon an seiner Jacke. Wo sollte er anfangen? Und es würde Tausende von Mercys hier geben. Es war ein ganz gebräuchlicher Name. Die Katholiken gaben ihren Täuflingen Heiligennamen, die Protestanten solche von Tugenden und ähnlichem, wie Mercy, Gnade.

Es sah hoffnungslos aus, hier einen Menschen zu finden. Doch Karanga nahm sich die frechen Jungen zu Hilfe. Denen versprach er Geld, wenn sie Mercy für ihn finden würden. Er schickte sie los, sie sollten nach einer Mercy fragen, die einmal Arya in Westlands, an der Straße nach Lower Kabete, kurz vor der Senke mit der Wiese und dem Bambusgestrüpp, gewesen war.

Karanga suchte auch, aber die meisten Mercys verstanden ihn falsch. Die nannten ihm schon einen Preis, ehe er überhaupt sagen konnte, was er eigentlich wollte. Er suchte drei Tage und Nächte lang. Er sah auch nachts in alle Spelunken hinein, doch er fand sie nicht. Er würde aber nicht aufgeben, das wußte er, und er glaubte an Wunder, denn er hatte ja eins erlebt.

Also suchte er auch noch am vierten Tag. Er hatte noch nicht einmal die Hälfte von Mathare hinter sich gebracht, immerhin eine Stadt von vierhunderttausend Menschen.

Nun war er in ein Viertel geraten, wo nur Frauen mit vielen Kindern, ohne Mann, lebten. Dort herrschte ein reger Verkehr von betrunkenen Männern, die sich etwas Billiges suchten. Und dann stand Karanga plötzlich vor ihr. Zuerst erkannte er sie nicht. Sie sah elend aus, nur noch Haut und Knochen, sie trug so etwas wie ein buntes Kleid, doch die grellen Farben waren schon herausgewaschen. Sie hatte noch Reste von Nagellack an ihren dürren Fingern, die gerade für ihr Baby etwas grauen, unappetitlichen Maisbrei zerdrückten. Karanga wollte diese Frau nach Mercy fragen. Sie drehte sich um, als sie den Namen hörte. Dann erkannte sie den Mann, der ihr damals den Stoff hingeworfen hatte.

Karanga erkannte sie immer noch nicht. Es war eine fremde Frau für ihn, so eine mit vielen Männern.

»Ich bin Mercy«, sagte die Frau, die eigentlich noch jung sein sollte, aber doch alt war.

Karanga sah die beiden Kinder bei ihr. Aber dann blickte er in ihre Augen. Die erkannte er sofort wieder. Das war sie, das war seine Mercy hinter all dem Elend.

Sie spürte sofort, daß er sie gesucht hatte. Sie schämte sich und schlug ihre Augen nieder. Sie hatte auch an ihn gedacht, aber war sicher gewesen, daß er sie schon längst vergessen hätte.

»Mercy«, sagte Karanga mit all seiner Liebe, und er hatte viel davon.

»Ich habe doch zwei Kinder von anderen Männern und ...«

»Die sind auch meine«, antwortete Karanga schneller, als er

denken konnte. Er legte seine Hand auf ihre Schultern, dann sah er ihre Augen an. Er lächelte in sie hinein. Erst traute sie sich nicht, zu ihm aufzusehen, aber er zog ihren Kopf hoch. Er lächelte sie an. Da traute sie sich auch wieder zu lächeln, nach so vielen Jahren.

»Wo sind deine Sachen, und das andere Kind?« fragte Karanga. Das war ihre Verlobung.

Sie zeigte ihm das Kind, das saß oben neben einer üblen Bude und versuchte dort zu betteln. Karanga lief zu ihm hoch; das war seine Kindheit gewesen. Er riß das Kind hoch, an sich und trug es zur Mutter hinunter.

Mercy hatte nicht viel zu packen. Sie besaß noch ein lumpiges Kleid, und dann die Lumpen für die Kinder. Auch einen irdenen Topf besaß sie, und ein Klümpchen Schmierseife. Sie wollte eigentlich auch die drei Steine ihres Ofens mitnehmen, doch Karanga sagte: »Ich besorge dir neue. Du wirst ja meine Frau.«

Mercy begriff es noch nicht, doch sie folgte ihm.

Oben an der Straße versuchte Karanga ihr zu erklären, wohin sie gehen würden. Er sprach von dem harten Leben dort in der Wüste. Doch Mercy schüttelte den Kopf: »Ich geh überall mit, wohin du gehst.«

Karanga wußte, wann der Laster immer zur Stadt kam und wo er einsteigen konnte. Sie mußten noch einen Tag warten.

Karanga erzählte Mercy, wie er den Stoff vom Präsidentenpalast holen wollte. Sie schüttelte den Kopf.

»Und weißt du, für wen ich den holen wollte?« fragte Karanga.

Natürlich wußte sie es nicht und konnte es auch nicht ahnen.

»Für dich, Mercy«, sagte er.

Da lächelte sie. Sie lächelte so lieb. Da wußte Karanga es noch sicherer: Das ist meine Frau.

Die Hochzeit zu Majengo

Die Menschen in Karangas Dorf waren doch sehr überrascht, als er dort nicht nur mit einer Frau, sondern auch noch mit zwei Kindern erschien. Den Frauen gefiel es gar nicht, so etwas wie eine »First Lady« zu bekommen. Und die Männer flüsterten sich zu: »Ging aber schnell in den paar Tagen, eine Frau zu schnappen und sofort zwei Kinder zu machen.«

Die Frauen wurden sofort moralisch und takelten die Fremde als »fast eine Hure« ab. Wenn sie selbst Kinder von irgendwoher bekamen, dann konnten sie gute Gründe dafür angeben, auch für ihre Töchter, doch wenn das bei einer Fremden passierte, die auch noch mit dem Prediger kam, dann war das ganz schlimm.

Die Frauen waren neugieriger, doch die Männer trauten sich Karanga zu fragen: »Oder hattest du diese Frau schon früher?«

»Eigentlich nicht«, erklärte sich Karanga. »Ich habe sie immer in meinen Gedanken gehabt. Für sie wollte ich die Gardinen vom Präsidentenpalast herunterholen. Ich liebe sie schon seit Jahren, aber immer aus der Ferne. Ich habe sie verloren, doch nun habe ich sie wiedergefunden.«

Die Männer nickten, sie taten so, als ob sie sich mit dieser Antwort zufriedengeben würden, obwohl sie wußten, daß die Frauen ihnen in der Hütte sozusagen Löcher in den Bauch fragen würden. Einer traute sich zu fragen, was alle anderen auch wissen wollten: »Sind das deine Kinder?«

»Ja«, antwortete Karanga.

Die Frage war verkehrt gestellt, das wußten alle. So konnte man Karanga nicht fragen. Der war da anders, der sah alles ganz anders.

Ein anderer nahm Anlauf: »Nimm es mir nicht übel, dich kann man ja alles fragen, ich meine: Hast du diese Kinder gemacht?«

»Nein«, gab Karanga zur Antwort. »Das habe ich nicht, die sind von anderen Männern. Aber das interessiert mich nicht. Nun sind sie meine Kinder, weil sie meine Frau ist.«

Jetzt konnten die Männer zu Hause erzählen, und die Frauen würden sich schon das Entsprechende dazu ausmalen.

Einer der Männer meinte: »Unsere Weiber kriegen zuviel zu essen, die kommen auf Gedanken, die sie früher gar nicht hatten.«

Keiner hätte was dagegen gehabt, wenn Karanga nun mit seiner Frau in seiner Hütte gelebt hätte, wie sie alle, ohne Trauung, einfach so als Mann und Frau. Doch Karanga tat das nicht. Er quartierte seine Braut beim Nachbarn ein und bereitete eine Hochzeit vor. Als er damals in der Bibel von der Hochzeit zu Kana las, hatte er sich erkundigt, was so eine Hochzeit war, und hatte es erfahren. Er hatte auch in den Zeitungsresten, die er las, Bilder von Hochzeiten gesehen, ganz in Weiß und mit Händchenhalten. Er wollte auch so etwas ähnliches machen, aber in seinem Stil. Eine Hochzeit zu Kana sollte stattfinden, mit dem Herrn Jesus in der Mitte. Zwar hieß dieses Dorf nicht Kana, doch Karanga dachte schon daran, es so zu nennen.

Karanga bereitete die Hochzeit gründlich vor. Es sollte eine Hochzeit für alle werden, wie die von Kana. Er hatte auf den Zeitungsbildern gesehen, daß die Braut immer ein weißes Kleid trug und einen Schleier. Früher wußte er natürlich, wo er das herbekommen würde, doch das fiel nun aus. Er hatte auch beim Farmer gesehen, daß dort weiße Stores hingen. Aber die konnte er unmöglich abschneiden.

Er ging aber trotzdem zum Farmer herüber und fragte ihn, wo er denn so einen weißen Stoff kaufen könne, und erklärte sofort, wofür. Der Farmer mußte grinsen, kniff Karanga ein Auge zu und meinte: »Hör mal, davon habe ich noch was rumliegen. Seit meine gute Frau nicht mehr da ist, weiß ich nicht, was ich mit dem Zeug machen soll.«

Er schenkte Karanga so reichlich Stores und Gardinenstoff, daß der Dorfschneider, den es in zwanzig Kilometer Entfernung nun gab, für die Braut Kleid und Schleier, ganz weiß, wenn auch nicht ganz auf Taille, auf seiner Rappelmaschine zusammenstoppeln konnte.

Karanga konnte sich keinen Anzug leisten, aber der Farmer schenkte ihm einen Schlips und zeigte Karanga, wie man den umband. Einen alten Hut bekam er auch. Der hatte zwar schon ein Loch oben in der Falte, doch das sah man nur, wenn man hinter Karanga stand. Er band sich den Schlips einfach um den Kragen der Khakijacke, so sparte er das Hemd, und die Gummistiefel, Zeichen seiner Würde, wusch er im See. Der Fotograf aus dem Kreisort kam zur Hochzeit mit seinem Fahrrad angefahren. Den Hintergrund für das Hochzeitsbild brachte er auch gleich mit. Das war eine Leinwand, auf der ein Bild von London zu sehen war. Davor sollte das Brautpaar geknipst werden. Er konnte auch noch sein Rad daneben stellen, so daß der Beschauer meinen könne, es gehöre Karanga. Auch eine Brille ohne Gläser wollte der Fotograf dem Herrn oder der Dame ausleihen, und eine Zeitung, gegen ganz geringe Aufschläge, doch Karanga wollte das alles nicht.

Es sollte eine christliche Hochzeit geben, aber in Majengo gab es weder eine Kirche noch einen Pastor. Doch Karanga wußte sich aus der Bibel Rat: »Gottes Schöpfung ist die beste Kirche und einen Extrapastor brauchen wir auch nicht. Jeder Christ ist ein Pastor, und die anderen sind Trauzeugen. Wir tun uns vor Gott und vor allen Menschen unseres Dorfes zusammen, so ist das auch eine christliche Hochzeit.«

So dachte Karanga, und so tat er es auch. Da die Papphütte zu klein war, wurde die Hochzeit davor organisiert. Die Männer drehten aus Baumrinde zwei große Äste als Kreuz zusammen. Das rammten sie in den Sand des Dorfplatzes.

Alle Menschen waren zur Hochzeit eingeladen, und jeder brachte etwas zu essen mit. Das wurde hinter dem Kreuz zusammengelegt beziehungsweise in die Töpfe geworfen, die schon hinten auf dem Feuer standen. Eine Ziege war auch geschlachtet worden. Sie wurde schon gegrillt und verbreitete sehr angenehme und anregende Düfte.

In der Hütte von Bekannten warteten Mercy und ihre beiden Kinder ganz aufgeregt auf Karanga. Sie trug ihr weißes Kleid und den Schleier aus dem Gardinenstoff. Karanga erschien mit Hut und Schlips und der Bibel unter dem Arm und führte die drei vor die Gemeinde.

Alle standen auf, obwohl es ihnen keiner gesagt hatte, als die Vier auftraten. Es war ein feierlicher Moment und all der Neid und die Eifersucht waren vergessen.

Karanga hatte als Hochzeitslied eins ausgesucht, das ihm sehr gefiel und das man oft im Zentrum gesungen hatte. Es hieß »Gott ist die Liebe« und wurde nach der Melodie »Am Weihnachtsbaume die Lichter brennen« gesungen. Alle sangen sehr langsam und mit Inbrunst. Jedes Wort wurde lang gezogen, und ganz besonders die Enden. Und wer den an sich einfachen Text nicht behalten konnte, der wiederholte einfach »Gott ist die Liebe, Gott ist die Liebe« und das war auch der Sinn des Liedes.

Nach dem Lied kam es dann zur Ansprache, die Karanga halten mußte. Sie lautete so: »Meine lieben Schwestern und Brüder, liebe Kinder. Wir sind ja eine große Familie hier, und Gott im Himmel ist unser Vater. Der hat uns einen Bruder auf diese Erde heruntergeschickt. Der heißt Jesus. Der hat da nicht nur herumgemeckert und uns geschlagen, wie es die großen Brüder oft tun, sondern der hat sich von uns schlagen lassen. Nicht nur das, den haben wir ans Kreuz geschlagen.«

»Wir aber nicht«, rief einer dazwischen. Karanga beruhigte ihn und meinte, er würde es ihm später erklären, jetzt müßte erst einmal die Hochzeit gefeiert werden. Dann fuhr er fort: »Aber so eine Familie, wie wir sie sind, die darf nicht nur an sich selbst denken. Uns haben andere Menschen geholfen, so müssen wir auch Arme und Einsame bei uns aufnehmen. Das fällt schwer, das merke ich schon. Jetzt, wo es uns schon ein bißchen besser geht, vergessen wir jene, denen es noch nicht so gut geht.

Ich habe da aus Nairobi die Mercy und ihre beiden Kinder mitgebracht. Die habe ich schon lange geliebt und habe immer an sie gedacht, bin aber nie an sie herangekommen. Doch jetzt endlich habe ich sie gefunden. Sie ist im Matharetal unter die Menschen gefallen, und die haben sie ausgenutzt, vergewaltigt und geschlagen. Und ihre armen Kinder können nichts dafür, daß sie solche Väter gehabt haben.

Wir müssen den dreien jetzt helfen, daß sie hier ein neues und besseres Leben anfangen können. Mercy soll eure Schwester werden und ihre Kinder eure Kinder. Nehmt diese neue Schwester und ihre Kinder an euer Herz, damit das nicht kalt und einsam wird.

Mercy wird meine Frau, aber wir werden beide nicht glücklich sein, wenn sie nicht eure Schwester wird, wie ich euer Bruder bin. Ich werde der Vater der Kinder, aber die können nicht richtig aufwachsen, wenn sie keine Onkel und Tanten haben. Und euch Kinder bitte ich ganz besonders, spielt mit ihnen. Bringt ihnen eure Spiele bei, denn die im Matharetal spielen nicht, die tun üblere Dinge. Laßt sie nicht alleine dastehen. Ihr kommt immer zu mir gelaufen, und ich soll euch von Kung Fu und aus der Bibel erzählen. Das tue ich auch gerne, aber dann müßt ihr mir auch versprechen, daß ihr mit meinen Kindern spielt. Die habe ich genauso lieb wie euch. Ich weiß, ihr werdet schon mit ihnen spielen.

Heute soll es also ein Freuden- und Feiertag werden. Wir wollen alle drei in unsere Familie aufnehmen, so richtig fröhlich und feierlich. Eine Frau hat mir gesagt: Als ich von meinem Mann genommen wurde, da war das aber gar nicht so fröhlich und feierlich. O.k., das können wir ja nachholen. Das schlage ich euch sowieso vor. Ihr habt eure Ehen miteinander geschlossen. Laßt sie uns noch einmal vor Gott und uns allen schließen.

Mercy hat zwar schon viele Männer gehabt, aber keinen richtig. Die waren bei ihr immer auf der Durchreise. Aber ich möchte ihr jetzt ein richtiger Mann sein, damit sie auch eine richtige Mutter wird, und die Kinder eine richtige Mutter und einen richtigen Vater haben. Ihr versteht schon, ihr Frauen, eine richtige Mutter ist eine noch nicht, wenn sie nur Kinder hat, sie braucht auch einen Mann, eine Familie und sogar die Verwandtschaft dazu, und Gott muß alles segnen.

So, und nun fängt die Feierlichkeit an. Die Predigt ist sowieso schon zu lang gewesen. Eine Hochzeit ist so schön wie Weihnachten, wo wir alle unseren Herrn Jesus, den Erlöser, geschenkt bekommen haben. Heute kriege ich eine Frau, und Mercy einen Mann. Ob sie sich so darüber freut wie ich, weiß ich nicht, aber ich hoffe es. Ihr sollt alle unsere Zeugen sein und mit uns feiern. Gott sieht vom Himmel aus zu, ihr seid hier unter seine Stellvertreter als Zeugen.

So, nun möchten wir zusammengetan werden. Jane, du kannst doch so tief beten, bete doch für uns.«

Jane redete Gott an wie alle Menschen: »Aterere, paß auf.« Doch sie fügte noch »Gott« hinzu, betete also: »Aterere Mungu . . . Paß bitte auf, Gott. Hier ist Karanga, den wir alle kennen. Und hier ist die Mercy, die uns noch fremd ist, aber die wir trotzdem gerne haben, weil Karanga sie gebracht hat. Kinder hat sie auch mitgebracht, und sie wollen aus sich so eine richtige Familie machen. Wir möchten denen gerne helfen, aber Du mußt herunterkommen und sie segnen. Wir bitten Dich darum, Mungu. Amen.«

»Amen«, wiederholte die ganze Gemeinde.

Jane betete immer innig und kurz.

Karanga führte Mercy und die beiden Kinder vor die Menschen und blieb dort stehen. Er fragte: »Mercy, willst du vor Gott und den Menschen hier meine Frau werden?«

»Ja«, hauchte sie.

»Und ihr Kinder«, fragte er die beiden, »wollt ihr meine Kinder und soll ich euer Vater sein?«

Sie drückten ihre Händchen zusammen. Sie drückten sich enger an die Mutter heran. Sie sahen zu ihr hoch. Karanga wiederholte noch einmal die Frage. Nun hatten sie verstanden. Sie nickten.

Dann wandte er sich noch einmal an Mercy und flüsterte ihr zu: »Jetzt mußt du mich fragen, ob ich dein Mann und der Vater deiner Kinder werden will.«

»Ich kann doch nicht, ich schäme mich, vor all den Leuten«, flüsterte sie.

Karanga bat sie noch einmal, die Leute sahen alle interessiert zu, die Spannung wurde noch stärker.

Aber Mercy konnte nicht fragen. Die Worte blieben in ihr stecken. Da nahm sie ihre Kinder noch fester an die Hand und ging auf Karanga zu. Sie stellte sich ganz dicht neben ihn und gab ihm die Händchen ihrer kleinen Kinder.

Alle Zuschauer waren gerührt. Die Frauen heulten, die Männer trauten sich nicht. Die Kinder und Jugendlichen klatschten Beifall.

Karanga drückte sie an sich, aber dann fragte er noch einmal ganz laut alle Leute: »Habt ihr uns lieb?«

»Ja«, brüllten sie zurück.

Karanga rief: »Nun sind wir vor Gott und den Menschen eine richtige Familie. Dafür danken wir euch und loben und preisen unseren guten Vater im Himmel.«

Und alle fielen wieder in das Lied ein, das sie kannten: »Gott ist die Liebe.« Dann gingen alle auf die Knie und Karanga bat um den Segen vom Vater im Himmel, für seine Familie, für das ganze Dorf und alle Menschen und Tiere und Äcker auf dieser Welt. Und dann wurde gegessen.

Flitterwochen und Kampf gegen das Geld

Karanga genoß die Tage und Wochen und Nächte mit Frau und Kindern. Wenn er vom Feld und den anderen Arbeiten in seine

Hütte kam, stand der Topf mit dem Ugali schon heiß und gar auf dem Feuer. Mercy wußte auch, daß er sehr gerne Tee trank, und immer wartete ein Topf mit Tee, Zucker und Milch auf ihn. Sie war auch so fleißig auf dem Felde. Sie wollte ihre Dankbarkeit ihm gegenüber zeigen, weil er sie aus dem elenden Leben gerissen hatte.

Darunter litt am Anfang die Liebe. Mercy traute sich nicht, das mit Karanga zu tun, wozu sie andere Männer gezwungen hatten und was später bei ihr zu einer Routine geworden war. Wie ein Brett lag sie neben Karanga, wenn er sie haben wollte. Sie tat ihm so leid, er begriff, warum es so war.

Sie war zu untertänig zu ihm; wenn sie ihm den Tee zubereitete, kochte sie all ihre Liebe hinein. Doch wenn sie seinen Körper fühlte, oder er sie nur leicht anrührte, wurde sie steif wie ein Brett. Sie wollte ihm nicht diesen Körper geben, den andere Männer für Geld genommen hatten.

Karanga hätte am liebsten die anderen Männer verflucht; doch in Wirklichkeit war es das Geld, das sie verändert hatte. Das wußte er. So litten Karangas Flitterwochen unter dem Geld.

Er drängte Mercy nicht, sie mußte ihn besser kennenlernen und erkennen, daß er nur ein Mensch war. Sie konnte es einfach nicht fassen, daß einer sie liebte, ohne daß er sofort ihren Körper wollte.

Die Kinder faßten schneller Zutrauen zu Karanga. Sie drängten sich an ihn wie die anderen Kinder, hörten auf seine Geschichten aus der Bibel und von Kung Fu und waren dann stolz darauf, wenn sie an seiner Hand in ihre Hütte gehen konnten.

Erst als Karanga einen Anfall von Malaria, oder was sonst Ursache des Fiebers war, bekam, fing seine Frau an, ihn anders zu sehen.

Sie kühlte seine Stirn, sie wusch ihm den Schweiß ab. So berührte sie ihn, und er griff nicht sofort nach ihr. Sie lächelte dankbar in sich hinein. Sie sah ihn leiden, und sie konnte ihm helfen. Es dauerte Monate, er war schon lange wieder gesundgeworden, als er eines nachts ihre Hand faßte und sie an sich drückte. Sie schlief dann ganz dicht neben ihm. Und in der nächsten Nacht wieder.

Sie hörte ihn atmen und sein Herz schlagen, das hatte sie noch nie von einem anderen Menschen gehört. Sie sah im Flackern des Feuers auch sein Gesicht, das war wie das eines Kindes, fand sie, nicht so angespannt wie am Tage.

Ja, und dann liebten sie sich. Das war für sie ganz anders als vorher. Sie gab sich Karanga einfach hin, und er nahm sie, mit aller Liebe. Alles war ganz neu. Das Alte war vergangen, alles war wieder neu geworden. Sie liebten sich nicht nur mit dem Körper, sondern auch mit den Augen, mit einem sanften Lächeln des Verstehens.

Und dann, als Mercy eines Tages seine Hand hielt, ihn anlächelte und sagte: »Es kommt!«, da wußte er, was es war.

Als das Kind geboren wurde, nannte Karanga es Amazing Grace. So fing ein Choral an. Es bedeutet übersetzt »Überwältigende Gnade«. Es war ein Junge. Später ließ man das »Grace« weg, weil so auch Mädchen hießen, und nannte ihn einfach Amazing.

So hatte Karanga gegen das Geld in seiner Familie zu kämpfen. Doch sie hatten beide gewonnen, Mercy und Karanga, und der Siegespreis hieß Amazing.

Aber gegen das Geld im Dorf und in den Herzen der anderen Menschen zu kämpfen, war noch gefährlicher und schwieriger.

Mittlerweile waren alle Ackerbauern geworden. Sie zogen soviel aus dem kargen Boden, daß sie sogar etwas verkaufen konnten. Der Weg bis zur Straße, wo die Lastwagen und Omnibusse zur Hauptstadt vorbeikamen, war eine Tageswanderung, doch die Frauen blieben solange an der Straße und schliefen dort auch im Graben, bis sie alles verkauft hatten. Später entstand dort so etwas wie eine Dorffiliale, aus Pappe und Lehm. Keine Familie aß sich satt an den Produkten, jedes Mitglied bekam nur soviel, daß es gerade den ärgsten Hunger damit stillen konnte, der Rest, oder besser gesagt, die Masse wurde zur Straße geschleppt und verkauft.

Für den Erlös kauften die Mütter für ihre Familien etwas zum Anziehen, keine Modewaren, sondern Kleidung, die schon in Europa und dann bis zur Verbleichung und Verschleißung in den Städten getragen worden war. So nackt und abgerissen wie sie vorher waren, wollten sie sich nicht den Leuten zeigen, die ihnen etwas abkauften.

Es gab auch viele Krankheiten im Dorf. Fast die Hälfte der Kinder starb weg, ehe sie das fünfte Lebensjahr erreichten. Sie starben an Krankheiten, die in Europa keiner mehr ernst nahm, an Masern und Erkältungen und leichten Infektionen. Im Kreisort gab es einen Mann, der Medikamente verkaufte und Menschen spritzte. Zu dem liefen die Frauen mit ihren Kindern, er half manchmal, aber das kostete viel Geld.

Karanga hatte noch immer Kontakt mit dieser Patenorganisation in Deutschland. Er schrieb einen Brief dorthin, ziemlich ungelenk, und bat um medizinische Hilfe. Mit dem anderen wurden sie schon fertig. Diese Organisation übernahm dann den großen Teil dieser Ausgaben, und das half. Nun brauchte nicht jedes kranke Kind zu sterben.

Das war alles gut, doch Karanga sah, wie mit der Entfernung von Hunger, Krankheit und Tod die Sucht nach dem Geld wuchs. Früher hatten die Leute einfach alles so hingenommen, in einer großen Lethargie: Shauri ya Mungu. Es ist alles in Gottes Hand, wir können nichts dagegen tun. Aber nun, als sie doch einiges dagegen tun konnten, und zwar mit dem Geld, durch ihre Arbeit und den Handel, da fingen sie an, Gott zu vergessen und sich ganz auf das Geld zu verlassen. Karanga sah natürlich auch, wie der Drang nach dem Geld die Leute motivierte, härter zu arbeiten, ihre Kinder zur Schule zu schicken, ihre Hütten und Kleidung ordentlich zu halten, aber der Abstand zwischen den Familien wuchs, es gab nun schon Arme und Reiche im Dorf. Und es ärgerte Karanga, daß er sich mehr zu den sogenannten Reichen hingezogen fühlte. Sie verstanden ihn, sie ermunterten ihn, an ihnen sah er, daß er mit seiner Arbeit im Dorf Erfolg gehabt hatte.

Da gab es nur einen Mann im Dorf, dem das Geld nichts anhaben konnte, oder wenigstens sah es so aus. Er hatte keine Familie, die war ihm weggestorben. Er war auch älter als alle anderen. Er hatte schon ganz graue Haare, und in seinem Mund stand nur noch ein Zahn. Seine Hütte war eigentlich nur ein abgedecktes Erdloch, in das er sich hineinkrümmte, wenn er schlafen wollte.

Nachts begab er sich immer auf die Felder hinaus, um sie gegen wilde Tiere zu bewachen. Er hatte einen Streifen Land, doch er hatte auf den Zugang zum See verzichtet, als die anderen sich vor kurzem darum stritten und die Zugänge nicht nur mit Schritten, sondern mit Handspannen abmaßen. Karanga hatte es lächerlich und furchtbar zugleich gefunden. Jeder hatte das Land als Pacht bekommen, keinem gehörte es, und schon stritten sie sich darum. Nach diesem großen Streit um die Handbreit Land war Karanga so niedergeschlagen, daß er nachts nicht schlafen konnte, obwohl Mercy sich bemühte, ihn ruhig und müde zu machen. Er ging zu dem Nachtwächter auf die Felder hinaus. Der hockte dort an seinem Feuerchen, das die Moskitos und wilden Tiere vertrieb.

»Komm her, Karanga«, rief er erfreut, als er ihn erkannte.

Karanga hockte sich zu ihm und fragte: »Was sollen wir denn nun machen? Die Felder wieder zuwalzen lassen, sie dem Farmer zurückgeben? Ich möchte doch nicht Menschen hier erziehen, die genauso geizig und hinter dem Geld her sind wie die da draußen in der Welt. Kann man denn die Liebe Gottes nicht weitergeben? Wollen die Menschen sich denn nicht lieben, sondern nur hassen?«

»Das glaube ich nicht«, antwortete der Alte. »Die wollen nicht hassen, die wollen beides, Geld verdienen und auch Gott verehren.«

Karanga sagte zu ihm: »Weißt du, in der Bibel, da steht ein Spruch, den ich sehr schätze. Der sagt eigentlich alles, worauf es hier im Leben ankommt. Da steht bei diesem Paulus im Korintherbrief: ›So bleiben also Glauben, Hoffnung, Liebe, diese drei, und die Liebe ist das Höchste von ihnen.‹ Wenn man das den Leuten doch noch besser erklären könnte. Sie müßten es eigentlich auch wissen, wir haben es doch selbst erlebt, daß es so ist, daß man Glauben, Hoffnung und Liebe haben muß.«

»Aber das Reden nützt nichts«, meinte der Alte. »Das muß man ihnen vorzeigen. Die müssen das anfassen können, was Glauben, Hoffnung und Liebe ist.«

Karanga hatte schon soviel darüber nachgedacht, doch auf einmal, da draußen beim Alten am Feuer, fiel ihm ein, was er machen könnte. Er fing an, Glauben, Hoffnung und Liebe zu greifen. Ja, das war es.

Glauben war klar, das war für die Leute auf Gott hören und beten.

Hoffnung war Ackerbau. Daß er nicht eher darauf gekommen war! Das hatten sie doch die ganze Zeit über gemacht, davon lebten sie doch, darin war ihr Leben investiert. Hoffnung war Ackerbau, aber dabei mußten sie auch etwas gemeinsam tun.

Und Liebe? Er dachte an Mercy. Ja, das war doch Liebe. Aber Liebe war auch mehr als das zwischen zwei Personen, da entstand eine dritte Person. Liebe, was war denn Liebe für die Leute hier?

Er fragte den Alten. »Glauben und Hoffnung, damit komme ich schon klar. Hoffnung ist Ackerbau für uns gewesen, also müssen wir etwas gemeinsam tun. Aber was ist wohl Liebe für die meisten?«

Der Alte antwortete: »Ich weiß ja nicht, wie die jüngeren Leute darüber nachdenken, aber Liebe ist für mich Essen. Was denn sonst?«

Da hatte Karanga sein Programm fertig. »Wir werden einen Tag für alle einrichten, mit Glauben, Hoffnung und Liebe«, sagte er zu dem Alten.

»Ja!« war der sofort dafür.

Glauben

Also richtete Karanga immer den ersten Samstag im Monat als Glaubens-, Hoffnungs- und Liebestag ein. Zunächst waren die Dorfbewohner skeptisch. Sie ahnten schon etwas. Sie wollten nicht teilnehmen und gaben »zuviel Arbeit« als Entschuldigung an. Doch Karanga akzeptierte diese Entschuldigung nicht, er besuchte jede Familie und lud sie ein. »Ich kann euch nicht zwingen«, gab er zu. »Doch ihr würdet mich sehr enttäuschen, wenn ihr nicht kommen würdet, und dann gibt es zum Schluß auch noch eine Ziege.«

Das zog, die Ziege zog immer, das war das süßeste Fleisch, das sich die Menschen dort unten vorstellen konnten.

Zum ersten Fest kamen noch nicht alle, doch schon beim zweiten waren alle versammelt. Einige sagten sogar »Diese Glaubens-, Hoffnungs- und Liebessache ist immer der Höhepunkt, und darauf freuen wir uns.«

Morgens um sechs Uhr begann das Fest. Gerade, wenn die Sonne an den Himmel sprang – so ist es in der Nähe des Äquators –, versammelten sich alle draußen auf dem Dorfplatz vor der Papphütte, die gleichzeitig Kirche, Versammlungshalle und Rathaus war. Es war noch kühl, und die Menschen hatten sich in Lumpen und Tücher gewickelt. Der Tau hing noch an den Gräsern und strich ihre nackten Füße naß. Der Nachtwächter reckte sich steif aus einer Ackerfurche hoch, in der er gegen Morgen noch ein wenig geduselt hatte. Seine Hunde streckten sich und gähnten. Dunkle Gestalten reckten sich aus den Hütten heraus.

Der Nachtwächter ging zur Versammlungshalle herüber, die Hunde umkreisten ihn winselnd, und er fing an, gegen die Radfelge zu klopfen, das riß auch die Letzten aus dem Schlaf. Die Mütter waren schon lange auf, hatten das Reisigfeuer geschürt und kochten schnell noch für alle den Ugali vom Abend auf. Es gab nicht viel, gerade soviel, daß man es bis zum großen Mahl am Abend aushielt und mitarbeiten konnte.

»Guten Morgen, guten Morgen«, rief der Nachtwächter in die Hütten, »geht es euch gut?«

»Mono, mono«, erhielt er als Antwort, »sehr gut, sehr gut.«

»Gelobt sei Gott«, rief er zurück. »Und kommt jetzt zum Glauben«, mahnte er sie.

Einige hatten so früh am Morgen gegen die Kälte und den Hunger Tee gekocht. Den trugen sie in alten Margarinebüchsen vor sich her, wärmten sich die Hände daran, schluckten vorsichtig, denn der Tee war sehr heiß. Mit dem Tee und nur einfach in Lumpen gehüllt, hockten sie sich auf den Boden und warteten auf Karanga. Der war immer langsam, er ließ sich Zeit, besonders mit dem Glauben. Er kam mit seiner Holzkiste. Darin lagerte seine Bibel jetzt, geschützt vor den Ratten. Er nahm sie heraus und setzte sich auf die Kiste.

Sie sangen ein Morgenlied, ein ganz ruhiges, in dem sie für den Schutz in der Nacht dankten und blinzelnd und noch ungewiß in den neuen Tag sahen, der ganz bestimmt harte Arbeit brachte. Aber nein, nein, wehrten sie diesen Gedanken ab, heute ist ja Glaubens-, Hoffnungs- und Liebestag.

Dann betete Karanga. Er sprach zu dem Vater und sagte dem, was so anlag. Es tat allen gut, mitzubeten. Karanga fand immer die richtigen Worte, wußte ganz genau, was sie fühlten und dachten, aber nicht so genau ausdrücken konnten.

Als er »Amen« sagte und sie es wiederholten, atmeten alle auf. So nun war es heraus, nun hatte man alles gesagt. Nun wußte Gott Bescheid.

Karanga blätterte langsam seine Bibel auf. Einige Familien besaßen auch eine, und wenn die Eltern nicht lesen konnten, sagten sie den Kindern: »So schlagt mal auch die Bibel auf, und verfolgt das, was Karanga da sagt.« Sie wollten den Nachbarn auch zeigen, daß ihre Familie nicht nur aus Analphabeten bestand, und wie schnell ihre Söhne und Töchter sich schon in dieser Bücherwelt auskannten.

Karanga las die Geschichte vom verlorenen Sohn vor, ganz langsam. Jeder sah die Geschichte vor sich auftauchen. Sie sahen, wie die Familie des Morgens aus der Hütte herauskroch und auf dem harten Sandacker arbeitete. Sie sahen den jungen Mann, dem das zuviel wurde, der von der Stadt gehört hatte und dahin wollte.

Karanga hatte ihnen von der Stadt erzählt, sie ahnten, wie das Leben dort war. Sie konnten den jungen Mann schon verstehen, daß er dorthin wollte. Der Alte wollte zunächst nicht das Geld herausrücken, aber dann tat er es doch. Die zuhörenden Männer schüttelten ihre Köpfe: »Das hätten wir nie getan.« Doch die Frauen dachten etwas anders: »Vielleicht geht es ihm doch besser in der Stadt, und er kommt später mit dem Geld wieder zurück und hilft der Familie.«

Karanga erzählte, wie der Sohn in der Stadt lebte, aber nur andeutungsweise, weil Kinder dabei waren. Auf jeden Fall war er sehr schnell sein Geld los, was jeder verstand. So erging es ihnen ja auch, wenn sie mal etwas Geld hatten und im Laden des Dorfes einkaufen wollten und sich schon einige Dinge überlegt hatten, die sie einkaufen mußten. Dann war das Geld schon weg, kaum stand man im Laden, und dabei waren noch nicht einmal die notwendigsten Waren eingekauft.

Und dann setzte auch noch der Regen aus, als der junge Mann kaum mehr etwas besaß, und nun mußte er hungern und die erbärmlichsten Arbeiten machen, die es nur gab. Karanga deutete einige Arten an, wie man sich in der Stadt vor dem Verhungern schützen konnte. Er kannte sich damit aus. Und er lebte damals in der Stadt, ohne auf einen Vater hoffen zu können. Er konnte nirgendwo hingehen. Das machte er den Zuhörern auch klar. Der junge Mann konnte wenigstens noch auf seinen Vater hoffen, der war besser dran.

Und dann schilderte Karanga den Vater, und wie der sich freute. Das malte er so richtig aus. Er versetzte den Vater schnell in die große Farm nebenan, obwohl der junge Mann ja aus den Müllhütten ausgezogen war, aber auch die Zuhörer machten den Sprung ohne Schwierigkeiten mit.

Weiter kam Karanga aber nicht. Seine Zuhörer protestierten, der Vater war zu gut zu dem Sohn. Sie schimpften erst einmal auf den Verschwender und dann auf den Vater, der diesem Sohn auch noch eine Ziege schlachtete. Es war ein richtiger Aufruhr auf dem Platz, und zunächst kam Karanga gar nicht zu Wort. Sie waren alle auf Seiten des reichen Vaters und gegen den Prasser und Verschwender. Hier herrschte Solidarität aller Väter und Mütter der ganzen Welt, die Jungen hielten sich da heraus, die wußten, daß jedes Wort von ihnen falsch ausgelegt werden würde.

Karanga versuchte, für den armen Sünder etwas Sympathie zu machen. Er versuchte zu erklären, wie es ihm in der Stadt ergangen war, mit den Müllkübeln, den Parking boy-Tyrannen, und sicher hatte er auch im Gefängnis gesessen und dort die Schläger erlebt. Doch keiner wollte es hören. Nur eine Frau, die dicht vor ihm saß, verstand etwas von seinem Rufen. »Karanga«, sagte sie zu ihm, »der hat es ja so gewollt. Der hätte doch zu Hause bleiben können.«

Karangas Argument, daß sie ja auch verlorene Söhne und Töchter gewesen seien, denen man auch geholfen habe, fand man lächerlich und überhaupt nicht mit dieser Geschichte zu vergleichen. Alle solidarisierten sich mit dem ältesten Sohn. So hätten sie auch gehandelt, wurde betont. Keiner konnte den Vater verstehen, der war ungerecht.

Sie schossen sich auf Karanga ein, der ihnen eine unmögliche Geschichte erzählt hatte und auch noch für den Sohn Partei nahm. »Für den auch«, schrie Karanga dagegen an. »Aber hauptsächlich freue ich mich darüber, daß es einen solchen Vater noch gibt.« Aber auch das ging unter. Nach einer Weile ebbte die Erregung wieder ab. Karanga wollte gerade aufgeben, da meldete sich eine alte Frau. Wer sich meldete, der hob sich schon von dem erbosten Gemurmel ab, hoffte er. Der mußte ein Argument, eine Meinung haben, nicht nur Unmut.

»Karanga«, fragte ihn die alte Frau, »bist du ganz sicher, daß Gott im Himmel so ist wie der Vater in der Geschichte? Sag ganz ehrlich!«

»Ja«, antwortete Karanga.

»Dann ist es o.k.«, sagte die Frau.

Alle waren ruhig. Sie sahen die Frau an. Die Diskussion war beendet.

Hoffnung

Hoffnung war für Karanga und seine Leute natürlich Ackerbau; damit hatte das neue Leben bei ihnen begonnen. Karanga versuchte die einzelnen Hoffnungen, die an dem Stückchen Land jeder Familie hingen, mit einer großen, allgemeinen Hoffnung einzurahmen. Und zwar so:

Alle diese Kleinbauern litten darunter, daß nachts und manchmal auch am Tage die wilden Tiere über ihr Land gingen und alles, was sie in mühseliger Arbeit dort gepflanzt und angebaut hatten, wieder wegfraßen. Diese Herden von wilden Tieren galoppierten halbverhungert und verdurstet auf den See zu und fraßen weg, was ihnen zwischen die Zähne kam.

Auch die Schreie und das Feuerchen des Nachtwächters konnten sie nicht zurückhalten. Nur die kleinen Tiere schreckten vielleicht noch einmal kurz auf, ehe sie weiterfraßen. Die großen versuchten das störende Hindernis auf die Hörner zu nehmen oder zu zerreißen, wenn es Fleischfresser waren. Ganze Büffel- und Elefantenherden kamen angestampft und walzten einfach alles nieder. Glücklicherweise waren diese Herden aber sehr selten geworden. Elefanten gab es kaum noch in diesem Gebiet, die meisten waren verhungert und verdurstet. Sie hatten die wenigen noch stehengebliebenen Bäume auf der Suche nach Wasser mit ihren Stoßzähnen aus dem Boden gegraben und so noch die letzte, wasserspendende Vegetation vernichtet.

Die Büffel waren sehr gefürchtet, weil sie auch Menschen angriffen. Einmal hatte sich ein Mann aus dem Dorf mit seiner Hacke gegen den Leitbüffel gestellt, weil er es nicht mitansehen konnte, wie die Herde seinen Acker verwüstete, die Lebensgrundlage seiner Familie. Da hatte der Bulle ihn, trotz eines Schlages gegen sein Auge, auf die Hörner genommen, in die Luft geschleudert und mit seinen Füßen und Hufen zertrampelt.

Die Büffelherden waren in Gegenden abgezogen, wo es mehr Gras gab. Doch die Nilpferde stiegen jede Nacht aus dem Morast des Sees. Mit der Dunkelheit kamen diese Tonnenwälzer aus dem Schlamm und brachen mit ihrer nassen Lederpanzerhaut durch das Schilf. Unterwegs schossen sie große Fontänen von Schlamm und Wasser aus ihren riesigen Nasenlöchern. Wo sie mit ihren schweren Stampfern hintraten, blieben Löcher wie von Granateinschlägen zurück, sie traten bis in den Sand durch, und dort wuchs im wahrsten Sinne des Wortes kein Gras mehr. In wenigen Minuten fraßen sie einen Acker leer und nahmen die Wurzeln zwischen den Zähnen gleich mit. Die Zunge rasselte darüber wie ein Mähdrescher, die Zähne rissen alles, was da kam, in den riesigen Schlund hinein. Und ehe der Nachtwächter aufwachte und angelaufen kam, war der Acker in die Panzerabteilung eines Truppenübungsplatzes verwandelt worden.

Der Nachtwächter versuchte sich gegen die Freß- und Stampfgiganten zu wehren. Gemeinsam mit Karanga baute er zunächst einen Dornenverhau am See. Doch der wurde einfach in den Sumpf des Ufers gedrückt.

Alle sahen ein: Sie mußten gemeinsam etwas tun, um ihren Besitz zu schützen, alleine ging das nicht. Karanga befahl: »Wir müssen um unsere Äcker und das Dorf tiefe Gräben ausheben, so daß die Viecher uns nicht mehr alles abfressen und zerstören können.« Alle waren einverstanden. Er plante es in den Samstag ein, unter »Hoffnung«. Hoffnung war also Ackerbau für den einzelnen und Grabenbau für die Gemeinschaft. Damit wurde der größte Teil des Tages verbracht. Nach dem »Glauben« am frühen Morgen begab sich alles zur Hoffnung, und gemeinsam hob man tiefe Gräben aus. Das war eine elende Plackerei. Unten am See brach sofort das Wasser in jeden Spatenstich, den man aushob, und weiter oben rutschte der Sand nach. Trotzdem entstand um das Dorf herum ein tiefer Graben. Erst befestigte man ihn gegen den See, dann wurde er erweitert. Äste und Pappe stemmten sie gegen das Grundwasser und den rieselnden Sand.

Dieser Hoffnungsgraben wurde wirklich zu einem gewaltigen Schutz. Jeder sah es ein. Er bewährte sich nicht nur als Panzerfalle, sondern auch als Schlachthof. Wenn ein wildes Tier hineinfiel, wurde es geschlachtet und verteilt. War es nur ein kleines Tier, dann kam es in die Schulspeisung, während die größeren am Abend des Glaubens-, Hoffnungs- und Liebestages verzehrt wurden.

Nun waren die Leute also bei der Hoffnung, von morgens gegen acht bis zum Sonnenuntergang. Hoffnung brachte sie ins Schwitzen.

Karanga war immer mittendrin. Er gab keine Anweisungen, das taten andere; er schaufelte gegen den Neid und den Egoismus an. Er hoffte, daß dieses gemeinsame Schuften, das einen Sinn hatte, die Dorfleute wieder näher zueinanderbringen würde.

Liebe

Auf die Liebe warteten alle schon den ganzen Tag, ganz besonders bei der Schufterei. Mit der Liebe begannen einige Frauen bereits am frühen Morgen, kurz nach dem Glauben, und waren damit bis zum Abend beschäftigt, während die anderen noch für die Hoffnung schwitzten und neue Schwielen an den Händen bekamen.

Drei Feuerstellen wurden errichtet, später noch mehr. Die Frauen hatten tagelang für dieses Liebesmahl Holz gesucht, für eine gemeinsame Sache, nicht nur für sich. Karanga fand, daß man die Frauen eher für etwas Gemeinsames gewinnen konnte. Die Männer waren immer mürrisch und schielten zu ihren Äkkern hinüber, und wenn er in den Gräben nicht dauernd aufpaßte, waren die Kerle doch auf ihrem Acker und hackten dort herum.

Der Nachtwächter hatte in der Dunkelheit, aber auch am Tage ein Auge auf den Reisigberg gehalten. Tagsüber hatte er direkt daneben geschlafen, und auch neben Karangas Hütte war Reisig gestapelt worden, obwohl die einheimischen Frauen Karangas zugereister Frau noch nicht so ganz trauten.

Am Morgen wurden mit wenig Reisig die großen Feuer angezündet. Danach legten die Frauen feuchtere Äste auf, damit das Feuer langsamer brannte und der dicke Qualm die ganze Badewanne erfaßte, die über dem einen Feuer stand. Karanga hatte sie besorgt. Sie hatte als Viehtränke nicht weit vom Herrenhaus der Farm gestanden. Als sie durch eine modernere Tränkanlage ersetzt wurde, bat Karanga den Farmer darum. Dabei kam ihm der Gedanke, daß die Tiere des Farmers nun besser leben würden als er und seine Leute im Dorf. Doch es war keine Verbitterung in ihm. Sie waren ja auf dem besten Wege, einiges zu ändern, und er wußte auch, wie egoistisch seine Brüder waren, und er selbst auch.

Außer der Badewanne stand auch eine Teertonne auf dem Feuer, die eine Frau von der Baustelle an der Straße bis hierher gerollt hatte. Die Frauen hatten schon am Tag vorher begonnen, indem sie den harten Mais ihrer Felder, den Karanga vom Geld der Patenschaftsaktionen aufgekauft hatte, in ausgehöhlten Baumstümpfen stampften. Das war eine Muskelarbeit, aber die Frauen erledigten sie mit großem Geschick. Eine stampfte mit einem strammen Ast Mais zu Brei, während unten eine andere Frau hockte und mit ihrer Hand Gestampftes und Körniges so mit ihrer Hand in dem ausgehöhlten Baumstumpf verteilte, daß alles zerstampft wurde. Die stampfende Frau traf nie die Hand der Verteilenden in dem Stumpf, weil sie beide den gleichen Rhythmus hatten, ein Lied dabei sangen und danach stampften und wendeten. Am Anfang hatten sie nicht gesungen, da hatten sie nur den Rhythmus abgezählt, aber nun war wieder das Singen ins Dorf gekommen, und ganz besonders vor dem Liebesmahl.

Das nicht ganz feine Maismehl wurde dann bei Karanga in der Hütte gelagert, denn es herrschte noch immer Hunger im Dorf, keiner wurde so richtig satt, und man wollte auch keinen in Versuchung bringen, besonders die Kinder und Jugendlichen nicht. Am nächsten Morgen wurde das Mehl mit Wasser in Badewanne und Teertonne geschüttet und bis zum Abend gekocht, denn sonst wurde der Mais nicht weich und blieb bitter.

Erst rußte das Feuer die Wände der Behälter ein, aber dann drang die Wärme doch in das grobkörnige Mehl. Langsam begann es zu quellen und zu kochen. Blasen bildeten sich, und ein grauer, fast schmieriger Brei. Dieser graue Brei sah aus wie grober Baubeton, und er schmeckte auch so. Wenn man mit der Hand hineingriff – mit einem Löffel lohnte es sich nicht – und ihn in den Mund steckte, verklebte er zunächst alles, kleisterte den Magen zu und stopfte alle Därme. Hungergefühle wurden von diesem Eßbeton sofort und gründlich erstickt. Es dauerte Stunden, ehe der Mais so weich und sämig wurde, daß man Eßbällchen aus ihm formen konnte.

Die für die Hoffnung Arbeitenden freuten sich schon den ganzen Tag auf diesen Brei, schnupperten in der Luft herum, während sie unten in den Gräben schwitzten und ächzten, und wenn sie sich mal aufrichteten, dann flitzte sofort ihr Blick zu den Feuern mit den beiden großen Gefäßen hinüber. Sie sahen, wie es den Frauen immer schwerer wurde, die dicke Pampe durchzurühren. Mal sehen, wen Karanga dieses Mal aussuchte, vielleicht hatte man Glück und kam selbst dran.

Mittags, während der kurzen Pause, versammelte sich alles um den Brei und sah zu, wie der schon im Werden begriffen war.

Karanga hatte Mühe, alle Frauen, Männer und Kinder von dem Ugali wegzubekommen. Rauch und Nebelschwaden stiegen auf. Die zu sehen, war ein Zeichen der Hoffnung.

Auf dem zweiten Feuer stand ein Waschkessel, der auch einmal zu einer Farm gehört hatte, wo ein Teil der Frauen Saisonarbeit verrichteten. Die Farmersfrau hatte ihnen den Kessel mitgegeben, weil er schon sehr dünn und innen richtig schwarzgebrannt war. Er hatte zwar intensiv nach Lauge gerochen, doch die Frauen hatten ihn solange gewaschen, bis er nun ganz gut zum Kochen von Nahrungsmitteln gebraucht werden konnte.

In diesem großen Einmach- und Wäschekessel kochte der zweite Teil der Liebe, von Mittag an, nämlich »Sukumawieki«. Dieser schwierige Name bezeichnet eine Art Wildspinat. Er ist viel großblättriger als unser Spinat und grob gekräuselt wie Wirsing. Bitter ist dieses Gemüse, roh kann man es nicht genießen.

Doch wenn dieser sogenannte Wirsing ein paar Stunden gekocht wird, dann glättet sich das Gekräusel, die Bitterkeit wird ausgesogen und ein grünes Gelappere bleibt zurück, das trotz der langen Kocherei doch noch Vitamine und andere Aufbaustoffe enthält.

Der starke, bittere Geruch vom zweiten Feuer drang bis tief in die Hoffnungsgräben hinunter, wo Männer, Frauen und Kinder schufteten. Sie schnupperten, und der beizende Geruch, der ihnen ein fleischiges Gemüse verhieß, ließ sie nicht erlahmen.

Die Männer standen bis an die Hüften in der nassen Erde vorne am See und warfen sie als Dünger auf den Sand. Die Frauen verteilten sie. Die Kinder trugen geflochtene Körbe mit Erde zu ihren trockenen Äckern hoch. Das war erlaubt. Die nasse Erde durfte auf die eigenen Felder gekippt werden. Sie schufteten, schwitzten und ächzten.

Doch der Höhepunkt der Liebe grillte und brutzelte auf dem dritten Feuer. Ugali war die Grundlage des Essens, Sukumawieki erfrischte den Körper, doch diese beiden Nahrungsmittel trugen eigentlich nur das, was auf dem dritten Feuer auch all die anderen Düfte durchdrang. Dort wurden nämlich eine Ziege und ein Ziegenbock geröstet, damit auch jeder etwas abbekam und sogar zwischen den beiden Spezialitäten wählen konnte. Wenn es um Liebe ging, ließ sich Karanga nicht lumpen, da wurde er großzügig.

Das Fleisch von der Ziege war das beste, das Karanga und seine Freunde sich vorstellen konnten. So etwas gab es nur sehr, sehr selten. Darum wurde sie auch total verwertet.

Früher hatte es Tabus gegeben, bestimmte Teile durften nicht gegessen werden. Doch Karanga hatte sie mit einem Lehrsatz, den er immer wieder verkündigte, beseitigt: »Ein Christ hat nur einen Gott, eine Frau, einen Acker, die Kinder auf der Schule und keine Tabus.« Erst trauten sich die Leute nicht, keine zu haben, aber dann gewöhnten sie sich doch daran.

So wurde also die Liebe auf drei Feuern vorbereitet, gepampt, gekocht und gegrillt. Als die Sonne schon ein wenig hinter den fernen Bergen verschwand, sahen sie, wie Karanga aus dem Graben stieg und zu den Feuern hinüberstampfte. Richtig gehen konnte er nicht mehr, er hatte sich den ganzen Tag über richtig krumm geschuftet. Er ging an den Feuern vorbei und fragte die Frauen, ob alles gut sei. Der Ugali wurde schon lange von Männern durchgerührt, weil die Frauen nicht mehr durchkamen. Doch die Frauen schmeckten ab und meinten: »Ist bestens, Karanga.« Da donnerte er gegen die alte Wagenfelge, klatschte in die Hände und rief: »Chakulla, essen, alles ist bereit.«

Alle stiegen sofort aus den Gräben, doch dann mußten erst noch die Geräte saubergemacht werden. Der Gerätemeister sah sich jedes einzelne genau an. Einige warfen sich auch etwas Wasser ins Gesicht und wischten sich den gröbsten Dreck vom Körper.

Vor der Ugaliwanne und der Teertonne bildete sich die erste Schlange. Damit fing man an. Messer, Gabeln, Löffel oder Teller besaß keiner, die waren auch nicht nötig. Jeder Mann und jede Frau hielten ihre Hände als Unterlagen hin. Die Handflächen waren groß und schwielig. Darauf wurde der heiße Brei gepackt. Aber unter dem Schmerz zuckte keiner auf. Wer Hunger hatte, dem tat doch so ein kleines Brennen nicht weh.

Einmal half auch ich beim Verteilen mit, nachdem ich natürlich auch einen Tag lang geschuftet hatte. Ich kannte mich noch nicht mit den Gepflogenheiten aus. Als der erste kam, häufte ich ihm eine kleine Portion auf die Hände, so klein, wie es meine Mutter als anständig angesehen hätte. Ich hatte auch den Tellerrand im Sinn, den es natürlich auf den Händen nicht gab. Doch der Mann, den ich so nach unseren Tischsitten bediente, sah mich vorwurfsvoll an.

Ich versuchte ihm zu erklären: »Du kannst dir doch später noch einen Nachschlag holen.«

Doch er sah mich sehr enttäuscht an, und als ich ihm noch immer nicht mehr gab, fragte er: »Bist du denn ganz sicher, daß dann noch was da ist?«

Ich fing an, ihn zu verstehen. Menschen, die hungern, trauen dem Nachschlag nicht. Sie nehmen, was sie kriegen können. Ich packte ihm eine richtige Eigernordwand auf die Hände, verputzte sie an den Seiten, packte hoch auf. Das gefiel ihm. Er sah mich zufrieden an und nickte mit dem Kinn, wie es so üblich war, und damit der Berg nur ja nicht aus dem Gleichgewicht geriet, wenn er zu sehr den Kopf bewegte.

Jeder bekam so einen hohen Berg aufgepackt und marschierte damit ganz vorsichtig zum Riesenspinat. Der wurde über den Berg geklatscht. Es sah fast so aus, als ob sich ein Grüngürtel über den Berg zog. Die grüne Soße wurde von dem grauen Brei eingesogen. Auch mit dem Grün wurde nicht gespart, sondern reichlich gegeben.

Ehe die Leute zum Fleisch, zum Höhepunkt des Essens, kamen, gab es noch die »Sauce«. Eine Frau drückte jedem Ugaliberg oben eine Delle in den Gipfel. Dort hinein kam das Blut von der Ziege, etwas verlängert. Nebenan bekam dann jeder sein Stück Fleisch, oder einen Knochen mit Fleisch. Die Fleischstücke mit Knochen wurden bevorzugt.

Wer seine Portion empfangen hatte, begab sich vorsichtig auf einen Platz, den er sich ausgesucht hatte. Man hockte zwischen den Hütten und lehnte sich an.

Der Berg aus Ugali wurde vorsichtig auf den Boden gesetzt. Einige legten Blätter, Gras, andere einfach ihren Spaten darunter.

Wenn der Berg stand, wurden zunächst einmal die Finger abgeleckt, damit da nur nichts verlorenging. Dann machte man sich an den Berg. Jeder Biß war nicht nur ein Genuß, sondern wurde mit vollem Bewußtsein zu sich genommen. War ein Knochen abzunagen, so geschah das zuerst. Nicht eine Faser Fleisch blieb daran zurück, und auch nichts von den Sehnen. Dann wurden die Knochen auch noch geknackt oder mit einer Hacke zerschlagen und das Mark herausgelutscht. Karanga achtete darauf, daß die Frauen nicht ihren Männern etwas abgaben, sondern es selbst aßen.

Alle aßen ganz ausgezeichnet, geschickt und gut zum Ansehen. Keiner brauchte Besteck; es geschah mit der Hand, genauer gesagt mit drei Fingern, und von diesen wurden nur die oberen drei Kuppen benutzt. Nur die wurden leicht angefettet. Ich sah zu. Mein Nachbar brach sich einen Brocken aus dem Berg heraus, so daß er ihn mit seinen drei Fingerspitzen fassen konnte. Dieser Brocken wurde sehr schnell zwischen den Kuppen zu einem Ball gerollt. Dieser Mann war ein Gourmet, er wischte nicht mit seinem Ballen einfach die Soße aus der Delle, sondern stieß mit der Spitze des kleinen Fingers seiner anderen Hand ein Loch in den

Ball. Und in dieses Loch füllte er die Soße. Hinzu kam noch ein Blatt Spinat, darüber geklatscht, ein Stückchen Fleisch, und dann verschwand alles schnell mit einem Wurf im Mund.

Ich versuchte es ihm nachzutun, doch das ging schief. Ich bekleckerte nicht nur mein Gesicht, sondern auch das Hemd. Er riet mir, mein Hemd auszuziehen, was ich auch tat.

Sie ließen sich alle Zeit mit dem Essen. Ich verstand nun auch den anderen Grund, warum sie sich eine so große Portion geholt hatten, sie wollten sich nicht mehr durch neues Anstellen und eventuelles Ausgehen des Ugali stören lassen.

Das Fleisch brauchte auch seine Zeit. Die Ziege war kein Stalltier gewesen, sondern mußte sich ihre kläglichen Halme über Kilometer heißen Wüstensands hinweg aus dem Boden zerren. Ich bekam mein Fleisch kaum vom Knochen. Mir wurde beigebracht, daß ich mit den Zähnen noch härter zerren müßte. Ich fürchtete, daß meine Plomben herausfliegen würden. Dort bekam ich auch den ersten Muskelkater in meinem Gebiß.

Karanga wunderte sich nicht: »Den habe ich oft«, sagte er. »So ein richtiger Muskelkater vom Kauen macht das Essen noch schöner.«

Die Wanne mit Ugali wurde von den Jungen mit Holzstückchen leergekratzt. Auch die größeren Knochen der Ziege zeigten keine Faser Fleisch mehr.

Die Frauen und Kinder kehrten in ihre Hütten zurück, die Männer kamen kaum mehr hoch. Sie blieben am Feuer liegen und warteten, bis es verglühte. Es war eine warme Nacht. Die meisten würden draußen bleiben. Morgen war Sonntag, da durften sie nur wässern und sonst nicht arbeiten.

Karanga wischte sich mit seinem Ärmel noch einmal das Fett aus dem Gesicht. Er ließ sich in den Sand gleiten. Er war glücklich und schlief bald ein.